식품표시광고법 해설

권영심, 정용익 공저

하랑 법률사무소

서 문

우리는 매일 수많은 식품 광고를 접하고, 제품에 표시된 문구와 수치를 근거로 선택을 합니다. 그러나 이러한 정보가 언제나 정확한 판단과 합리적 소비로 이어지는 것은 아닙니다. 표시와 광고는 소비자와 기업을 연결하는 중요한 매개체이자 공정한 시장질서를 지탱하는 기초이지만, 때로는 오해와 불신을 낳기도 합니다.

2018년 3월 「식품 등의 표시·광고에 관한 법률」(약칭: 식품표시광고법)이 제정되어 2019년 3월부터 시행되면서, 그동안 여러 법률에 분산되어 있던 식품 표시·광고 관련 규정이 하나의 법률로 체계화되었습니다. 이는 소비자의 알 권리 보장과 공정한 식품시장 조성을 위한 중요한 진전이었습니다. 그러나 시행 이후 수년이 지난 지금까지도 현장에서는 적용과 해석에 어려움이 여전히 존재합니다.

이 책은 이러한 현실적인 요구에 응답하기 위해 집필되었습니다. 단순히 조문을 나열하는 데 그치지 않고, 법률의 제정 배경과 취지를 함께 살펴봄으로써 각 조항의 의미와 적용 방법을 구체적으로 이해할 수 있도록 구성하였습니다. 나아가 현장에서 부딪히는 문제와 쟁점을 짚어 실무적 활용이 가능하도록 하는 데 중점을 두었습니다.

이 책은 다음과 같은 독자들을 염두에 두고 집필되었습니다.
- 식품기업 경영자와 실무 담당자 : 표시 문안 작성, 광고 기획, 법규 준수 등에서 정확한 법률 이해가 필요한 분들
- 정부 및 공공기관의 정책 담당자 : 식품표시광고 제도 운영, 정책 집행과 단속 업무에 참여하는 행정 및 유관기관 종사자들
- 연구자와 학생들 : 식품법규, 소비자보호법, 광고윤리 등을 학문적으로 탐구하는 교수·연구자와 이 분야를 공부하는 학생들

- 소비자 운동가 및 시민단체 관계자 : 식품 표시·광고를 감시하고 소비자 권익 보호 활동에 참여하는 분들
- 관심 있는 일반 소비자 : 식품 선택 과정에서 올바른 정보를 바탕으로 합리적 판단을 하고자 하는 분들

이 책은 2부로 구성되어 있습니다.
제1부에서는 식품 표시와 광고의 개념, 기능, 역사적 발전 과정을 살펴보고, 식품표시광고법의 제정 배경과 의의를 다루어 법률에 대한 기초적 이해를 돕습니다.
제2부에서는 식품표시광고법의 조문을 체계적으로 해설하여, 실무자와 연구자가 법령을 정확히 이해하고 현실에 적용할 수 있도록 상세한 안내를 제공합니다.

식품은 국민 건강과 직결된 공공재입니다. 그와 관련된 정보는 기업의 신뢰와 사회적 가치 판단의 기준이 됩니다. 표시와 광고는 소비자와 기업을 잇는 신뢰의 언어이자, 공정한 시장경쟁의 토대입니다.

이 책이 현장 실무자에게는 법 적용의 정확성을 높이고, 경영자에게는 컴플라이언스 체계 구축에 도움을 주며, 학계와 연구자에게는 제도 분석의 기초 자료로 활용되기를 바랍니다. 또한 소비자에게는 올바른 선택을 위한 정보 해석 능력 향상에 기여하기를 기대합니다.

식품 표시·광고 제도의 올바른 이해와 적용을 통해 소비자의 권익이 보호되고, 기업의 공정한 경쟁이 촉진되며, 나아가 우리 사회의 신뢰할 수 있는 식품 소비문화가 확립되는 데 이 책이 작은 디딤돌이 되기를 바랍니다.

2025년 10월

저자 씀

추 천 사

공직 생활을 함께했던 동료들이 퇴임 후에도 공익을 위해 자신들의 경험과 전문성을 나누는 모습을 볼 때면, 그 시간들이 더욱 소중하게 느껴집니다. 이번에 정용익 박사와 권영심 변호사가 함께 저술한 『식품표시광고법 해설』 소식을 듣고도 바로 그런 감회가 들었습니다.

정 박사는 식품의약품안전처에서 식품소비안전국장을 비롯해 여러 주요한 보직을 맡으며, 국민의 안전과 산업의 발전이라는 두 가치를 조화롭게 실현하기 위해 노력한 모범적 공직자였습니다. 그는 언제나 원칙과 상식에 기반하되, 현장의 현실을 깊이 이해하고자 했습니다. 이러한 행정 전문가가 법률 전문가인 권영심 변호사와 함께 이 책을 집필했다는 점은, 법리적 정밀함과 행정 실무의 경험이 결합된 보기 드문 성과라 할 수 있습니다.

식품 표시·광고는 소비자 알 권리와 기업의 공정 경쟁이 함께 포함된 영역으로, 현장에서는 법령의 해석과 적용에 어려움을 겪는 경우가 많습니다. 이 책은 그러한 문제를 실질적으로 풀어내어, 현장 실무자와 식품 안전관리자, 식품표시·광고 담당자 등 관련 업무를 수행하는 전문가들이 복잡한 법령과 제도를 이해하고 활용하는 데 든든한 안내서가 될 것이며, 규제 행정을 담당하는 공무원들에게도 합리적 판단의 기준을 제시해 줄 것으로 기대합니다.

『식품표시광고법 해설』은 단순한 법령 해설서를 넘어, 제도의 역사적 배경과 입법 취지, 그리고 실제 사례를 폭넓게 담아 제도의 본질을 되새기게 합니다. 두 저자의 전문성과 공익에 대한 진정성이 녹아 있는 이 책이 식품산업의 건전한 발전과 소비자 신뢰 확립에 크게 기여하리라 확신하며, 공직을 떠난 후에도 국민의 건강과 안전을 위해 자신의 지식과 경험을 사회에 환원하고자 하는 두 분의 노력에 다시 한번 경의와 감사를 드립니다.

제54대 보건복지부 장관 권덕철

추 천 사

체계적인 학술적 이론과 실무적 활용을 겸비한 교재

식품학 분야를 30여년간 가르치고 연구하는 학자로서, 학생들에게 늘 식품이 '과학이자 동시에 사회적 책임'임을 강조해 왔습니다. 2019년 「식품 등의 표시·광고에 관한 법률」이 시행된 이후 교육의 중요성이 더욱 커졌으나, 학술적 깊이와 실무적 체계를 동시에 갖춘 해설서의 부재는 늘 아쉬움이었습니다. 이러한 갈증을 해소해 줄 『식품표시광고법 해설』의 출간은 우리나라 식품 법규 분야에 매우 뜻깊은 학술적 성과라 할 수 있습니다. 이 책은 식품행정 분야 전문가인 정용익 박사의 생생한 정책 경험과 현직 법률가인 권영심 변호사의 법리적 통찰이 결합된 학제적 연구의 모범 사례입니다.

본 도서는 법률에 대한 조문 해설을 넘어, 법률의 역사적 전개, 기능적 관점, 그리고 해외 주요국의 법제까지 입체적으로 조명하여 학술적 깊이를 더했습니다. 특히 각 조문의 입법 취지, 적용 사례, 그리고 최신 판례를 체계적으로 정리하여 학생들이 이론과 실무를 연결하여 이해할 수 있도록 구성한 점이 탁월합니다. 이는 졸업 후 식품기업, 공공기관 등으로 진출할 우리 학생들이 기초 역량을 배양하는 데 최적의 교재가 될 것입니다. 더 나아가, 이 책에 담긴 표시·광고 개념 재정립과 같은 제도 개선에 대한 선구적 통찰과 심도 있는 분석은 식품 법규 및 소비자법을 연구하는 학자들에게도 중요한 학술적 논의의 기초 자료가 될 것입니다.

학술적 심층 분석과 실무적 유용성을 동시에 갖춘 이 책이 강의실의 교재로, 연구실의 기초 자료로, 그리고 현장의 지침서로 널리 활용되기를 기대합니다. 식품 안전과 소비자 권익 보호라는 공익적 가치를 위해 귀중한 노력을 기울이신 두 저자께 깊이 감사드리며, 본서를 진심으로 추천하는 바입니다.

한양대학교 식품영양학과 교수 이현규

CONTENS

제1부 식품표시광고의 기초와 이해

제1장 표시와 광고의 개념과 기능 ········3

제1절 배경 및 필요성 ········3
제2절 표시의 개념과 기능 ········4
제3절 광고의 개념과 기능 ········10
제4절 표시와 광고의 개념 및 기능 비교 ········17
제5절 표시와 광고 구분 기준의 전환 필요성 ········21

제2장 식품 표시광고의 역사와 발전 ········25

제1절 현대 이전의 식품 표시와 광고 ········25
제2절 우리나라 식품위생법의 제정과 발전 ········27

제3장 식품표시광고법 개요 ········30

제1절 식품표시광고법 제정 이유 ········30
제2절 식품표시광고법 제정 및 개정 경과 ········30

CONTENS

제2부 식품표시광고법 해설

제4장 총칙적 내용(제1조~제3조) ········· 41

제1조(목적) ········· 41

제2조(정의) ········· 46

- 제1호 식품 ········· 51
- 제2호 식품첨가물 ········· 58
- 제3호 기구 ········· 67
- 제4호 용기·포장 ········· 80
- 제5호 건강기능식품 ········· 86
- 제6호 축산물 ········· 91
- 제7호 표시 ········· 98
- 제8호 영양표시 ········· 112
- 제9호 나트륨 함량 비교 표시 ········· 117
- 제10호 광고 ········· 125
- 제11호 영업자 ········· 135
- 제12호 소비기한 ········· 145

제3조 다른 법률과의 관계 ········· 155

CONTENS

제5장 표시 및 광고에 대한 기준(제4조~제7조) ·············160

제4조(표시의 기준) ·············160
제4조의2(시각·청각장애인을 위한 점자 및 음성·수어 영상변환용 코드의 표시) ·············182
제5조(영양표시) ·············186
제6조(나트륨 함량 비교 표시) ·············198
제7조(광고의 기준) ·············202

제6장 표시 및 광고에 대한 관리(제8조~제11조) ··········211

제8조(부당한 표시 또는 광고행위의 금지) ·············211
제8조의2(마약류 표시·광고 영업자 등에 대한 권고) ·············236
제9조(표시 또는 광고 내용의 실증) ·············240
제10조(표시 또는 광고의 자율심의) ·············258
제11조(심의위원회의 설치·운영) ·············286

제7장 표시 및 광고 정책의 추진(제12조, 제13조) ········289

제12조(표시 또는 광고 정책 등에 관한 자문) ·············289
제13조(소비자 교육 및 홍보) ·············292

CONTENS

제8장 모니터링 및 자율규제(제13조의2~제13조의5) ·····297

제13조2(식품등의 표시·광고 모니터링 등) ·················297
제13조의3(식품등의 표시·광고 모니터링 업무의 위탁 등) ······304
제13조의4(식품등의 표시·광고 연구·개발 지원) ············308
제13조의5(자율규제) ··313

제9장 행정처분 및 제재(제14조~제21조) ·················321

제14·16·17조(시정명령, 영업정지 등, 품목 등 제조정지) ·········321
제15조(위해 식품등의 회수 및 폐기처분 등) ·················333
제18조(행정 제재처분 효과의 승계) ·························349
제19조(영업정지 등의 처분에 갈음하여 부과하는 과징금 처분) ······359
제20조(부당한 표시·광고에 따른 과징금 부과 등) ·············373
제21조(위반사실의 공표) ····································386

제10장 보칙(제22조~제25조) ·····························393

제22조(국고 보조) ··393
제23조(청문) ···396
제24조(권한 등의 위임 및 위탁) ····························401
제25조(벌칙 적용에서 공무원 의제) ·························405

CONTENS

제11장 벌칙(제26조~제31조) ·················413

제26조·제27조·제28조·제29조(벌칙) ·················413
제30조(양벌규정) ·················423
제31조(과태료) ·················430

제1부. 식품표시광고의 기초와 이해

식품의 표시와 광고는 단순한 정보 제공 수단이 아니라, 소비자의 선택을 형성하고 시장 질서를 유지하는 데 중요한 역할을 한다. 소비자는 상품을 접할 때 표시를 통해 정보를 확인하고, 광고를 통해 해당 상품의 특성과 이미지를 인식하게 된다. 따라서 식품의 표시와 광고는 소비자와 기업을 연결하는 중요한 매개체이며, 공정한 시장거래 형성과 국민건강 보호를 위한 제도적 장치로 기능한다.

우리나라에서 식품의 표시와 광고는 오랫동안 별개의 법령과 제도를 통해 부분적으로 규율되어 왔다. 그러나 식품산업의 성장과 소비자 권익 보호 요구가 높아짐에 따라 이를 통합적이고 체계적으로 다룰 필요성이 대두되었다. 이러한 사회적 요구에 따라 법제도는 발전 과정을 거쳐 왔고 그 결실은 「식품 등의 표시·광고에 관한 법률」의 제정으로 귀결되었다. 이 법은 소비자 보호와 산업 발전을 동시에 추구하는 제도적 장치로서, 시대적인 변화와 사회적 합의를 반영한 결과물이라 할 수 있다.

제1부에서는 표시광고에 대한 일반적인 이해를 바탕으로, 식품표시광고 제도의 유래와 발전 과정을 살펴보고, 우리나라에서 「식품 등의 표시·광고에 관한 법률」이 제정되게 된 배경을 설명한다. 이를 통해 독자는 식품표시광고가 단순한 규제가 아니라 소비자와 산업, 그리고 사회 전체를 연결하는 제도임을 인식하는데 도움을 얻을 것이다.

제1장. 표시와 광고의 개념과 기능

제1절. 배경 및 필요성

표시와 광고는 소비자에 대한 정보 전달을 목적으로 하는 방식이라는 점에서는 유사하나, 전달하려는 정보의 내용, 표현 방식, 법적 성격, 목적 등에 있어 본질적인 차이를 가진다. 표시가 사실 중심의 규범적 수단이라면, 광고는 감성적 설득을 위한 표현적 수단이라 할 수 있다. 따라서, 이 둘을 명확히 구분하고 각각에 맞는 규제를 마련하는 것은 소비자 권익 보호와 공정한 시장의 운영 확보를 위해 매우 중요하다. 그러나 오늘날과 같이 복합적이고 빠르게 진화하는 디지털 유통 환경에서는 표시와 광고의 구분이 점차 모호해지고 있다. 따라서 법적 정의의 재정비와 함께, 실무적 적용 기준을 마련하여 소비자 보호와 기업의 예측 가능성을 함께 확보하는 제도적 장치 마련도 필요하다. 이 장에서는 표시와 광고의 개념과 기능 등을 비교함으로써 현재의 한계와 문제점을 살펴보고 향후 나아갈 바를 모색해 보고자 한다.

오늘날 표시와 광고는 소비자에게 정보를 전달하는 핵심 수단이자, 공정한 시장질서와 국민 건강을 유지하는 공공적 장치로서 그 기능과 중요성이 갈수록 확대되고 있다. 특히 표시와 광고에 대한 법적 규제는 단순한 표현 행위의 제한을 넘어서, 이러한 목적 달성의 사회적 책무를 수행하기 위한 제도적 기초로 작용하기도 한다.

첫째, 소비자는 제품에 관한 충분하고 정확한 정보를 제공받을 권리를 가진다. 표시와 광고는 이 권리를 실현하는 주요 수단으로, 정보 비대칭을 해소하고 소비자의 합리적 선택을 가능하게 한다. 둘째, 과장되거나 허위의 표시광고는 경쟁을 왜곡하고 공정한 시장을 해치는 수단이 될 수 있으므로, 그에 대한 규제는 정직한 경쟁 환경을 조성하는 데 필수적이다. 셋째, 건강과 생명에 직결되는 제품의 경우, 표시광고는 공공 보건의 영역으로 기능하며,

국민 안전을 위한 최소한의 방어선이 된다. 넷째, 기업과 정부 간 신뢰는 정확하고 일관된 정보 제공을 통해 형성되며, 이를 뒷받침하는 규제체계는 국가가 국민에게 부담하는 책무의 표현이라 할 수 있다.

이러한 맥락에서 보면, 표시와 광고는 서로 다른 속성을 지니면서도 하나의 정보 체계로서 함께 규율되어야 하며, 이에 대한 이론적 검토와 실무적 적용 기준 마련은 단순한 법령 해석을 넘어, 소비자 중심 사회로의 진화를 위한 출발점이 된다.

제2절. 표시의 개념과 기능 : 식품 표시·광고 이해를 위한 출발점

1. 표시의 개념과 의미

표시는 어떤 사물이나 개념, 행위의 존재나 속성을 외부에 인식 가능하도록 드러내는 행위 또는 그 수단이다. 인간은 본능적으로 대상에 의미를 부여하고, 그것을 다른 사람에게 전달해 왔다. 표시란 바로 이러한 인간의 기본적 의사소통 수단 중 하나로, 언어나 기호, 색채, 도형, 숫자, 도면, 영상, 음성 등 다양한 매체를 통해 구현된다.

법적 맥락에서 표시란 제품이나 서비스에 관한 정보를 소비자에게 전달하는 수단으로 기능한다. 특히 제품의 용기, 포장, 첨부문서 등에 기재된 정보들은 표시의 전형적인 사례이다.[1] 식품 표시제도에서도 '표시'는 제품의 원재료, 성분, 제조일자, 유통기한, 주의사항 등을 소비자에게 알리는 중요한 통로로 자리 잡고 있다.[2]

---

[1] 표시광고의 일반법이라고 할 수 있는 「표시광고의 공정화에 관한 법률」은 제2조(정의) 제1호에서 일반적 의미의 "표시"를 아래와 같이 정의하고 있다.
 "표시"란 사업자 또는 사업자단체(이하 "사업자등"이라 한다)가 상품 또는 용역(이하 "상품등"이라 한다)에 관한 다음 각 목의 어느 하나에 해당하는 사항을 소비자에게 알리기 위하여 상품의 용기·포장(첨부물과 내용물을 포함한다), 사업장 등의 게시물 또는 상품권·회원권·분양권 등 상품등에 관한 권리를 나타내는 증서에 쓰거나 붙인 문자·도형과 상품의 특성을 나타내는 용기·포장을 말한다.
 가. 자기 또는 다른 사업자등에 관한 사항
 나. 자기 또는 다른 사업자등의 상품등의 내용, 거래 조건, 그 밖에 그 거래에 관한 사항.

표시는 그 자체로서 외부에 어떤 정보를 전달하고, 특정한 효과를 발생시킬 수 있는 사회적 기호이다. '이것은 무엇이다', '누가 만들었다', '어떻게 사용해야 한다'와 같은 정보를 구조화하여 타인에게 인식시키는 것이 표시에 담긴 본질적 기능이라 할 수 있다.

2. 표시의 유래와 역사적 전개

제품에 대한 표시는 고대 문명부터 존재했다. 최초의 인류가 식량을 저장하거나 물건을 교환하면서 자신이 만든 물건임을 나타내는 표식을 남긴 것이 시초라 할 수 있다. 기원전 3,000년경 메소포타미아 문명에서는 점토 토큰이나 원통형 인장을 이용하여 점토 항아리에 소유자나 생산자의 정보를 새겼다. 이는 단순한 장식이 아니라 제품의 출처와 진위를 나타내는 일종의 보증 장치였다. 이집트에서는 향유나 연고를 담은 병에 상형문자로 용도와 성분을 표기했고, 고대 로마에서는 도자기나 금속제 제품에 제작자의 이름, 생산지, 연도를 새긴 흔적이 발견된다. 중국 상(商)나라 도자기에도 제작자의 이름이나 관리기관의 표식이 새겨져 있었으며, 이는 생산 책임성과 권위를 나타내는 수단이었다. 이러한 고대 문명의 사례들은 오늘날 표시제도의 전신으로서, 표시가 단순한 정보 제공을 넘어 책임과 신뢰의 상징이었다는 점을 보여준다. 식품 표시 측면에서 본다면, 고대 이집트에서 포도주와 맥주의 저장 항아리에 담근 시기와 종류를 기록한 것이 그 기원으로 간주된다. 이후 유럽에서는 맥주, 식초 등의 발효식품에 대한 표시 관행이 발전했고, 19세기 후반 산업화와 함께 통일된 표시제도가 등장하였다.

3. 표시의 일반적 특징

표시는 단순히 제품에 부착된 정보 이상의 의미를 지니며, 소비자에게 반복적으로 노출되는 정보 매체로서 다양한 특성을 가지고 있다. 표시의 가장

---

2 「식품 등의 표시·광고에 관한 법률」 제2조(정의) 제7호는 "표시"란 "식품, 식품첨가물, 기구, 용기·포장, 건강기능식품, 축산물(이하 "식품등"이라 한다) 및 이를 넣거나 싸는 것(그 안에 첨부되는 종이 등을 포함한다)에 적는 문자·숫자 또는 도형을 말한다."라고 정의하고 있으며, 그 내용은 제4조(표시의 기준)에서 정하고 있다.

큰 특징 중 하나는 고정성이다. 제품의 용기나 포장 등 물리적 실체에 부착된 형태로 존재하기 때문에, 소비자는 제품을 접할 때마다 동일한 정보를 반복적으로 인식하게 된다. 이는 일회성 광고와 달리, 소비자의 기억 속에 각인되기 쉽고, 구매 결정에 지속적인 영향을 미치는 요소로 작용하기도 한다. 이러한 고정성에 근거한 지속성과 반복성은 표시의 또 다른 중요한 특성과도 연결된다. 동일한 정보가 제품 유통 기간 내내 소비자에게 노출되기 때문에, 정보에 대한 소비자의 신뢰 형성과 브랜드 이미지 구축에 기여한다. 동시에 이는 사업자에게도 책임성과 일관성을 요구하는 구조이므로, 표시 내용의 정확성과 타당성이 더욱 중요하게 여겨진다.

표시는 본질적으로 객관적인 정보 전달을 목표로 하며, 과학적 근거나 사실에 기반한 내용으로 구성되어야 한다. 감성적이거나 과장된 수사를 사용하는 광고와는 달리, 표시에는 명확하고 검증 가능한 정보가 요구된다. 이로 인해 소비자는 표시를 통해 제품의 성분, 원산지, 사용법 등 필수적인 정보를 신뢰할 수 있다. 아울러 표시 내용은 다양한 법령과 고시에 따라 엄격히 규제되며, 정해진 형식과 내용을 따르지 않거나 거짓 또는 과장된 표시를 할 경우 행정적 또는 형사적 제재를 받을 수 있다. 따라서 표시는 단순한 정보 전달을 넘어, 법적 의무와 책임이 수반되는 공적 장치이기도 하다.

표시와 광고의 경계가 불분명하여 소비자가 광고적 표현을 표시로 오인하게 되면 소비자의 합리적인 선택이 어려워지고 시장 질서가 흐려질 수 있기 때문에, 표시에는 광고와 명확히 구분되는 표현 방식이 요구된다.

또한, 표시는 시각적 요소를 중심으로 정보를 전달한다는 점에서 시각 중심성이 강하게 나타난다. 글자 크기, 색상, 도형, 기호 등 다양한 시각적 요소를 활용하여 정보를 구성하며, 이 과정에서 가독성과 정보 접근성이 중요한 기준으로 작용한다. 특히 어린이, 고령자, 시각장애인을 포함한 다양한 소비자층이 정보를 쉽게 이해할 수 있도록 설계하는 것이 중요하다.

한편, 표시는 일정한 형식과 내용을 기준으로 작성되기 때문에 표준화가 가능하다. 이는 동일한 카테고리 내 제품 간 비교와 평가를 용이하게 하며, 산업 전반의 투명성과 신뢰성을 높이는 데 기여한다. 표준화된 형식은 소비자 보호와 더불어 공정한 시장 경쟁을 유도하는 기반이 된다.

이처럼 표시는 단순히 제품에 '붙어 있는 정보'가 아니라, 소비자 행동과 시장 질서 전반에 실질적인 영향을 미치는 핵심 요소이다. 특히 고정성과 반복성, 법적 규제 속성은 표시가 공적 신뢰의 기반 위에 구축되어 있음을 보여준다. 이러한 특성은 표시가 단순한 정보 전달을 넘어, 사회적 신뢰 형성과 합리적 소비를 가능하게 하는 구조적 장치임을 시사한다.

4. 표시의 주요 기능

표시는 단순히 제품의 명칭이나 성분을 표기하는 수준을 넘어, 소비자와 생산자 간의 신뢰를 형성하고, 나아가 공정한 거래 질서를 유지하는 데까지 그 기능이 확장된다. 제품에 부착된 정보는 소비자의 선택을 돕는 동시에 기업의 책임을 명시하고, 공공의 이익을 실현하는 수단으로 작동한다.

가장 기본적인 기능은 정보 제공이다. 소비자는 제품의 표시를 통해 원재료, 유통기한, 영양성분, 섭취 방법, 보관 조건, 주의사항 등 다양한 정보를 확인할 수 있으며, 이를 바탕으로 자신의 필요와 선호에 따라 제품을 선택할 수 있다. 특히 식품의 경우, 이 같은 정보는 소비자의 알 권리를 보장할 뿐 아니라, 위해 가능성을 예방하는 데 핵심적인 역할을 한다.

표시는 또한 소비자 보호의 수단이 된다. 유해 성분이나 알레르기 유발 물질과 같은 위험 요소가 표시를 통해 명확히 드러남으로써, 소비자는 자신에게 부적절하거나 해로울 수 있는 제품을 회피할 수 있다. 이러한 기능은 일반 소비자뿐 아니라, 고령자, 영유아, 임산부, 만성질환자 등 건강상 취약한 계층에게 더욱 중요하게 작용한다. 표시를 통해 자신의 안전을 스스로 관리할 수 있는 기반이 마련되는 것이다.

이와 함께, 표시는 책임 명시의 역할도 수행한다. 제조자나 수입자는 제품에 대한 정보를 표시함으로써 그 내용에 대한 책임을 공적으로 선언하는 셈이며, 이로 인해 소비자는 제품에 문제가 발생했을 때 책임 소재가 어디인지를 추적할 수 있다. 이는 제품 관련 분쟁에서 중요한 판단 기준이 되며, 소비자의 법적 권리를 보호하는 근거로 작용한다.

표시는 규제 집행의 수단이기도 하다. 국가나 공공기관은 식품 표시를 통해 공공위생, 영양관리, 소비자 안전 등의 정책을 실현하고, 법령에 따라 표시 내용의 적정성을 감독한다. 거짓, 과장, 또는 소비자를 오도할 가능성이 있는 표시는 법적 제재의 대상이 되며, 이는 시장의 질서를 유지하고 소비자를 보호하는 공적 장치로 기능한다. 따라서 표시는 단순한 민간의 자율적 행위가 아니라, 공공 규범의 실현 수단이기도 하다.

기업 입장에서도 표시는 중요한 전략적 자산이다. 정직하고 투명한 표시를 통해 소비자와의 신뢰 관계를 구축할 수 있으며, 이는 브랜드 이미지 제고와 고객 충성도 확보로 이어진다. 특히 '무첨가', '유기농', '공정무역', '비건' 등과 같은 인증 표시나 친환경 정보는 제품에 부가적 가치를 부여하며, 경쟁 시장에서 차별화를 가능하게 한다. 이처럼 표시는 기업의 사회적 책임을 구현함과 동시에 마케팅 수단으로서의 전략적 기능도 수행한다.

또한, 표시는 정보의 표준화와 비교 가능성을 제공한다는 점에서 소비자의 합리적 선택을 돕는다. 동일한 기준에 따라 작성된 표시 내용은 유사 제품 간 객관적 비교를 가능하게 하며, 이는 소비자 주도의 시장 질서를 조성하는 데 기여한다. 동시에 업계 전반에서 품질 및 성능 기준의 정립과 균질화를 유도함으로써 산업 전체의 신뢰성과 경쟁력을 향상시키는 효과도 발생한다.

결론적으로, 표시의 기능은 단순한 정보 전달을 넘어, 소비자 보호와 법적 책임 실현, 공공규제의 집행, 기업의 전략적 경쟁력 확보, 시장 질서 유지 등 다양한 사회적 역할을 수행한다. 이는 표시제도가 단순한 관리 수단을 넘어, 현대 소비사회에서 왜 필수적인 제도인지를 설명하는 핵심적 근거가 된다.

5. 현대 사회에서 표시의 의미

급격한 기술 발전이 일어나는 현대 사회에서 소비 환경은 더욱 빠르게 변화하고 있으며, 이 속에서 표시가 가지는 전통적 의미와 역할이 현대 사회에서도 그대로 적용될 수 있는 가에 대하여, 다시 한번 돌아보아야 하는 상황에 놓여 있다. 표시제도가 단순한 정보 제공 수단을 넘어 소비자 보호와 시장 질서 유지의 핵심 요소로 자리 잡은 만큼, 그 개념과 제도적 틀이 현대적 흐름에 걸맞게 변화할 필요가 있다.

첫째, 정보통신기술(IT)의 비약적 발전은 표시 개념의 지평을 넓히고 있다. QR코드, NFC, 블록체인 기술 등이 도입되면서 물리적 포장지 외에 디지털 방식의 정보 제공이 가능해졌지만, 법령은 여전히 기존의 인쇄물 중심의 오프라인 표시 개념에 머물러 있다. 이는 소비자와 기술 간 괴리를 낳고 있으며, 새로운 기술 기반의 표시 개념이 법제도에 반영될 필요가 있다.

둘째, 온라인 구매 및 가상 환경의 확산으로 인해 제품 실물을 보지 않고 구매하는 소비자가 증가하고 있다. 이 과정에서 제품의 실질적 표시 정보는 소비자 구매 이전에는 확인이 어렵고, 플랫폼마다 제공하는 정보 수준과 방식이 달라 정보의 불균형과 혼란을 초래하고 있다. 가상현실(VR), 증강현실(AR) 기반 쇼핑이 확산될수록 표시 정보의 시각화와 인터랙티브 기능에 대한 규범도 필요해질 것이다.

셋째, 경제성장과 소비자 의식의 변화는 표시제도의 기대 수준을 높이고 있다. 단순한 성분이나 유통기한뿐만 아니라 원산지, 생산과정, 탄소발자국, 동물복지, 사회적 가치 등 다양한 정보에 대한 수요가 확대되었으며, 이는 표시의 다층적 기능화를 요구하게 되었다.

넷째, 초고령화 사회로의 진입과 건강기능식품에 대한 소비 증가는 표시정보의 정확성, 가독성, 접근성 측면에서 새로운 과제를 제기하고 있다. 노령층 소비자는 작은 글씨나 복잡한 구성에 취약하며, 기능성 식품의 경우 오인 가능성을 줄이기 위한 표시 기준이 더욱 정밀화될 필요가 있다.

다섯째, 정보 비대칭 해소를 위한 소비자 권익 의식의 증대는 기업의 투명한 정보 제공을 강하게 요구하고 있다. 과거에는 공급자인 기업이 주도하여 정보를 선택하여 제공했다면, 이제는 수요자인 소비자가 판단의 주체가 되어 정확하고 상세한 정보를 요구하고 있다. 그에 따라 표시의 공공성과 신뢰성 확보가 더욱 중요해졌다.

여섯째, 다부처에 걸친 제도 운영의 복잡성도 개선이 요구된다. 여러 부처가 각기 다른 목적과 기준으로 표시 관련 정책을 운영하면서 상충되는 규제가 발생하고 있으며, 이는 사업자의 행정 부담과 소비자의 혼란을 동시에 유발하고 있다. 일원화된 정책 조정과 통합적 기준 마련이 시급한 이유다.

결국 이러한 변화 속에서 표시란 무엇인지, 어떤 정보가 표시로서 기능하는지에 대한 근본적 재검토가 필요하다. 특히 표시와 광고의 경계가 모호해지고 있는 상황에서는 법적·제도적 측면에서도 표시의 정의와 기능을 명확히 재설정할 필요가 있다.

표시는 단순히 제품에 부착된 정보가 아니라, 신뢰와 책임, 정보 제공과 소비자 보호라는 복합적 가치를 담고 있는 사회적 기호체계이다. 고대 인장의 의미와 현대 QR코드 표시가 지닌 기능은 본질적으로 동일한 목적, 즉 '이것이 무엇이고, 누구에 의해 만들어졌으며, 어떻게 사용되어야 하는가'를 전달하려는 데 있다. 21세기 디지털 사회에서 식품 표시 역시 이러한 본질을 유지하면서도 유연하게 변화에 대응할 필요가 있다. 오프라인과 온라인의 경계를 넘어, 표시가 소비자의 권리를 실질적으로 보장하는 방향으로 진화해야 하며, 이는 곧 '식품 표시광고'라는 복합적 규제 환경에 대한 종합적 이해를 바탕으로 가능할 것이다.

제3절. 광고의 개념과 기능 : 식품 표시·광고의 또 하나의 축

1. 광고의 개념과 의미

광고는 특정 제품, 서비스, 아이디어 또는 기업에 대한 정보를 소비자에게 전달하고, 이를 통해 구매나 인식, 태도의 변화를 유도하려는 커뮤니케이션 행위이다. 일정한 대가를 지불하고 매체를 활용하여 불특정 다수에게 메시지를 전달한다는 점에서 개인 간 소통이나 일반 정보전달과는 구별된다.

법적으로 광고는 신문, 방송, 인터넷, 인쇄물, 간판 등 다양한 매체를 통해 음성, 음향, 영상 등 다양한 방법으로 특정 정보나 메시지를 소비자에게 전달하는 행위로 정의된다. 일반 상품과 서비스 등에 대하여는 『표시·광고의 공정화에 관한 법률』(이하 '표시광고법')에서, 식품등에 대하여는 『식품 등의 표시·광고에 관한 법률』(이하 '식품표시광고법')에서 규정하고 있다.[3]

---

3 『표시광고법』제2조는 "광고"란 사업자등이 상품등에 관한 제1호 각 목(자기 또는 다른 사업자등에 관한 사항, 자기 또는 다른 사업자등의 상품등의 내용, 거래 조건, 그 밖에 그

현행 법령에 따르면 광고와 표시는 정보의 전달 매체와 방법을 중심으로 구분되는 경향을 보이고 있으나, 실제에 있어서는 그 기능을 중심으로 구별하는 것이 더 타당하다고 볼 것이다. 광고는 단순한 정보 전달을 넘어서 감성적 설득, 브랜드 구축, 소비자 행동 유도 등 복합적인 기능을 수행하며, 오늘날 마케팅 활동의 핵심 도구로 기능한다.

2. 광고의 역사적 전개와 발전

광고는 상거래의 역사와 함께 시작되었을 것이다. 고대 이집트의 테베 유적에서 발견된 BC 1000년경의 파피루스 문서가 최초의 광고로 간주되는데, 이는 단순한 공고문이 아니라 특정 상인을 홍보하는 문구를 포함하고 있기 때문이다.[4] 고대 로마와 그리스에서는 벽화, 전령 등을 통해 상품이나 공연을 홍보했으며, 중세에는 장터와 교회 게시판이 광고 매체로 활용되었다.

18세기 산업혁명 이후 광고는 인쇄기술의 발전과 함께 폭발적으로 성장했다. 신문과 잡지는 주요 광고 매체가 되었고, 광고 대행사의 등장으로 광고는 체계적이고 전략적인 산업으로 발전하였다. 20세기에는 라디오와 텔레비전이 보급되며 광고는 대중을 대상으로 한 강력한 전달 수단으로 성장했고, 21세기 디지털 기술의 발전과 함께 인터넷, 소셜미디어, 모바일 기반 광고가 새로운 주류로 자리 잡았다. 오늘날 광고는 인공지능(AI), 맞춤형 알고리즘, 인플루언서 마케팅 등 새로운 트렌드를 반영하며 소비자와 상호작용하는 방향으로 진화하고 있다.

거래에 관한 사항)의 어느 하나에 해당하는 사항을 언론 및 대통령령으로 정하는 방법으로 소비자에게 널리 알리거나 제시하는 것으로 정의하고 있으며, 『식품표시광고법』 제2조는 식품등에 대한 "광고"를 언론과 다양한 홍보 매체를 통하여 음성·음향·영상 등의 방법으로 식품등에 관한 정보를 나타내거나 알리는 행위로 규정하고 있다.

4 당시 원시문자로 적혀져 있는 것을 오늘날의 언어로 해석하면 다음과 같다고 한다. "남자 노예 '셈'이 그의 선량한 주인 기직상(機織商) '하푸'로부터 도망을 쳤습니다. 테베의 선량한 시민 여러분! 이미 포고한 바와 같이 그를 잡는데 협조하여 주십시오. 그는 '힛테이트' 사람으로 신장은 5피트 2인치, 얼굴은 붉고 눈빛은 갈색입니다. 그의 있는 곳을 알려주시는 분에게는 금환(金環) 반개를 드리고, 그를 찾아내 하푸의 점포로 데려다 주시는 분에게는 금환 1개를 드리겠습니다. <u>하푸의 점포는 여러분의 요망에 맞는 최상의 천으로 직물을 짜고 있습니다.</u>"

3. 광고의 일반적 특징

광고는 단순히 상품이나 서비스를 소개하는 상업적 수단을 넘어, 사회적·문화적 차원에서 다양한 의미와 영향을 지니는 커뮤니케이션 형태이다. 이러한 광고의 본질은 몇 가지 일반적인 특징을 통해 보다 구체적으로 드러난다.

우선, 광고는 본질적으로 유료 커뮤니케이션이라는 점에서 상업적 속성을 강하게 내포하고 있다. 광고주는 자사의 메시지를 원하는 매체를 통해 전달하기 위해 비용을 지불하며, 이 지출은 광고의 제작, 송출, 노출 시간대, 매체 유형 등에 따라 달라진다. 광고 전략은 이처럼 금전적 투입에 기반하여 기획되며, 광고주는 그에 상응하는 성과를 명확히 기대하게 된다.

또한, 광고는 대체로 비대면적이며 일방향적인 메시지 전달 방식을 갖는다. 광고주는 매체를 통해 수용자에게 메시지를 전달하지만, 그 과정에서 직접적인 피드백이나 쌍방향 커뮤니케이션이 즉각적으로 이루어지지는 않는다. 특히 전통 매체(신문, 방송 등)에서는 이 경향이 더욱 두드러지며, 최근 디지털 플랫폼에서 댓글, 클릭 수, 공유 등의 간접적 반응이 가능해졌지만 기본적으로 광고는 발신자의 의도가 강하게 투영되는 구조를 따른다.

더불어, 광고의 가장 핵심적인 특징은 소비자에게 특정 행동을 유도하려는 설득의 속성에 있다. 광고는 때로는 논리적 근거를 들어 설명하고, 때로는 감정에 호소하는 방식으로 수용자의 태도를 변화시키려 한다. 유명인의 등장, 스토리텔링, 감각적인 영상과 음악 등 다양한 감성적 요소를 활용하여 소비자의 기억에 강하게 남는 메시지를 형성하는 것도 이러한 설득력을 높이기 위한 전략의 일환이다.

광고가 다양한 매체에 의존하여 존재한다는 점에서도 중요한 특징을 가진다. 텔레비전, 라디오, 인쇄 매체는 물론이고, 최근에는 인터넷, 유튜브, 소셜 미디어, 옥외 디지털 광고 등 새로운 매체가 급속히 부상하고 있다. 각 매체는 도달 범위, 수용자 특성, 메시지 전달 방식이 서로 다르기 때문에, 광고 기획 시에는 타깃 소비자에 따라 매체를 신중하게 선택하고 조합할 필요가 있다. 예를 들어, 10~20대를 주요 대상으로 삼는 광고는 틱톡이나 유튜브 숏츠와 같은 짧은 형식의 동영상 플랫폼을 적극 활용하는 경향이 있다.

1. 표시와 광고의 개념과 기능

광고는 표현 방식에서 매우 높은 다양성과 창의성을 보인다. 문자 외에도 이미지, 색채, 소리, 영상, 이야기 구성 등이 복합적으로 활용되며, 이러한 감각적 요소들은 소비자의 오감을 자극하고 메시지에 대한 몰입도를 높인다. 감성적이고 시청각적으로 풍부하게 설계된 광고는 단순한 정보 전달을 넘어, 브랜드에 대한 긍정적 이미지를 구축하고, 소비자의 태도와 감정에 깊은 인상을 남기는 데 기여한다. 특히 현대 광고는 예술적 감각이나 유머, 반전 서사 등 창작 요소가 두드러지며, 하나의 콘텐츠로 소비되는 경향이 강하다.

광고는 일정한 반복을 통해 메시지의 효과를 극대화하는 경향도 뚜렷하다. 동일하거나 유사한 내용이 지속적으로 노출될 경우 소비자는 자연스럽게 해당 메시지를 기억하게 되며, 이는 브랜드 인지도 제고와 구매 행동 유도에 큰 영향을 준다. 이러한 반복성은 광고 효과의 핵심 메커니즘 중 하나로 작용하며, 캠페인 단위로 치밀하게 설계되는 경우가 많다.

마지막으로, 광고는 일정한 법적·윤리적 규제의 대상이라는 점에서도 특별한 성격을 가진다. 거짓이나 과장, 기만적 표현으로부터 소비자를 보호하기 위한 법적 장치가 존재하며, 특히 식품, 의약품, 의료, 금융 등 건강과 안전에 직결되는 분야는 더욱 엄격한 심의 기준이 적용된다. 최근에는 아동 보호, 성인지 감수성, 환경 보호 등의 사회적 가치가 광고 규제 기준에 포함되면서, 광고 기획 단계에서도 윤리적 감수성이 요구되는 시대가 되었다.

결국 광고는 본질적으로 상업적이지만, 단순한 상업적 표현을 넘어, 사회와 문화를 형성하고 여론을 이끄는 힘을 가진 복합적 매체다. 따라서 그 일반적 특징을 정확히 이해하는 일은 광고를 기획하고 집행하는 전문가뿐 아니라, 이를 수용하는 소비자, 그리고 광고를 둘러싼 정책과 규제를 설계하는 이들에게도 중요한 통찰을 제공한다.

4. 광고의 주요 기능

광고는 단순히 상품을 알리는 데 그치지 않고, 시장과 사회 전반에 걸쳐 다양한 기능을 수행한다. 이러한 기능은 광고가 어떠한 목적과 효과를 추구하는지를 보여주는 중요한 기준이다.

『식품표시광고법 해설』

광고는 기본적으로 정보를 제공하는 역할을 수행한다. 소비자는 광고를 통해 상품의 명칭, 용도, 가격, 성분, 구매처 등과 같은 필수 정보를 얻을 수 있다. 이는 정보 비대칭을 해소하고, 합리적인 구매 판단을 가능하게 하며, 상품이나 서비스에 대한 최초의 접점을 제공하는 역할을 한다.

다음으로 설득 기능이 중요하다. 광고는 정보를 전달하는 데 그치지 않고, 수용자의 감정과 욕구에 영향을 주어 구매 욕구를 자극하고 소비 행동을 유도한다. 이를 위해 광고는 감성적 요소를 활용하거나, 소비자가 자아를 동일시할 수 있는 메시지를 구성함으로써 보다 깊은 정서적 반응을 유도한다.

광고는 또한 기억과 학습을 촉진하는 기능을 수행한다. 동일한 브랜드나 메시지를 반복적으로 노출함으로써 소비자의 인지도를 높이고, 궁극적으로 습관적 선택이나 브랜드 충성도를 형성하는 데 기여한다. 이는 특히 리타겟팅 광고, 리마인드 광고와 같은 전략에 활용되며, 장기적 마케팅 효과를 확보하는 데 핵심적이다.

그와 동시에 광고는 브랜드 이미지 구축 기능을 지닌다. 광고의 톤앤매너, 색상, 모델, 메시지 등은 모두 브랜드의 정체성을 형성하고 강화하는 요소가 된다. 소비자는 광고를 통해 브랜드에 대한 신뢰, 세련됨, 친근함 등의 인식을 형성하며, 이는 브랜드 가치와 충성도에 직결된다.

또한 광고는 수용자의 주의를 끌어 실질적 행동으로 이어지게 하는 행동 유도 기능을 수행한다. 이는 구매, 홈페이지 방문, 구독, 이벤트 참여 등 다양한 행동 목표로 구체화되며, 디지털 환경에서는 이를 전환율 등의 수치로 측정할 수 있게 된다. 광고는 단순한 인지에서 행동으로 이어지는 '행동 유도의 다리' 역할을 한다.

더불어 광고는 시장 활성화 기능도 지닌다. 광고는 제품 간 차별성을 부각하고, 소비자의 욕구를 자극하여 새로운 수요를 창출하며, 이는 경쟁 촉진 및 산업 전반의 기술·서비스 혁신으로 이어질 수 있다. 기업은 광고를 통해 자신만의 시장을 개척하고 유지하려 하며, 이는 궁극적으로 시장의 다양성과 역동성을 증진시키는 결과로 이어진다.

문화적 기능을 수행하기도 한다. 광고는 당대의 유행, 사회적 가치, 언어 표현, 이미지 코드 등을 반영하면서 하나의 문화 콘텐츠로 자리잡는다. 때로는 시대의 흐름을 선도하며 새로운 감수성과 소비 트렌드를 만들어내기도 하며, 광고를 통해 사회적 담론이 형성되거나 전환되기도 한다.

마지막으로, 광고는 특히 공공재나 건강 관련 제품의 경우 교육적 기능도 수행한다. 안전한 사용법, 주의사항, 소비자 권리 등과 관련된 정보를 제공함으로써, 광고는 단순한 소비 유도 이상의 공익적 메시지를 전달하며 사회적 책임을 수행하게 된다.

이와 같이 광고는 고유의 구조적 특징과 함께, 매우 다양한 기능을 수행하는 복합적 매체이다. 광고의 특성과 기능을 명확히 이해하는 것은 광고 제작자뿐만 아니라 소비자, 정책 입안자, 규제기관 모두에게 중요한 의미를 가진다. 궁극적으로 광고는 시장을 연결하고 문화를 형성하며, 사회적 가치를 구성하는 하나의 중심축으로 작용하고 있다.

5. 현대 사회에서 광고의 의미

광고는 디지털 사회로의 급격한 전환과 소비자 인식 변화 속에서 새로운 과제를 맞고 있다. 기존의 일방향적 정보 전달에서 벗어나 쌍방향성, 신뢰성, 윤리성, 기술 기반 정밀 타겟팅 등이 요구되는 시대가 도래한 것이다.

첫째, 디지털 전환과 AI 기술의 부상은 광고의 기획과 실행 방식을 근본적으로 변화시키고 있다. 소비자 행동 데이터 분석을 통해 개인 맞춤형 광고가 가능해졌으며, 이는 광고의 정보성과 효율성을 높이는 동시에 개인정보 보호와 윤리 문제 등을 제기한다.

둘째, 광고 피로도와 수용자 회피 현상이 심화되고 있다. 소비자들은 지나치게 반복되거나 과도한 광고에 피로감을 느끼며, 광고 차단 프로그램 사용률이 증가하고 있다. 광고는 이제 더 정교하고 공감 가능한 메시지와 콘텐츠 전략을 요구받고 있다.

셋째, 사회적 가치와 윤리 기준의 강화가 중요한 화두가 되었다. 친환경, 젠더 감수성, 다양성, 사회적 책임 등은 단지 기업 이미지에 그치지 않고 광고 내용의 필수 기준으로 작용하고 있다.

넷째, 소셜미디어와 인플루언서의 부상은 기존의 미디어 중심 구조를 분산시켰다. 기업은 더 이상 매체를 통해서만이 아니라, 개별 소비자(또는 마이크로 인플루언서)를 통한 확산 구조를 고려해야 하며, 이로 인해 메시지 통제의 어려움과 신뢰성 문제가 함께 대두되고 있다.

다섯째, 가상현실(VR), 증강현실(AR), 메타버스 기반 광고 등 새로운 매체 환경의 등장은 소비자와의 상호작용 방식에 큰 전환점을 가져왔다. 광고는 점점 더 체험적이고 몰입적인 형태로 진화하고 있으며, 이에 맞춘 창의적 전략 수립이 요구된다.

결국, 현대의 광고는 정보 전달 이상의 전략적 커뮤니케이션으로 자리매김하고 있으며, 그 본질과 규범, 사회적 책임을 재정의해야 할 시점에 와 있다.

6. 광고의 본질과 향후 과제

광고는 단순한 상업적 도구를 넘어서, 사회문화적 가치, 소비자 행동, 산업 경쟁구조에 이르기까지 폭넓은 영향을 미치는 전략적 커뮤니케이션 수단이다. 고대 이집트의 파피루스 광고에서부터 오늘날의 인공지능 기반 맞춤형 디지털 광고에 이르기까지, 광고는 시대의 기술과 가치, 사회 구조를 반영하며 지속적으로 진화해왔다.

현대 광고는 정보 제공, 설득, 브랜드 구축, 사회적 책임 이행이라는 축 위에 놓여 있다. 그러나 이 기능들이 단순히 기업의 이익 실현을 위한 수단으로 한정되지는 않는다. 광고는 소비자의 합리적 선택을 돕고, 제품과 서비스의 사회적 가치를 반영하며, 문화적 트렌드 조성에도 기여하기 때문이다.

따라서 광고는 다음의 방향으로 전개되어야 할 것이다. 첫째, 기술에 기반하되 인간 중심적 가치(privacy, dignity, fairness 등)를 놓치지 않는 균형 감각이 필요하다. 둘째, 정직하고 신뢰할 수 있는 메시지 제공을 통해 소비자와의 관계를 재정의해야 한다. 셋째, 단기 성과 중심이 아닌 브랜드와 사회 모두를 위한 장기적 커뮤니케이션 전략이 강화되어야 한다.

특히 식품 표시광고와 같은 건강과 직결되는 분야에서는 소비자의 오인을

1. 표시와 광고의 개념과 기능

막고, 제품의 특성과 효과를 정확히 전달하기 위한 정밀한 광고 설계와 규제가 병행되어야 한다. 표시와 광고는 결국 하나의 연결된 정보 체계로 이해되어야 하며, 소비자의 정보 접근권과 선택권을 보장하는 공공적 장치로 기능해야 하기 때문이다.

이러한 맥락에서 광고는 더 이상 선택 가능한 옵션이 아니라, 책임 있는 사회 구성원으로서 기업이 수행해야 할 의무로 인식되어야 한다. 광고의 미래는 기술이 아닌, 신뢰에 달려 있다.

제4절. 표시와 광고의 개념 및 기능 비교

'표시'는 제품에 관한 사실적이고 객관적인 정보를 소비자에게 전달하기 위한 규범적 수단이며, '광고'는 제품이나 서비스를 소비자에게 알리고 구매를 유도하기 위한 표현적 수단이다. 두 개념 모두 소비자와의 정보 소통을 전제로 하지만, 전달하는 정보의 내용, 목적, 방식, 법적 지위에 있어서는 본질적으로 다른 특성을 가진다. 지금까지 정리한 표시와 광고의 개념 및 기능을 바탕으로, 양자의 공통점과 차이점을 종합적으로 비교함으로써 각각의 규범적 지위와 실무적 한계를 보다 명확히 하고자 한다.

1. 표시와 광고의 구분 필요성

현대의 유통·정보 환경에서는 표시와 광고의 경계가 점점 더 모호해지고 있다. 소비자는 제품을 손에 들고 라벨을 읽기도 하지만, 온라인 쇼핑몰의 제품 설명, 유튜브 영상, 블로그 후기, SNS 콘텐츠 등을 통해 제품 정보를 접하기도 한다. 이는 정보 접근 방식의 다양화를 의미하지만, 동시에 소비자에게 제공되는 정보의 '성격'을 명확히 구분하는 데 어려움을 야기한다.

예를 들어, 어떤 건강기능식품의 상세페이지에 "활력을 되찾아주는 하루 한 포"라는 문구가 있다면, 이 표현이 표시인지 광고인지 소비자가 직관적으로 판단하기 어렵다. 법령상 제품 포장에 기재된 정보는 '표시'로, 방송이나 인터넷 매체에 노출되는 정보는 '광고'로 분류되지만, 실제 소비자는 위치보다는 표현의 의도와 효과를 기준으로 정보를 판단한다. 따라서 이러한 기능적 접근 방식에 기반하여 표시와 광고를 구분하고, 이에 따른 법적 기준을 정비할 필요가 있다.

또한 표시와 광고는 법적 책임의 수준에서도 중요한 차이를 갖는다. 표시의 경우에는 식품위생법이나 표시광고법 등에 따라 엄격한 형식과 내용의 준수 의무가 있으며, 위반 시에는 행정처분이나 형사처벌까지 가능하다. 반면 광고는 자율규제와 함께 거짓·기만 표현에 대해서만 법적 제재가 가해진다. 표시와 광고의 구분이 명확하지 않으면, 사업자는 이를 악용하여 책임을 회피하거나, 반대로 규제의 과잉 적용을 받는 상황도 초래될 수 있다.

소비자 보호 측면에서도 마찬가지다. 소비자는 제품에 대한 신뢰 가능한 정보를 원하며, 그 정보를 통해 합리적 선택을 한다. 이때 '표시'라고 생각한 정보가 사실은 '광고'였다면, 소비자의 알 권리는 침해되고 오인 가능성은 커진다. 이는 단순한 개인의 문제를 넘어, 공정한 거래 질서 전체에 악영향을 미칠 수 있다. 따라서 표시와 광고의 개념을 명확히 구분하고, 각각의 규제 방식과 책임 구조를 체계화하는 것은 더 이상 선택의 문제가 아니라, 정보의 신뢰성과 사회적 신뢰를 지키기 위한 제도적 필수 조건이다.

2. 표시와 광고의 개념 비교

표시는 제품 포장, 용기, 또는 첨부문서 등 제품에 고정적으로 부착되어 제공되는 정보를 말하며, 소비자에게 정확하고 신뢰할 수 있는 사실 중심의 정보 제공을 목적으로 한다. 제품의 명칭, 원재료명, 유통기한, 영양성분, 보관 방법, 주의사항 등은 표시의 대표적인 내용으로, 법령에서 정한 기준에 따라 고정된 형식으로 제공된다. "비타민 C 500mg 함유", "1일 1회 1정 섭취", "섭취 시 주의사항 : 특정 질환자는 섭취 전 전문가 상담" 등의 정보가 대표적인 표시라고 볼 것이다. 이러한 정보는 과학적 검증이 가능하고, 주관적 해석의 여지를 배제하도록 구성되며, 소비자가 제품을 올바르게 선택하고 안전하게 사용할 수 있도록 돕는 것을 주요 기능으로 한다.

1. 표시와 광고의 개념과 기능

반면 광고는 다양한 매체를 통해 전달되는 표현 수단으로, 소비자의 구매 욕구 자극과 브랜드 이미지 형성에 초점이 맞추어져 있다. 광고는 감성적 설득을 주된 전략으로 삼으며, 소비자의 흥미를 끌 수 있는 스토리텔링, 이미지, 유명인 등장, 비교 우위 강조 등의 기법을 활용한다. 예를 들어, "하루 한 알로 피로를 날려버리세요!", "한번의 선택!"과 같은 문구는 과학적 정보라기보다는 소비자의 관심과 욕구에 호소하는 광고 표현에 해당한다.

표시와 광고의 가장 핵심적인 차이는 정보의 성격과 규율 방식이다. 표시는 사실의 전달에 초점을 맞춘 공적 정보이고, 광고는 소비자의 행동 변화를 유도하는 표현적 수단이다. 따라서 표시는 정해진 항목과 형식을 따라야 하고, 그 내용은 객관적이고 검증 가능해야 하며, 광고는 창의적이고 유연한 표현이 허용되지만, 거짓·기만 표현에는 제재가 따른다.

〈표 1〉 표시와 광고의 개념 비교

구분	표시	광고
정 의	• 제품에 고정된 형식으로 기재되는 사실 중심의 정보	• 다양한 매체를 통해 표현되는 감성적·설득 중심의 정보
목 적	• 소비자의 알 권리 보장, 정확하고 안전한 제품 선택 지원	• 구매 유도, 브랜드 이미지 강화, 소비자 행동 유도
표 현 방 식	• 법령에 따라 정해진 형식(문자, 숫자, 도형 등)을 준수	• 감성적 스토리텔링, 이미지, 영상, 유명인 활용 등 창의적 표현 가능
정보의 위 치	• 제품 포장, 용기, 라벨, 첨부문서 등 실제 제품에 부착	• 방송, 인터넷, 인쇄물, 유튜브, SNS 등 외부 매체
법 적 책 임	• 표시 기준 위반 시 행정처분 또는 형사처벌 가능	• 거짓·기만 표현 시 법적 제재 대상 (자율규제 병행)
제 공 주 체	• 제조자·수입자·판매자 등	• 광고주, 광고대행사, 플랫폼 사업자 등 다양한 이해관계자 포함

3. 표시와 광고의 기능 비교

표시와 광고는 모두 제품 정보 전달을 통해 소비자에게 영향을 미치지만, 그 기능의 방향성과 범위는 현격하게 다르다.

『식품표시광고법 해설』

표시는 무엇보다 객관적이고 정확한 정보 제공에 초점을 두며, 소비자의 '알 권리'를 보장하는 공적 수단이다. 표시를 통해 소비자는 제품의 성분, 영양 정보, 유통기한, 원산지, 보관 방법, 사용상 주의사항 등을 확인할 수 있으며, 이를 기반으로 자신에게 적합한 제품을 선택할 수 있다. 표시의 이러한 정보 제공 기능은 특히 알레르기, 만성질환, 연령 특이성 등 건강 취약 계층에게는 생명과 직결되는 기능이 될 수 있다. 예를 들어, 견과류 알레르기가 있는 소비자에게 '땅콩 함유'라는 표시는 단순한 정보 제공을 넘어 안전보장 장치로 작동한다. 또한, 제조자와 유통경로의 명시는 식품 사고나 이상 반응 발생 시 책임 소재를 추적할 수 있는 기능도 갖춘다.

광고는 그와 달리 소비자의 관심을 유도하고, 구매 행동을 유발하는 설득 기능이 중심이다. 이를 위해 광고는 감성적 스토리, 시각적 이미지, 유명인 활용, 음악, 짧고 반복적인 문구 등을 통해 소비자의 인지와 감정에 직접 호소한다. "가장 많은 사람들이 선택한 비타민" 등의 문구는 정보 전달과 동시에 소비자의 특정 행동을 유도하는 기능을 한다. 또한 광고는 단순한 상품 소개를 넘어서, 브랜드 정체성 강화와 고객 충성도 형성의 브랜딩 기능, 반복적 노출을 통한 인지 강화를 유도하는 학습 기능, 소비자 트렌드를 주도하는 문화적 기능까지 확장될 수 있다.

<표 2> 표시와 광고의 기능 비교

기능 항목	표시의 기능	광고의 기능
정보 제공	• 성분, 용량, 유통기한 등 사실 기반 정보 전달	• 제품의 특징과 장점 등 주관적 정보 강조
소비자 보호	• 유해성분 경고, 알레르기 유발 물질 표기 등 안전 확보	• 일부 캠페인 광고 외에는 직접적인 보호 기능 없음
책임 명시	• 제조자 등 정보 기재로 사고 발생 시 법적 책임 추적	• 광고주는 표시 주체와 다르며, 법적 책임이 분산되거나 불분명할 수 있음
행동 유도	• 없음. 구매 전 사실 확인을 위한 정보 제공에 그침	• 구매욕구 자극, 감성적 설득을 통해 직접적인 행동 변화 유도
경제적 정책적	• 공정한 거래질서 유지, 정보 표준화, 식품안전정책 실현	• 판매 촉진, 브랜드 이미지 구축, 소비 유도, 메시지 전달(예: 건강 캠페인) 등

제5절. 표시와 광고 구분 기준의 전환 필요성

1. 논의의 필요성

표시와 광고는 소비자에게 제품 정보를 전달하는 두 가지 기본 방식이다. 지금까지 살펴본 바와 같이, 이 두 개념은 정보 전달이라는 공통된 목표를 지니고 있으나, 실제로는 정보의 성격, 표현 방식, 전달 목적, 법적 규율 방식 등 여러 측면에서 분명한 차이를 보인다. 이러한 차이는 단순한 개념 구분을 넘어, 소비자 보호와 시장 질서 유지, 사업자의 책임 설정이라는 제도적 측면에서 매우 중요한 함의를 지닌다.

하지만 현행 「식품표시광고법」이나 「표시광고법」 등에서는 표시와 광고를 '정보가 어디에 위치해 있는가'에 따라 구분하는 방식을 취하고 있다. 다시 말해, 제품 포장이나 용기, 라벨, 첨부문서에 기재된 정보는 '표시'로 간주하고, 텔레비전, 인터넷, SNS 등 외부 매체를 통해 전달되는 정보는 '광고'로 분류하는 구조다.

이러한 구분 방식은 일견 명확해 보일 수 있으나, 현대 유통 환경, 특히 온라인 중심의 디지털 소비환경에서는 다양한 문제점을 노출하고 있다. 따라서 앞으로는 정보의 위치보다 그 기능과 효과를 중심으로 한 구분 기준의 전환이 필요하며, 이는 소비자 권익 보호와 시장의 공정한 운영을 위해 반드시 논의되어야 할 향후 과제라고 할 수 있다.

2. 현행 구분 방식의 배경과 논리

정보의 위치를 기준으로 표시와 광고를 구분하는 현행 법령 체계는 규제 집행의 명확성과 일관성 확보를 위해 설계된 것이다. 법은 사회적 행위를 구체적이고 예측 가능하게 규율해야 하므로, 정보가 기재된 물리적 공간을 기준으로 표시와 광고를 구분하는 것은 행정 실무상 편의가 크다. 예컨대, 제품 포장지에 기재된 내용은 '표시', TV 광고나 온라인 배너에 나타나는 문구는 '광고'로 일괄 구분하면 법적 판단과 집행 과정이 단순해진다.

『식품표시광고법 해설』

또한 이러한 기준은 오랫동안 오프라인 유통이 주된 소비 방식이던 시대의 산업 구조를 반영하고 있다. 오프라인 환경에서는 소비자가 제품을 손에 들고 포장지에 기재된 정보를 직접 확인할 수 있었기 때문에, 포장지에 있는 정보는 곧 표시이고, 외부 홍보물에 나오는 문구는 광고라는 인식이 자연스러웠다. 이처럼 정보의 외형적 위치를 중심으로 표시와 광고를 구분하는 방식은 전통적인 소비 환경에서는 일정 부분 타당성을 가졌던 것이다.

2. 정보 '위치' 기준의 한계

그러나 오늘날과 같이 온라인 유통이 일상화되고, 소비자들이 다양한 디지털 플랫폼을 통해 제품 정보를 접하는 시대에는 정보가 어디에 위치하고 있는가 만으로 그 성격을 판단하는 것이 오히려 현실과 괴리를 일으킨다.

첫째, 소비자의 실제 인식 기준과 괴리가 발생한다. 현대 소비자는 정보를 '어디에 있는가'보다 '무엇을 말하고 있는가', '어떤 목적과 형식으로 전달되고 있는가'를 기준으로 판단한다. 포장지에 있든 웹사이트에 있든, "면역력 강화"라는 문구는 동일한 의미로 인식되며, 소비자는 이를 신뢰할 수 있는 정보로 받아들인다. 그런데 법령은 그 위치에 따라 '표시' 또는 '광고'로 나뉘고, 그에 따른 규제나 책임 수준이 달라진다면, 소비자는 어떤 정보를 믿어야 할지 혼란에 빠질 수밖에 없다.

둘째, 정보의 신뢰성과 법적 책임 범위를 모호하게 만들 수 있다. 예컨대, 소비자가 구매 전 필수적으로 확인해야 하는 정보가 온라인상에서 제공되고, 실제 포장지에는 누락되어 있거나 다르게 표시되어 있는 경우에 문제가 발생한다. 또한, 인터넷 쇼핑몰의 상세페이지에 기재된 영양정보, 함량, 섭취방법 등이 실제 표시기준에 부합하는 정보임에도 불구하고, 그 위치가 온라인상이라는 이유로 '광고'로 간주된다면 동일한 문제를 유발할 수 있다.

셋째, 정보의 기능이나 표현 목적을 간과한 채 형식에만 의존하는 구분 방식은 규제 회피의 수단으로 악용될 수 있다. 예를 들어, 내용적으로는 표시에 해당하지만 온라인상에서 제공되고 있다는 사실만으로 광고로 간주하게 되면 표시에 대한 규제를 회피할 수 있으며, 제품 포장에 기재된 문구가

'피로 개선에 탁월'과 같이 주관적인 표현이 포장지에 존재한다는 이유만으로 표시로 분류된다면 광고가 아니라 표시에 대한 규제가 적용되게 된다.5 이러한 점을 이용하여 유리한 규제를 적용하는 규제쇼핑 현상을 유발할 수 있게 된다.

최근 급격하게 증가된 온라인 중심 소비환경의 변화를 제대로 반영할 수 없게 된다. 온라인 쇼핑이 보편화된 지금, 소비자는 제품을 실물로 보기 전에 대부분의 정보를 웹페이지나 앱을 통해 먼저 접한다. 이때 제공되는 정보는 단순한 마케팅 메시지가 아니라, 소비자가 제품을 선택하기 위한 핵심적 근거가 된다. 예컨대, 소비자는 온라인 쇼핑몰에서 영양성분, 기능성, 원산지, 보관방법 등의 정보를 확인한 후 구매 결정을 내린다. 이는 제품 포장에 적힌 정보와 동일한 기능을 수행하며, 사실상 '표시'의 역할을 하고 있다. 그럼에도 불구하고, 이와 같은 정보가 단지 '온라인에 존재한다'는 이유로 광고로 분류된다면, 그 정보에 대한 책임이 분산되거나 사각지대에 놓이는 문제가 발생하게 된다. 나아가, 정보의 일관성 확보나 법적 책임 추적에도 한계가 발생할 수밖에 없다.

3. 기능과 효과 중심의 규제 체계로의 전환 필요성

이러한 배경에서, 표시와 광고의 구분 기준은 기존의 '위치 중심' 방식에서 기능(function)과 효과(effect)를 중심으로 하는 방식으로 전환되어야 할 필요성이 커지고 있다. 즉, 어떤 정보가 어디에 기재되어 있는지가 아니라, 그 정보가 어떤 기능을 수행하며, 소비자에게 어떤 영향을 미치는지를 기준으로 삼아야 한다.

이를 위해 다음과 같은 정책적 방향이 검토될 수 있을 것이다.

첫째, 온라인상에서 제공되는 정보 중에서 소비자의 구매 판단에 필수적인 요소는 '표시'로 간주하여, 동일한 수준의 법적 책임과 규제를 적용한다.

둘째, 제품 포장에 표시된 정보와 온라인 판매 페이지에 기재된 정보의 일치 여부를 관리·감독하기 위한 통합적 정보관리 시스템을 구축한다.

---
5 제품·포장 등에 사용되는 모델이나 배경 사진 등도 표시로 간주되는 현상이 발생한다.

셋째, 제품 정보를 제공하는 온라인 플랫폼 사업자에게도 일정 수준의 표시 책임을 부여함으로써, 소비자 보호 체계를 강화한다.

이와 같은 접근은 단순히 규제의 형식적 통일성을 넘어서, 실질적인 소비자 보호와 정보의 신뢰성 확보라는 규제의 본래 목적을 달성하는 데 기여할 수 있을 것으로 생각한다.

4. 실효성 있는 정보 규율을 위한 새로운 기준 마련

결국 표시와 광고는 서로 다른 기능과 역할을 수행하는 정보 전달 수단이지만, 오늘날의 디지털 정보 환경에서는 그 경계가 점점 더 흐려지고 있다. 기존의 위치 중심 구분 방식은 행정 집행의 명확성 측면에서는 장점이 있으나, 정보 전달의 실질적 기능과 소비자의 실제 이용 행태를 반영하지 못하는 한계를 지닌다.

앞으로는 정보의 기능, 표현 의도, 소비자에 미치는 영향 등을 기준으로 표시와 광고를 구분하는 규범적 체계로의 전환이 필요하다. 이는 단지 표시와 광고라는 개념을 명확히 하기 위한 문제가 아니라, 소비자의 알 권리를 실질적으로 보장하고, 사업자의 정보 제공 책임을 분명히 하며, 거짓·기만 표현으로부터 소비자를 보호하기 위한 핵심 전제가 될 것이다. 나아가 이러한 제도적 전환은 디지털 시대에 걸맞은 공정하고 신뢰 가능한 정보 환경 구축이라는 보다 큰 목표 달성의 기초가 될 것이다.

제2장 식품 표시광고의 역사와 발전

 현대 사회에서 식품 표시광고는 소비자 보호와 공정한 시장질서 유지를 위한 핵심 도구로 자리잡았다. 그러나 그 기원은 고대의 상징적 거래부터 시작하여, 산업화 시대를 거쳐 현대적 법제화로 진화해온 긴 여정 속에 있다. 본 장에서는 이러한 표시광고의 역사적 맥락과 법제적 발전을 살펴봄으로써, 식품 표시광고의 사회적 의미를 살펴보고자 한다.

제1절. 현대 이전의 식품 표시와 광고

1. 고대 사회의 상표와 광고 형태

 인류는 문자가 등장하기 이전부터 특정한 기호나 상징을 통해 자신이 만든 제품을 구분하고, 신뢰를 형성하는 방식을 사용해왔다. 고대 이집트나 메소포타미아에서는 도자기나 항아리에 제작자 고유의 문양을 남겨 이를 식별 수단으로 삼았고, 이는 당시 '상표' 역할도 한 것으로 보인다. 또한 고대 로마에서는 시장에서의 외침, 즉 구두를 통한 상품의 홍보가 이루어졌으며, 벽화나 간판을 통해 특정 상점을 알리는 원시적 광고 형태도 발견된다.

 이러한 표시와 광고는 현대처럼 상품의 품질을 과학적으로 입증하거나 법적으로 보호받지 않았지만, 소비자의 반복 구매와 구전(口傳)을 유도하는 중요한 수단으로 기능하였다.

2. 전통 사회의 식품 거래와 신뢰 기반 표시

 조선시대 이전의 한국 사회에서는 식품 거래가 지역 공동체 중심의 신뢰 기반 거래로 이루어졌다. 상업화의 초기 단계였기 때문에 현대적 의미의 상표나 광고는 존재하지 않았지만, 품질을 보장하는 '이름'이나 '방식', 그리고 구전과 반복 구매에 의한 신뢰가 표시·광고의 기능을 대체했다.

대표적인 예를 살펴 본다면, 장류나 김치, 젓갈류 등 발효식품에서는 특정 가문의 제조법이 알려져 있었고, "○○댁 고추장", "이씨 청국장"처럼 가문 이름이 표시의 역할을 하기도 했다. 지역명 표시도 널리 사용되었다. 예컨대 "안동 간고등어", "한산모시주", "나주배"와 같은 지역 식품 명칭은 원산지에 따른 품질 신뢰를 반영한 표시였다. 포장 또는 용기 방식도 일종의 시각적 표시였다. 예를 들어, 약초나 장류를 담는 지방 고유의 항아리, 대나무 포장, 한지 포장 등은 소비자에게 그 지역의 상품임을 암묵적으로 알리는 수단이었다.

이처럼 명시적 표시보다는 사회적 기억과 장소성에 의한 구분이 주였으며, 이후 상표 개념의 토양이 되었다고도 볼 수 있다. 전통시장의 판매자들은 이러한 명성과 전통을 토대로 호객 행위나 반복 구매자를 통해 구전 광고를 수행했고, 이것이 곧 브랜드 가치의 원초적 형태로 기능했던 것이다.

3. 산업화와 근대적 표시 제도의 등장

한국 사회는 1960년대 이후 본격적인 산업화와 도시화를 겪으면서 식품의 유통 구조도 근본적으로 변화했다. 전통시장의 직접 거래 구조에서 벗어나, 대량 생산과 포장, 유통망을 통한 간접 거래가 확대되었고, 소비자는 생산자와 직접 대면하지 못하는 상태에서 상품을 구매해야 하는 상황에 놓이게 되었다. 이러한 구조에서는 포장지나 라벨을 통해 제품 정보를 전달하고, 품질을 보증하는 표시제도가 필수적이었다.

현대적인 표시제도는 1906년 미국에서 「Pure Food and Drug Act」[6]를 통해 식품에 대한 허위표시 금지를 명문화하면서 최초로 도입되었다고 볼 수 있다. 일본은 1947년 식품위생법을 제정하여 성분 표시, 첨가물 표기 등을 법으로 의무화했다. 이후 1950년대에는 식품의 '명칭·유통기한·용량'을 기재하도록 의무화하였다.

---

6 사탕, 소시지, 통조림 등에 위험 성분이 들어간 사례들이 사회 문제로 떠오르며 소비자 보호 요구가 커져 도입되었다. 비록 초기에는 제한적이었지만, 정부가 공중보건을 위해 시장에 개입할 수 있다는 중요한 선례를 만들었고, 이후 많은 식품·의약품 안전 법률의 기초가 되었다고 한다. 현재 FDA(Food and Drug Administration) 설립의 토대가 되었다.

제2절. 우리나라 식품위생법의 제정과 발전

1. 식품위생법의 제정

한국도 1962년 「식품위생법」 제정을 통해 식품 안전관리 체계의 틀을 세우게 된다. 당시 식품유통 환경은 매우 열악했고, 부정·불량식품의 제조 및 유통이 만연하여 국민 건강을 위협하고 있었다. 정부는 국민 건강 보호를 국가의 책임으로 명시하며 식품에 대한 위생관리, 허가제도, 표시제도 등을 포함하여 식품 안전관리에 관련된 포괄적 법령을 만들게 되었다.

식품위생법은 부정불량식품의 유통 차단, 제조·유통 단계의 위생관리 체계화, 소비자에게 최소한의 정보를 제공하여 선택권 보장 등을 목적으로 하였고, 식품의 기본 정보인 제품명, 제조일자, 유통기한, 보존방법 등을 표시하는 것이 의무화되었다. 이에 따라 국민 대다수가 처음으로 '표시'라는 개념을 경험하게 된 것이었다.

2. 식품위생법상 표시 규정의 발전

「식품위생법」 상의 표시 규정은 초기에는 정보 제공을 중심으로 역할을 하였으나, 이후 소비자 권익 보호와 과학적 식품 관리 요구에 따라 점차 별화 발전하였다. 1970년대에서 80년대는 기초 정보 표시의 확립 시기라 할 수 있다. 식품의 유통기한, 원재료명, 용량, 제조업체명 기재가 의무화되었고, 간장, 된장, 조미료 등 가공식품을 중심으로 표시 기준이 정립되었다. 소비자 불만이 급증한 불량식품 근절이 주요 과제였다고 할 것이다.

1980년대에서 90년대는 소비자보호 관점의 표시가 강화된 시기이다. 이 시기에는 소비자운동의 성장과 함께 표시 내용에 대한 관심이 증가하여, 합성 착향료, 색소, 보존료 등 첨가물에 대한 별도 표기가 의무화되었다. '저지방', '무설탕', '천연' 등의 표시가 과장·거짓 논란을 불러오며 정부가 관련 기준 정립에 착수한 시기이기도 하다. 1985년 표시기준 고시의 개정으로 '기만적인 표시 금지'를 명문화하였다.

『식품표시광고법 해설』

2000년대 이후는 과학적 정보 표시 및 건강 정보 확대의 시기이다. 영양성분표 의무화로 칼로리, 나트륨, 단백질, 당류 등 표시와 알레르기 유발 성분 표기, 유전자변형식품(GMO) 여부 등 건강 관련 정보로 표시가 확대되었다. 건강기능식품법 제정(2002년)으로 기능성 표시, 사전심의 등이 도입되었고, 인터넷 유통, 홈쇼핑 증가에 따라 비대면 판매 환경에서의 표시기준 필요성이 대두되었다.

3. 제도 운영의 성과와 한계

식품 표시광고 제도의 가장 큰 성과는 소비자들이 상품을 선택할 때 정확하고 충분한 정보를 바탕으로 하여 합리적인 의사결정을 내릴 수 있게 되었다는 점이다. 영양성분표, 원산지, 유통기한 등의 정보가 명확하게 표시됨으로써 소비자들은 자신의 건강 상태나 선호도에 맞는 식품을 선택할 수 있게 되었다. 또한 부정·불량식품의 근절과 식품 위생 수준 향상에도 크게 기여하였다. 제조업체들은 표시 의무 준수를 위해 품질 관리를 강화하게 되었고, 정부의 지속적인 단속과 처벌로 부정·불량식품 유통이 크게 줄어들었다. 나아가 알레르기 유발 성분 표시, 트랜스지방 함량 표시 등을 통해 국민의 건강위험을 사전에 예방하고 공공보건을 증진시키는 공익적 역할도 충실히 수행해왔다. 특히, 당뇨병, 고혈압 등 만성질환자가 증가한 초고령화 사회에서는 나트륨, 당류 등 영양성분 함량 표시의 중요성이 더욱 커지고 있다.

하지만 시간이 지나면서 여러 한계점들도 나타났다. 식품위생법, 건강기능식품법, 축산물위생관리법 등 여러 법령에서 각각 다른 표시 기준을 제시하면서 제조업체와 소비자 모두에게 혼란을 야기하였고, 같은 식품이라도 어떤 법령을 적용하느냐에 따라 표시 방법이 달라지는 상황이 발생하기도 했다. 또한 디지털 시대가 도래하면서 전통적인 '표시'와 '광고'의 경계가 점점 모호해졌다. 특히 온라인 쇼핑몰, SNS, 유튜브 등 다양한 매체를 통한 정보 전달 활동이 늘어나면서 더욱 심해졌으며, 부당한 광고를 명확히 판별하고 단속하는 것이 어려워지게 되었다. 제품 포장이나 간접광고 형식으로 전달되는 문구가 단순한 정보제공인지 소비를 유도하는 광고인지를 획일적으로 구분하기가 어렵게 되었으며, '간헐적 단식 다이어트식품', '슈퍼푸드', '클린라벨', '비건 식품' 등 새로운 식품 트렌드가 계속 등장하는데, 기존 법령과 규정으로는 이러한 새로운 유형의 식품에 대한 명확한 기준을 제시하지 못하게 되는 상황도 발생하기도 한다. 여기에 소비자들의 식품 표시 이해도는 상대적으로 낮아 복잡한 영양정보를 제대로 활용하지 못하는 경우가 많고, 영세 중소업체들은 복잡하고 까다로운 표시 규정을 준수하는 데 상당한 부담을 느끼고 있다는 것도 커다란 한계점으로 나타나기도 한다. 또한 국경을 넘어선 글로벌 식품 무역이 확대되면서 국제 기준과의 조화 필요성도 커지고 있지만, 기존 제도로는 이를 충분히 반영하는데 한계가 있었다.

4. 「식품표시광고법」 제정 필요성의 제기

앞에서 제기된 다양한 문제와 한계점들이 누적되면서 식품의 표시광고를 통합적으로 규율할 수 있는 새로운 법적 체계의 필요성이 제기되었다. 특히 4차 산업혁명 시대에 맞는 디지털 환경에서의 식품 마케팅 규제와 소비자 보호 방안이 시급하다는 인식이 확산되었다. 이러한 배경에서 식품 표시·광고에 관하여 통합적으로 규율하고, 변화하는 식품 시장 환경에 효과적으로 대응하기 위한 새로운 규제체계의 필요성이 제기되었다.

2018년 3월 「식품표시광고법」이 제정되었고, 2019년에 시행되었다. 이 법률은 그동안 「식품위생법」, 「건강기능식품에 관한 법률」, 「축산물 위생관리법」 등 여러 법령에 흩어져 있던 표시·광고 관련 규정을 하나의 법률로 통합하고, 일원화하였다.

이 법률은 단순히 기존 규정들을 하나로 모은 것이 아니라, 식품 표시·광고 분야에 있어 패러다임의 전환을 가져온 의미 있는 변화였다. 표시와 광고를 명확히 구분함으로써 규제의 예측가능성을 높였고, 소비자 보호와 시장의 투명성을 제도적으로 뒷받침하는 기반을 마련했다. 특히 디지털 시대의 새로운 광고 형태들에 대응할 수 있는 법적 근거를 확보했다는 점에서 큰 의미가 있다. 앞으로 새로운 매체나 마케팅 기법이 등장하더라도 이 법률을 기반으로 효과적으로 대응할 수 있게 되었다.

제3장. 식품표시광고법 개요

제1절. 식품표시광고법 제정 이유[7]

「식품위생법」, 「건강기능식품에 관한 법률」 및 「축산물 위생관리법」에 분산되어 있는 식품 등의 표시·광고에 관한 규정을 통합하는 동시에 식품 등의 표시의 기준에 관한 주요 내용을 법률로 규정함으로써 ① 식품·건강기능식품·축산물·수입식품 등 관련 영업자들이 표시·광고 규제의 주요 내용을 쉽게 파악할 수 있도록 하고, ② 영업자가 식품 등에 관하여 국민들에게 정확한 정보를 제공하도록 하기 위하여 사행심을 조장하거나 음란한 표현을 사용하여 공중도덕이나 사회윤리를 현저하게 침해하는 부당한 표시·광고를 금지하며, ③ 「식품위생법」 및 「건강기능식품에 관한 법률」에 따른 표시·광고 사전심의를 폐지하고 식품단체에서 부당한 표시·광고행위를 자율적으로 심의하는 기구를 운영할 수 있는 근거를 마련하려는 것이다.

제2절. 식품표시광고법 제정 및 개정 경과

1. 식품표시광고법의 제정

(1) 제정 경과

「식품등 표시·광고에 관한 법률」은 2018년 3월 13일 「식품위생법」, 「건강기능식품에 관한 법률」, 「축산물 위생관리법」에 분산되어 있던 식품등의 표시·광고 관련 법 규정들을 통합하여 제정되었고, 1년의 유예기간을 거쳐 2019년 3월 14일부터 시행되었다. 동법 시행규칙도 2019년 4월 25일 제정되어 시행되었다.

---

[7] 식품 등의 표시·광고에 관한 법률안 검토보고(2016.12, 보건복지위원회) 내용을 정리함.

(2) 주요 내용

구 식품위생법 제4장에서는 식품의 표시 기준, 식품의 영양 표시, 나트륨 함량 비교 표시, 유전자변형 식품 등의 표시, 식품의 표시·광고의 심의, 광고심의 이의신청, 허위표시 등의 금지에 관하여 규정하고 있었는데, 식품표시광고법이 제정되면서 유전자변형 식품 등의 표시에 관한 규정을 제외한 나머지 규정들은 구 식품위생법에서 모두 삭제되었고, 삭제된 내용들을 식품표시광고법에서 통합, 흡수하여 규율하게 되었다.

식품 등의 표시의 기준에 관한 주요 내용이 법률로 상향 입법되었다. 식품의약품안전처장이 고시로 정하던 있는 식품, 식품첨가물, 기구 및 용기·포장의 표시에 관한 사항 중 주요 내용을 법률로 정하여 식품·건강기능식품·축산물·수입식품 등 관련 영업자들이 표시·광고 규제의 주요 내용을 쉽게 파악하고 이해할 수 있도록 하였다. 또한, 식품 등의 표시·광고의 금지의 유형을 확대하였다. 법률 제정 이전 개별 법률에서 금지한 부당한 표시·광고의 유형 외에 사행심을 조장하거나 음란한 표현을 사용하여 공중도덕이나 사회윤리를 현저하게 침해하는 표시·광고를 추가하였다. 식품 등의 표시·광고 내용의 실증(實證) 등의 제도가 마련되어, 식품 등을 표시·광고한 자는 자기가 한 표시·광고 중 사실과 관련한 사항에 대하여 실증하도록 하고, 식품의약품안전처장은 실증이 필요하다고 인정하는 경우에는 해당 식품 등을 표시·광고한 자에게 실증자료를 제출할 것을 요청할 수 있도록 하였다. 표시광고 사전심의를 폐지하고, 자율심의제도가 도입되었고, 이외에도 식품표시광고와 관련된 많은 제도들이 정비되었다.

2. 식품표시광고법의 개정 경과

식품표시광고법은 2019년 3월 시행된 이래로 수차례 개정되었다. 2020년 4월 개정에서는 영양표시, 나트륨 함량 비교표시 등에 관한 사항을 위반하여 판매를 한 자에 대한 과태료 상한액을 조정하였으며, 2020년 12월 개정에서는 자율심의제의 보다 효율적 시행을 위해 반드시 의무적으로 표시해야 하는 사항만을 표시하는 경우에는 자율심의 대상에서 제외(제10조 제1항 본문)

하였으며, 아울러 실증자료의 미제출 자가 중지명령을 받았음에도 불구하고 계속적으로 표시하는 경우 영업정지와 같은 행정적 처분을 할 수 있도록 하였다(제16조 제1항 제3호 및 제3항 제3호). 동 개정과 함께 「부당한 표시 또는 광고로 보지 아니하는 식품 등의 기능성 표시 또는 광고에 관한 규정」도 새롭게 제정되어 시행되었는데 동 규정에서는 일반식품에도 기능성 표시가 가능하도록 하는 기능성 표시제를 도입하였다.

2021년 8월 제3차 개정에서는 1985년에 도입되어 약 40여년간 시행되어온 유통기한 표시제의 한계, 식품자원의 낭비문제, CODEX 기준과의 불균형 등 지속적으로 제기된 문제점에 따라 제조·유통사가 식품을 제조하고 포장한 후 판매할 수 있는 기한인 '유통기한제'를 적절한 보관법을 준수하였다면 소비자가 식품을 섭취해도 건강에 문제가 없는 '소비기한제'로 변경하여 2023년 1월 1일부터 시행하였다(제4조 제1항 제1호 라목 및 제3호 다목). 또한 최근 들어 사회적 문제가 되고 있는 식품과 결합한 펀슈머(Funsumer) 식품 중 구두약을 비롯한 생활화학제품과 포장이 유사한 식품 섭취에 따른 안전사고를 미연에 방지하기 위하여 관련 표시·광고 행위를 새롭게 금지하고 그에 대한 벌칙규정을 두었다(제8조 제1항, 제27조 제2호).

2024년 1월 개정에서는 마약류 및 이와 유사한 표현을 사용한 표시·광고를 하지 않도록 권고할 수 있게 하고, 권고에 따라 표시·광고의 변경 조치를 하려는 영업자 등에게 비용을 지원할 수 있도록 하는 규정을 신설(제8조의2)하였으며, 부당한 표시·광고에 따른 과징금 부과금액을 해당 식품 등을 판매한 금액의 2배 이하로 상향 조정하되, 과징금을 부과하는 경우 위반행위의 내용, 정도, 기간, 횟수 등도 고려토록 개정(제20조)하였다.

2025년 3월 개정에서는 식품의약품안전처장에게 정보통신망을 이용하여 식품등의 표시·광고하는 행위 등에 대한 모니터링, 위법 표시·광고의 내용만으로 영업자에 대한 정보를 확인할 수 없는 경우 자료 제출 요청, 모니터링 결과 정보통신서비스 제공자등에게 위법 표시·광고임을 대통령령으로 정하는 조치 요청 권한 등을 부여(제13조의2 신설)하고, 식품 등의 표시·광고 모니터링 업무의 위탁과 비용의 지원(제13조의3 신설), 협회 또는 단체의 자율규제 활동에 대한 지원(제13조의4 신설), 안전관리 정책 환경 변화에 신속하고 선제적으로 대응하기 위해 부당한 표시·광고 현황 조사, 효율적인 모니터링 기술 등의 연구·개발을 지원(제13조의5 신설)할 수 있도록 하였다.

3. 현행 식품표시광고법령 체계 및 주요 내용

(1) 식품표시광고법령 체계

식품표시광고법은 총 37개 조문으로 구성되어 있으며, 동 법의 위임과 시행을 위한 시행령 및 시행규칙, 그리고 행정규칙인 고시와 예규로 구성되어 있다. 행정규칙에는 표시기준 및 방법, 표시·광고 실증, 부당한 표시·광고의 내용기준 등에 관한 9개 고시와 2개 예규가 있다.

<그림 1> 식품 등의 표시·광고에 관한 법률/법률체계도

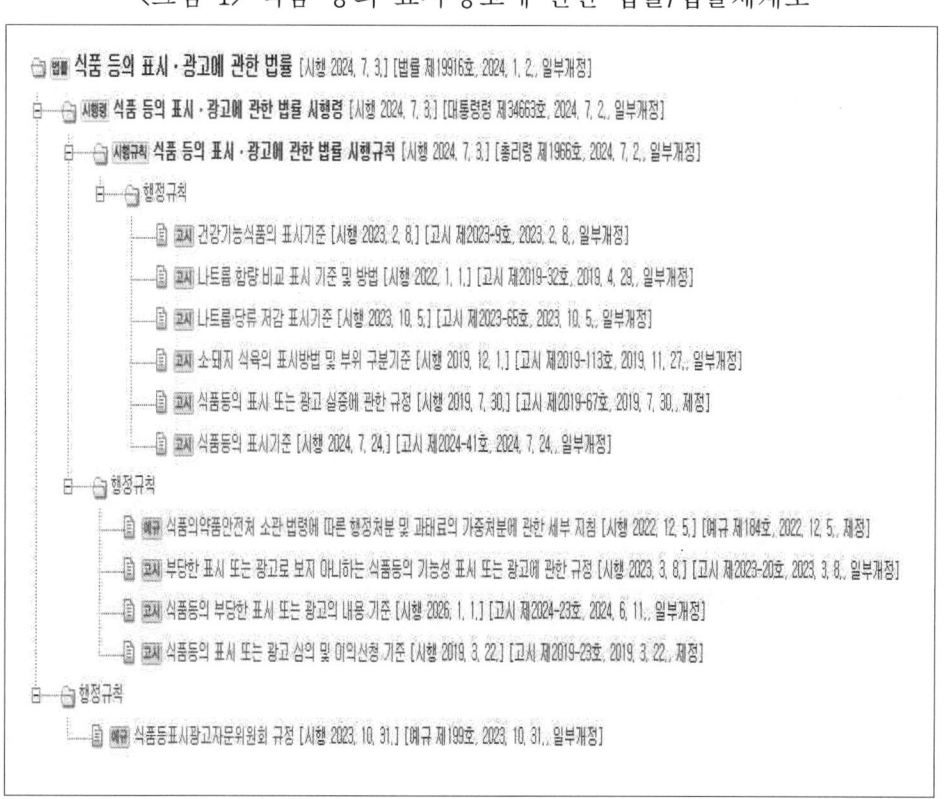

* 자료 : 국가법령정보센터

『식품표시광고법 해설』

(2) 식품표시광고법의 주요 내용

식품표시광고법의 37개 조문은 별도 장으로 구분되어 있지는 않지만, 내용적으로는 총칙(제1조~제3조), 표시에 대한 규율(제4조~제6조), 광고 등에 대한 규율(제7조~제11조), 표시광고정책 추진(제12조~제13조), 모니터링 및 자율규제(제13조의2~제13조의5), 집행 및 행정처분(제14조~제23조), 보칙 조항(제24조~제25조), 벌칙 및 과태료(제26조~제31조) 등으로 구성되어 있다.

가) 일반적 사항

총칙적 내용으로는 제1조(목적), 제2조(정의), 제3조(다른 법률과의 관계)로 구성되어 있다. 제1조는 식품 등에 대하여 올바른 표시·광고를 하도록 하여 소비자의 알 권리를 보장하고 건전한 거래질서를 확립함으로써 소비자 보호에 이바지함을 목적으로 함을 규정한다. 제2조(정의)는 식품등의 표시광고 전반에 걸쳐 사용되는 주요 용어를 정의하고 있다. 식품, 식품첨가물, 기구, 용기·포장, 건강기능식품, 축산물에 대하여는 식품위생법 등 관련 법령의 정의를 그대로 가져오고 있으며, 표시, 영양표시, 나트륨 함량 비교 표시, 광고 및 소비기한 등에 대하여는 별도로 정의하고 있다. 다만, 표시와 광고 관련 일반법이라고 할 수 있는 표시광고법의 정의와 범위뿐만 아니라 내용적인 면에서도 차이를 두고 있는 점은 특이하다. 이에 대하여는 추후 논의하도록 한다. 이외에 이 법의 주요 규율대상인 영업자를 관련 법률에 따른 규율대상으로 한정하고 있는 점도 특색이라고 볼 것이다. 제3조(다른 법률과의 관계)는 식품등의 표시 또는 광고에 관하여 다른 법률에 우선하여 이 법을 적용한다고 규정하고 있다. 이 경우, 식품표시광고에 대하여는 이 법의 규정이 적용되고 동일한 사안에 대하여는 다른 관련 법률의 적용이 배제되는 것이 일반적이라고 볼 것이나, 실무는 명확하지 않아 해석과 적용의 여지가 있다.

나) 표시에 대한 규율

제4조(표시의 기준)은 식품등에 표시하여야 하는 사항과 표시의무자, 글자 크기 등 표시방법 등에 대하여 규정하고, 세부적인 사항에 대한 위임 근거를

두고 있다. 제4조의2(시각·청각장애인을 위한 점자 및 음성·수어영상변환용 코드의 표시)는 장애인의 접근성 제고를 위한 조치를 규정하면서 필요한 경우 정부의 지원 근거를 마련하고 있다. 제5조(영양표시)와 제6조(나트륨 함량 비교 표시)는 표시의 특별한 영역이라 할 수 있는 분야에 대해 규정하고 있다. 표시는 소비자의 알권리 보장을 위해 제시해야 하는 것으로 의무사항의 성격을 가지므로 해당 규정들은 강행규정의 성격을 가진다고 볼 것이다.

다) 광고 등에 대한 규율

제7조(광고의 기준)는 식품등을 광고할 때에는 제품명 및 업소명을 포함시켜야 한다고 규정하고, 식품등의 광고시 준수 사항을 정하고 있다. 상세한 내용은 총리령에 위임하고 있으나, 그 내용의 타당성 등에 대하여는 별도 검토가 필요하다. 제8조를 통해 부당한 표시 또는 광고행위의 금지를 규정하고 있다. 이 법의 규율 대상이 주로 영업자인데 반하여, 이 조항은 누구든지를 대상으로 하고 있다. 또한, 금지되는 대상은 식품등의 명칭·제조방법·성분 등으로 한정되어 그 이외의 사항에 대해 동조항이 적용되는지 등 적용범위에 대하여 이견이 존재할 수 있으며, 각호의 사항의 타당성에 대하여도 논의의 여지가 있다. 제8조의2에서 마약류 표시·광고 영업자 등에 대한 권고를 규정하고 있는데, 이 조항의 필요성에 대하여는 별론하고, 조문 형식과 위치의 적정성에 대하여는 재검토가 필요할 것으로 보인다.[8] 제9조는 표시 또는 광고 내용의 실증에 대하여 규정하고 있으며, 제10조는 표시 또는 광고의 자율심의의 근거를 규정하고 있으며, 제11조는 심의위원회의 설치·운영 등에 대하여 규정하고 있다. 상세한 사항은 하위법령 등에 위임하여 규정하고 있으며, 그 상세한 내용과 타당성 등에 대하여는 별도 검토가 필요할 것이다.

라) 표시광고정책의 추진

제12조(표시 또는 광고 정책 등에 관한 자문)를 통해 식품의약품안전처 소속으로 식품등표시광고자문위원회를 둘 수 있도록 규정하고 있으며, 제13조

---

[8] 개인적으로는 제7조와 연계하여 규율하는 것이 더 타당하다는 입장이다.

(소비자 교육 및 홍보)를 통해 식품의약품안전처장에게 소비자가 건강한 식생활을 할 수 있도록 식품등의 표시·광고에 관한 교육 및 홍보의 책무를 부과하고 있다.

마) 모니터링 및 자율규제(제13조의2~제13조의5)

제13조의2(식품등의 표시·광고 모니터링 등)를 통해 식품 등의 표시·광고 모니터링 등 근거를 마련하였고, 제13조의3(식품등의 표시·광고 모니터링 업무의 위탁 등)는 식품 등의 표시·광고 모니터링 업무의 위탁, 제13조의4(자율규제)에서 올바른 정보제공 및 소비자 보호를 위한 자율규제, 제13조의5(식품등의 표시광고 연구·개발 지원)을 규정하였다.

바) 집행 및 행정처분

식품표시광고법은 동법이 정한 규정과 명령을 위반한 경우 제14조(시정명령), 제15조(위해 식품등의 회수 및 폐기처분 등), 제16조(영업정지 등), 제17조(품목 등의 제조정지) 등의 행정처분을 규정하고 있다. 제18조(행정 제재처분 효과의 승계)에서 영업이 승계되는 경우 행정처분 효과의 승계를 규정하고 있으며, 법률이 정하는 요건을 만족하는 경우 영업정지 등의 처분에 갈음하여 부과하는 과징금 처분(제19조)을 규정하였다. 제20조는 부당한 표시·광고에 따른 영업정지 등을 받은 업소에 대하여 요건에 부합하는 경우 과징금도 병과할 수 있도록 하였다. 또한, 제21조(위반사실의 공표)는 규제당국에 대하여 제15조부터 제20조까지의 규정에 따라 행정처분이 확정된 영업자에 대한 처분 내용, 해당 영업소와 식품등의 명칭 등 처분과 관련한 영업 정보를 공표하도록 의무를 부과하고 있다.

사) 보칙 조항

식품의약품안전처장은 예산의 범위에서 제15조제3항에 따른 폐기에 드는 비용의 전부 또는 일부를 보조할 수 있도록 하였고,(제22조) 자율심의기구에 대한 등록의 취소, 영업허가 또는 등록의 취소, 영업소 폐쇄 등을 명하는 경우 반드시 청문을 거치도록 의무화하였다.(제23조) 식품의약품안전처장의 권한을 소속 기관의 장 또는 시·도지사에게 위임 및 관계 전문기관 또는 단체에 위탁할 수 있도록 하고,(제24조) 표시광고 자율심의위원에 대한 공무원 의제도 규정하였다.(제25조)

아) 벌칙 및 과태료(제26조~제31조)

법 제26조에서 제29조까지는 제4조에서 제17조 사이에 규정된 의무를 위반한 경우 그 행위의 경중에 따라 부합하는 벌칙을 규정하고 있으며, 제30조는 법인과 개인에 대한 양벌이 가능함을 규정하고 있다. 제31조는 법령이 정한 사항에 대하여 과태료를 부과하고, 이 경우 행정처분을 면제토록 하여, 경미한 위반사항에 대한 적절한 처벌을 의도하고 있다.

4. 소결

현행 식품표시광고법은 식품등에 대한 진실한 정보가 명확하게 표시되고, 기만적인 마케팅 관행으로부터 소비자를 보호하기 위한 목적으로 제정되어 운영되고 있다. 제품자체의 안전성 확보에 그치고 있던 과거의 규제를 넘어, 정보화시대에 걸맞는 표시와 광고를 규율함으로써 소비자 신뢰를 높이고 투명성을 증진하며 공중보건 향상에 기여하고 있는 것이다. 또한, 이전 법령체계에서 분산되어 있던 규제체계를 통일적으로 규율함으로써 효율적이고 일관된 규제의 확보를 가능하게 하여 식품등에 대한 공정하고 책임 있는 시장의 조성에 기여하고 있다.

제2부. 식품표시광고법 해설

식품의 표시광고에 대한 일반론적 이해는 그 개념과 기능, 역사와 제도의 형성을 폭넓게 살펴보는 데 기여한다. 그러나 이러한 이해가 현실에서 의미를 가지려면, 이를 구체적으로 규율하는 법령 체계와 연결되어야 한다. 「식품표시광고법」은 식품 표시광고 제도의 핵심이며, 우리나라 식품 표시광고 규제의 틀을 제공하는 근간이라 할 수 있다.

제2부에서는 이 법률의 각 조문을 차례로 해설하면서 그 내용과 의미를 구체적으로 설명한다. 단순히 법적 문언에 대한 해석을 넘어, 입법 취지와 정책적 배경, 실제 행정과 산업 현장에서의 적용 양상, 그리고 해석상의 쟁점을 함께 다룸으로써 법률의 구조를 입체적으로 조명하고자 한다.
이를 통해 독자는 식품표시광고법이 단지 무언가를 규제하기 위한 수단에 그치지 않고, 소비자 보호와 산업의 발전을 함께 달성하기 위한 목표를 가진 제도적 장치임을 이해할 수 있을 것이다.

아울러 각 조문을 해설하는 과정에서, 법률이 지향하는 '정확하고 공정한 정보 제공'이라는 원칙이 어떻게 구체적인 조항으로 구현되고 있는지를 확인하고, 나아가 제도의 발전 방향에 대해서도 함께 성찰할 수 있도록 하였다. 이를 통해 독자는 법률 조문이 가진 실질적 의미와 사회적 함의를 폭넓게 이해하는데 도움을 얻을 수 있을 것이다.

제4장. 총칙적 내용(제1조~제3조)

식품표시광고법은 총칙을 별도로 두고 있지는 않지만 그에 해당하는 내용으로 제1조(목적), 제2조(정의), 제3조(다른 법률과의 관계)를 규정하고 있다.

제1조 목 적

법 률	제1조(목적) 이 법은 식품 등에 대하여 올바른 표시·광고를 하도록 하여 소비자의 알 권리를 보장하고 건전한 거래질서를 확립함으로써 소비자 보호에 이바지함을 목적으로 한다.
시 행 령	제1조(목적) 이 영은 「식품 등의 표시·광고에 관한 법률」에서 위임된 사항과 그 시행에 필요한 사항을 규정함을 목적으로 한다.
시행규칙	제1조(목적) 이 규칙은 「식품 등의 표시·광고에 관한 법률」 및 같은 법 시행령에서 위임된 사항과 그 시행에 필요한 사항을 규정함을 목적으로 한다.
관련판례	대법원 2007도3831 판결, 서울행정법원 2023구합90392 판결

1 취 지 (목적 조항의 구조와 의미)

법령의 목적 조항은 해당 법의 적용 대상과 규율 방법, 궁극적으로는 실현하고자 하는 사회적 가치와 정책 방향을 집약하여 제시하는 조문으로서, 법 전체의 해석과 운용에 중요한 기준이 된다. 「식품표시광고법」 제1조(목적)는 법의 적용 대상, 규제의 방법, 정책 목표, 사회적 목적, 궁극적 지향점 등으로 구성되어 있으며, 이 법의 목적을 제시하고 있다.

2 연 혁

연 혁	주요 내용
제정 2018. 3.13. 법률 제15483호	제1조(목적) 이 법은 식품 등에 대하여 올바른 표시·광고를 하도록 하여 소비자의 알 권리를 보장하고 건전한 거래질서를 확립함으로써 소비자 보호에 이바지함을 목적으로 한다. ☞ 목적 조항 신설. 법의 적용 대상과 규율 방법, 궁극적으로 실현하고자 하는 사회적 가치와 정책 방향을 제시

3 해 설

1. 식품 등에 대하여 (적용 대상)

이 법의 적용 대상은 '식품 등'으로 명시되어 있다. 여기서 '식품 등'이란 우리가 일상적으로 섭취하는 일반 식품만을 의미하지 않는다. 일반 식품에 더하여 건강기능식품, 식품첨가물, 축산물뿐만 아니라, 기구, 용기·포장까지 포함한 광범위한 식품 관련 제품 전반을 의미한다.

이에 대하여는 제1조는 '식품 등'으로, 제2조는 '식품등'으로 규정하고 있어, 문언의 표현이 서로 다르므로 같은 의미로 해석될 수 없으며, 제2조는 '이하 식품등이라 한다'고 규정하고 있으므로, 문언해석을 우선으로 한다는 법률 해석의 일반원칙에 따를 때, 제1조 '식품 등'과 제2조 '식품등'은 구별하는 것이 타당하다는 견해가 제기될 수 있다.

그러나 법률 해석은 단순히 문언에만 얽매이지 않고 입법 목적, 전체적인 체계, 다른 조항과의 유기적 관계 등을 종합적으로 고려해야 하므로, 법률의 통일성 및 목적 달성, 정의 조항의 기능, 오기 또는 관행상 차이로 볼 가능성 등을 고려할 때 같은 의미로 해석하는 것이 타당[9]하다고 볼 것이다.

다만, 앞에서 제기된 오해를 없애고 정의를 명확히 하기 위해서는 해당 조문의 개정이 필요할 것이다. 먼저, 두 조문의 규정을 '식품 등' 또는 '식품등'으로 일원화하고, 제2조제7호의 (이하 "식품등"이라 한다)를 (이 법에서 "식품등"이라 한다)로 개정하는 것을 검토해 볼 만하다.[10]

---

[9] 대법원 2009. 4. 23. 선고 2006다81035 판결
"법해석의 목표는 어디까지나 법적 안정성을 저해하지 않는 범위 내에서 구체적 타당성을 찾는 데 두어야 한다. 그리고 그 과정에서 가능한 한 법률에 사용된 문언의 통상적인 의미에 충실하게 해석하는 것을 원칙으로 하고, 나아가 법률의 입법 취지와 목적, 그 제·개정 연혁, 법질서 전체와의 조화, 다른 법령과의 관계 등을 고려하는 체계적·논리적 해석 방법을 추가적으로 동원함으로써, 앞서 본 법해석의 요청에 부응하는 타당한 해석이 되도록 하여야 한다."

[10] 개정안(예시) : 제1조(목적) 이 법은 **식품등**에 대하여 올바른 표시·광고를 하도록 ….
제2조(정의) 7. "표시"란 식품, 식품첨가물, 기구, 용기·포장, 건강기능식품, 축산물(**이 법에서 "식품등"이라 한다**) 및 이를 넣거나 싸는 것에 ….

2. 올바른 표시·광고를 하도록 (규제의 방법)

식품 등의 제조·유통업자가 제공하는 표시나 광고 내용이 사실에 근거해야 하며, 소비자를 오도할 수 있는 표현이나 과장된 문구를 사용해서는 안 된다는 원칙을 천명한 것이다. 거짓이거나 과장된 광고, 객관적 근거 없이 건강 효능을 암시하는 표현은 소비자의 선택을 왜곡시킬 수 있으므로, 이 법은 모든 식품 표시와 광고가 '올바른', 즉 정확하고 신뢰 가능한 정보를 담도록 요구하고 있다. 이러한 규제는 기업 활동을 무조건 억제하기 위한 것이 아니라, 정직한 정보 제공을 유도함으로써 시장의 신뢰를 유지하기 위한 합리적 개입이라 할 수 있다.

3. 소비자의 알 권리 보장, 건전한 거래질서 확립 (정책 목표)

소비자는 자신이 구매하거나 섭취하는 식품이 무엇으로 만들어졌는지, 어떤 영양 성분을 포함하고 있는지, 언제까지 섭취할 수 있는지 등 다양한 정보를 명확하게 제공받을 권리를 가진다. 이 법은 소비자가 충분하고 정확한 정보를 바탕으로 자신의 건강과 취향, 경제적 상황에 맞는 식품을 선택할 수 있도록 함으로써, 궁극적으로 소비자의 자기결정권을 실질적으로 실현하는 것을 지향한다. 이처럼 정보 비대칭이 심한 식품 시장에서, 공정하고 투명한 정보 제공은 소비자 주권의 기반이라 할 수 있다.

한편, 시장 내에서 부정확한 정보로 소비자를 유인하거나 허위·과장 광고로 부당한 이익을 얻는 행위는 정직하게 영업하는 사업자에게 손해를 끼치고, 시장 전체의 신뢰를 훼손한다. 이 법은 이러한 부정 행위를 방지함으로써, 식품 산업 전반에 걸쳐 정직과 공정이 통용되는 거래 환경을 조성하고자 한다. 이는 소비자뿐만 아니라 성실한 사업자도 함께 보호하는 역할을 수행한다는 점에서 중요한 규범적 의미를 갖는다.

4. 소비자 보호 (목적의 궁극적인 지향점)

식품은 소비자의 건강과 직접적으로 연관된 상품이며, 잘못된 정보나 오인

광고는 단순한 금전적 피해를 넘어 국민의 생명과 안전에까지 영향을 미칠 수 있다. 이 법은 표시와 광고를 엄격히 관리함으로써 소비자가 보다 안전하고 신뢰할 수 있는 식품을 선택할 수 있는 환경을 조성하는 것을 최종 목적으로 한다. 즉, 식품 선택에 있어 피해를 미연에 방지하고 소비자의 생명과 건강을 보호하는 것이 식품표시광고법의 핵심 가치인 것이다.

6. 식품표시광고법의 목적

결론적으로 식품표시광고법 제1조(목적)에 의하면 이 법률은 단순히 사업자의 표시·광고 행위를 규제하는 데 그치는 법이 아니다. 이 법은 소비자의 권리를 실질적으로 보장하고, 정보의 신뢰성을 높이며, 공정한 시장 질서를 통해 건강한 식품 문화를 조성함으로써 소비자 보호라는 헌법적 가치를 실현하려는 종합적 법제도라고 할 수 있다.

4 유사 법률과의 비교

표시광고에 있어서 일반법이라고 할 수 있는 표시광고법과 비교하면 전반적인 구조는 유사하다고 볼 것이나, 최종 목표에 있어서는 식품표시광고법은 소비자 보호를 최종 목표로 하는 반면에, 표시광고법의 경우 공정한 거래질서 확립과 소비자 보호를 동시에 추구하고 있다고 볼 것이다.

<표 3> 식품표시광고법과 표시광고법의 목적 조항 비교

구 분	식품표시광고법	표시광고법
적용 대상	• 식품 등	• 상품 또는 용역
규제 방법	• 올바른 표시·광고	• 부당한 표시·광고 방지, 유용한 정보 제공 촉진
정책 목표	• 소비자의 알 권리 보장, 건전한 거래질서 확립	• 공정한 거래질서 확립, 소비자 보호
궁극적 목표	• 소비자 보호에 이바지	

제4장. 총칙적 내용(제1조~제3조)

5 관련 판례

1. 대법원 2007도3831 판결 (식품위생법위반)

식품 및 식품첨가물의 표시·광고에 있어 의약품과 혼동할 우려가 있는 표시나 광고를 금지하고, 영양가·원재료·성분·용도 등에 관한 허위 또는 과장된 광고를 엄격히 제한함으로써 **소비자의 알 권리를 보장하고, 건전한 거래질서를 확립하여 소비자 보호에 기여**해야 함을 강조한 판례

2. 서울행정법원 2023구합90392 판결 (일명 '버터맥주' 사건)

식품 등의 표시·광고에서 부당한 표시 또는 광고 행위를 금지한 사건으로, 거짓·과장·오인 광고가 소비자의 알 권리를 침해하고, 시장의 공정한 거래질서를 해칠 수 있음을 명확히 함.

제2조 정 의

법　률	제2조(정의) 이 법에서 사용하는 용어의 뜻은 다음과 같다. 1. "식품"이란 「식품위생법」 제2조제1호에 따른 식품(해외에서 국내로 수입되는 식품을 포함한다)을 말한다. 2. "식품첨가물"이란 「식품위생법」 제2조제2호에 따른 식품첨가물(해외에서 국내로 수입되는 식품첨가물을 포함한다)을 말한다. 3. "기구"란 「식품위생법」 제2조제4호에 따른 기구(해외에서 국내로 수입되는 기구를 포함한다)를 말한다. 4. "용기·포장"이란 「식품위생법」 제2조제5호에 따른 용기·포장(해외에서 국내로 수입되는 용기·포장을 포함한다)을 말한다. 5. "건강기능식품"이란 「건강기능식품에 관한 법률」 제3조제1호에 따른 건강기능식품(해외에서 국내로 수입되는 건강기능식품을 포함한다)을 말한다. 6. "축산물"이란 「축산물 위생관리법」 제2조제2호에 따른 축산물(해외에서 국내로 수입되는 축산물을 포함한다)을 말한다. 7. "표시"란 식품, 식품첨가물, 기구, 용기·포장, 건강기능식품, 축산물(이하 "식품등"이라 한다) 및 이를 넣거나 싸는 것(그 안에 첨부되는 종이 등을 포함한다)에 적는 문자·숫자 또는 도형을 말한다. 8. "영양표시"란 식품, 식품첨가물, 건강기능식품, 축산물에 들어있는 영양성분의 양(量) 등 영양에 관한 정보를 표시하는 것을 말한다. 9. "나트륨 함량 비교 표시"란 식품의 나트륨 함량을 동일하거나 유사한 유형의 식품의 나트륨 함량과 비교하여 소비자가 알아보기 쉽게 색상과 모양을 이용하여 표시하는 것을 말한다. 10. "광고"란 라디오·텔레비전·신문·잡지·인터넷·인쇄물·간판 또는 그 밖의 매체를 통하여 음성·음향·영상 등의 방법으로 식품등에 관한 정보를 나타내거나 알리는 행위를 말한다. 11. "영업자"란 다음 각 목의 어느 하나에 해당하는 자를 말한다. 　가. 「건강기능식품에 관한 법률」 제5조에 따라 허가를 받은 자 또는 같은 법 제6조에 따라 신고를 한 자 　나. 「식품위생법」 제37조제1항에 따라 허가를 받은 자 또는 같은 조 제4항에 따라 신고하거나 같은 조 제5항에 따라 등록을 한 자 　다. 「축산물 위생관리법」 제22조에 따라 허가를 받은 자 또는 같은 법 제24조에 따라 신고를 한 자 　라. 「수입식품안전관리 특별법」 제15조제1항에 따라 영업등록을 한 자 12. "소비기한"이란 식품등에 표시된 보관방법을 준수할 경우 섭취하여도 안전에 이상이 없는 기한을 말한다.
시 행 령	
시행규칙	
관련판례	각호에 대한 해설 참조

제4장. 총칙적 내용(제1조~제3조)

1 취 지 (정의 조항의 의미)

1. 정의 조항의 일반적 의미

 법률에서 정의 조항은 개별 법령이 사용하는 용어의 의미를 명확히 규정함으로써, 법령의 해석과 적용에 혼란이 없도록 하기 위해 마련된 조항이다. 특히 하나의 용어가 일상 언어나 타 법령에서 상이한 의미로 사용될 수 있는 경우, 정의 조항은 해당 법률의 문맥에서 그 용어가 어떤 범위와 개념으로 사용되는지를 고정하는 기준점 역할을 한다.

 정의 조항은 일반적으로 해당 법률에서 반복적으로 사용될 개념을 약칭하거나, 법령 고유의 의미를 부여함으로써, 법령 전반에 걸친 해석의 일관성과 예측 가능성을 확보하는 기능을 수행한다. 또한 법률의 규율 대상이 되는 '객체'나 '행위'의 범위를 설정함으로써 규제의 외연과 적용 범위를 사실상 결정짓는 핵심 조문으로 기능하기도 한다.

2. 식품표시광고법 제2조(정의)의 의미

 「식품표시광고법」 제2조 역시 이러한 정의 조항의 일반적 성격을 충실히 반영하고 있다. 이 조문에서는 이 법이 규율하는 표시·광고 대상의 범위를 명확히 하기 위해, "식품등"이라는 약칭을 설정하고 그에 포함되는 개별 항목을 열거하고 있다. 여기에는 식품, 식품첨가물, 기구, 용기·포장, 건강기능식품, 그리고 「축산물 위생관리법」상 축산물이 포함되며, 이들은 모두 소비자에게 전달되는 정보의 매개물이자, 표시·광고의 직접 대상이 되는 객체들이다.

 이러한 정의는 식품표시광고법의 목적 조항과 긴밀하게 연동된다. 제1조에서 이 법의 목적이 "식품 등에 대하여 올바른 표시·광고를 하도록 하여 소비자의 알 권리를 보장하고 건전한 거래질서를 확립함으로써 소비자를 보호하는 것"이라고 규정하고 있는바, 이 때의 "식품 등"이 바로 제2조에서 정한 "식품등"에 해당한다고 볼 것이다. 따라서 제2조 정의 조항은 단순히 용어를 정리하는 수준을 넘어, 법률의 적용대상과 규제영역을 실질적으로 형성하는 구조적 기초라 할 수 있다.

더욱이, '식품등'이라는 용어는 단일 개념이 아닌 이질적인 요소들의 집합으로 구성되어 있으며, 각 구성요소는 저마다의 표시기준이나 광고 규제 원칙을 가질 수 있으므로, 제2조 정의 조항을 정확히 이해하는 것은 이후 각 조문 해석과 실제 적용 과정에 있어서도 핵심적인 출발점이 된다. 특히 표시·광고의 객체로 포함되는 '기구', '용기·포장'과 같은 항목은 일반인의 직관과는 다소 차이가 있을 수 있기 때문에, 제2조에서 이를 명확히 규정함으로써 규제의 적용 범위에 대한 예측 가능성을 제고하는 효과도 있다.

요컨대, 식품표시광고법 제2조는 이 법이 적용되는 '표시·광고의 대상'을 법률적으로 정의하고, 이를 약칭인 "식품등"으로 통일함으로써, 법령의 명확성, 체계성, 그리고 규범력의 일관성을 확보하는 데 중추적 역할을 수행한다. 이 정의 조항의 의미를 정확히 파악하는 것은 이 법 전체의 해석과 적용을 위한 기초 작업이라 할 수 있다.

3. 식품표시광고법 제2조(정의)의 특성

(1) 조문의 구조와 체계

식품표시광고법 제2조는 크게 두 부분으로 구성되어 있다. 첫 번째 부분은 이 법의 적용 대상이 되는 '식품등'의 범위를 정의하는 부분이다. 여기서는 식품, 식품첨가물, 기구, 용기·포장, 건강기능식품, 축산물 등을 모두 포괄하여 '식품등'으로 정의하고 있다. 두 번째 부분은 표시·광고 행위와 관련된 용어들을 정의하는 부분이다. 여기서는 '표시', '광고', '허위표시·광고', '과대표시·광고' 등의 개념을 정의하고 있다.

(2) 타법 준용 방식의 채택

식품표시광고법 제2조의 가장 큰 특징 중 하나는 대부분의 정의를 다른 법률의 정의 조항을 준용하는 방식으로 규정하고 있다는 점이다. 예를 들어, '식품'은 「식품위생법」의 정의를, '건강기능식품'은 「건강기능식품에 관한 법률」의 정의를 각각 준용하고 있다.

이러한 방식은 관련 법률 간의 일관성을 유지할 수 있고, 중복 규정을 방지할 수 있으며, 개별 법률에서 정의가 변경되면 자동으로 반영되는 효과가 있다는 측면에서는 장점을 가진다고 볼 것이다.

반면, 준용되는 법률의 정의가 변경될 경우 식품표시광고법의 적용 범위도 함께 변경될 수 있어, 법률의 안정성 측면에서 우려가 있다. 또한 여러 법률을 함께 참조해야 하므로 법률의 이해와 적용이 복잡해질 수 있다.

(3) 포괄적 정의와 개별적 정의의 결합

식품표시광고법 제2조는 '식품등'이라는 포괄적 개념을 설정한 후, 그 하위 개념들을 개별적으로 정의하는 방식을 취하고 있다. 이는 식품 관련 다양한 품목들을 하나의 법률로 규율하면서도, 각 품목의 특성을 고려한 규율을 가능하게 하는 입법 기법이다. 이는 식품표시광고법이 단순히 하나의 품목만을 규율하는 법률이 아니라, 식품 관련 전 분야를 포괄하는 통합 법률임을 보여준다. 동시에 각 품목별로 서로 다른 법체계를 인정하면서도, 표시·광고에 관해서는 통일된 기준을 적용하겠다는 입법자의 의도를 반영한다.

(4) 적용 범위의 한정

제2조에서 "이하에서는 '식품등'이라 한다"고 규정한 것은 이 정의가 적용되는 범위를 명시한 것이다. 이는 앞서 살펴본 바와 같이 해석상의 논란을 야기할 수 있는 부분이기도 하다. 일반적으로 법률의 정의 조항은 해당 법률 전체에 적용되는 것으로 해석되지만, "이하에서"라는 표현이 문언상으로는 제2조 이후의 조항들에만 적용된다는 의미로 읽힐 수 있기 때문이다. 이러한 해석상의 문제는 향후 법률 개정을 통해 명확히 할 필요가 있는 부분이다.

4. 식품표시광고법 정의 조항의 법적 의의

제2조의 가장 중요한 기능은 이 법의 규제 대상을 명확히 하는 것이다. 특히, '식품등'의 범위를 구체적으로 정의함으로써, 어떤 제품이 이 법의 적용 대상인지 명확히 한다. 특히 사업자들은 자신이 취급하는 제품이 이 법의 적용 대상인지 여부를 명확히 알아야 관련 의무를 준수할 수 있게 된다.

행정 규제의 근거를 제공한다. 정의 조항은 행정기관이 규제 업무를 수행할 때 중요한 근거가 된다. 규제 기관이 표시·광고 위반 사건을 처리할 때, 해당 제품이 '식품등'에 해당하는지 여부를 판단하는 기준이 되기 때문이다.

사법부 판단의 기준이 된다. 법원이 식품표시광고법 위반 사건을 심리할 때도 제2조의 정의 조항이 중요한 판단 기준이 된다. 특히 법률의 적용 범위나 위반 행위 성립 여부를 판단할 때 정의 조항의 해석이 매우 중요하다.

궁극적으로 정의 조항의 명확성은 소비자 보호의 실효성과 직결된다. 규제 대상이 명확해야 사업자들이 법률을 준수할 수 있고, 이를 통해 소비자들이 올바른 정보를 제공받을 수 있기 때문이다. 이상과 같이 식품표시광고법 제2조(정의)는 단순한 용어 설명을 넘어서 이 법의 전체적인 체계와 적용 범위를 결정하는 핵심적인 조항이라 할 것이다.

2 연 혁 (식품표시광고법 제정 이후)

연 혁	주요 내용
제정 2018. 3.13. 법률 제15483호	제2조(정의) 이 법에서 사용하는 용어의 뜻은 다음과 같다. 1. ~ 11. 생략(현행 규정과 동일) 12. (신설)
개정 2021. 8.17. 법률 제18445호	제2조(정의) 이 법에서 사용하는 용어의 뜻은 다음과 같다. 1. ~ 11. 생략(개정 사항 없음) **12. "소비기한" 이란 식품등에 표시된 보관방법을 준수할 경우 섭취하여도 안전에 이상이 없는 기한을 말한다.**
	☞ 기존 '유통기한' 표시제를 '소비기한' 표시제로 변경. '소비기한'은 식품을 안전하게 섭취할 수 있는 최종 기한을 의미. 식품 폐기물 발생을 줄이고, 이를 통해 소비자의 폐기 부담을 감소하며, 식품 안전을 강화하려는 목적에서 도입.

제4장. 총칙적 내용(제1조~제3조)

3 제2조 각호 해설

제1호 식품

1 해설

> 식품표시광고법 제2조(정의)
> 1. "식품"이란 「식품위생법」 제2조제1호에 따른 식품(해외에서 국내로 수입되는 식품을 포함한다)을 말한다.
>
> 식품위생법 제2조(정의)
> 1. "식품"이란 모든 음식물(의약으로 섭취하는 것은 제외한다)을 말한다.

〈식품위생법 상 식품 정의의 개정 연혁〉

개정	조문 내용
1962.4.21. (시행)	①본법에서 식품이라 함은 모든 음식물을 말한다. 단 의약으로서 섭취하는 것은 예외로 한다.
	☞ 최초 정의 도입. 식품 범위를 포괄적으로 규정. 의약품 제외 명시
2009.8.7. (개정/시행)	1. "식품"이라 함은 모든 음식물(<u>의약으로 섭취하는 것은 제외한다</u>)을 말한다.
	☞ 각호 규정 방식으로 정비

식품등의 표시광고에 관한 법률 제2조는 식품을 정의하면서 식품위생법의 정의를 그대로 인용하고 있으므로, 두 법률에서 사용하는 '식품'의 개념은 동일하다. 식품위생법 제2조 제1호는 "식품"이란 모든 음식물(의약으로 섭취하는 것은 제외한다)을 말한다라고 규정하고 있다.

(1) 모든 음식물

사람이 먹거나 마실 수 있는 모든 것을 의미한다. 밥, 국, 반찬 같은 주식은 물론이고, 과자, 음료수, 라면, 통조림 등의 가공식품, 김치나 젓갈 같은 식품까지 모두 '음식물'에 해당한다. 식재료로 쓰이는 농산물, 축산물, 수산물도 사람이 섭취할 수 있으며, 최종적으로 음식물이 되므로 식품에 포함된다.

(2) 의약으로 섭취하는 것은 제외한다.

사람이 먹거나 마실 수 있더라도, 섭취 목적에 따라 식품이 될 수도 있고, 아닐 수도 있게 된다. 질병의 예방이나 치료 등의 목적으로 섭취되는 의약품의 경우 식품에 해당하지 않게 된다.[11] 의약품을 식품과 동일한 방식으로 섭취하거나 관리하는 것은 사람의 건강에 오히려 나쁜 영향을 끼칠 수 있기 때문이다. 약은 약사법 등 별도의 엄격한 법률에 따라 관리된다. 사용목적을 기준으로 분류하므로 식약 공용 원료가 존재하며, 건강기능식품과 특수의료용도등식품과 같이 경계선상에 있는 식품들도 존재한다.

(3) 해외에서 국내로 수입되는 식품을 포함한다.

식품표시광고법 제2조 제1호는 식품을 정의하면서, 식품이란 「식품위생법」 제2조 제1호에 따른 식품을 말한다고 하면서, "해외에서 국내로 수입되는 식품을 포함한다"는 내용을 덧붙이고 있다. 이로 인해 자칫 두 법률의 적용 범위가 서로 다른 것처럼 보일 수 있으나, 실제로는 그렇지 않다.

식품위생법 상 식품의 정의에 수입식품 포함 여부를 별도로 명시했는가 여부와는 별개로 식품위생법 상 식품에는 국내산 식품뿐 아니라 해외에서 수입된 식품도 당연히 포함된다. 그럼에도 불구하고 식품표시광고법에서 '해외에서 국내로 수입되는 식품을 포함한다'는 표현을 부가한 것은, 수입식품 역시 표시·광고의 규제 대상에 해당한다는 점을 명확히 하여, 사업자와 소비자 모두의 이해를 돕기 위한 것으로 볼 수 있다. 특히 수입식품의 경우, 국내 반입 전에 인터넷 등을 통한 홍보나 광고가 먼저 이뤄지는 사례가 많

---

[11] '의약품 우선의 원칙'으로 볼 수 있으며, 일반법과 특별법 관계로도 해석할 수 있다. 이는 국민의 건강과 안전을 보호한다는 공익적 목적에서 비롯된 것이지만, 현실에서는 식품과 의약품의 구분 기준이 명확하지 않아 동일 제품에 대해 해석이 달라질 수 있고, 같은 성분을 함유한 제품이라도 제조업체, 판매경로, 마케팅 방식 등에 따라 다르게 분류되는 경우가 발생할 수 있다. 또한, 기술 발전으로 등장하는 새로운 형태의 제품들이 기존 이분법적 분류체계에 맞지 않는 경우가 증가하고 있으며, 식품과 의약품 여부에 대한 판단이 변경되는 경우 사후 규제의 위험이 발생할 수도 있다. 소비자 입장에서는 과장광고와 소비자 오인 문제가 현실화될 수 있는 문제이며, 각국의 식품과 의약품 분류 기준이 동일하지 않아 국제 교역과 글로벌 제품 개발에 장애가 발생할 수도 한다.

으므로, 표시·광고 규제 대상에 수입식품이 포함됨을 강조할 필요가 있었다고도 할 수 있다. 결국 두 법률의 적용 대상은 동일하며, 식품에 대한 표시와 광고는 국내산 식품이든 수입식품이든 같은 기준에 따라 규제된다.[12]

2 해외 주요국의 식품의 정의 규정과의 비교

우리나라는 식품을 "모든 음식물(의약으로 섭취하는 것은 제외한다)"라고 정의하고 있다. 이 정의에 따르면 식품은 사람이 먹고 마시는 모든 것을 포괄하되, 질병의 치료나 예방을 목적으로 하는 '의약적 섭취'는 제외된다. 이는 단순히 섭취 대상이 무엇인가보다, 섭취 목적이 정의에 있어 핵심 기준임을 시사한다.

해외 주요국도 유사한 경향을 보인다. 미국 「FD&C Act」는 식품을 "사람 또는 동물이 섭취하는 음식물, 음료, 껌 및 그 구성 성분"이라고 정의한다. 미국은 '의약으로 섭취하는 것'을 별도로 제외한다는 문구는 없지만, 의약품의 정의와 규제 체계가 훨씬 엄격하게 작동함으로써 사실상 동일한 결과를 유도한다. 유럽연합(EU)은 「식품 일반법(Regulation (EC) No 178/2002)」에서 식품을 "사람의 섭취를 목적으로 하는 모든 물질"로 정의하면서, 의약품, 화장품, 사료 등은 식품에서 명확히 제외하고 있다. 일본의 「식품위생법」은 "모든 음식물(의약품 및 의약외품은 제외한다)"라고 정의하여, 의약품 배제 원칙을 명시하고 있다. 한편, 중국은 「식품안전법」에서 "사람이 섭취하는 모든 물질로서, 일반 식품뿐 아니라 먹는 농산물도 포함된다"고 정의하여, 포괄적이고 적극적인 방식으로 식품의 범위를 넓게 인정하고 있다. 이에 따라 식품 범주에 포함되는 제품이 상대적으로 다양하다.

---

12 그럼에도 불구하고, 표현상의 차이로 해석상의 혼란이나 불필요한 논란을 유발될 수 있다. 예를 들면 「식품위생법」은 국내산 식품만 규율하고, 수입식품은 규제 대상이 아니거나 규제가 약하다고 착각할 수 있다. 반면, '수입식품'에 대한 규율이 오직 「식품표시광고법」에만 국한되는 것으로 오인할 수도 있다. 즉, 수입식품은 표시·광고만 규제를 받고, 위생이나 안전 기준은 적용되지 않는다고 오해할 가능성도 있는 것이다.

해외 주요국 식품의 정의와 함께 비교할 때, '사람이 섭취하는 물질'이라는 점이 식품 정의의 공통된 출발점임을 확인할 수 있다. 어느 국가를 막론하고, 식품은 사람이 먹거나 마시는 것이 기본 전제이다. 둘째, 의약품은 식품에서 배제되거나, 의약품으로 판단되는 경우 식품에서 제외된다는 규제적 접근이 공통적으로 존재한다. 이는 소비자 보호와 안전성 확보를 위한 최소한의 법적 장치이기도 하다.

<표 4> 주요국의 식품 정의규정과의 비교

구분	내 용
한국	• "식품"이란 모든 음식물(의약으로 섭취하는 것은 제외한다)을 말한다.
미국	• "식품(food)"이란 (1) 사람이나 다른 동물이 먹거나 마시는 데 사용되는 물품, (2) 씹는 껌, 그리고 (3) 그러한 물품의 구성 성분으로 사용되는 물품을 의미한다.13
유럽	• '식품(food)'(또는 '식료품(foodstuff)')이란 가공, 부분 가공 또는 비가공 여부와 관계없이, 사람이 섭취할 의도이거나 합리적으로 섭취될 것으로 예상되는 모든 물질 또는 제품을 의미한다. '식품'에는 음료, 씹는 껌, 그리고 물을 포함하여 제조, 준비 또는 처리 과정에서 식품에 의도적으로 첨가된 모든 물질이 포함된다. 다음은 포함되지 않는다: (a) 사료; (b) 인간 소비를 위해 시장에 출시될 준비가 된 경우를 제외한 살아있는 동물; (c) 수확 전 식물; (d) 이사회 지침 65/65/EEC 및 92/73/EEC의 의미 내에서의 의약품; (e) 이사회 지침 76/768/EEC의 의미 내에서의 화장품; (f) 이사회 지침 89/622/EEC의 의미 내에서의 담배 및 담배 제품; (g) 유엔 단일 마약 협약(1961) 및 유엔 향정신성 물질 협약(1971)의 의미 내에서의 마약 또는 향정신성 물질; (h) 잔류물 및 오염 물질.14
일본	• 이 법률에서 "식품"이란 모든 음식물을 말한다. 다만, 의약품, 의료기기 등의 품질, 유효성 및 안전성 확보 등에 관한 법률에 규정하는 의약품, 의약부외품 및 재생의료등제품은 제외한다.15
중국	• 이 법에서 말하는 식품이란 사람이 먹거나 마실 수 있도록 제공되는 각종 물품 및 전통적으로 식품이면서 동시에 중약재(中药材)인 물품을 말한다. 단, 질병 치료를 목적으로 하는 물품은 포함하지 않는다.16

---

13 Federal Food, Drug, and Cosmetic Act (FD&C Act) 21 U.S. Code § 321-Definitions(f).
14 Regulation (EC) No 178/2002 of the European Parliament and of the Council (General Food Law Regulation) Article 2 Definition of 'food'.
15 食品衛生法 (Food Sanitation Act) 第二条
16 中华人民共和国食品安全法(Food Safety Law of the People's Republic of China) 第150条

한편, 식품 정의의 범위나 명확성 측면에서는 국가마다 차이를 보인다. 미국은 껌, 성분, 동물용 식품까지 명시하여 보다 구체적인 정의를 두고 있으며, 광고 문구나 기능성 표현이 식품 여부에 큰 영향을 미친다. EU는 법령 전반에 걸쳐 식품의 포괄적 정의를 통일성 있게 적용하고, 다른 규제 체계와의 정합성을 중시한다. 중국은 정의 자체는 광범위하되, 기능성·의약품적 성격 여부에 따라 사후적으로 구분한다. 일본은 우리나라와 동일한 형태를 가지며 실무에 있어서도 거의 유사한 방식으로 운용하고 있다.

③ 관련 판례

1. 대법원 2017. 3. 15. 선고 2015도2477 판결

개요	• 식품위생법상 '식품'의 정의와 범위 및 자연식품의 포함 여부 관련 법리
쟁점	• 식품위생법 제2조 제1호의 '식품'에 자연식품이 포함되는지 여부 • 어느 단계부터 자연식품으로서 식품위생법상 '식품'에 해당하는지 기준 • 어류·조개류가 가공·조리 전에도 식품위생법상 '식품'에 해당하는지 여부
판결 요지	• 식품위생법 제2조 제1호가 식품을 "모든 음식물(의약품 제외)"이라고 규정하고 있는데, 이에는 가공·조리된 식품뿐만 아니라 '자연식품'도 포함됨. • 자연식품으로서 식품위생법상 '식품'에 해당하는지 여부는 ① 법령 문언, 내용과 규정 체계, ② 식품으로 규율할 필요성(생산·판매·운반 등에 대한 위생 감시 등), ③ 식습관, 보편적 음식물 관념 등을 종합적 고려 판단 • 바다, 강 등에서 채취·포획한 어류나 조개류로서 식용으로 사용할 수 있는 수산물은 가공하거나 조리하기 전에도 원칙적으로 식품으로 보아야 함 ① 식품위생법은 식품의 개념을 포괄적으로 규정. ② 어류, 조개류는 식품운반업의 대상(시행령 제21조제4호). ③ 원료로 사용되는 경우에도 식품에 해당(규칙 제5조제1항). ④ '식품의 기준 및 규격'은 어류와 조개류 등을 수산물로 명시(활어 포함). ⑤ 수산물이 식품이 아니면, 수산물 위생 감시에 중대한 공백 우려. ⑥ 우리 사회의 식습관, 음식문화와 조리기술, 보편적 음식물 관념(식용 가능한 어류와 조개류는 식품이라는 것이 일반적)
의의	• 식품위생법상 '식품'의 범위를 명확히 하고, 특히 자연식품과 수산물이 식품위생법의 적용 대상임을 분명히 했다는 점에서 중요한 의의가 있음 - 식품의 개념을 포괄적으로 해석하고, 식품의 생산부터 소비에 이르는 전 과정에서의 위생 관리를 강조한 판결로 평가할 수 있음

『식품표시광고법 해설』

2. 대구지방법원 2002노2690 판결 [약사법위반]

쟁점	• 개소주(24종의 한약재와 개고기를 넣고 혼합, 중탕 제조, 개가 인체에 주는 효능이 적힌 문구 게시)가 약사법 규제대상인 의약품인지가 쟁점
판결 요지	• (구별 기준) 식품과 의약품의 구별이 명백하지 않은 때에는 약리작용상 어떠한 효능의 유무와는 별개로 그 성분, 형상(용기, 포장, 의장 등), 명칭 및 표시된 사용목적, 효능, 효과, 용법, 용량, 판매할 때의 선전·설명 등을 종합적으로 판단하여 일반인이 의약품 또는 식품으로 인식하는가를 기준 • (개소주는 의약품이 아님) 개소주의 제조 방법과 효능 문구 게시에도 불구하고, 의약품으로 인식되기보다는 식품으로서의 효능을 설명한 것임. 사회 일반인의 인식 기준으로 볼 때, 개소주는 의약품이 아닌 식품으로 인식됨
의의	• 식품과 의약품의 구별이 명백하지 않은 경우, 판단 기준을 명확히 제시. - 약리작용상 효능의 유무만으로 판단하지 않고, 성분, 형상, 명칭, 표시된 사용목적, 효능, 효과, 용법, 용량, 판매 시 선전 또는 설명 등을 종합적으로 고려하여 사회 일반인의 인식을 기준으로 판단 원칙 확립. - 경계 제품에 대한 판단 기준 제시 : 건강에 좋다고 알려진 음식이 한약재를 포함하고 건강 효능을 홍보하더라도 의약품에 해당하지 않을 수 있음 - 식품위생법과 약사법의 적용 범위를 명확히 하고, 식품과 의약품의 구별에 관한 법적 해석의 지침을 제공했다는 점에서 중요한 의미를 가짐

3. 서울고법 85노3502, 89노2112 판결[보건범죄단속에관한특별조치법위반]

쟁점	• 소나 돼지의 생기름덩이를 가열하여 추출한 유지방이 구 식품위생법 시행령(1984.4.13.) 제9조 제30호 소정의 "중간제품"에 해당하는지 여부
판결 요지	• 소나 돼지의 생기름덩이(생유)를 가열하여 추출한 유지가 완제품이 아니고 다른 식품회사에 납품되어 그곳에서 이를 정제하고 첨가물을 첨가하여 마아가린, 쇼트닝 등 완제품을 제조하는 것이라면, 이는 위 시행령 소정의 중간제품에 해당함
의의	• 식품위생법상 '식품'과 '중간제품'의 개념을 명확히 하고, 특히 가공 과정 중에 있는 식품 원료도 식품위생법의 적용 대상이 됨을 확인함. - 구체적으로, 소나 돼지의 생기름덩이를 가열하여 추출한 유지방과 같이 그 자체로는 완제품이 아니더라도, 다른 식품의 원료로 사용되는 중간제품의 경우에도 식품위생법의 적용 대상이 된다는 점을 명확히 함.

4. 서울고등법원 1974. 10. 15. 선고 72노1377 판결

개요	• 고추씨 기름원유가 식품위생법에서 말하는 식품인 식용유지에 해당하는지 여부. 식품위생법상 '식품'의 정의와 범위에 관한 법리를 제시
사실관계	• 피고인은 고추씨 기름원유를 제조하였으나, 식품위생법 제23조에 따른 허가를 받지 않았다는 이유로 기소됨. • 이에 대해 피고인 측은 고추씨 기름원유는 정제, 수세, 탈색, 탈취과정을 통하여 가공하지 않는 한 식용으로 쓸 수 없는 것이므로 식품위생법상 식품에 해당하지 않는다고 주장함
판결요지	• 식품위생법상 '식품'의 정의와 범위 - 식품위생법상 식품이란 객관적으로나 사실상으로 볼 때 사람이 먹을 수 있거나 마실 수 있는 것을 말함(식품위생법 목적과 취지를 고려한 해석) • 고추씨 기름원유의 식품 해당 여부 : 해당하지 않음 - 법원은 정제, 수세, 탈색, 탈취과정을 통하여 가공하지 않는 한 식용으로 쓸 수 없는 고추씨 기름원유는 식품위생법 제2조 제1항에서 말하는 음식물이라고 할 수 없다고 판단. 따라서 고추씨 기름원유를 제조함에는 식품위생법 제23조 소정의 허가가 필요하지 않다고 결론
법리분석	• 식품의 정의 : 식품위생법상 '식품'의 정의를 "객관적으로나 사실상으로 볼 때 사람이 먹을 수 있거나 마실 수 있는 것"으로 명확히 함. 이는 식품위생법의 목적인 국민 건강 보호와 식품 안전성 확보를 위한 해석으로, 식품의 범위를 판단하는 데 있어 중요한 기준을 제시 • 가공 전 원료의 식품 해당 여부 : 법원은 정제, 수세, 탈색, 탈취과정 등의 가공 과정을 거치지 않아 그 자체로는 식용으로 사용할 수 없는 원료(고추씨 기름원유)는 식품위생법상 식품에 해당하지 않는다고 판단함. 이는 식품위생법의 규제 대상을 결정하는 데 있어 해당 물질이 현재 상태에서 식용으로 사용 가능한지 여부가 중요한 판단 기준이 됨을 시사함
의의	• 식품위생법상 '식품'의 범위를 명확히 하고, 특히 가공 전 원료의 식품 해당 여부에 관한 판단 기준을 제시했다는 점에서 중요한 의의가 있음. - 구체적으로 어떤 물질이 식품위생법상 '식품'에 해당 여부를 판단할 때는 그 물질이 현재 상태에서 객관적으로나 사실상으로 사람이 먹을 수 있거나 마실 수 있는지를 기준으로 해야 한다는 원칙을 확립함

『식품표시광고법 해설』

제2호 식품첨가물

1 해설

식품표시광고법 제2조(정의)
2. "식품첨가물"이란 「식품위생법」 제2조제2호에 따른 식품첨가물(해외에서 국내로 수입되는 식품첨가물을 포함한다)을 말한다.

식품위생법 제2조(정의)
2. "식품첨가물"이란 식품을 제조·가공·조리 또는 보존하는 과정에서 감미(甘味), 착색(着色), 표백(漂白) 또는 산화방지 등을 목적으로 식품에 사용되는 물질을 말한다. 이 경우 기구(器具)·용기·포장을 살균·소독하는 데에 사용되어 간접적으로 식품으로 옮아갈 수 있는 물질을 포함한다.

〈식품위생법 상 식품첨가물 정의의 개정 연혁〉

제개정	조문 내용
1962.4.21. (제정)	② 본법에서 첨가물이라 함은 식품의 제조, 가공 또는 보존을 함에 있어 식품에 첨가, 혼합, 침윤, 기타의 방법에 의하여 사용되는 물질을 말한다. ☞ 최초 정의 도입. 식품 제조·가공·보존에 사용되는 모든 첨가물 포괄.
1996.9.30. (제5099호)	2. "식품첨가물"이라 함은 식품을 제조·가공 또는 보존함에 있어 식품에 첨가·혼합·침윤 기타의 방법으로 사용되는 물질을 말한다. ☞ "첨가물" → "식품첨가물"로 용어 변경, 조문 정비
2003.2.27. (제6724호)	2. "식품첨가물"이라 함은 식품을 제조·가공 또는 보존함에 있어 식품에 첨가·혼합·침윤 기타의 방법으로 사용되는 물질(器具 및 容器·包裝의 殺菌·消毒의 목적에 사용되어 간접적으로 식품에 移行될 수 있는 物質을 포함한다)을 말한다. ☞ 국제 조화 반영. 식품 이외 간접 이행 물질 포함
2009.8.7. (제9432호) 전부개정	2. "식품첨가물"이란 식품을 제조·가공 또는 보존하는 과정에서 식품에 넣거나 섞는 물질 또는 식품을 적시는 등에 사용되는 물질을 말한다. 이 경우 기구(器具)·용기·포장을 살균·소독하는 데에 사용되어 간접적으로 식품으로 옮아갈 수 있는 물질을 포함한다. ☞ '넣거나 섞는', '적시는 등' 평서문으로 변경하여 이해도 증가
2016.8.4. (제13983호)	2. "식품첨가물"이란 식품을 제조·가공·조리 또는 보존하는 과정에서 감미(甘味), 착색(着色), 표백(漂白) 또는 산화방지 등을 목적으로 식품에 사용되는 물질을 말한다. 이 경우 기구(器具)·용기·포장을 살균·소독하는 데에 사용되어 간접적으로 식품으로 옮아갈 수 있는 물질을 포함한다. ☞ '조리' 과정 명시, 사용 목적 구체화(감미, 착색 등), 용어 정비

식품표시광고법 제2조는 식품첨가물을 정의하면서 식품위생법의 정의를 그대로 인용하고 있으므로, 두 법률에서 사용하는 '식품첨가물'의 개념은 동일하다.

(1) 식품

식품첨가물의 대상이 되는 식품은 식품표시광고법(식품위생법) 제2조 제1호에 따른 식품을 의미한다.

(2) 제조·가공·조리 또는 보존하는 과정

"식품을 제조·가공·조리 또는 보존하는 과정"으로 규정한 입법의도는 식품의 생산부터 최종 소비에 이르는 전체 단계를 포괄하려는 것이다. 이 네 가지 과정은 각각 고유한 의미와 특성을 가지면서도 상호 연관되어 있다.

제조란 원료 상태의 농·수·축산물이나 기타 식용 가능한 원재료를 이용하여 전혀 새로운 성질과 형태의 식품을 만들어내는 과정을 의미한다. 이는 단순한 혼합이나 결합을 넘어서 화학적, 물리적, 생물학적 변화를 통해 원료의 본질적 성격을 변환시키는 창조적 과정이다. 예를 들어, 밀가루로 빵을 만들거나, 우유로 치즈를 만들거나, 콩으로 두부를 만드는 것이 대표적인 제조 과정이다. 제조 과정에서는 원료가 갖지 못했던 새로운 맛, 향, 질감, 영양적 특성이 창출되며, 이때 식품첨가물은 이러한 변환 과정을 촉진하거나 조절하는 역할을 수행한다.

가공은 이미 존재하는 식품이나 반제품에 물리적, 화학적 처리를 가하여 그 성질, 형태, 기능을 개선하거나 부가가치를 창출하는 과정이다. 제조와 구별되는 가공의 특징은 기존 식품의 기본적 성격을 유지하면서도 품질 향상이나 편의성 증대를 도모한다는 점이다. 육류를 햄이나 소시지로 만들거나, 우유를 농축유나 분유로 만들거나, 과일을 잼이나 주스로 만드는 것이 가공의 대표적 사례이다. 가공 과정에서 식품첨가물은 주로 제품의 안정성 확보, 품질 개선, 기능성 부여 등의 목적으로 사용된다.

『식품표시광고법 해설』

　　조리는 식품을 직접 섭취할 수 있는 상태로 만들기 위해 열처리, 양념, 혼합 등의 방법을 통해 최종적으로 완성하는 과정이다. 보통 가정이나 외식업체에서 이루어지며, 개인이나 조리자의 기호와 창의성이 크게 반영된다. 조리 단계에서 사용되는 식품첨가물은 비교적 소비자에게 익숙한 조미료, 감미료, 착향료 등이며, 식품 본래의 맛을 보완하거나 향미를 강화하여 식욕을 자극하고, 조리된 식품의 품질을 일정하게 유지하는 데 기여한다.

　　보존은 식품을 일정 기간 동안 안전하게 저장하고 유통할 수 있도록 하는 단계로 단순한 부패의 방지를 넘어서 영양소 보호, 관능적 품질 유지, 미생물학적 안전성 확보 등 다면적 목적을 갖는다. 보존을 위해서는 냉장, 냉동, 건조, 훈제, 발효 등의 물리적 방법과 함께 보존료, 산화방지제 등의 화학적 방법이 복합적으로 활용된다. 이 단계에서는 보존제, 방부제, 산화방지제, 색변화 억제제 등이 주로 사용되며, 미생물의 번식을 억제하거나 산화·변질을 방지하여 식품의 유통기한을 연장하고, 소비자가 섭취할 때까지 품질이 유지되도록 한다. 특히 상온 보관이 필요한 식품이나 장기 유통 제품의 경우, 보존을 위한 첨가물의 사용은 필수적인 안전관리 수단이 된다.

　　'제조·가공·조리 또는 보존'이라는 표현은 식품첨가물이 사용되는 전 과정을 포괄하며, 단순히 식품에 물리적으로 포함되었다는 사실만으로는 식품첨가물로 인정되지 않는다는 점을 확인한다. 이 정의는 식품의 전 생애 주기에서 첨가물이 어떤 방식으로 작용하며, 어떤 기능적 역할을 수행하는지를 기준으로 판단하겠다는 규제 철학을 내포하고 있다. 또한, 이 네 과정은 독립적이면서도 상호 연관되어 있으며, 하나의 제품이 여러 과정을 거치거나 동시에 적용받는 경우도 있다. 예컨대, 즉석식품의 경우 원료의 제조, 중간재 가공, 최종 조리, 그리고 전 과정에 걸친 보존이 통합적으로 이루어진다.

　　"또는"이라는 접속사를 사용하여 이들 과정이 택일적 관계가 아니라 포괄적 관계임을 나타내고 있다. 즉, 식품첨가물은 이 네 과정 중 어느 단계에서든 필요에 따라 사용될 수 있으며, 하나의 첨가물이 여러 과정에서 동시에 다양한 목적으로 활용될 수 있다는 의미이다.

(3) 감미(甘味), 착색(着色), 표백(漂白) 또는 산화방지 등을 목적으로

'감미'란 식품에 단맛을 부여하거나 기존의 단맛을 강화하는 목적을 말한다. 가장 대표적인 감미료는 설탕이지만, 현대 식품산업에서는 설탕보다 단맛이 강하면서도 칼로리가 낮은 다양한 합성 감미료(예: 아스파탐, 사카린 나트륨)나 천연 유래 감미료(예: 스테비오사이드, 자일리톨 등) 등도 널리 사용된다. 감미의 목적은 단순히 단맛을 내는 데에 그치지 않고, 식품의 풍미와 질감을 개선하며, 경우에 따라 보존성 향상에도 기여할 수 있다. 또한, 저칼로리 식품 개발이나 당뇨병 환자를 위한 식품에도 많이 활용된다.

'착색'은 식품에 색을 부여하거나 기존 색을 더 선명하게 하여 시각적 기호성을 높이는 기능이다. 식품의 생산·유통 전과정에서 소비자가 기대하는 색상을 유지하거나 더욱 매력적인 외관을 연출함으로써 상품성을 높이고, 소비자의 구매를 유도하는 효과를 가진다. 착색제에는 천연 색소(예: 홍국, 클로렐라, 치자 황색소)와 합성 색소(예: 타르색소) 등이 있으며, 식품의 종류에 따라 허용 범위가 정해져 있다. 제과제빵류, 음료, 아이스크림, 절임류, 가공육 등에서 많이 사용된다.

'표백'은 식품 재료나 완제품에서 불필요하거나 바람직하지 않은 색소를 제거하여 순백색 또는 자연스러운 색상을 얻는 과정을 의미한다. 밀가루의 표백, 설탕의 정제 과정에서의 탈색, 일부 유제품의 색상 조절 등이 대표적인 예이다. 표백제는 단순히 외관을 개선하기 위한 수단일 뿐 아니라, 불순물의 산화나 색소 변화 방지를 통해 제품의 안정성과 소비자 신뢰를 확보하는 기능도 수행한다. 다만 과도한 표백은 불필요한 가공으로 인식될 수 있으므로, 허용된 범위 내에서만 사용이 허용된다.

'산화방지'란 식품의 주성분이 산소와 반응하여 변질되는 것을 방지하는 기능이다. 특히 기름, 지방, 비타민 등이 함유된 식품은 공기 중 산소와 접촉하면 산패되어 맛, 냄새, 색, 영양 가치가 저하되며, 심한 경우 인체에 해로운 물질이 생성되기도 한다. 산화방지제는 이러한 현상을 막아 식품의 안전성과 저장성을 높이는 데 중요한 역할을 한다. 대표적인 산화방지제에는 아스코르빈산(비타민 C), 토코페롤(비타민 E), BHA, BHT 등이 있다.

『식품표시광고법 해설』

"감미, 착색, 표백, 산화방지 등"은 식품첨가물이 식품에 기능을 부여하거나 품질을 유지하기 위한 목적을 대표적으로 열거한 것이다. 법률에서는 "등"이라는 표현을 덧붙여, 위 예시 외에도 유화, 팽창, 증점, 향미 부여, 보존 등 다양한 기능이 존재함을 전제로 한다. 이는 식품첨가물의 정의를 지나치게 협소하게 이해하지 않도록 하고, 기술 발전과 식품 산업의 변화에 유연하게 대응하기 위한 장치이기도 하다. 따라서 이 규정은 식품첨가물이 단지 식품의 성분으로 포함되는 것이 아니라, 기능적·기술적 목적을 띠고 식품의 생산과 유통 과정에 통합적으로 작용하는 존재임을 보여주는 법적 근거로서 중요한 의미를 가진다.

(4) 식품에 '의도적으로' 사용되는 물질

식품첨가물이란 단순히 식품에 '우연히' 섞이거나 들어가는 물질이 아니라, 의도적으로 식품에 넣는 물질을 의미한다. 목적은 다양하지만, 공통적으로 식품의 제조, 가공, 조리, 보존 과정에서 특정 기능을 부여하거나 식품의 품질을 유지하기 위해 사용된다. 즉, 식품첨가물은 단지 식품의 일부가 되는 성분이 아니라, 기능적 목적을 갖고 식품에 사용되는 보조적 물질이다.

(5) 기구(器具)·용기·포장을 살균·소독하는 데에 사용

기구(器具)는 식품의 제조, 가공, 조리, 저장, 운반 과정에서 사용되는 모든 도구와 장비를 의미하며, 믹서, 절단기, 가열기구, 여과장치, 배관시설 등 식품과 직접 접촉하는 생산설비가 포함된다. 용기는 식품을 담거나 보관하는 그릇, 탱크, 저장조 등을 지칭하며, 포장은 식품을 보호하고 유통을 위해 감싸는 재료인 플라스틱 필름, 종이, 금속캔, 유리병 등을 포괄한다. 이러한 물리적 매개체들은 그 자체로는 식품이 아니지만, 그 표면에 남아 있는 물질이 식품과 접촉하면서 간접적으로 식품으로 이전될 가능성이 존재한다.

살균·소독 과정은 식품 안전성 확보를 위해 필수적인 위생 관리 절차이다. 이 과정에서 세제, 소독제, 살균제, 세정제 등 다양한 화학물질이 사용된다.[17]

---

[17] 대표적으로 차아염소산나트륨, 과산화수소, 에탄올, 요오드계 소독제 등이 있다.

제4장. 총칙적 내용(제1조~제3조)

이러한 물질들은 식품 자체에 첨가되지는 않지만 도구 표면에 남아 식품과 간접 접촉하게 된다. 법은 이러한 물질들이 식품에 의도적으로 사용된 것이 아니더라도, 결과적으로 소비자가 섭취하게 될 가능성이 있는 만큼, 식품첨가물로 간주하고 엄격하게 관리하고 있다. 이는 식품의 안전성을 확보하기 위한 과학적이고 예방적인 접근방식에 해당한다.

(6) 간접적으로 식품으로 옮아갈 수 있는 물질을 포함

"간접적으로 식품으로 옮아갈 수 있는" 이라는 표현은 해당 물질이 반드시 식품에 포함되어야 한다는 것이 아니라, 옮아갈 수 있는 가능성만 있어도 법적 규제의 대상이 된다는 것을 의미한다. 이는 매우 낮은 수준의 노출도 소비자의 건강에 영향을 줄 수 있다는 점에서, 잠재적 위해 가능성을 사전에 차단하려는 규범적 태도를 보여준다. 따라서 잔류 가능성, 용해도, 사용 조건 등에 따라 화학물질의 목록과 허용기준이 정해지고, 이는 식품첨가물 고시나 세부 안전기준을 통해 구체적으로 규율되고 있다.

식품첨가물의 정의를 확장하여 직접적인 식품 첨가 외에도 간접적인 경로를 통해 식품에 유입될 수 있는 화학물질까지 규제 범위에 포함시키는 법적 개념이며, 소비자 안전과 식품 위생을 강화하기 위한 예방적 조치라는 점에서 중요한 의미를 지닌다.

2 해외 주요국의 식품첨가물 정의 규정과의 비교

앞에서 살펴 본 바와 같이, 우리나라의 식품첨가물 정의는 크게 두 가지 특징을 지닌다. 첫째, 사용 목적을 '감미, 착색, 표백, 산화방지 등'으로 명시하여, 식품첨가물이 단순한 성분이 아니라 식품의 품질 및 안전에 기여하는 기능적 물질임을 분명히 하고 있다. 둘째, 직접 식품에 투입되는 물질뿐 아니라, 기구·용기·포장을 통해 간접적으로 식품으로 이전될 수 있는 물질까지 포괄함으로써, 식품 안전의 전 과정을 규제 대상으로 설정하고 있다.

미국은 FD&C Act는 "식품첨가물"을 그 사용 목적상 직접 또는 간접적으로 식품의 성분이 되거나, 식품의 특성에 영향을 줄 것으로 합리적으로 예상되는 모든 물질로 규정하여, 사용 목적이 아닌 결과 중심의 표현을 사용하고 있다. 또한, GRAS(Generally Recognized As Safe) 개념을 도입하여, 오랜 사용 사례나 과학적 데이터에 근거해 안전성이 인정된 물질은 규제 대상에서 제외하고 있다.

유럽연합(EU)은 「식품첨가물에 관한 규정」 제3조에서 식품첨가물을 일반적으로 식품으로 섭취되지 않으며 식품의 고유 성분도 아니지만, 기술적 목적(예: 보존, 색상 유지 등)을 위해 의도적으로 식품에 첨가되는 물질로 규정한다. EU는 의도성(intended use)과 기술적 목적(technological purpose)을 식품첨가물의 핵심 판단 기준으로 삼는다.

일본은 식품첨가물을 식품의 제조 과정 또는 가공·보존의 목적을 위해, 식품에 첨가·혼합·침윤 등의 방법으로 사용하는 물질로 정의한다. 일본은 우리나라와 유사하게 제조·가공·보존의 목적을 중심으로 정의하고 있으며, 사용 방식(첨가, 혼합 등)을 함께 기술함으로써 식품첨가물의 사용 맥락을 보다 명확하게 설명하고 있다.

중국 「식품안전법」 제150조 제4호는 식품첨가물이란 식품의 품질, 색, 향, 맛을 개선하거나 부패 방지 및 신선 유지, 가공공정의 필요에 따라 식품 중에 첨가한 인공 또는 천연 물질을 말하며, 영양강화제를 포함한다고 규정하고 있다. 기능 중심적인 접근을 취하며, 첨가물의 기원(합성 또는 천연)과 포함 범위(영양강화제 포함)를 명시하고 있다는 점에서 가장 포괄적이다.

<표 5> 주요국의 식품첨가물 정의규정과의 비교

항목	한국	미국	EU	일본	중국
정의 방식	목적+사용 과정 중심	결과 중심 (특성 영향)	기술 목적 중심	사용 행위 중심	기능+출처 중심
간접 첨가물 포함 여부	명시적으로 포함	포함	별도 규율	불명시	불명시
GRAS 개념	없음	있음 (GRAS 면제)	있음	부분적	없음 (포괄 정의)
영양강화제 포함 여부	미포함 (별도 분류)	별도 분류	별도 분류	별도 분류	포함 명시

모든 국가가 식품첨가물을 식품에 의도적으로 사용하는 외부 물질로 규정하고 있다. 단독으로 식품으로 섭취되지는 않으며, 식품에 특정한 기능(품질 유지, 색·맛 개선 등)을 부여하기 위한 목적임을 강조하는 공통점이 있다.

이에 더하여 한국의 식품첨가물 정의는 식품의 제조·가공·조리·보존이라는 전 생산단계에 걸친 사용 목적을 구체적으로 열거하고, 그 예시로 감미·착색·표백·산화방지 등을 들고 있다는 점에서 기능 중심의 법적 명확성을 갖추었다고 할 수 있다. 또한, 기구·용기·포장을 통해 식품으로 간접 이동할 수 있는 물질까지 첨가물로 간주함으로써, 식품과 접촉하는 환경 전체를 관리대상으로 확장하고 있다는 점에서 가장 포괄적이라고 볼 수도 있다. 이는 식품의 안전성을 보다 예방적으로 확보하려는 법제적 노력의 일환으로 볼 수 있다.

③ 관련 판례

1. 대법원 2015. 10. 15. 선고 2015도2662 판결

개요	• 니코틴산이 과다 함유된 '흑산수유코르닌겔'을 판매한 것이 식품위생법 위반에 해당하는지가 쟁점이 된 사건
쟁점	• 식품첨가물공전에서 사용량 제한이 없는 니코틴산을 1일 섭취량 권장기준을 초과하여 첨가한 제품이 위해식품에 해당하는지가 핵심 쟁점
판결 요지	• 식품첨가물의 사용량 제한이 없더라도, 1일 섭취한도 권장량을 현저히 초과하여 건강을 해칠 우려가 있는 경우 위해식품으로 판단. - 위해식품 여부 판단 기준은 기준 초과 정도, 건강 침해의 정도와 양상, 제품 용기의 유의사항 기재 여부와 내용 등으로 봄 - 위해식품 판단 이유 : 제품에 건강기능식품공전 기준의 3-4배에 달하는 니코틴산이 함유. 1포 섭취만으로도 홍조, 가려움증 등 부작용 발생 가능. 부작용 발생 시 '일시적 현상'이라며 안심시키는 문구를 기재함.
의의	• 식품첨가물 사용 기준이 불분명한 상황에서도, 실제로 위해 우려가 있다면 법 위반으로 판단할 수 있다는 법리를 확립했으며, 식품안전 관리 및 법 적용에 있어 핵심적 기준으로 활용됨

『식품표시광고법 해설』

2. 대전지방법원 2015노2779 판결

개요	• 피고인 A는 전자담배 액상 6개 품목을 제조하면서 자가품질검사를 하지 않았다는 이유로 식품위생법 위반 혐의로 기소
쟁점	• 전자담배 액상이 식품위생법상 '식품첨가물'에 해당하는지 여부

판결 요지	• (1심 판단) 원심은 해당 전자담배 액상을 식품첨가물로 보아 피고인의 자가품질검사 미실시를 식품위생법 위반으로 판단.
	• (항소심 판단) 항소심은 다음과 같은 이유로 원심을 파기하고 무죄를 선고
	  - 식약처 사실조회 결과 : 전자담배 액상은 식품위생법상 '식품' 및 '식품첨가물'에 해당하지 않는다고 확인
	  - 대전 유성구청의 허가 과정에서 피고인이 해당 제품을 케이크 등 식품류에 첨가하는 용도로 설명하여 허가를 받았으며, 담당자는 실제 용도인 전자담배 첨가용임을 알았다면 허가가 불가능했다고 진술.
	  - 형벌법규는 엄격하게 해석해야 하며, 피고인에게 불리한 방향으로 확장하거나 유추해석할 수 없다는 죄형법정주의 원칙 확인

제4장. 총칙적 내용(제1조~제3조)

제3호 기구

1 조문의 내용

식품표시광고법 제2조(정의)
3. "기구"란 「식품위생법」 제2조제4호에 따른 기구(해외에서 국내로 수입되는 기구를 포함한다)를 말한다.

식품위생법 제2조(정의)
4. "기구"란 다음 각 목의 어느 하나에 해당하는 것으로서 식품 또는 식품첨가물에 직접 닿는 기계·기구나 그 밖의 물건(농업과 수산업에서 식품을 채취하는 데에 쓰는 기계·기구나 그 밖의 물건 및 「위생용품 관리법」 제2조제1호에 따른 위생용품은 제외한다)을 말한다.
   가. 음식을 먹을 때 사용하거나 담는 것
   나. 식품 또는 식품첨가물을 채취·제조·가공·조리·저장·소분[(小分): 완제품을 나누어 유통을 목적으로 재포장하는 것을 말한다. 이하 같다]·운반·진열할 때 사용하는 것

<식품위생법 상 기구 정의의 개정 연혁>

개정	조문 내용
1962.4.21. (제1007호)	④ 본법에서 기구라 함은 음식기 기타 식품 또는 첨가물의 채취, 제조, 가공, 조리, 저장, 운반, 진열, 수수 또는 섭취에 사용 되는 것으로서 식품 또는 첨가물에 직접 접촉되는 기계, 기구를 말한다. ☞ 최초 정의 도입. 식품 접촉 기구의 범위를 정의함.
1996.9.30. (제5099호)	4. "기구"라 함은 음식기와 식품 또는 식품첨가물의 채취·제조·가공·조리·저장·운반·진열·수수 또는 섭취에 사용되는 것으로서 식품 또는 **식품첨가물**에 직접 접촉되는 기계·기구 **기타의 물건**을 말한다. **다만, 농업 및 수산업에 있어서 식품의 채취에 사용되는 기계·기구 기타의 물건은 제외한다.** ☞ 용어정비('첨가물'→'식품첨가물'), '기타의 물건'으로 확대 및 농·수산 채취 장비 제외 규정 신설
2009.8.7. (제9432호) 전부개정	4. "기구"란 다음 각 목의 어느 하나에 해당하는 것으로서 식품 또는 식품첨가물에 직접 닿는 기계·기구나 그 밖의 물건(농업과 수산업에서 식품을 채취하는 데에 쓰는 기계·기구나 그 밖의 물건은 제외한다)을 말한다. 가. 음식을 먹을 때 사용하거나 담는 것 나. 식품 또는 식품첨가물을 채취·제조·가공·조리·저장·소분[(小分): 완제품을 나누어 유통을 목적으로 재포장하는 것을 말한다. 이하 같다]·운반·진열할 때 사용하는 것 ☞ 정의 체계를 각목으로 세분. 소분 개념 신설

개정	조문 내용
2018.4.19. (제14835호)	4. "기구"란 다음 각 목의 어느 하나에 해당하는 것으로서 식품 또는 식품첨가물에 직접 닿는 기계·기구나 그 밖의 물건(농업과 수산업에서 식품을 채취하는 데에 쓰는 기계·기구나 그 밖의 물건 및 **「위생용품 관리법」 제2조제1호에 따른 위생용품**은 제외한다)을 말한다. 가. 음식을 먹을 때 사용하거나 담는 것 나. 식품 또는 식품첨가물을 채취·제조·가공·조리·저장·소분 [(小分): 완제품을 나누어 유통을 목적으로 재포장하는 것을 말한다. 이하 같다]·운반·진열할 때 사용하는 것
	☞ 「위생용품 관리법」 제정(2017.4.18.)으로 위생용품이 별도 법령에 근거하여 관리되므로 '기구'의 정의에서 제외

식품등의 표시광고에 관한 법률 제2조는 '기구'를 정의하면서 식품위생법 정의를 그대로 인용하므로, 두 법률에서 사용하는 '기구'의 개념은 같다.

(1) 다음 각 목의 어느 하나에 해당하는 것

"다음 각 목의 어느 하나에 해당하는 것"이라는 표현은, 해당 기구가 가목 또는 나목 중 어느 한 요건만 충족하더라도 '기구'로 간주된다는 의미를 갖는다. 즉, 법률상 '기구'로 분류되기 위해서는 반드시 두 가지 요건 모두를 충족해야 하는 것이 아니라, 가목("음식을 먹을 때 사용하거나 담는 것") 또는 나목("식품 또는 식품첨가물을 채취·제조·가공·조리·저장·소분·운반·진열할 때 사용하는 것") 중 하나의 조건만 충족하더라도 충분하다는 것을 의미한다. 이는 식품과 직접 접촉하는 기구의 용도가 다양하고 복합적이라는 점을 고려하여, 법적용의 범위를 탄력적으로 설정하고자 하는 입법적 판단을 반영한 것이다.

또한, 이 법의 규제대상 범위를 지나치게 협소하게 해석하는 것을 방지하여, 산업현장에서 실제로 사용되는 다양한 기구들이 법의 적용에서 누락되지 않도록 하기 위한 안전장치로도 작용한다. 즉, 식품안전에 직결되는 위생관리의 사각지대를 최소화하고자 하는 의도가 내포되어 있다고 볼 수 있다.

제4장. 총칙적 내용(제1조~제3조)

결론적으로, "다음 각 목의 어느 하나에 해당하는 것"이라는 표현은 '기구'에 해당하는 법적 요건을 폭넓고 유연하게 설정함으로써, 식품의 안전성 확보를 위한 규제의 실효성을 높이기 위한 장치이며, 가목과 나목 각각이 독립적인 판단 기준으로 기능함을 명확히 하는 입법 표현이라고 할 수 있다.

(2) 음식을 먹을 때 사용하거나 담는 것

'음식을 먹을 때 사용하거나 담는 것'이라는 표현은 일상생활에서 식품을 섭취하는 행위와 직접적으로 관련된 물건을 포괄하는 개념이다. 이 표현은 '먹는 행위'와 '담는 행위'를 중심으로, 이들과 밀접하게 연관된 기구의 범주를 규정하고자 하는 입법적 의도를 반영하고 있다.

'음식을 먹을 때 사용'한다는 것은 식품을 실제 섭취하는 과정에서 사용되는 모든 기구를 의미한다. 대표적으로 숟가락, 젓가락, 포크, 나이프, 식판, 식기류(접시, 그릇, 컵 등), 빨대, 트레이, 도시락 용기 등이 해당한다. 이는 음식물과 직접 접촉하면서 사람의 입으로 전달되는 도구로서, 위생적 안전성이 직접적으로 건강에 영향을 미치므로 엄격한 관리의 대상이 된다.

'음식을 담는 것'은 음식을 제공하거나 일시적으로 보관하기 위하여 식품을 넣는 용기를 포함하는 개념이다. 단순히 가정이나 식당에서 사용하는 용기뿐 아니라, 일회용 도시락 용기, 테이크아웃 컵, 음식 포장용 접시, 샐러드 바의 트레이 등도 포함될 수 있다. 담는 행위는 음식의 위생적 상태 유지와 관련되기 때문에, 이 또한 식품위생법상 관리의 대상이 된다.

이 정의는 기구의 용도와 식품과의 접촉 여부를 핵심 기준으로 삼고 있으며, 소비자가 음식물을 섭취하는 가장 말단 단계에서 사용되는 도구들까지 포함하여 식품위생의 전 과정에 걸친 안전관리 체계를 구축하기 위한 것이다. 또한, 해당 규정은 식품위생법의 보호 범위를 지나치게 확대하지 않도록 농수산물 채취용 기계나 「위생용품 관리법」에 따른 위생용품을 명시적으로 제외함으로써, 법적용 대상의 명확성을 높이고 있다.

요컨대, '음식을 먹을 때 사용하거나 담는 것'이라는 표현은 식품의 최종 소비과정에서 식품과 접촉하는 일체의 기구를 포괄적으로 규정한 것이며,

『식품표시광고법 해설』

이를 통해 식품 섭취 과정에서도 식품위생상 위해가 발생하지 않도록 하려는 입법 목적을 반영한 것이다. 이는 식품을 안전하게 소비할 권리를 보장하기 위한 최소한의 규제 장치라고 평가할 수 있다.

(3) 식품 또는 식품첨가물을 채취ㆍ제조ㆍ가공ㆍ조리ㆍ저장ㆍ소분ㆍ운반ㆍ진열할 때 사용하는 것

"식품 또는 식품첨가물을 채취ㆍ제조ㆍ가공ㆍ조리ㆍ저장ㆍ소분ㆍ운반ㆍ진열할 때 사용하는 것"은 식품의 생산과 유통, 소비 전 과정에서 식품 또는 식품첨가물과 직접 접촉하거나 이들의 품질에 영향을 줄 수 있는 기계, 기구, 그 밖의 물건을 포괄적으로 규정한 개념이다. 이는 식품의 안전성과 위생 관리를 전체 유통 경로에서 통합적으로 확보하고자 하는 식품위생법의 목적을 반영한 규정으로 이해할 수 있으며, 식품의 '생산에서 소비까지' 이어지는 모든 단계별 행위를 열거함으로써, 각 단계에서 사용되는 기구들이 모두 법률상 관리 대상이 된다는 점을 명확히 한다.[18]

'채취'는 농수산물을 포함하여 자연에서 식품 원료를 얻는 과정을 의미한다. 따라서, 농작물을 수확하는 데 쓰이는 농기구(낫, 삽 등)나 어패류를 잡는 데 사용되는 어구(그물, 낚싯대 등) 등이 해당할 수 있으나, 제4호 본문에서 "농업과 수산업에서 식품을 채취하는 데에 쓰는 기계ㆍ기구나 그 밖의 물건"은 제외한다고 명시되어 있으므로, 이러한 기구들은 식품위생법상 '기구'에 해당하지 않는다. 따라서, 나목의 '채취'는 농업이나 수산업에서 채취된 원료를 다음 단계로 이송하거나 분류하는 과정에서 사용되는 기구를 의미한다고 보는 것이 타당하다.

'저장'은 식품의 부패 방지와 품질 유지를 위한 보존을 의미하며, 저장 탱크, 냉장ㆍ냉동 창고의 선반, 저장 용기, 실링기, 밀폐용기 등이 이에 포함된다. 특히 이 단계에서의 기구는 장기간 식품과 접촉하는 경우가 많아 위생적 설계와 세척 가능성, 내구성 등이 중요한 평가 기준이 될 수 있다.

'소분'은 완제품을 일정 단위로 나누어 다시 포장하여 유통하기 위한

---

[18] 제조ㆍ가공 및 조리 등에 대하여는 식품첨가물 해설시 설명하였으므로 여기서는 제외한다.

제4장. 총칙적 내용(제1조~제3조)

행위로서, 이때 사용하는 소분기계, 포장기, 계량기, 트레이, 비닐봉투 등이 포함된다. 유통을 전제로 하므로 정밀한 위생 관리가 필요하다.

'운반'은 생산지에서 유통지점 또는 최종 판매지까지의 이송 과정으로, 이 과정에서 사용되는 운반 트럭, 이송 카트, 박스, 보냉백, 운반용 컨테이너 등이 해당하며, 식품이 오염되지 않도록 온도와 습도 등 물리적 환경의 유지가 중요한 요소이다.

'진열'은 소비자에게 식품을 판매하기 위해 배치하는 행위로, 진열대, 쇼케이스, 냉장 진열장, 상품 트레이 등이 이에 포함된다. 이 경우에도 소비자의 손이 닿거나 외부 환경에 노출될 수 있으므로, 진열 기구의 위생상태와 청결 유지가 중요하다.

나목은 식품 또는 식품첨가물이 시장에 유통되기까지의 전 과정에서 사용되는 다양한 기구를 아우르며, 이 법이 단지 조리나 섭취 단계에 국한되지 않고, 식품의 '생산-유통-소비'의 전생애주기를 통합적으로 관리하는 법률임을 보여주는 조항이라 할 수 있다. 특히 각 단계에서 식품과 직접 닿거나 품질에 영향을 줄 수 있는 모든 기계·기구를 포함함으로써, 소비자의 식품 안전을 총체적으로 확보하고자 하는 입법의도를 명확히 하고 있다.

(4) 식품 또는 식품첨가물에 직접 닿는 기계·기구나 그 밖의 물건

"식품 또는 식품첨가물에 직접 닿는 기계·기구나 그 밖의 물건"이라는 표현은 식품과의 물리적 접촉 여부를 기준으로 하여, 법의 적용 대상인 '기구'의 범위를 명확히 하려는 입법적 의도를 반영하고 있다.

'식품 또는 식품첨가물에 직접 닿는'이란, 해당 기구가 사용되는 과정에서 식품이나 식품첨가물과 물리적으로 맞닿거나 접촉하는 상태를 의미한다. 이는 단순히 근접하거나 인접한 것이 아니라, 식품의 표면 또는 내부와 기구 표면이 실제로 접촉하여, 그 재질, 구조, 사용 상태 등이 식품의 안전성과 위생에 직접적인 영향을 미칠 수 있는 경우를 뜻한다. 예를 들어, 식품을 담는 접시, 조리용 냄비, 식품 가공기계의 칼날이나 혼합통, 밀봉을 위한 포장기계의 접촉면, 식품을 저장하는 용기나 탱크의 내면 등이 모두 이에 해당된다.

이들은 식품과 접촉하면서 이물질, 세균, 화학물질 등이 이행될 가능성이 있으므로, 엄격한 위생적 기준과 안전관리가 요구된다.

'기계·기구나 그 밖의 물건'이라는 표현은 기구의 형태와 종류를 제한하지 않고 포괄적으로 규정하기 위한 문구이다. '기계'는 동력이나 자동화를 이용하여 식품을 처리하거나 조작하는 설비를 말하며, '기구'는 보다 단순한 도구나 설비, 또는 수작업 중심의 물건을 포함한다. '그 밖의 물건'은, 식품과 접촉하는 부분 중 기계나 기구로 보기 어려운 물건—예컨대 포장재의 내면, 이송 중 식품과 닿는 패드나 덮개, 진열 트레이 등—까지도 포함하려는 의도를 갖는다. 이로써 식품과 접촉하는 모든 물리적 매개체가 법률상 '기구'로 포섭될 수 있는 해석 여지를 확보하게 된다.

이러한 표현은 '기구'의 정의에서 가장 본질적인 부분이라고 볼 수 있으며 다음과 같은 의미를 가진다. 첫째, 위생 관리의 근거를 제공한다. 식품에 직접 닿는다는 특성은 해당 물건이 식품의 오염원이 될 수 있음을 의미하며, 해당 물건에 대한 위생적인 제조, 사용, 관리의 필요성을 법적으로 뒷받침하는 근거가 된다. 둘째, 유해 물질 관리의 필요성을 제공한다. 직접 닿는 물건의 재질에서 식품으로 유해 물질(예: 중금속, 환경호르몬)이 용출될 가능성이 있기 때문에, 재질 기준, 용출 규격 등을 설정하고 관리하는 법적 근거가 된다. 셋째, 교차 오염 방지를 위한 위생 관리의 중요성을 강조한다. 식품에 직접 닿는 기구나 설비의 세척 및 소독이 불충분할 경우, 이들을 통해 식품 간 교차 오염이 발생할 수 있게 된다. 넷째, 법 적용의 명확화이다. 특정 물건이 식품위생법상 '기구'에 해당하는지 여부를 판단하는 중요한 기준 중 하나를 제시하여, 법의 적용 범위를 명확히 하고 혼란을 줄이는 데 기여한다.

결론적으로, "식품 또는 식품첨가물에 직접 닿는 기계·기구나 그 밖의 물건"이라는 문구는 식품위생법이 관리하고자 하는 '기구'의 본질적인 특성과 범위를 명확히 규정함으로써, 식품의 안전성을 확보하고 국민 건강을 보호하기 위한 법적 기반을 제공하는 매우 중요한 정의라고 할 것이다.

(5) (농업과 수산업에서 식품을 채취하는 데에 쓰는 기계·기구나 그 밖의 물건 및 「위생용품 관리법」 제2조제1호에 따른 위생용품은 제외한다)

이 문구는, 식품위생법의 적용 대상을 합리적으로 조정하고, 타 법률과의 중복 규제를 피하며, 각 법률의 목적에 맞는 효율적인 관리를 도모하기 위한 입법적 의도를 반영한 것이다.

"농업과 수산업에서 식품을 채취하는 데에 쓰는 기계·기구나 그 밖의 물건"은 식품의 원재료가 되는 농산물 또는 수산물을 생산 단계에서 수확하거나 포획할 때 사용되는 도구나 설비를 의미한다. 이러한 도구들(예 : 쟁기, 낫, 그물, 낚싯대 등)은 식품의 생산 과정 중 식품의 '소재'가 되는 농·수산물을 자연 상태에서 취득하는 데에 사용되지만, 식품위생법상 '식품'으로 정의되는 상태의 식품에 직접 접촉하는 과정이라 보기는 어려우며, 일반적으로는 농수산물의 생산을 규율하는 농업·수산업 관련 법령의 관리 대상으로 분류된다. 따라서 식품위생법의 적용 범위에서 제외하여, 법률 간 중복 적용이나 혼란을 방지하려는 것이다.

「위생용품 관리법」에 따른 위생용품은, 일상생활에서 청결한 사용을 목적으로 하여 인체 또는 식품과 접촉하는 제품을 포함하며, 구체적으로는 일회용 컵, 빨대, 종이접시, 냅킨, 이쑤시개, 기저귀, 칫솔, 행주 등과 같은 품목이 여기에 해당한다. 이러한 제품은 식품위생과 유관하기는 하지만, 별도의 전담 법률과 관리 체계를 통해 안전성과 품질이 규율되고 있으므로, 식품위생법에서는 중복 적용을 피하고자 그 적용 범위에서 제외한 것이다.

이와 같이 명시적인 제외 규정을 둔 이유는, 식품위생법이 식품의 생산·가공·조리·유통 등에서 식품에 직접 접촉하는 기구에 대하여 체계적이고 통일적인 위생관리를 시행하기 위한 법률임에도 불구하고, 관련성이 있다고 해서 모든 기구나 물건을 일괄적으로 규율하게 될 경우, 법 적용의 경계가 모호해지고 규제 중복과 행정 비효율이 초래될 수 있기 때문이다. 따라서 이 조항은 식품위생법의 적용 대상을 식품의 '식품 상태 이후의 접촉 단계'로 한정함으로써, 식품과 관련된 타 분야의 법률과의 관할 구분을 명확히 설정하고자 한 입법 기술적 장치로 이해된다.

2 해외 주요국의 '기구' 정의 규정과의 비교

(1) 미국 '식품 접촉 물질(FCS)' : 기구를 만드는 '재료의 성분'

미국은 한국의 '기구'라는 단일한 용어보다는 범위는 좀 더 넓히고 개념은 세분화하고 있다. 그중에서 '식품 접촉 물질(Food Contact Substances, FCS)'이라는 개념이 한국의 '기구'와 가장 유사하다. FCS는 식품의 제조, 포장, 운반, 보관에 사용되는 재료의 구성 요소로서, 해당 물질의 사용 의도가 식품에 어떠한 기술적인 효과를 주기 위한 것이 아닌 물질을 말한다.[19] 여기서는 FCS 자체가 어떤 기능을 하려는 것이 아니라, 식품과 닿는 과정에서 식품으로 미량이라도 옮겨갈 수 있는 '물질'이나 '성분'에 초점이 맞추어진다. 예컨데, 한국에서는 플라스틱 용기가 '기구'지만, 미국에서는 그 플라스틱 용기를 만드는 데 사용된 특정 화학 성분들이 FCS가 된다. FCS의 상위개념으로 '간접 식품 첨가물(Indirect Food Additives)' 개념이 있다. '간접 식품 첨가물'은 FD&C Act Section 201(s)에서 정의하는 '식품 첨가물'의 한 유형으로, 식품에 직접 넣는 첨가물은 아니지만, 식품과 직간접적으로 닿아서 식품의 성분이 되거나 영향을 줄 수 있는 모든 물질을 총칭하는 개념이다.[20]

요약하자면, 한국은 식품에 닿는 '완성된 도구 그 자체'의 위생과 안전을 주로 관리하며, 법으로 정해진 기준과 규격을 따르도록 한다. 반면, 미국은 그 '도구를 만드는 원재료의 성분'이 식품으로 옮겨갈 때 유해한지 그렇지 않은지, 즉 '물질'의 안전성에 더 집중하며, 특히 새로운 물질에 대해서는 개별적으로 신고하여 안전성을 확인받도록 하는 체계를 가지고 있다.

(2) 유럽연합(EU) '식품 접촉 물질(Food Contact Materials, FCMs)' : 식품과 '접촉하는 모든 재료 및 물품'

유럽연합(EU)은 한국의 '기구' 개념보다 훨씬 더 포괄적인 '식품 접촉 물질(Food Contact Materials, FCMs)'이라는 개념으로 식품과 닿는 모든 물질을

---

19 Federal Food, Drug, and Cosmetic Act Section 409(h)(6) [21 U.S.C. 348(h)(6).
20 Federal Food, Drug, and Cosmetic Act Section 201(s) [21 U.S.C. 321(s).

관리한다. EU '식품 접촉 물질에 관한 기본 규정'에 따르면, FCMs는 '완제품 상태에서 식품과 접촉하도록 의도되었거나, 이미 식품과 접촉하고 있거나, 정상적 사용 상태 또는 예측 가능한 사용 조건 하에서 식품과 접촉하거나 구성 성분을 식품으로 이전시킬 것으로 합리적으로 예상될 수 있는 모든 재료 및 물품'을 의미한다.21 이는 플라스틱, 유리, 금속, 세라믹, 종이, 고무 등 다양한 재질을 포괄하며, 식품 포장재, 조리기구, 식기, 식품 가공 설비 등이 모두 이 범주에 속한다. FCMs의 핵심 기능은 해당 물질로부터 유해한 성분이 식품으로 이행(migration)되어 소비자의 건강을 위협하거나 식품의 품질(구성, 맛, 냄새 등)을 저해하는 것을 방지하는 것이다.22 EU는 이러한 이행을 막기 위해 '불활성 원칙(inertness principle)'을 강조하며, FCMs가 최대한 식품에 영향을 주지 않도록 규정한다.23

한국이 식품에 닿는 '완성된 도구 그 자체'의 위생과 안전을 주로 관리하며, 정해진 기준과 규격을 따르도록 하는 반면, EU는 '식품과 접촉할 가능성이 있는 모든 재료와 물품'을 포괄적으로 다루며, 해당 물질로부터 유해 성분이 식품으로 옮겨가지 않도록 하는 '이행' 원칙에 중점을 둔다. EU는 '기본 규정'을 통해 모든 FCMs에 대한 일반적인 안전 원칙을 제시하고, 플라스틱과 같은 특정 재질에 대해서는 더욱 상세한 개별 규정을 적용하는 계층적 관리 방식을 취한다. 또한, 제조업체는 FCMs가 규정을 준수하고 있음을 입증하는 '적합성 선언'을 의무적으로 제공해야 한다.

---

21 Regulation (EC) No 1935/2004 of the European Parliament and of the Council of 27 October 2004 on materials and articles intended to come into contact with food (EU Framework Regulation) Article 1.
22 Regulation (EC) No 1935/2004 Article 3.
23 전체적인 맥락에서 보면 미국과 EU는 모두 '식품으로의 이행'에 초점을 두고 있다는 측면에서 유사성을 가지고 있다고 볼 수 있다. 식품에 직접 첨가되지는 않지만, 식품을 만들거나 포장하고 운반하는 과정에서 식품으로 유해 물질이 옮겨갈 수 있다는 가능성(이행, migration)에 주목하여 이를 규제한다. 이는 단순히 물리적인 접촉을 넘어 화학적 안전성까지 고려한다는 점에서 한국의 '기구' 개념보다 더 넓은 관점을 가진다. 다만, 개념의 포괄성과 체계 측면에서는 차이를 보인다. EU의 FCMs를 모든 '재료 및 물품'을 FCMs로 정의하여 미국의 간접 식품 첨가물/FCS보다 더 광범위하다고 볼 것이다. 또한, 미국은 특정 '물질(substance)'의 이행 가능성에 집중하여 식품 첨가물의 범주에서 관리하지만, EU는 식품과 닿는 '모든 형태의 재료 및 물품'이라는 더 큰 틀에서 접근한다.

(3) 일본 '기구': 한국과 매우 유사한 '직접 접촉 물건'

일본 식품위생법 제4조 제5항에 따르면, '기구'는 "음식용 그릇 및 그 외 식품 또는 첨가물에 직접 접촉하는 기계, 기구, 기타 물건을 말한다. 단, 농업 및 수산업에서 식품을 채취하기 위해 사용되는 것은 제외한다"고 정의한다. 식품과 물리적으로 직접 닿는 모든 기계, 도구, 용기, 포장재를 포함하는 개념으로, 식품 원료의 채취 단계에서 사용되는 기구를 명시적으로 제외하고 있는 점도 한국과 동일하다. 일본 '기구'의 주요 기능은 해당 기구로부터 유해 물질이 식품으로 이행되어 소비자의 건강을 해치거나 식품의 품질을 저해하는 것을 방지하는 데 있다. 이를 위해 기구의 재질, 제조 방식, 사용 조건 등에 대한 안전 기준을 설정하여 관리한다.

기본적인 개념과 틀에서 한일 양국은 매우 유사하다고 볼 것이나 세부적인 관리 방식에서는 다소 차이가 있다. 한국은 품목별 또는 재질별로 '기준 및 규격'을 고시하는 방식이 주를 이루는 반면, 일본은 이와 유사하게 재질별 기준 및 규격을 설정하면서도, '긍정 목록(Positive List, PL) 제도'를 도입하여[24] 특정 합성수지제 기구 및 용기 포장에 사용될 수 있는 물질을 한정하는 등 보다 엄격하고 구체적인 물질 기반의 관리를 시도하고 있다. 이는 물질의 안전성을 사전에 검증하여 식품 안전을 강화하려는 의지로 여겨진다.

(4) 중국 '식품 관련 제품': 식품에 '직접 접촉하는 광범위한 제품'

중국은 한국의 '기구' 개념과 유사하면서도 더 넓은 범위를 포함하는 '식품 관련 제품(食品相关产品)'이라는 개념으로 식품과 닿는 물질들을 관리하며, "식품 용기, 포장 재료, 식품 생산 경영에 사용되는 도구 및 설비, 세제, 소독제 등 식품에 직접 접촉하는 제품"으로 정의된다.[25] 이는 한국의 '기구' 개념에 해당하는 물건들은 물론, 세제나 소독제와 같이 식품 생산 환경 전반의 위생에 영향을 미치는 물질까지 포함한다. 중국 '식품 관련 제품' 개념 해당

---

24 일본 식품위생법 개정(2018) 및 후생노동성 고시 제196호(令和2年厚生労働省告示第196号, 器具及び容器包装の規格基準の一部を改正する件). (2020.6.1.부터 합성수지제 기구 및 용기포장 등에 PL 적용)

25 中华人民共和国食品安全法 제105조 제5항.

제품으로부터 유해 물질이 식품으로 이행되거나, 식품 생산 환경에 위해를 가하여 소비자의 건강을 해치거나 식품의 품질을 저해하는 것을 방지하는 것을 주요 기능으로 한다. 이를 위해 제품의 재질, 용도, 제조 방식 등에 대한 엄격한 기준과 규격을 설정하여 관리한다.

한국과 중국은 식품과 '직접 닿는' 물건을 관리한다는 공통점을 가지지만, 중국의 '식품 관련 제품'은 한국의 '기구'보다 그 범위가 훨씬 더 넓다. 중국은 단순히 식품과 직접 닿는 기계, 용기, 포장재를 넘어, 세제나 소독제와 같이 식품 생산 및 유통 환경 전반의 위생에 영향을 미치는 물질까지도 '식품 관련 제품'으로 관리하여, 식품 접촉 물질뿐만 아니라, 식품을 다루는 전반적인 위생 환경까지 포괄적으로 규제하려는 것으로 생각된다. 한편, 관리 방식에 있어서도 한국이 주로 '기준 및 규격' 고시를 통해 관리하는 반면, 중국은 '국가 표준(GB 규격)'을 제정하고 이를 통해 재질별 위생 요구사항, 용출 기준, 시험 방법 등을 규정한다. 또한, 일부 식품 관련 제품에 대해서는 허가 및 등록 제도를 운영하기도 한다.

〈표 6〉 주요국의 기구 정의규정 비교

구분	국가	내 용
개념 용어	한국	• 기구(器具)
	미국	• 식품 접촉 물질 (Food Contact Substances, FCS) - 간접 식품 첨가물(Indirect Food Additives)
	EU	• 식품 접촉 물질 (Food Contact Materials, FCMs)
	일본	• 기구 (器具)
	중국	• 식품 관련 제품 (食品相关产品)

구분	국가	내 용
근거 규정	한국	• 식품표시광고법 제2조 제3호(식품위생법 제2조 제4호)
	미국	• FD&C Act Section 409(h)(6), 간접 식품 첨가물은 Section 201(s)
	EU	• Regulation (EC) No 1935/2004 제1조
	일본	• 식품위생법 제4조 제5항
	중국	• 식품안전법 제105조 제5항

구분	국가	내 용
핵심 개념	한국	• 식품에 직접 닿는 물리적인 '물건'(기계, 도구, 용기, 포장재 등)
	미국	• 식품과 접촉하는 물건을 구성하며 식품으로 '이행될 수 있는 물질'
	EU	• 식품과의 접촉이 의도되었거나 예상될 수 있는 모든 '재료 및 물품' (재질 불문)
	일본	• 식품에 직접 닿는 물리적인 '물건'(음식용 그릇, 기계, 도구 등)
	중국	• 식품에 직접 접촉하는 광범위한 '제품'(용기, 포장재, 도구, 설비, 세제, 소독제 포함)

구분	국가	내 용
관리 방식	한국	• 품목/재질별 '기준 및 규격 고시': 완성된 제품에 대한 사전 관리
	미국	• 물질 중심 사전 승인 제도 : FCN(Food Contact Notification) 제도를 통한 신규 FCS 승인 (기존 승인 물질은 21 CFR 목록에 등재)
	EU	• 계층적/다단계 규제(기본 규정+재질별 세부 규정) : 불활성 원칙 및 우수 제조 관행(GMP), 적합성 선언(DoC) 의무화
	일본	• 기준 및 규격 설정 : 재질별 용출 시험, 성분 규격 등, Positive List 제도 도입 (일부 합성수지제에 적용)
	중국	• 국가 표준(GB 규격) 제정 및 적용 : 포괄적인 식품 생산/유통 환경 위생 관리

구분	국가	내 용
규제 철학	한국	• 식품의 제조·가공 이후 단계 중심의 물리적 접촉 위생 관리
	미국	• 물질의 화학적 안전성 및 식품으로의 이행 위험 관리
	EU	• 식품 접촉 물질로부터의 화학적 이행 방지 및 전 과정 투명성 확보
	일본	• 한국과 유사한 형태의 물리적 접촉 위생 관리에 기반하고 있으나, 점진적으로 물질 중심의 사전 규제 강화
	중국	• 식품 생산 환경 전반의 광범위한 위생 및 안전 관리

3 관련 판례

판결에서 '기구'의 정의 자체가 쟁점이 된 대표적 사례는 드물지만, 기구의 범위와 영업상 사용 기준, 위생관리의 중요성을 실질적으로 다루고 있는 몇 개의 판례가 있다.

1. 대법원 1990. 2. 27. 선고 89도2538 판결

"식품위생법상의 대중음식점 영업허가를 받은 자가 그 점포에 <u>기름가마솥, 기름버너, 진열대, 튀김기구</u> 등을 갖추고 나서 다른 업소로부터 생선 반죽가루를 공급받아 이를 반죽하여 튀김을 만들어 판매한 행위는 식품위생법상 허가받은 영업의 범위를 벗어난 것으로 볼 수 없다."

이 판결에서는 튀김기구 등 음식 조리에 사용되는 설비가 '기구'에 해당함을 전제로, 영업허가의 범위 내에서 해당 기구를 사용하는 행위가 적법한지 여부를 판단하였다.

2. 대법원 2020도13815 판결

"상가에 <u>냉장고, 싱크대, 회전식국솥, 가스레인지, 작업용선반</u> 등을 설치하고 식품을 제조한 다음, 이를 음식점에 공급하여 손님에게 제공한 행위는 식품위생법상 식품제조·가공업에 해당한다."

이 판례는 식품위생법상 식품제조·가공업의 시설 기준과 관련하여, 식품의 제조·가공에 사용되는 설비(냉장고, 싱크대 등)가 영업허가 및 시설기준의 판단 요소임을 명확히 하였다.

3. 서울서부지방법원 2016고단3746 판결

"김치냉장고 내 김치통(기구)에 대해 실제로는 FDA 인증을 받지 않았음에도 'FDA 인증'이라고 표시하고, 광고로 허용되지 않는 'HS마크 인증', '친환경 김치통' 등 허위·과대광고를 광고 전단, 카탈로그, 제품 안내문, 김치통 부착물 등 다양한 방식으로 전국적으로 대량 배포 및 부착하여 소비자에게 널리 알린 행위에 대하여, 법원은 식품위생법 제13조(허위·과대광고의 금지) 및 관련 규정에 따라 기구(김치통 등)에 대한 허위·과대광고 행위가 명백히 인정된다."

이 판결에서는 '김치통'이라는 물품이 식품위생법상 '기구'에 해당하며, 이에 대한 광고 또한 식품위생법의 규제를 받는다는 점을 전제로 사건이 진행되었다. 식품 안전뿐만 아니라, 식품과 직접 접촉하는 '기구'의 품질에 대한 소비자의 알 권리와 선택권을 보호하는 데 중점을 둔 판결로, 허위·과대광고는 소비자가 제품의 안전성이나 성능을 오인하게 하여 부적절한 선택을 하게 만들 수 있기 때문에 이를 규제하는 것은 중요함을 보여주는 의미 있는 사례라고 할 것이다.

『식품표시광고법 해설』

제4호 용기·포장

1 해설

식품표시광고법 제2조(정의)
4. "용기·포장"이란 「식품위생법」 제2조제5호에 따른 용기·포장(해외에서 국내로 수입되는 용기·포장을 포함한다)을 말한다.

식품위생법 제2조(정의)
5. "용기·포장"이란 식품 또는 식품첨가물을 넣거나 싸는 것으로서 식품 또는 식품첨가물을 주고받을 때 함께 건네는 물품을 말한다.

〈식품위생법 상 용기·포장 정의의 개정 연혁〉

개정	조문 내용
1962.4.21. (제1007호)	⑤ 본법에서 용기, 포장이라 함은 식품 또는 첨가물을 넣거나 싸는 물품으로서 식품 또는 첨가물을 수수할 때 함께 인도되는 물품을 말한다.
	☞ 최초 정의 도입. 행위(수수 시 인도되는 물품) 중심으로 정의
1996.9.30. (제5099호)	5. "용기·포장"이라 함은 식품 또는 **식품첨가물**을 넣거나 싸는 물품으로서 식품 또는 **식품첨가물**을 수수할 때 함께 인도되는 물품을 말한다.
	☞ 용어 정비('첨가물' 용어를 '식품첨가물'로 통일)
2009.8.7. (제9432호) 전부개정	5. "용기·포장"이란 식품 또는 식품첨가물을 넣거나 싸는 **것으로서** 식품 또는 식품첨가물을 **주고받을 때** 함께 건네는 물품을 말한다.
	☞ 평서문으로 변경하여 이해도 증가

식품등의 표시광고에 관한 법률 제2조는 "용기·포장"을 정의하면서 식품위생법 정의를 그대로 인용하므로, 두 법률에서 사용하는 "용기·포장"의 개념은 같다.

(1) 식품 또는 식품첨가물

용기·포장의 적용 대상을 의미한다. 따라서 일반 식품뿐만 아니라 조미료, 방부제, 착색료 등 식품첨가물의 용기·포장도 동일한 규제를 받게 된다.

(2) 넣거나 싸는 것

"넣는 것"은 식품이나 식품첨가물을 내부에 담는 용기를 의미한다. 병, 캔, 통, 상자, 봉지 등이 해당할 것이며, 액체나 고체 등 다양한 형태의 식품을 안정적으로 담아 보관하고 운반할 수 있도록 하는 기능을 한다.

"싸는 것"은 식품이나 식품첨가물을 외부에서 감싸거나 둘러싸는 포장재를 의미하며, 비닐포장, 종이포장, 랩, 알루미늄 호일 등이 대표적이다. 식품의 형태를 그대로 유지하면서 외부를 보호하는 역할을 한다.

(3) 식품 또는 식품첨가물을 주고받을 때 함께 건네는 물품

"주고받을 때"란 식품이 생산자로부터 소비자에게 전달되는 과정, 즉 유통 및 판매 단계를 의미한다. 제품이 생산되어 소비자의 손에 들어가기까지의 모든 과정에서 용기·포장이 필수적인 역할을 한다는 것을 나타낸다.

"함께 건네는 물품"이란 용기·포장은 내용물인 식품 또는 식품첨가물과 분리되지 않고 하나의 상품 단위로 함께 전달되는 물품이라는 의미이다. 예를 들어, 마트에서 음료수를 살 때, 음료수 자체와 그 음료수를 담고 있는 병이나 캔이 항상 같이 제공되며, 과자를 살 때도 과자 내용물과 비닐 포장이 함께 제공된다. 소비자가 내용물만을 따로 받는 것이 아니라, 용기나 포장된 상태로 제품을 받는다는 것을 명확히 하고 있다.

용기·포장의 유통 및 거래 과정에서의 속성을 강조하고 있는 부분으로, 단순히 운반용으로만 사용되고 최종 소비자에게 전달되지 않는 물품(예 : 대형 운반용 박스, 파레트 등)은 해당되지 않을 수도 있다. 매장에서 별도로 제공하는 쇼핑백이나 포장지는 경우에 따라 판단이 달라질 수 있다.

(4) 고려 사항 및 규제 적용의 의미

개별 포장, 중간 포장, 외부 포장 등 여러 층의 포장이 있을 때는 소비자에게 전달되는 모든 층의 포장재가 용기·포장에 해당한다. 반환되어 재사용되는 용기라도 식품과 함께 건네지는 경우에는 용기·포장에 해당하므로 관련

규정을 준수해야 하며, 식품의 일부만을 포장하는 경우에도 해당 포장재는 용기·포장에 해당한다.

이 정의에 해당하는 용기·포장은 식품위생법상 각종 규제를 받으므로, 재질의 안전성, 표시기준, 제조기준 등을 모두 준수해야 하며, 식품과 접촉하는 면의 안전성이 특히 중요하다. 새로운 포장재를 도입하거나 포장 방식을 변경할 때는 반드시 이 정의에 부합하는지 검토해야 한다.

2 해외 주요국의 "용기·포장" 정의 규정과의 비교

(1) 미국·유럽 : 식품 접촉 물질

미국·유럽도 용기나 포장이 내용물을 담고 싸는 기능을 넘어 식품 안전에 영향을 미칠 수 있다는 인식을 공유하고 있으며, 식품과의 접촉을 통한 안전성 확보에 중점을 둔다는 점에서 근본적인 취지는 유사하다고 볼 수 있으나, 접근 방식에 있어서는 단순히 용기·포장뿐만 아니라 식품과 접촉하는 모든 물질을 포함하여 관리하는 측면에서 차이를 보이고 있다.[26]

(2) 중국 : 식품 관련 제품

중국 식품안전법은 "식품 관련 제품(Food-related Products)"을 "식품 용기, 포장 재료, 식품 생산 경영에 사용되는 도구 및 설비, 세제, 소독제 등 식품에 직접 접촉하는 제품"으로 정의하여, 용기·포장을 포함하여 광범위하게 규정함으로써 식품 생산 전반의 안전 관리를 강조한다. 세부적인 국가 표준(GB)을 통해 물질별 규제 및 검사를 엄격하게 적용하고 있다.

(3) 일본 "용기·포장(容器包裝)" : 한국의 정의와 매우 유사

일본 식품위생법(제4조)는 "용기·포장"을 "식품 또는 첨가물을 넣거나 싸

---

[26] '기구'에서 살펴본 바와 같이, 미국은 FCS(Food Contact Substance), EU는 FCMs(Food Contact Materials) 개념을 사용한다. 우리말로는 '식품접촉물질'로 동일하게 번역된다.

는 것으로서 식품 또는 첨가물을 주고 받을 때 그 상태로 건네 물품"으로 정의하여, 한국과 거의 동일하게 규정하고 있다. 다만, 일본은 포지티브 리스트 시스템을 통해 사용 가능한 원료 물질을 명확히 규정하여 사전에 안전성을 확보하는 데 더욱 집중하는 특징을 보이고 있다.

(4) "용기・포장" 관리의 추세 및 시사점

'제품' 중심에서 '물질' 중심의 관리로 전환 및 강화되고 있다. '어떤 용기・포장'이라는 최종 제품의 형태보다는 '어떤 물질로 만들어졌고, 그 물질이 식품에 어떤 영향을 미칠 수 있는가'라는 근본적인 화학 물질의 위해성 관리로 패러다임이 전환되고 있다고 볼 것이다.

사전 예방적(Precautionary) 접근의 강화이다. 미국과 EU의 '식품 접촉 물질' 개념, 일본의 '포지티브 리스트' 도입, 중국의 방대한 '국가 표준' 제정은 모두 위해가 발생하기 전에 미리 차단하고 관리하려는 사전 예방적 접근 방식을 채택하고 있음을 보여준다. 이는 신기술 및 신물질의 개발과 함께 잠재적 위험에 대한 선제적 대응의 필요성이 증대되고 있기 때문이다.

과학적 근거 기반의 규제가 강화되고 있다. 각국은 물질의 독성 데이터, 이행량 시험 결과 등 과학적인 데이터를 바탕으로 안전성 평가 및 규제 기준을 마련하고 있다. 또한, 단순히 최종 포장재뿐만 아니라 식품 제조, 가공, 보관 등 식품과 접촉하는 모든 단계에서 사용되는 물질들에 대한 관리를 강화하고, 우수 제조 관리(GMP) 의무 및 적합성 선언(DoC) 등을 통해 공급망 전반에 걸쳐 안전에 대한 제조업체의 책임이 강화되는 추세이다.

최근의 식품규제는 변화와 통일의 양면성에 직면하고 있다. 전 세계적으로 식품 교역이 활발해지면서, 각국의 상이한 규제는 비관세 장벽으로 작용할 수 있어, 국제기구 및 국가 간 협력을 통해 규제 및 표준을 조화시키려는 노력이 지속적으로 이루어지고 있다. 이러한 트렌드에 따라 우리나라도 용기・포장 관리체계를 더욱 물질 중심적이고, 사전 예방적이며, 과학적 근거 기반 방식으로 전환하고 강화할 필요가 있다. 이를 통해 궁극적으로 국민의 식품 안전을 더욱 공고히 하고, 우리 식품 산업이 글로벌 시장에서 경쟁력을 확보하는 데 중요한 기반이 될 것이다. 우리나라의 용기·포장에 대한 정의와 관리 체계는 1962년 제정법의 형태를 그대로 유지하고 있는 현실에 던져주는 시사점을 되새겨볼 시점이다.

③ 관련 판례

판결에서 '용기·포장'의 정의 자체가 쟁점이 된 사례는 드물지만, 용기·포장의 범위와 사용 기준과 의무 등을 다루고 있는 몇 개의 판례가 있다.

1. 전주지방법원 2016노125 판결

쟁점	• 식품위생법상 '용기·포장'의 정의와 범위
사실관계	• 피고인은 정육점에서 용기에 넣어져 포장된 돼지고기 삼겹살을 구매하여 표시사항이 부착된 포장을 벗겨내고 음식 재료로 사용한 다음 다시 용기에 담아 냉동고에 보관
법원판단	• 법원은 피고인이 돼지고기 삼겹살을 용기에 담아 냉동고에 보관한 것은 식품위생법상 '용기·포장에 넣어진 식품'에 해당한다고 하며, 피고인이 손님들에게 제공하는 음식재료로 사용하기 위해 돼지고기를 냉동고에 보관함으로써 이를 영업상 사용한 사실을 인정

2. 부산지방법원 2016고정751 판결

내용	• '용기·포장 등'의 범위에 대해 확장적 해석을 제시
사실관계	• 피고인은 음료제품을 판매하면서 인터넷 홈페이지 및 홍보리플렛에 허위·과대 광고를 함.
법원판단	• 「식품 등의 표시기준」 제7조에서 규정한 오인·혼동 표시의 금지 대상은 용기·포장뿐만 아니라 용기·포장과 유사하다고 볼 수 있는 기타 물품까지 모두 포함한다는 의미로 해석함이 상당. 따라서 제품 포장 안에 동봉되어 소비자들에게 전달된 리플렛도 '용기·포장 등'의 범주에 포함됨.

3. 대전지방법원 2020구합107475 판결

내용	• 식품용 기구인 포장재의 수입신고 의무와 관련된 사항
사실관계	• 원고는 식품포장용품 제조 및 도·소매업 등을 영위하는 법인으로, PE COATED PAPER BOARD 등의 물품을 수입하면서 수입식품법에 따른 수입신고를 하지 않음.
법원판단	• 법원은 원고가 수입한 물품이 "수입신고 대상이 아닌 '기구 또는 용기·포장을 제조하는 데 사용하는 원료'"가 아니라 "'기구 또는 용기·포장' 그 자체"에 해당한다고 판단. 이 물품을 별도의 가공이나 성질·형상 등의 변경 없이 그대로 음식물을 담는 도시락 용기 등으로 사용하는 원고의 사용방식이 식품위생법 제2조 제4호 및 제5호에서 규정한 '기구' 또는 '용기·포장'의 개념에 그대로 부합한다고 봄.

4. 종합 분석

'용기·포장' 정의와 관련하여 법원은 확장적으로 해석하여, 제품 포장과 함께 제공되는 리플렛 등도 '용기·포장 등'의 범주에 포함시키며, '용기·포장을 제조하는 데 사용하는 원료'와 '용기·포장' 자체를 명확히 구분하여, 별도의 가공이나 성질·형상 등의 변경 없이 그대로 식품을 담는 용도로 사용될 수 있는 물품은 '원료'가 아닌 '용기·포장' 자체로 판단한다. 또한, 식품을 용기에 담아 보관하는 행위는 영업상 사용으로 인정하여, 관련 법령에 따른 표시 의무 등이 적용된다고 하였다.

제5호 건강기능식품

1 해설

> 식품표시광고법 제2조(정의)
> 5. "건강기능식품"이란 「건강기능식품에 관한 법률」 제3조제1호에 따른 건강기능식품(해외에서 국내로 수입되는 건강기능식품을 포함한다)을 말한다.

> 건강기능식품에 관한 법률 제3조(정의)
> 1. "건강기능식품"이란 인체에 유용한 기능성을 가진 원료나 성분을 사용하여 제조(가공을 포함한다. 이하 같다)한 식품을 말한다.

〈건강기능식품법 상 건강기능식품 정의의 제개정 이력〉

제개정	조문 내용
2003.8.27. (제6727호)	1. "건강기능식품"이라 함은 인체에 유용한 기능성을 가진 원료나 성분을 사용하여 정제·캡셀·분말·과립·액상·환 등의 형태로 제조·가공한 식품을 말한다.
	☞ 최초 정의 도입. 다양한 제형(정제, 캡셀, 분말 등)을 명시.
2008.9.22. (제8941호)	1. "건강기능식품"이란 인체에 유용한 기능성을 가진 원료나 성분을 사용하여 **제조(가공을 포함한다. 이하 같다)한 식품**을 말한다.
	☞ 건강기능식품 시장 확대와 기술 다양화를 반영하고, 제형에 얽매이지 않는 포괄적 정의로의 전환을 통해 행정적 유연성과 국제 정합성을 높이기 위한 정책적 목적

식품등의 표시광고에 관한 법률 제2조는 "건강기능식품"을 정의하면서 건강기능식품법 정의를 그대로 인용하고 있으므로, 두 법률에서 사용하는 "건강기능식품"의 개념은 같다.

(1) 인체에 유용한 기능성을 가진 원료나 성분

"기능성"이란 인체의 구조 및 기능에 대하여 영양소를 조절하거나 생리학적 작용 등과 같은 보건 용도에 유용한 효과를 얻는 것을 말하며[27], 일반

---
[27] 건강기능식품에 관한 법률 제3조(정의) 제2호

적인 영양공급을 넘어 인체의 생리기능 유지·개선, 건강 증진 등에 도움을 줄 수 있어야 한다. 단순히 민간에서 건강에 좋다고 알려진 식재료나 효능이 입증되지 않은 성분은 해당하지 않는다. 기능성은 반드시 과학적 근거에 기반하여 식품의약품안전처가 인정한 원료이어야 한다.

(2) 실제로 건강기능식품에 사용되어야 한다.

기능성 성분이 포함되어 있다는 표시만으로는 부족하며, 해당 성분이 법령에서 정한 기준 함량 이상으로 제품 내에 포함되어야 함을 의미한다. 실제 제조단계에서 유효성분이 제대로 투입되었는지, 그 함량이 안정적으로 유지되는지 여부는 기능성 인정의 중요한 조건이다. 따라서 건강기능식품은 단순히 '건강에 좋다'는 이미지를 가진 식품이 아니라, 기능성 원료의 사용과 품질이 객관적으로 검증된 식품이어야 한다.

(3) 제조(가공 포함)된 식품

'제조'는 법률상 '가공'을 포함하는 개념이며, 식품의 제조·가공 공정 전체를 포괄한다. 원료를 정제하거나 농축하고, 이를 분말·정제·액상 등 다양한 형태로 가공하여 소비자에게 유통 가능한 제품으로 생산하는 일련의 과정을 모두 포함한다. 이러한 제조 및 가공은 건강기능식품의 품질에 직접적으로 영향을 미치므로, 규제 당국이 정하는 GMP(우수제조기준) 등을 준수해야 하며, 유효성분의 안정성·균일성 유지 또한 필수적이다.

(4) 식품

건강기능식품은 의약품이 아니라 식품이다. 따라서, 질병의 치료나 예방을 목적으로 하는 것이 아니라, 정상적인 생리기능의 유지 및 건강 증진을 돕는 것이 목적이다. 이로 인해 건강기능식품은 「식품위생법」의 적용 대상이 되며, 표시기준, 제조기준, 품질관리 기준 등 다양한 규제를 동시에 준수해야 한다. 특히 소비자에게 오해를 줄 수 있는 표현(예: 치료 효과 암시)은 표시・광고에서 엄격히 금지되며, 법령에서 정한 표시사항(예: 기능성 내용, 섭취 시 주의사항 등)을 정확히 기재해야 한다.

② 해외 주요국의 "건강기능식품" 정의 규정과의 비교

1. 미국

건강기능식품과 유사한 "Dietary Supplements(건강보조식품)" 제도가 있다. 여기에는 비타민, 미네랄, 식물추출물 등을 함유한 경구용 제품이 포함되며, 기능성 원료에 대해 별도의 사전 인증을 요구하지는 않는다. 기능성 표시도 제조사가 자체적인 과학적 근거에 따라 할 수 있지만, 기능성을 주장할 경우 "이 제품은 질병을 진단, 치료, 완치 또는 예방하지 않는다"는 면책문구(Disclaimer)를 반드시 포함해야 한다. 규제당국(FDA)은 제품 출시 전에는 개입하지 않지만, 허위광고나 안전성 문제 발생 시 사후 규제를 수행한다.

2. 유럽(EU)

Food Supplements(식이보충제)라는 용어를 사용한다. 건강효과(health claim)를 표시하거나 광고하려면, EFSA의 사전 승인을 받아야 하며, 허용된 건강 주장 목록(예 : calcium contributes to normal bone health) 외의 문구는 사용할 수 없다. 이는 표시광고에 대한 규제를 명확하게 통일함으로써 EU 역내 국가 간 제도 정합성을 확보하려는 목적이 크다.

3. 일본

부가 기능성과 안전성을 심사한 뒤 허가하는 특정보건용식품(FOSHU)과 기업이 과학적 자료를 근거로 기능성 표시를 자율적으로 신고하는 기능성표시식품(FNFC)의 두 가지 제도를 병행 운영하고 있다. FOSHU는 허가받은 건강표시만 사용할 수 있고, 심사도 매우 엄격하다. 반면 FNFC는 제조자가 과학적 논문과 자료를 바탕으로 기능성을 입증하고 소비자청에 신고하면 기능성

표시가 가능하다. 하지만 두 제도 모두 질병 치료·예방 표현은 금지되어 있으며, 기능성 내용에 대한 명확한 근거가 요구된다.

4. 중국

보건식품(保健食品) 제도를 운영한다. 정부가 인정한 27가지 기능성 중 하나 이상을 충족해야만 기능성 표시가 가능하며, 사전에 등록 또는 신고되어야 한다. 광고 또한 별도의 사전 심의를 받아야 하며, '질병의 예방·치료' 표현은 엄격히 금지된다. 허위광고에 대해서는 강력한 행정처분이 뒤따른다.

이처럼 해외 주요 국가들은 모두 건강기능식품 또는 이에 유사한 개념의 식품에 대해 소비자의 오인을 방지하고, 의약품과 명확히 구분하기 위한 표시광고 규제를 공통적으로 운영하고 있다. 다만 국가마다 기능성 주장 허용 방식, 규제 강도, 관리기관의 역할에는 차이가 있다. 우리나라의 경우 기능성 원료의 사전인정과 표시광고 사전심의제를 함께 운영하여 소비자 보호 수준이 높은 반면, 사업자 자율성은 상대적으로 제한적이라고 평가할 수 있다.

③ 관련 판례

1. 수원지방법원 2017노8319 판결

내용	• 건강기능식품의 광고 개념과 범위에 대한 해석을 제시
사실관계	• 피고인은 건강기능식품에 대해 질병의 예방 및 치료에 효능·효과가 있거나 의약품으로 오인·혼동할 우려가 있는 내용의 광고를 하였음.
법원판단	• "다단계판매자가 다단계판매원이 되고자 하는 사람에게 제품의 효능을 설명하면서, 그 제품이 의약품이 아닌데도 마치 의학적 효능·효과 등이 있는 것으로 오인될 우려가 있는 광고를 한 경우에도 처벌법규를 적용 " • 또한 건강기능식품법 제3조 제4호 등은 '인쇄물'에 의한 광고를 규제 대상으로 포함하므로, 피고인이 전단지를 이용하여 제품의 효능을 설명하는 행위도 광고에 해당한다고 판단.

2. 서울북부지방법원 2016고단5846 판결

내용	• 건강기능식품의 허위·과대 광고에 관한 판단 기준과 전화 상담을 통한 광고의 성립 여부
사실관계	• 피고인들은 건강기능식품인 적송당을 마치 당뇨병 치료제인 것처럼 광고하여 판매
법원판단	• "건강기능식품법이 건강기능식품의 약리적 효능에 관한 표시·광고를 전부 금지하고 있다고 볼 수는 없고, 그것이 건강기능식품으로서 갖는 효능이라는 본질적 한계 내에서 건강기능식품에 부수되거나 영양섭취의 결과 나타나는 효과임을 표시·광고하는 것과 같은 경우에는 허용된다"고 판시 • "표시·광고가 건강기능식품 광고로서의 한계를 벗어나 질병의 예방 및 치료에 효능·효과가 있거나 의약품으로 오인·혼동할 우려가 있는지는 사회일반인의 평균적 인식을 기준으로 법적용기관이 구체적으로 판단" • 표시·광고의 공정화에 관한 법률에 따라 전화는 "전기통신"에 해당하므로, 사업자가 불특정 다수의 구매자들에게 전화를 걸어 설명·상담을 하는 텔레마케팅 방식도 광고에 해당한다고 판단

3. 서울남부지방법원 2016고정2246 판결

내용	• "소비자를 기만하거나 오인·혼동시킬 우려가 있는 허위·과대·비방의 표시·광고"의 해석 기준
사실관계	• 인터넷 홈페이지에 건강기능식품을 광고하면서, 합성비타민의 위험성과 유전자변형식품(GMO), 농약, 식품첨가물의 위험성을 강조하는 광고를 함
법원판단	• "합성비타민의 위험성을 알려 피고인들이 취급하는 'E'의 상대적 안전성을 주장하는 것으로서 위 제품의 효과와 직접 관련이 큰 내용을 강조하는 것일 뿐"이라고 판단 • 유전자변형식품(GMO), 농약, 식품첨가물에 관한 부분은 "그 대상이 건강기능식품, 즉 '인체에 유용한 기능성을 가진 원료나 성분을 사용하여 제조(가공)한 식품'의 범주에 포함되지 아니하므로" 건강기능식품에 관한 허위·과대·비방의 표시·광고에 해당하지 않는다고 판단.

제4장. 총칙적 내용(제1조~제3조)

제6호 축산물

1 해설

> 식품표시광고법 제2조(정의)
> 6. "축산물"이란 「축산물 위생관리법」 제2조제2호에 따른 축산물(해외에서 국내로 수입되는 축산물을 포함한다)을 말한다.
>
> 축산물위생관리법 제2조(정의)
> 2. "축산물"이란 식육·포장육·원유(原乳)·식용란(食用卵)·식육가공품·유가공품·알가공품을 말한다.

〈축산물위생관리법 상 축산물 정의의 제개정 이력〉

제개정	조문 내용
1962.1.20. (제1011호)	② 본법에서 축산물이라 함은 수육, 유, 수육가공품, 유가공품을 말한다. ☞ 최초 정의 도입. 주요 축산물인 고기(수육)와 우유 중심 정의
1974.12.26. (제2738호)	2. "축산물"이라 함은 수육, 유, 수육가공품, 유가공품 및 란가공품을 말한다. ☞ 계란(란) 관련 가공제품의 소비 증가 반영
1998.1.1. (제5453호)	2. "축산물"이라 함은 수육 및 원유를 말한다. ☞ 법률 체계 정비. 축산물위생관리법과 식품위생법 중복 규제 조정
1998.6.14. (제5529호)	2. "축산물"이라 함은 식육·원유·식육가공품·유가공품·알가공품을 말한다. ☞ 축소된 사항을 복원. 유통·가공 식품을 포괄하여 현실 반영
2002.7.1. (제6571호)	2. "축산물"이라 함은 식육·원유·식용란·식육가공품·유가공품·알가공품을 말한다. ☞ 식용란(식용 알) 별도 명시. 난류의 섭취 증가와 안전사고 예방.
2004.7.30. (제7134호)	2. "축산물"이라 함은 식육·포장육·원유·식용란·식육가공품·유가공품·알가공품을 말한다. ☞ 포장육 신설. 유통과정에서 위생사고 예방 및 소비자 안전 확보.
2010.11.26. (제10310호)	2. "축산물"이란 식육·포장육·원유(原乳)·식용란(食用卵)·식육가공품·유가공품·알가공품을 말한다. ☞ 한자 병기(원유(原乳), 식용란(食用卵)) 및 법률 용어 명확성 제고,

『식품표시광고법 해설』

식품등의 표시광고에 관한 법률 제2조는 "축산물"을 정의하면서 축산물 위생관리법 정의를 그대로 인용하여, 두 법률에서의 "축산물"의 개념은 같다. 이 법에서 '축산물'이란 다음과 같은 일곱 가지 범주로 구분된다.

(1) 식육은 축산물의 가장 기본적인 형태로, "식용을 목적으로 하는 가축의 지육, 정육, 내장, 그 밖의 부분"을 의미한다. 여기서 주목할 점은 단순히 고기만을 지칭하는 것이 아니라 가축으로부터 얻을 수 있는 모든 식용 부위를 포함한다는 것이다. 지육은 도축 후 머리, 내장, 다리 끝 부분 등을 제거한 상태의 고기를 말하며, 정육은 지육에서 뼈를 제거하고 근육 부위만을 분리한 상태를 의미한다. 내장은 간, 신장, 심장, 위, 장 등 식용이 가능한 장기를 포함하며, "그 밖의 부분"에는 혀, 꼬리, 족발 등이 해당된다.

(2) 포장육은 "판매를 목적으로 식육을 절단하여 포장한 상태로 냉장하거나 냉동한 것으로서 화학적 합성품 등의 첨가물이나 다른 식품을 첨가하지 아니한 것"이다. 포장육의 핵심 특징은 첫째, 절단 과정을 거친다는 점이다. 여기서 절단은 세절이나 분쇄를 포함하므로, 우리가 마트에서 흔히 보는 불고기용 고기, 갈비용 고기, 다진 고기 등이 모두 포함된다. 둘째, 반드시 포장된 상태여야 한다는 점이다. 이는 위생적 유통과 소비자 보호를 위한 조건이다. 셋째, 냉장 또는 냉동 상태로 유지되어야 한다는 점이다. 이는 식품 안전성 확보를 위한 필수 조건이다. 특히 중요한 것은 "화학적 합성품 등의 첨가물이나 다른 식품을 첨가하지 아니한 것"이라는 조건이다. 이는 포장육이 순수한 식육만을 포함해야 함을 의미한다. 따라서 양념을 첨가한 고기나 다른 재료를 혼합한 제품은 포장육이 아닌 식육가공품으로 분류된다.

(3) 원유는 "판매 또는 판매를 위한 처리·가공을 목적으로 하는 착유 상태의 우유와 양유"를 의미한다. 이는 가공되지 않은 순수한 상태의 우유를 말하며, 젖소나 양으로부터 직접 짜낸 우유를 의미한다. 원유의 정의에서 중요한 점은 "판매 또는 판매를 위한 처리·가공을 목적"이라는 조건이다. 이는

단순히 자가 소비를 위한 착유와는 구별되는 개념으로, 상업적 목적으로 생산되는 우유만을 의미한다. 따라서 원유는 반드시 허가받은 낙농가에서 위생적으로 생산되어야 하며, 엄격한 품질 기준을 충족해야 한다.

(4) 식용란은 "식용을 목적으로 하는 가축의 알로서 총리령[28]으로 정하는 것"을 의미하며, 현재 총리령에서는 닭·오리 및 메추리의 알을 식용란으로 규정하고 있다. 식용란은 "가축의 알"이어야 한다. 따라서 사육되고 관리되는 가축으로부터 생산된 알만을 의미하며, 야생 조류의 알은 포함되지 않는다. 또한 "식용을 목적"으로 하므로, 부화용 알과는 구별된다.

(5) 식육가공품은 "판매를 목적으로 하는 햄류, 소시지류, 베이컨류, 건조저장육류, 양념육류, 그 밖에 식육을 원료로 하여 가공한 것으로서 대통령령[29]으로 정하는 것"을 의미한다. 이는 식육을 원료로 하여 다양한 가공 과정을 거쳐 제조된 제품들을 포괄한다. 햄류는 돼지고기 등을 염지하여 가공한 제품이며, 소시지류는 식육을 분쇄하여 케이싱에 충전한 제품이다. 베이컨류는 돼지 삼겹살 등을 염지하고 훈제한 제품이고, 건조저장육류는 육포, 건조 소시지 등을 포함한다. 양념육류는 불고기, 갈비찜용 고기 등 양념을 첨가한 제품을 의미한다. 식육가공품의 제조에는 반드시 허가받은 시설에서 승인된 첨가물만을 사용해야 한다. 또한 제품별로 정해진 기준규격을 준수해야 하며, 적절한 표시사항을 기재해야 한다.

(6) 유가공품은 "판매를 목적으로 하는 우유류, 저지방우유류, 분유류, 조제유류, 발효유류, 버터류, 치즈류, 그 밖에 원유 등을 원료로 하여 가공한 것으로서 대통령령[30]으로 정하는 것"을 의미한다. 이는 원유를 원료로 하여 제조된 모든 유제품을 포괄하는 개념이다. 우유류는 원유를 살균 처리한 기본적인 우유 제품이며, 저지방우유류는 지방 함량을 조절한 제품이다. 분유류

---

[28] 축산물 위생관리법 시행규칙 제1조의2(식용란) 「축산물 위생관리법」(이하 "법" 이라 한다) 제2조제6호에서 "총리령으로 정하는 것" 이란 닭·오리 및 메추리의 알을 말한다.
[29] 축산물 위생관리법 시행령 제2조 제2항.
[30] 축산물 위생관리법 시행령 제2조 제3항.

는 우유를 건조하여 분말 형태로 만든 제품이고, 조제유류는 영유아를 위해 영양소를 조정한 제품이다. 발효유류는 요구르트, 케피어 등 유산균 발효를 통해 제조된 제품이며, 버터류와 치즈류는 각각 특별한 가공 과정을 거쳐 제조된 제품들이다. 유가공품의 제조 시 살균 처리, 발효 과정, 보관 조건 등이 제품의 안전성과 품질에 직접적인 영향을 미친다.

(7) 알가공품은 "판매를 목적으로 하는 난황액, 난백액, 전란분, 그 밖에 알을 원료로 하여 가공한 것으로서 대통령령[31]으로 정하는 것"을 의미한다. 이는 식용란을 원료로 하여 다양한 형태로 가공된 제품들을 포괄한다. 난황액은 달걀의 노른자 부분만을 분리하여 액상으로 만든 제품이며, 난백액은 흰자 부분만을 분리한 제품이다. 전란분은 달걀 전체를 건조하여 분말 형태로 만든 제품이다. 이러한 제품들은 주로 제빵, 제과, 급식 등의 업계에서 원료로 사용된다. 식품기업에게 알가공품은 편의성과 보관성을 제공하는 중요한 원료이다. 특히 대량 생산에서 균일한 품질을 유지하고 보관 기간을 연장할 수 있는 장점이 있다. 하지만 가공 과정에서 미생물 오염 방지와 영양소 보존에 특별한 주의가 필요하다.

2 해외 주요국의 "축산물" 정의 규정과의 비교

한국의 「축산물 위생관리법」 제2조는 축산물을 식육(食肉), 포장육, 원유(原乳), 식용란(食用卵), 식육가공품, 유가공품, 알가공품 등 7개 유형으로 분류하여 정의하고 있다. 이러한 세분화는 각 축산물 유형의 특성에 맞는 위생관리 기준을 차별적으로 적용하기 위한 것으로, 현대 식품산업의 발달과 가공기술의 고도화에 따른 현실적 대응이라 할 수 있다.

반면, 해외 주요국에서는 '축산물'이라는 명칭을 법률상 명확히 정의하지 않거나, 이를 개별 품목 단위로 나누어 관리하는 체계를 취하고 있다. 각국의 입법례를 비교해 보면 다음과 같은 특징이 있다.

---
[31] 축산물 위생관리법 시행령 제2조 제4항

미국은 단일 법률이 아닌 복수의 연방법률을 통해 축산물을 관리하는 체계를 채택하고 있다. 「연방 식육검사법(Federal Meat Inspection Act)」은 소고기와 돼지고기를, 「가금류제품검사법(Poultry Products Inspection Act)」은 닭고기와 오리고기를, 「계란제품검사법(Egg Products Inspection Act)」은 계란 제품을 각각 규율한다.

유럽연합 「Regulation (EC) No 853/2004」은 '동물성 식품(products of animal origin)' 개념을 사용하고 있다. 이는 고기, 우유, 계란, 꿀 등 동물에서 유래한 식용 자원을 모두 포함하는 포괄적 개념으로, 한국의 '축산물' 정의와 유사한 면이 있다. 다만, 생선, 조개류 등 수산물까지 포함하여 포괄적으로 정의하고 있는 것이 가장 큰 특징이라 할 수 있다.

일본에서는 일반적으로는 '축산식품(畜産食品)'이라는 용어가 통용되며, 이를 '축산물'과 유사한 개념으로 이해할 수 있으나, 법률상 이를 통합적으로 규정하는 법적 개념은 존재하지 않는다. 『식품위생법』 및 『축산물위생관리법』 등을 통해 고기, 우유, 계란 등 축산물에 해당하는 품목들을 개별적으로 관리하고 있으며, 가공처리에 관한 위생기준, 포장 및 표시기준 등은 품목별로 각각의 고시나 지침에 따라 규정되어 있다.

중국 역시 '축산물'이라는 용어를 법령에서 명확히 정의하고 있지는 않다. 대신, 「식품안전법」 및 「농산물 품질안전법」 등에서는 '동물성 식품(动物性食品)' 또는 '축산품(畜禽产品)' 등의 표현을 사용하고 있다. 여기에는 일반적으로 육류, 우유, 계란 등 식용 동물유래 자원을 포함하며, 각 품목에 대해 위생 기준과 품질 기준이 별도로 정해져 있다. 특히 수입 축산물에 대해서는 엄격한 검역 및 위생 인증 절차가 요구된다.

전 세계적으로 축산물의 기본 범위는 거의 유사하여, 모든 국가가 육류, 유제품, 계란을 축산물의 핵심 요소로 인식하고 있다. 그러나 각국의 축산업 발달 정도, 식문화, 법체계 등에 따라 세부적인 차이가 나타난다. 미국의 가금류 별도 분류, 유럽연합의 수산물 포함, 중국의 벌 제품 포함 등이 대표적인 예이다. 이러한 차이는 해당 국가의 축산업 구조와 식품 안전 정책의 우선순위를 반영하는 것으로 해석된다.

『식품표시광고법 해설』

3 관련 판례

1. 수원지방법원 여주지원 2014고정47 판결

개요	• 돈지, 돈골, 우지 등을 표시기준에 따른 적합한 표시 없이 판매한 사건
쟁점	• 돈지, 돈골, 우지가 축산물위생관리법 상 축산물에 해당하는지 여부
판단 근거	• 식육은 식용을 목적으로 하는 가축의 지육, 정육, 내장 및 그 밖의 부분 • 직접 또는 일정한 조리를 거쳐 식용으로 사용 가능해야 함
결과	• 피고인이 판매한 돈지, 돈골, 우지는 가공 공정을 거쳐 원료로만 사용될 뿐 직접 식용으로 사용되지 않으므로 '식육'에 해당하지 않음

2. 서울북부지방법원 2014노230 판결 - 포장육의 판단 기준

쟁점	• 거래처 주문에 따라 냉장 보관 중인 생닭을 절단하여 단순히 비닐봉지에 담아 공급한 것이 포장육에 해당하는지 여부
판단 근거	• 포장육은 '판매를 목적으로 식육을 절단하여 포장한 상태로 냉장하거나 냉동한 것으로서 첨가물이나 다른 식품을 첨가하지 않은 것'을 말함. • 포장육 해당 여부는 추가적인 유통단계를 전제로 하는지, 소비자가 위생상태를 직접 확인하기 어려운 포장형태인지, 식육의 절단 및 포장방법, 영업의 규모다음 요소들을 종합적으로 고려해야 함
결과	• 법원은 피고인이 취급한 물품이 포장육에 해당하지 않는다고 판단 - 거래처 주문에 따라 보관 중인 생닭을 절단, 단순 비닐봉지에 담아 공급 - 기계 사용 없이 식칼과 도마만 사용, 포장은 단순 반투명 비닐봉지 사용 - 거래처는 주로 식당이나 호프집이었으며, 공급받은 후 즉시 조리·판매 - 공급과정이 2-3일 이내로 짧았고, 포장 후 1시간 이내에 배달됨

3. 수원지방법원 2013고단4665 판결 - 식육추출가공품의 판단

쟁점	• 흑염소 중탕 엑기스가 식육추출가공품에 해당하는지 여부
판단 근거	• '식육추출가공품'은 '식용 동물성 소재를 원료로 하여 물로 추출한 것이거나 이에 식육이나 다른 식품 또는 식품첨가물 등 부원료를 가공한 것'
결과	• 흑염소 중탕 엑기스는 흑염소에 한약재와 물을 첨가하여 추출한 것으로서 위 기준에 따른 식육추출가공품에 해당함

4. 서울동부지방법원 2018노924 판결

쟁점	• 우지방이 축산물에 해당하는지 여부
판단 근거	• 우지방을 판매 목적으로 가공하면 식육가공품 중 '식용우지(우지)'가 되고, 이는 '그 밖에 식육을 원료로 하여 가공한 것'에 해당함 • '우지방'은 축산물의 하나인 '식육'에 포함되고, 구체적으로 '식용을 목적으로 하는 가축의 그 밖의 부분'에 포함되므로, 결과적으로 '축산물'에 해당
결과	• 피고인이 이 사건 우지방을 '폐기물'로 수집하였더라도, 식용 등으로 판매할 목적을 가지고 있었던 이상, 축산물위생관리법이 정한 '축산물판매업자'로서의 법률상 지위가 인정됨

5. 분석 및 시사점

축산물에 해당하는지 여부를 명시적으로 제시하는 대법원 판례는 확인하기 어려우나, 상기 하급심 판례에서 축산물위생관리법상 축산물 해당 여부를 판단하는데 있어서 식용 목적성, 판매 목적성, 가공 및 포장 형태, 추가 유통 과정 등을 주요 기준으로 제시하고 있다. 식용 목적성은 축산물 여부 판단에 있어서 가장 중요한 기준으로, 직접 또는 조리를 거쳐 식용으로 사용되지 않는 경우에는 축산물로 보기 어렵다. 또한, 포장육, 식육가공품 등의 정의에서 "판매를 목적으로 하는"이라는 요건이 명시되어 있으므로 판매 목적성도 중요한 기준이 된다.

동일한 제품(예: 우지방)이라도 그 용도와 목적에 따라 축산물 해당 여부가 달라질 수 있다. 식용 목적이 있는 경우에는 축산물로 볼 수 있으나, 그렇지 않은 경우에는 축산물로 보기 어렵다.[32] 축산물 해당 여부는 축산물 관련 영업의 허가 또는 신고 여부를 판단할 때에도 선결 문제로 검토되므로, 법령에 명시된 정의와 함께, 제품의 용도, 목적, 가공 형태, 유통 과정 등을 종합적으로 고려하여 판단해야 할 것이다.

---

32 서울동부지방법원-2018노9241, 수원지방법원여주지원-2014고정474

제7호 표시

1 해설

> 식품표시광고법 제2조(정의)
> 7. "표시"란 식품, 식품첨가물, 기구, 용기·포장, 건강기능식품, 축산물(이하 "식품등"이라 한다) 및 이를 넣거나 싸는 것(그 안에 첨부되는 종이 등을 포함한다)에 적는 문자·숫자 또는 도형을 말한다.

〈식품위생법 상 표시 정의의 제개정 이력〉

제개정	조문 내용
1962.4.21. (제1007호)	⑥ 본법에서 표시라 함은 식품, 첨가물, 기구 또는 용기, 포장에 명시된 문자 또는 도형을 말한다.
	☞ 최초 정의 도입.
1986.11.11. (제3823호)	6. "표시"라 함은 식품, 첨가물, 기구 또는 용기·포장에 **기재하는** 문자·**수자** 또는 도형을 말한다.
	☞ '문자'에 '수자' 추가로 범위 확장. 문구 정비
2009.08.07. (제9692호)	7. "표시"란 식품, 식품첨가물, 기구 또는 용기·포장에 **적는** 문자, **숫자** 또는 도형을 말한다.
	☞ 맞춤법 정비(수자→숫자) 및 문구 정비
2019.3.14. (제15484호)	7. 삭제
	☞ 식품표시광고법 제정으로 삭제

 현행「식품표시광고법」은 제2조(정의) 제7호에서 "표시"란 "식품, 식품첨가물, 기구, 용기·포장, 건강기능식품, 축산물(이하 "식품등"이라 한다) 및 이를 넣거나 싸는 것(그 안에 첨부되는 종이 등을 포함한다)에 적는 문자·숫자 또는 도형을 말한다."라고 규정하고 있다. 이는 과거 식품위생법 제2조(정의)에서 정의하였던 "식품, 식품첨가물, 기구 또는 용기·포장에 적는 문자, 숫자 또는 도형"보다 첨부문서까지 포함하여 확대 정의한 것이다.

제4장. 총칙적 내용(제1조~제3조)

(1) 표시의 대상 : 식품등

이 법에서 규율하는 '표시'의 대상이 되는 제품은 "식품, 식품첨가물, 기구, 용기·포장, 건강기능식품, 축산물"이며, 이를 통틀어 "식품등"이라고 한다. 식품등의 구체적인 내용은 앞에서 살펴본 바와 같다.

(2) 표시의 위치

"식품등 및 이를 넣거나 싸는 것(그 안에 첨부되는 종이 등을 포함한다)"에 표시한다.[33] 표시는 식품등 그 자체를 포함하여 첨부되는 설명서나 종이 안내문에 제시된 내용도 해당된다. 예컨대, 포장, 뚜껑, 병, 봉투 등 소비자에게 보이는 위치뿐만 아니라, 제품과 함께 용기나 포장 안에 들어 있는 안내문 등 소비자에게 보이지 않는 위치도 포함된다.[34]

---

[33] '넣거나 싸는 것'을 다시 정의한 것은 '용기·포장'과 중복된 것으로 혼란을 유발할 수 있다. "용기·포장"이란 "식품 또는 식품첨가물을 넣거나 싸는 것으로서 식품 또는 식품첨가물을 주고받을 때 함께 건네는 물품을 말한다"고 정의하고, "식품등"에 용기·포장이 이미 포함되어 있음에도 불구하고, "표시"의 대상에 "넣거나 싸는 것"을 다시 포함하는 것은 중복적이라고 볼 수 밖에 없다. 다만, '용기·포장'에 '주고 받을 때 함께 건네는 물품'이라는 전제가 포함되어 있으므로, 함께 건네지 않는 물품까지 포함하려는 의도로 해석하는 중복성이 제거될 여지도 있다. 예를 들어, 매장에 전시될 때는 제품과 함께 있었으나 소비자에게 제공될 때는 제거되는 경우 '용기·포장'으로 포괄하기 어려울 수 있으므로 그러한 경우까지 포괄하기 위함으로 볼 수 있으나, 억지에 가깝게 느껴진다. 이러한 정의의 중복은 법률 조항의 간결성과 명확성을 해치고, 해석의 혼란을 유발하여 규제의 비효율을 초래하게 되므로 정의의 명확화와 간결화가 필요하다. "표시"의 정의를 "식품등 및 그 첨부물에 적는 문자·숫자 또는 도형을 말한다."로 개선하는 방안이 검토될 수 있다. 법률 개정 전에는 '표시'의 정의에 대한 명확한 해석 지침을 통해 '용기·포장'과 '넣거나 싸는 것'의 관계 및 적용 범위를 구체적으로 설명함으로써 혼란을 최소화하는 방안이 강구되어야 할 것이다.

[34] 이에 반해 온라인 상에서 제공되는 식품등에 대한 정보는 표시에 해당한다고 볼 수 없다. 식품표시광고법 제정 시 과거에 비해 변화된 식품의 유통 및 소비 환경의 변화를 반영하고, 끊임없이 증가하는 표시 대상 정보와 소비자들의 더 많은 정보제공의 요구에 반응하기 위해 첨부문서까지로 확대한 것이나, 식품 자체와 포장 및 용기 등으로 한정한 기존 표시의 범위를 큰 틀에서는 그대로 유지하고 있기 때문이다. 따라서, 식품등의 표시기준이 온라인 상에서 바로 적용되지는 않으며, 온라인에서 판매된 이후 소비자가 수령하는 제품에 적혀 있는 것이 표시에 해당된다.

(3) 표시의 형식(방법)

표시는 문자·숫자 또는 도형의 세 가지 방법으로 이루어진다. 문자는 한글, 영어 등으로 된 글자로, "유통기한", "냉장보관", "국내산" 등으로 나타난다. 숫자는 아라비아 숫자, 로마숫자 등으로 "2025.12.31", "250kcal" 등으로 표시된다. 도형은 그림, 기호, 마크 등의 시각적 표현을 의미한다. 재활용 마크, 유기농 인증마크, 할랄 마크, 경고 그림 등이 그 예이다.

(4) 표시 행위 (어떻게 나타내는가?)

"적는" 방법으로 나타난다. 법률은 "적는"다고 표현하고 있지만, 이는 단순히 글씨를 쓰는 것만을 의미하지 않는다. 현대적 해석으로는 인쇄하기(프린터로 출력), 새기기(레이저 조각, 각인), 붙이기(스티커, 라벨 부착), 찍기(스탬프, 도장), 그리기(직접 그림 그리기) 등을 모두 포함한다고 할 것이다.

(5) 표시의 주체(누가 표시하는가?)

조문에는 명시되어 있지 않지만, 시행규칙 제4조는 제조업체, 수입업체, 유통업체 등 사업자를 표시의무자로 규정하고 있다. 반면, 제8조(부당한 표시 또는 광고행위의 금지)는 규율 대상을 '누구든지'로 규정하고 있어 표시의 주체가 사업자 등에 한정되지 않음을 나타내고 있다.

2 해외 주요국 법령이 규정한 "식품 표시(라벨링)"

1. 미국의 식품 표시

미국의 식품 표시 개념은 「연방 식품·의약품·화장품법(Federal Food, Drug, and Cosmetic Act)」 제321조에서 '라벨(label)'과 '라벨링(labeling)'이라는 두 용어를 통해 정의되고 있다. 라벨[35]이란 "제품의 직접

---

[35] 21 U.S.C. §321 Definitions; generally (k) The term "label" means a display of written, printed, or

제4장. 총칙적 내용(제1조~제3조)

용기에 표시되는 서면, 인쇄물 또는 그래픽"을 의미하며, 라벨링36은 "제품에 부착되거나 제품과 함께 제공되는 모든 라벨 및 기타 서면, 인쇄물, 시각적 자료"를 포함한다. 즉, 라벨은 협의의 개념으로서 제품 포장에 기재된 정보를 말하며, 라벨링은 보다 광의의 개념으로서 물리적 포장을 넘어 문서나 광고 등도 포함한다. 특히 주목할 점은 미국은 디지털 환경에 발맞춰 온라인상에 제공되는 정보도 라벨링으로 간주하는 점이다. 예컨대 소비자의 구매 결정에 실질적인 영향을 미치는 웹사이트, SNS, 전자상거래 플랫폼상의 정보는 법적으로도 제품과 '함께 제공되는' 라벨링으로 해석된다. 실제로 Kraft Heinz,[37] Trader Joe's[38] 등의 식품회사가 온라인에 게재한 건강 정보가 실물 라벨과 불일치하거나 오해를 유발한 사례들이 제기되었고, 이는 소비자 오인 여부와 함께 법적 판단의 대상이 되었다.

미국의 표시 개념은 기본적으로 우리나라와 유사하게 제품의 포장·용기 등 실물 매체에 근거하고 있으나, 디지털 기술의 확산에 따라 온라인 정보까지 포괄하려는 적극적인 해석이 특징이다. 이로 인해 미국은 소비자의 정보 선택권을 실질적으로 보호하는 방향으로 표시의 범위를 확장하고 있다.

---

graphic matter upon the immediate container of any article; and a requirement made by or under authority of this chapter that any word, statement, or other information appear on the label shall not be considered to be complied with unless such word, statement, or other information also appears on the outside container or wrapper, if any there be, of the retail package of such article, or is easily legible through the outside container or wrapper.

36 21 U.S.C. §321 Definitions; generally (m) The term "labeling" means all labels and other written, printed, or graphic matter (1) upon any article or any of its containers or wrappers, or (2) accompanying such article.

37 [크래프트 하인즈: 허위광고 사례(2019)] Kraft Heinz는 마카로니와 치즈를 포함한 특정 제품에 "100% 천연" 표시를 하였고 제품 라벨은 실제 라벨링 규정을 준수했지만 Kraft Heinz는 웹사이트와 소셜 미디어 캠페인을 통해 제품이 실제보다 더 건강하다는 것을 암시하는 천연 성분을 강조하면서도 제품에 인공 색소가 포함되어 있다는 사실을 명확히 밝히지 않아 소비자를 오인했다는 비난을 받았다. 규제당국은 정밀 조사를 통해 물리적 라벨링과 온라인 표현 모두에 대한 명확성의 필요성에 대한 논의가 이어졌고, 온라인 청구가 라벨링과 관련된 FDA 규정의 범위에 속할 수 있음을 입증하였다.

38 [Moore v. Trader Joe's Co.(2021)] 법원은 합리적 소비자가 라벨을 해석할 때 제품을 둘러싼 사전 지식과 맥락을 활용할 것으로 기대된다고 결정했다. 제품에 대한 온라인 정보가 라벨에 명시된 내용과 일치하는 명확성이나 맥락을 제공하는 경우 소비자의 이해에 영향을 미칠 수 있다고 판단하였다.

2. 유럽연합(EU)의 식품 표시

유럽연합은 식품표시에 관한 통합 규범으로 「소비자를 위한 식품 정보 제공에 관한 규정(Regulation (EU) No. 1169/2011)」을 제정하여, 라벨, 라벨링, 식품 정보라는 세 개념으로 구분하고 있다. 먼저 '라벨(label)'이란 식품의 포장이나 용기에 부착된 태그, 마크, 브랜드, 그림 등을 의미하고,[39] '라벨링(labelling)'은 그보다 넓은 개념으로서 식품을 지칭하거나 식품과 함께 제공되는 모든 문서, 알림, 상표, 그림 등을 포함한다.[40] 더욱이 '식품 정보(food information)'란 소비자에게 제공되는 모든 식품 관련 정보로서, 라벨·라벨링뿐 아니라 구두 설명, 온라인 정보 등 현대 기술 수단을 통한 전달도 포함하는 가장 넓은 개념이다.[41]

EU는 디지털 정보가 소비자 선택에 영향을 미치는 시대 흐름을 반영하여, 실제로 온라인 플랫폼을 통한 식품 판매 시 제공되는 정보도 라벨링 또는 식품 정보로 간주하며, 오프라인 포장과 일관되어야 함을 강조한다. 라벨(label)의 정의 자체는 우리나라와 유사하게 용기·포장 중심으로 이루어져 있어, 기본 구조는 유사하나 적용 범위에 있어서는 물리적 정보에 한정되지 않고 소비자에게 제공되는 모든 정보 수단을 규제 대상으로 포괄하고 있다는 점에서 보다 넓고 유연한 체계를 갖추고 있다고 평가된다. 한편, 2022년 유럽사법재판소(CJEU)는 비타민 표시와 관련된 사건에서, 성분명에 과학적 화학명을 쓰지 않아도 소비자가 이해할 수 있는 일반 용어로 충분하다는 판결을 내리며 소비자 중심의 정보 제공 원칙을 명확히 했다.[42]

---

[39] REGULATION (EU) No 1169/2011 Article 2 Definitions 2. The following definitions shall also apply:
 (i) 'label' means any tag, brand, mark, pictorial or other descriptive matter, written, printed, stencilled, marked, embossed or impressed on, or attached to the packaging or container of food;

[40] REGULATION (EU) No 1169/2011 Article 2 Definitions 2. The following definitions shall also apply:
 (j) 'labelling' means any words, particulars, trade marks, brand name, pictorial matter or symbol relating to a food and placed on any packaging, document, notice, label, ring or collar accompanying or referring to such food;

[41] REGULATION (EU) No 1169/2011 Article 2 Definitions 2. The following definitions shall also apply:
 (a) 'food information' means information concerning a food and made available to the final consumer by means of a label, other accompanying material, or any other means including modern technology tools or verbal communication;

[42] Judgment of the Court (Seventh Chamber) of 24 March 2022 (request for a preliminary ruling from the

3. 일본의 식품 표시

일본은 「식품표시법」을 중심으로 「식품위생법」, 「건강증진법」, 「농림규격법(JAS법)」 등 관련 법령을 통해 식품표시에 관한 규제를 포괄적으로 운영하고 있다. 이들 법령은 각각 표시의 범위와 요건을 다루고 있지만, 전체적으로 통일된 표시 개념은 명시되어 있지 않다. 대신 일본에서는 「경품표시법(부당한 경품류 및 부당한 표시 방지법)」 제2조에서 '표시'를 "소비자에게 상품이나 서비스의 내용, 품질, 가격 등을 알리기 위한 모든 광고행위"로 정의하고 있다.[43] 이 정의는 매우 광범위하며, 단순한 제품 라벨뿐만 아니라 팸플릿, 인터넷 광고, 방송, 간판 등 소비자에게 전달되는 모든 시각적·청각적 표현을 포함한다. 따라서 식품 표시 역시 광고와 실물 정보를 포함한 전방위적 개념으로 인식된다. 특히 일본은 표시로 인해 소비자가 오인하거나 혼동하게 될 경우 사업자에게 고의·과실 여부와 무관하게 행정처분이 가능하도록 하고 있으며, 이 경우 사업자는 표시의 합리적 근거를 제시하지 못하면 '부당한 표시'로 간주된다.

우리나라와 비교할 때, 일본의 표시 개념은 훨씬 넓은 범위를 포괄하고 있다. 우리나라가 실물 포장이나 제품 자체에 한정된 협의 개념을 취하고 있는 반면, 일본은 모든 소비자 유인 수단을 표시로 간주하여 강한 규제체계를 구축하고 있다. 특히 표시와 광고의 경계를 구분하지 않고 통합적으로 접근하는 방식은 광고와 표시를 명확히 구분하는 우리나라와 큰 대조를 이룬다.

4. 중국의 식품 표시

중국은 「식품안전법」 및 「사전포장식품 라벨 통칙」을 통해 식품표시에 관한 정의와 요건을 구체적으로 정하고 있다. '사전포장식품'은 일정량으로 포장된 식품을 의미하며, 반드시 라벨이 부착되어야 한다. 라벨에는 제

Kúria — Hungary) — Somogy Megyei Kormányhivatal v Upfield Hungary Kft.(Case C-533/20)

43 不当景品類及び不当表示防止法 第2条（定義）4　この法律で「表示」とは、顧客を誘引するための手段として、事業者が自己の供給する商品又は役務の内容又は取引条件その他これらの取引に関する事項について行う広告その他の表示であつて、内閣総理大臣が指定するものをいう.

품명, 성분, 순중량, 유통기한, 생산자 정보, 생산허가번호 등 필수 정보가 포함되어야 하며, 이에 대한 요건은 '라벨 통칙'에 따라 관리된다. 중국의 표시 개념은 기본적으로 제품의 포장에 물리적으로 부착되는 정보를 중심으로 하고 있다. 식품에 대한 정보는 대부분 라벨 형태로 소비자에게 제공되며, 이는 법적으로 의무사항으로 강제된다. 아직까지 중국은 온라인 판매나 디지털 정보에 대한 별도의 명확한 정의나 법적 포섭 개념을 갖추고 있지는 않다. 다만, 전자상거래를 통한 식품 유통이 확대됨에 따라 향후 관련 규정의 정비가 진행될 가능성은 존재한다.

중국의 식품표시 개념은 실물 중심이라는 점에서 우리나라와 유사성을 갖는다. 그러나 표시 의무사항을 보다 상세하게 법령에 직접 규정하고 있으며, 위반에 대한 행정처분이 강력한 편이다. 또한 '사전포장식품'이라는 별도의 정의를 통해 표시 적용 대상을 명확히 설정하고 있다는 점이 특징적이다.

5. 소결 및 시사점

각국의 식품 표시 정의를 살펴보면, 소비자 보호와 정보 제공이라는 공통 목표 하에서도 법체계와 접근방식에서 상당한 차이를 보이고 있다. 미국과 EU는 다층적 개념 구조를 통해 세밀한 규율을 추구하는 반면, 한국은 단순하고 통합적인 접근을, 일본은 다원적 전문화를, 중국은 법률-표준 이원체계를 각각 채택하고 있다. 특히 디지털 시대에 대응하는 방식에서 각국의 법적 전통과 정책 철학의 차이가 뚜렷이 드러나고 있어, 향후 국제적 조화와 개별 국가의 특성 유지 사이의 적정한 균형점을 찾아야 할 것이다.

③ 국내 유사 법령에서 규정한 "표시"의 정의

1. 「표시·광고의 공정화에 관한 법률」에서의 표시

표시에 대한 일반법적 성격을 갖는 표시·광고의 공정화에 관한 법률은 제2조 제1호에서 표시를 정의하고[44] 있으며, 그 구성요소는 네 가지로 볼 수 있다. 첫째, 표시의 주체는 "사업자 또는 사업자단체"이다. 둘째, 표시의 목적은 "소비자에게 알리기 위함"이다. 셋째, 표시의 내용은 "자기 또는 다른 사업자등에 관한 사항"과 "자기 또는 다른 사업자등의 상품등의 내용, 거래 조건, 그 밖에 그 거래에 관한 사항"으로 구체적으로 제시되어 있다. 넷째, 표시의 방법은 "상품의 용기·포장, 사업장 등의 게시물 또는 상품권·회원권·분양권 등에 쓰거나 붙인 문자·도형"과 "상품의 특성을 나타내는 용기·포장"으로 구체화되어 있다. 식품표시광고법과 비교할 때 표시광고법은 보다 구체적이고 명확하다. 표시 주체와 목적을 명시하고, 표시의 내용을 특정하며, 표시 장소와 방법은 상대적으로 넓게 인정한다. 온라인 정보 제공은 전자상거래법과의 연계를 통해 부분적으로 규율[45]하고 있으나, 표시의 정의 자체에는 직접 반영되어 있지는 않다.

2. 「약사법」에서의 표시(기재사항)

약사법은 식품표시광고법과 달리 '표시'를 별도로 정의하지 않고 제56조부터 제59조까지 '기재사항'이라는 개념을 사용하고 있다. 다만 제59조의2에서 '표시' 용어를 사용하고 있고,[46] 규정 내용을 종합할 때 식품표시법의

---

44 1. **"표시"** 란 사업자 또는 사업자단체가 상품 또는 용역(이하 "상품등" 이라 한다)에 관한 다음 각 목의 어느 하나에 해당하는 사항을 소비자에게 알리기 위하여 상품의 용기·포장(첨부물과 내용물을 포함한다), 사업장 등의 게시물 또는 상품권·회원권·분양권 등 상품등에 관한 권리를 나타내는 증서에 쓰거나 붙인 문자·도형과 상품의 특성을 나타내는 용기·포장을 말한다.
  가. 자기 또는 다른 사업자등에 관한 사항
  나. 자기 또는 다른 사업자등의 상품등의 내용, 거래 조건, 그 밖에 그 거래에 관한 사항
45 전자상거래 등에서의 소비자보호에 관한 법률에서 규율하고 있다.
  제13조(신원 및 거래조건에 대한 정보의 제공) ① 통신판매업자가 재화등의 거래에 관한 청약을 받을 목적으로 표시·광고를 할 때에는 그 표시·광고에 다음 각 호의 사항을 포함하여야 한다.
  1. 상호 및 대표자 성명
  2. 주소·전화번호·전자우편주소
  3. 제12조에 따라 공정거래위원회 또는 특별자치시장·특별자치도지사·시장·군수·구청장에게 한 신고의 신고번호와 그 신고를 받은 기관의 이름 등 신고를 확인할 수 있는 사항
46 제59조의2(시각·청각장애인을 위한 의약품의 표시) 의약품의 품목허가를 받은 자와 수입자는 안전상비의약품 및 식품의약품안전처장이 정하는 의약품의 경우 시각·청각장애

표시와 같은 의미로 이해된다. 약사법은 제56조(의약품 용기 등의 기재사항), 제57조(외부 포장 기재사항), 제58조(첨부 문서 기재사항)을 각각 규정하여 표시의 위치와 기재사항을 구분하여 법률에서 직접 규정하고 있다. 식품표시광고법이 제4조(표시의 기준), 제5조(영양표시), 제6조(나트륨 함량 비교표시) 등 표시 내용으로 구분하고, 위치에 대하여는 표시로 일원화한 것과는 구별된다.

3. 「의료기기법」에서의 표시(기재사항)

의료기기법도 약사법과 마찬가지로 '표시'를 별도로 정의하지 않고 '기재사항'이라는 개념을 통해 규율하고 있다. 제20조부터 제23조까지의 규정 구조도 약사법과 거의 동일한 형태를 보인다. 의료기기법상 기재사항의 구조는 제20조(용기 등의 기재사항), 제21조(외부 포장 등의 기재사항), 제22조(첨부문서의 기재사항)로 구성되어 있다. 이는 약사법과 동일한 위치별 분류 체계로, 식품표시광고법의 내용별 분류와는 차별화된다. 또한 제23조에서 의무 기재사항을 다른 사항들보다 쉽게 볼 수 있도록 하고 한글로 적어야 한다고 규정하여 정보 전달의 명확성을 강조하고 있다.

4. 「화학물질관리법」에서의 표시

화학물질관리법 제16조는 유해화학물질의 표시 주체를 "유해화학물질을 취급하는 자"로 규정하고, 표시 내용을 각호에 구체적으로 열거하고 있다.

화학물질관리법상 표시의 가장 특징은 표시 범위의 확장성이다. 제2항에서 유해화학물질 취급시설과 취급현장, 유해화학물질을 보관·저장 또는 진열하는 장소, 유해화학물질 운반차량에도 표시를 하도록 규정하여, 식품, 의약품,

---

인이 활용할 수 있도록 제56조, 제57조 및 제58조제1항에 규정된 사항 중 제품명 등 식품의약품안전처장이 정하는 사항을 용기 또는 포장에는 점자 및 음성·수어영상변환용 코드 등 총리령으로 정하는 방법 및 기준에 따라, 첨부 문서(제58조제2항에 따라 첨부 문서 대신 전자적 방법 등으로 제58조제1항 각 호의 사항을 제공한 경우 전자적 방법 등으로 확인 가능한 사항을 포함한다. 이하 제60조 및 제61조에서 같다)에는 음성·수어영상변환용 코드 등 총리령으로 정하는 방법 및 기준에 따라 **표시**하여야 한다.

의료기기의 경우와 달리 용기나 포장을 넘어 시설, 장소, 차량에까지 표시 의무를 확장하였다. 화학물질의 경우 제품 자체뿐만 아니라 취급, 보관, 운반 과정에서도 안전사고의 위험이 존재하므로, 표시를 통한 안전정보 제공의 범위를 확장한 것으로 이해된다. 이를 통해 표시가 "특정 장소·위치에 특정한 방법으로 제시되어야 하는 고정된 개념이 아니라 환경과 필요에 따라 적용될 수 있는 개념"임을 보여준다. 표시의 내용은 화학물질명, 그림문자, 신호어, 유해·위험 문구, 예방조치 문구, 공급자 정보 등으로, 국제적으로 통용되는 GHS[47] 기준을 반영하여 국제 조화를 통한 안전성 확보를 목표한다.

식품표시광고법과 비교할 때 화학물질관리법은 표시의 공간적 범위를 대폭 확장하고, 안전성 확보를 위한 특수한 표시 체계를 구축하고 있다는 점에서 차별화된다. 또한 국제 기준과의 조화를 통해 표준화된 표시 체계를 구축하고 있어, 국내법 중심의 식품표시와는 대조적인 접근을 보인다.

5. 소결 및 시사점

국내 유사 법령들의 표시 정의를 살펴 보면, 각 법률이 규율하는 대상의 특성과 정책 목표에 따라 표시 개념과 체계가 상당히 다르게 구성되어 있음을 확인할 수 있다. 식품표시광고법은 간명하고 포괄적인 정의를 통해 유연성을 확보하고 있는 반면, 표시광고법은 구체적이고 제한적인 정의를 통해 명확성을 추구하고 있다. 약사법과 의료기기법은 기재사항이라는 개념을 통해 위치별 차별화된 접근을 하고 있으며, 특히 전자적 방법을 통한 정보 제공을 명시적으로 허용하여 디지털 시대에 적극 대응하고 있다. 화학물질관리법은 안전성 확보를 위해 표시 범위를 대폭 확장하고 국제 기준과의 조화를 추구하고 있다. 이러한 다양한 접근방식은 각 영역의 특수성을 반영한 합리적 선택으로 평가되지만, 법체계의 일관성과 디지털 시대에 대한 대응이라는 측면에서는 통합적 검토와 개선이 필요한 상황이다. 특히 온라인 정보 제공에 대한 명확한 법적 근거 마련과 표시 개념의 현대적 재정립이 시급한 과제로 대두되고 있다.

---

[47] GHS : Globally Harmonized System of Classification and Labelling of Chemicals

4 "식품 표시" 정의 개선 검토(해외 및 국내 유사 사례를 중심으로)

1. 검토 배경

최근 급격한 유통환경의 변화와 함께, 현행 법제 하에서 규정하고 있는 '표시'의 정의가 변화된 소비자 구매 행태와 정보 전달 방식에 적절히 대응하고 있는가에 대한 문제 제기가 늘고 있다. 특히 온라인 유통의 급증은 식품 표시의 개념과 기능에 대한 근본적 재검토를 요구하고 있다. 현행 식품 표시광고법이 규정하고 있는 '표시'의 정의는 물리적 식품과 그 용기·포장, 그리고 내부 첨부물에 한정한 정의로서, 전통적인 오프라인 유통환경을 전제로 구성된 개념이라 할 수 있다. 그러나 이러한 정의는 제품 구매가 이뤄지는 시점에 소비자가 실질적으로 가장 많이 접하는 정보 환경인 온라인 공간을 충분히 포괄하는데 한계를 보이고 있다.

2. 해외 주요국 사례의 시사점

미국, 유럽연합(EU), 일본, 중국 모두 식품 표시의 개념을 포장이나 용기에 국한하지 않고, 웹사이트나 디지털 자료, 기타 시각적 매체를 통해 소비자에게 전달되는 정보를 상당 부분 포함시키고 있다. '라벨'과 '라벨링'을 구분하고, 나아가 '식품정보'라는 보다 넓은 개념까지 적용하여 온라인에서 제공되는 정보로 확장하고 있다. 이에 비해, 우리나라 식품표시 정의는 여전히 '용기나 포장지' 중심의 좁은 개념에 머물러 있어 정보 전달 경로의 다변화와 소비자의 구매 행태를 충분히 반영하고 있다고 보기 어렵다. 이에 따라 식품 표시의 정의를 물리적 공간에 국한하지 않고, 디지털 환경에서도 소비자에게 구매 판단에 필수적인 정보를 제공하는 모든 행위를 포함하는 방향으로 확대할 필요가 있다.

3. 국내 유사 법령에서의 시사점

국내 유사 법령들과의 관계에서도 개선의 필요성이 제기된다. 「표시·광고의 공정화에 관한 법률」은 표시를 '사업자 등이 상품이나 서비스에 관해 소비자에게 알리기 위해 문자·도형 등으로 나타내는 행위'로 규정하고 있어, 행위성과 주체성이 보다 명확히 반영되어 있다. 반면, 식품표시광고법상 '표시'는 행위의 주체나 목적이 명시되어 있지 않아 해석상 혼란을 초래할 여지가 있다. 특히, 동일한 제품이라도 표시광고법과 식품표시법 사이의 정의 차이로 인해 적용 법령이 달라지거나 중첩 적용되는 경우, 사업자와 소비자 모두 불확실성을 겪을 수 있다. 한편 「약사법」이나 「의료기기법」은 '표시'라는 명칭 대신, '기재사항'이라는 개념 하에 소비자에게 반드시 제공되어야 할 정보를 명확히 규정하고 있다. 이러한 접근은 의약품 및 의료기기와 같이 안전성과 직결되는 제품에 대한 정보 제공의 엄격성을 반영하는 것으로, 식품 표시에도 시사점을 준다. 특히, 표시사항과 광고를 명확히 구분하여 정보 전달의 정확성과 책임성을 확보하려는 체계는 식품 표시에도 응용 가능성이 크다.

4. 개선 방안 검토

최근 식품 유통 및 판매 환경의 급격한 변화를 반영하고, 해외 주요국 "식품 표시" 규정 사례와 국내 유사 법령의 "표시" 정의를 고려하여, 현행 "식품 표시" 정의는 다음과 같은 방향으로 개선을 제안한다.

온라인 정보를 표시에 포함해야 한다. 제품의 구매 결정이 온라인에서 이루어지는 경우가 많은 현실을 반영하여, 온라인 판매 플랫폼 상의 제품 정보도 표시의 정의에 명시적으로 포함할 필요가 있다.[48] 이를 통해 온라인 표시 정보의 정확성과 신뢰성을 제고하고, 사전 정보 제공의무를 강화할 수 있다.

표시 정의의 불일치 문제의 해소가 필요하다. 식품표시광고법의 일반법으로 볼 수 있는 「표시·광고의 공정화에 관한 법률」과의 정의 규정 통일이 우선적으로 고려되어야 할 것이다. 이는 법률 간 해석의 일관성을 높이고 규

---

[48] 현재의 정의를 수정하여 온라인 상에서 제공되는 제품 등의 정보도 표시의 정의에 포함하는 방안과 현행 표시의 정의를 유지하면서, 온라인 상에서 제품을 판매하는 경우 법 제4조(표시의 기준)에서 정하고 있는 정보가 보이지 않는 경우 추가 정보제공 의무를 부과하는 방식이 고려될 수 있다.

제 중복 또는 사각지대를 해소하는 데 기여할 수 있다.[49]

'정보 전달 수단'으로서의 확대가 필요하다. 표시를 물리적 표면에 적는 행위에 한정하지 않고, 소비자에게 정보 전달이 이루어지는 다양한 형태—디지털, 음성, 시각적 요소 등—를 포함하는 방식이 고려될 수 있다. 또한, 필수 정보와 선택 정보 구분도 고려될 수 있다. 약사법이나 의료기기법처럼, 의무적 기재사항과 추가적인 광고성 표시정보를 구분하는 체계를 도입하여, 소비자가 반드시 알아야 할 정보의 범위를 명확히 하는 것도 바람직하다.

결론적으로, 식품 표시 정의는 디지털 전환 시대의 소비 환경과 국제적 조화, 그리고 국내 법체계 간 통일성 확보라는 세 가지 관점에서 개정이 필요하다. 이는 소비자 보호와 기업 책임 간의 균형을 도모하는 동시에, 식품 산업의 건전한 발전을 위한 규범적 토대를 마련하는 길이 될 것이다.

5 관련 판례

1. 전주지방법원 2016. 11. 24. 선고 2016노125 판결

개요	• 표시사항이 기재되지 않은 축산물을 판매 목적으로 보관한 사건
쟁점	• 국내산 축산물이 식품위생법상 '표시대상 식품등'에 해당하는지 여부 • 식품위생법상 '용기·포장에 넣어진 식품'에 해당하는 범위
판단 근거 결과	• 문언의 의미, 입법 목적, 개정 경위 등을 고려할 때 국내산 축산물도 "자연상태 식품 중 용기·포장에 넣어진 식품"에 해당한다고 판단 • 용기·포장 식품의 범위 - (돼지고기 삼겹살) 구매 시 용기에 넣어져 포장된 상태였고, 이후 다시 용기에 담아 보관했으므로 '용기·포장에 넣어진 식품'으로 인정 - (소고기) 처음부터 포장되지 않은 상태로 납품받아 일반 비닐에 넣어 보관한 것은 식품위생법상 '용기·포장'에 해당하지 않는다고 판단

---

[49] 표시 정의의 일치를 통해 다음과 같은 효과를 기대할 수 있다. 첫째, 법령 간 통일성 확보를 통한 적용상 혼란 최소화다. 현재 식품등 이외의 게시물은 식품표시광고법상 표시가 아닌 반면, 표시광고법에서는 표시에 해당하는 등의 불일치가 해소될 것이다. 둘째, 온라인 거래 환경에 대한 적응력 향상이다. 표시광고법 상 사업장 등의 게시물 범위에 온라인상 정보 제공도 포함될 수 있다. 셋째, 기존 법체계와의 안정성 확보이다. 식품등에 적혀진 것을 표시로 한다는 기본 구조를 유지하면서도 표시의 범위를 확대할 수 있어 급격한 제도 변화에 따른 혼란을 방지할 수 있다.

2. 대전지방법원 2021. 10. 14. 선고 2021고정464 판결

개요	• 식육포장처리업체 'C'를 운영하는 피고인이 표시사항을 전부 기재하지 않은 개별포장 축산물(돈전지)을 판매 목적으로 보관한 사건
쟁점	• 개별 포장을 모은 운반용 상자에 축산물 표시사항을 일괄 부착한 것이 표시에 해당하는지 여부
판단 근거	• 식품표시광고법 제4조 제1항 제1호는 축산물에 제품명, 내용량, 원재료명, 제조연월일, 유통기한 등의 표시를 의무화하고 있음 • 동법 시행규칙 제5조 제2항 [별표 3] 제1호에 따르면, 소비자에게 판매하는 제품의 최소 판매단위별 용기·포장에 해당 사항을 표시해야 함
결과	• 개별포장에 표시하지 않고 운반용 상자에만 표시한 행위는 법률 위반
의미 분석	• (표시의 위치와 방법) 소비자에게 판매하는 제품의 최소 판매단위별 용기·포장에 표시사항을 표시해야 함. 운반용 상자에만 일괄 표시하는 것은 법률에서 요구하는 적절한 표시에 해당하지 않음. • (표시의 주체·의무자) 식품등을 제조·가공·수입·판매하는 자가 표시의무자에 해당.(해당 판결에서는 식육포장처리업체를 운영하는 피고인이 표시의무자로 인정됨) • (표시의 목적) 소비자에게 정확한 정보를 제공하고 공정한 거래질서를 확립하여 소비자를 보호하는 것이 표시 제도의 목적. • (표시 여부의 판단 기준) 법률에서 정한 위치와 방법에 따라 표시해야만 적법한 표시로 인정. 일부만 표시하거나 다른 방식으로 표시한 경우에는 법률에서 요구하는 표시를 한 것으로 볼 수 없음.

『식품표시광고법 해설』

제8호 영양표시

1 해설

> 식품표시광고법 제2조(정의)
> 8. "영양표시"란 식품, 식품첨가물, 건강기능식품, 축산물에 들어있는 영양성분의 양(量) 등 영양에 관한 정보를 표시하는 것을 말한다.

<식품위생법 상 영양표시 정의의 제개정 이력>

시행	조문 내용
2007.1.1. (제8005호)	6의2. "영양표시"라 함은 **식품의 일정량에 함유된** 영양소의 함량 등 영양에 관한 정보를 표시하는 것을 말한다.
	☞ 영양표시 정의 도입. 일정량 기준의 영양함량 표시
2009.8.7. (제9432호)	8. "영양표시"란 **식품에 들어있는 영양소의 양(量) 등** 영양에 관한 정보를 표시하는 것을 말한다.
	☞ "식품의 일정량에 함유된" 문구 삭제. 식품 유형 및 실제 영양성분 표기 현장의 다양성, 소비자 정보 제공의 포괄성을 감안해, 법률상 정의를 간결화하고, 행정규칙(시행규칙, 고시 등)에서 세부 기준을 보다 유연하게 정할 수 있도록 하기 위함.
2019.3.14. (제15484호)	8. 삭제
	☞ 식품표시광고법 제정으로 삭제

현행 「식품표시광고법」 제2조 제8호는 '영양표시'란 "식품, 식품첨가물, 건강기능식품, 축산물에 들어있는 영양성분의 양(量) 등 영양에 관한 정보를 표시하는 것"이라고 정의하고 있다. 이는 과거 「식품위생법」 규정을 기초로 하되, 법률의 독립 제정이라는 구조적 변화에 따라 이관됨과 동시에 적용 대상 확대와 체계 정비가 이루어졌다. 즉, 과거 식품만을 대상으로 하던 정의를 식품첨가물, 건강기능식품, 축산물까지 포함하도록 하였다. 이는 각 제품군에 대한 표시기준이 이미 개별 고시 등을 통해 존재하고 있었고, 영양성분 정보의 중요성이 식품 전반에 걸쳐 확대되는 경향에 대응하기 위한 조치라 할 수 있다.

(1) 표시 대상 : "식품, 식품첨가물, 건강기능식품, 축산물에 들어있는…"

법률은 "식품, 식품첨가물, 건강기능식품, 축산물"을 표시 대상으로 열거하고 있다. 식품은 일반적인 가공식품과 농산물 등을 포괄하는 가장 기본적인 대상이다. 여기에는 일상적으로 섭취하는 대부분의 식품이 포함되며, 소비자가 영양정보를 통해 건강한 식품 선택을 할 수 있도록 하는 기본적 대상군이다. 식품첨가물 자체는 직접 섭취하지는 않지만, 최종 식품에 포함되어 영양성분에 영향을 미칠 수 있으므로 영양표시 대상에 포함되었다. 건강기능식품은 특별한 기능성을 가진 제품군으로 소비자들이 특히 높은 관심을 가지고 영양정보를 확인하는 제품이다. 따라서 별도로 명시하여 영양표시의 중요성을 강조한 것으로 볼 수 있다. 축산물을 포함한 이유는 축산물 가공품뿐만 아니라 원료 축산물까지 영양표시의 대상으로 삼겠다는 의지를 보여준다. 이는 소비자의 단백질 섭취와 관련된 중요한 정보를 제공하기 위한 것이다.

(2) 정보의 내용 : "…영양성분의 양(量) 등 영양에 관한 정보…"

표시의 내용은 영양성분의 양(量)과 관련 영양에 관한 정보이다. 영양성분의 양(量)은 영양표시의 핵심적인 내용으로, 열량, 탄수화물, 단백질, 지방, 나트륨 등 주요 영양성분의 함량이 포함된다. 정량적 정보 제공을 강조하여, 소비자가 객관적이고 비교 가능한 정보를 바탕으로 식품을 선택할 수 있도록 하고 있다. "영양에 관한 정보"는 영양성분의 함량 외에도 영양과 관련된 다양한 정보를 의미하며, 영양성분의 체내 기능, 일일영양성분기준치에 대한 비율, 특정 영양성분의 강조표시, 영양성분 간의 균형 정보 등이 포함될 수 있다. 이러한 포괄적 표현은 영양과학의 발전과 소비자 요구의 다양화에 따라 영양표시의 내용이 지속적으로 확장될 수 있는 법적 근거를 제공한다.

(3) 행위의 성격 : "…표시하는 것…"

"표시하는 것"은 단순히 정보를 기재하는 소극적 행위가 아니라, 소비자에게 유용한 영양정보를 적극적으로 제공한다는 목적성 행위임을 강조한다. 이는 표시광고법 제2조 제7호에서 정의한 '표시'와 같은 의미로 해석된다. "

표시"라는 개념은 소비자가 제품 선택 시점에 해당 정보를 확인할 수 있도록 명확하고 이해하기 쉬운 방식으로 정보를 제공해야 한다는 의무를 사업자에게 부과한다. 또한 표시된 정보는 정확하고 신뢰할 수 있어야 하며, 소비자의 오인이나 혼동을 야기하지 않아야 한다는 요구사항도 포함된다.

2 해외 주요국 법령에서의 "영양표시" 규정과의 비교

우리나라 식품표시광고법이 영양표시를 별도의 법적 개념으로 정의하고 있는 것과 달리, 미국, 유럽, 일본, 중국 등 주요국들은 영양표시를 별도로 정의하기보다는 포괄적이고 실용적인 접근법을 취하는 것이 일반적이다.

1. 미국의 영양표시 규율 체계

미국은 영양표시 및 교육법(Nutrition Labeling and Education Act, NLEA)에 의해 대부분의 식품에 대해 영양표시를 의무화하고 있지만,[50] 우리나라와 같이 "영양표시"에 대한 명시적 정의를 별도로 두지 않고 있다. 대신 연방 식품의약품화장품법(Federal Food, Drug, and Cosmetic Act)과 연방규정집(Code of Federal Regulations)을 통해 영양표시의 구체적 요구사항을 상세히 규정하는 방식을 택하고 있다.

2. 유럽연합의 영양표시 규율 방식

유럽연합은 「Regulation (EU) No 1169/2011: 식품정보(Food Information to Consumers, FIC) 규정」에서 영양표시(Nutrition Declaration) 의무를 규정하고 있으나, '영양표시'라는 용어의 법문상 정의(Definition)를 따로 두지는 않는다. 따라서, 영양표시를 독립적 개념으로 정의하기보다는 소비자에게 제공되어야 하는 식품정보의 필수적 구성요소로 위치시키고 있다고 볼 것이다. '영양성분의 함량'을 의무적으로 라벨에 표기하도록 규정하며, 영양정보

---

50 Guidance for Industry: Food Labeling Guide ¦ FDA

제공의 포맷·항목·방법 등을 매우 구체적으로 법령(Annex XIII 등)으로 정해 관리하고 있다. 특히, 포장 전면 영양표시(Front-of-pack nutrition labelling)를 통해 간소화된 정보 제공, 구매 시점에서의 접근성 제고, 건강한 선택 지원 등의 소비자 중심의 실용적 도구로 영양정보를 인식하고 있다.

3. 일본의 영양표시 체계

일본 역시 영양표시를 별도로 정의하지 않고, 식품표시 전반의 맥락에서 영양정보를 다루고 있으며, 하위 기준에서 영양표시의 구체적 실행내용을 명확화하는 실무적 구조를 취하고 있다. 일본의 영양표시기준은 에너지, 단백질, 지방, 탄수화물, 그리고 나트륨은 의무적으로 표시되어야 하며, 나머지는 권장사항으로 규정하고 있다.

4. 중국의 영양표시 체계

중국은 2008년 "식품안전법" 및 하위의 '사전포장식품 영양표시표준(GB 28050)'에서 영양표시의 규정을 운용하고 있다. 표준 내에서는 영양표시(营养标签)를 별도로 "식품에 포함된 에너지 및 특정 영양성분의 함량 정보를 식품 라벨에 표시하는 것"이라고 실무적으로 정의하고 있으나, 법률상 정의로 보기는 어렵다. 제품 포장에 '에너지, 단백질, 지방, 탄수화물, 나트륨'의 5대 영양성분을 필수 기재하도록 구체적으로 규정하고 있다.

5. 각국 규율 방식의 공통점과 우리나라와의 차이점

영양표시에 대해 모든 국가가 포장식품 중심으로 소비자에게 일관된 영양정보를 제공해야 한다는 점에서 실질적으로 유사한 제도를 운영하며, 표시항목, 기준량(Serving size 등), 영양강조표시 등은 모든 국가들이 의무적으로 관리하고 있다.

이에 반해, 우리나라는 법률상 '영양표시' 정의규정을 명확히 두고 있으나, 해외 주요국들은 실질적 표시제도의 엄격한 운용(실행 기준)만을 두며,

정의는 관념적으로 관리하거나 하위 기준에만 명시하고 있다. 구체적 항목·기준·라벨링 형식(포맷)에 대한 기술규격 운영이 상대적으로 강하고, 법적 정의보다는 실질 행정·운영에 중점을 둔다고 볼 것이다.

해외 주요국들이 영양표시에 대한 별도의 정의를 두지 않는 가장 큰 이유는 유연성 확보에 있다고 볼 것이다. 과학 발전과 소비자 요구 변화에 따라 영양표시 내용과 방법이 지속적으로 발전할 수 있어야 하기 때문이다. 또한, 개념적 정의보다는 실제 표시 방법과 내용에 대한 구체적 기준을 제시하는 것이 사업자와 소비자 모두에게 더 유용하다는 판단과 함께, 복잡한 정의 규정 없이도 효과적인 제도 운영이 가능하며, 법령의 복잡성을 줄일 수 있다는 장점에 착안한 것으로 보인다.[51]

---

[51] 우리나라 '영양표시' 정의는 국제적으로 비교적 드문 법령상 명확한 Definition 조항을 통해 체계적·예측 가능성을 제공하는 장점이 있다고 볼 것이나, 이러한 명시적인 영양표시 정의 규정이 제도 운영에 실질적으로 기여하는지, 아니면 오히려 제약 요소로 작용하는지에 대한 검토가 필요하다는 의견이 제시될 수 있다. 영양표시를 독립적 개념이 아닌 식품정보 제공의 일부로 접근하는 것이 타당하며, 정의 규정보다는 구체적이고 실행 가능한 기준 마련이 더 중요할 수 있기 때문이다. 해외 사례의 장점과 우리나라 법제 특성이 조화를 이루는 방향으로 제도를 발전시켜 나가기를 희망한다.

제4장. 총칙적 내용(제1조~제3조)

제9호 나트륨 함량 비교 표시

1 해설

> 식품표시광고법 제2조(정의)
> 9. "나트륨 함량 비교 표시"란 식품의 나트륨 함량을 동일하거나 유사한 유형의 식품의 나트륨 함량과 비교하여 소비자가 알아보기 쉽게 색상과 모양을 이용하여 표시하는 것을 말한다.

1. 도입 배경과 이유

우리나라는 세계보건기구(WHO)가 권장하는 섭취 기준에 비해 나트륨 섭취량이 매우 높은 국가 중 하나였다. 2010년대 초반까지 1일 평균 나트륨 섭취량이 4,500mg을 넘나들었으며,[52] 이는 WHO 권장량(2,000mg)의 두 배를 초과하는 수준이었다. 이러한 과잉 섭취는 고혈압, 심혈관질환 등 만성질환의 주요 원인으로 지목되어 왔고, 이에 대한 국가 차원의 정책 대응이 절실히 요구되었다. 이에 정부는 '나트륨 저감화 종합대책(2012)'을 수립하고, 가공식품에 대한 나트륨 함량 저감 정책을 지속적으로 추진해 왔으며, 소비자가 손쉽게 식품의 나트륨 함량을 비교하고 저나트륨 식품을 선택할 수 있도록 정보를 제공하는 제도적 장치가 필요하게 되었고, 그 결과물이 바로 '나트륨 함량 비교 표시' 제도의 도입이었다.

'나트륨 함량 비교 표시' 제도는 기존의 영양성분표를 통한 나트륨 함량 정보 제공의 한계를 극복하고 직관적으로 저나트륨 식품을 선택할 수 있도록 하는데 도움을 주는 방법의 필요성과 식품업계의 자발적인 나트륨 저감 노력을 유도하는 정책적 목적에 의해 도입되었다. 당시 해외 선진국의 나트륨 저감 정책 동향도 우리나라의 제도 도입에 영향을 미쳤다.[53]

---

[52] 2010년 한국인 나트륨 섭취량은 4831.1mg/day로 WHO 권고량인 1일 2g(소금 5g)의 2배가 넘는 수준이었다.(식품의약품안전처 식품통계로 알아보는 나트륨 줄이기)

[53] 특히 영국의 신호등 표시제(Traffic Light Labelling)나 호주·뉴질랜드의 건강별표시제(Health Star Rating) 등은 소비자가 영양정보를 쉽게 이해할 수 있도록 색상과 기호를 활용한 직관적 표시 방식을 채택하고 있어 우리나라 제도 설계에 참고가 되었다.

2. 나트륨 함량 비교 표시 정의의 구성 요건

(1) 표시 대상 : 식품의 나트륨 함량

기본적으로 '식품'에 적용된다. 식품표시광고법이 식품등(식품, 식품첨가물, 건강기능식품, 축산물 등)을 포괄하는 법률이지만, 나트륨 함량 비교 표시의 주된 적용 대상은 일반 식품으로 한정된다. 법률 제6조에 따라 고시를 통해 구체적인 대상 식품 유형이 지정된다.(예: 면류, 국·탕·찌개류 등 나트륨 섭취 기여도가 높은 식품 위주)

비교의 대상은 "나트륨 함량"으로 한정되어 있다. 이는 나트륨에 특화된 정보 제공 제도임을 분명히 하는 동시에, 측정과 비교의 객관성을 확보하기 위한 것이다. 나트륨 함량은 정량적으로 측정 가능한 객관적 지표이므로, 제품 간 비교에서 자의적 해석의 여지를 최소화할 수 있다. 또한 나트륨은 과다 섭취 시 건강에 미치는 부정적 영향이 과학적으로 명확히 입증된 영양성분이므로, 이에 대한 특별한 관심과 관리가 필요하다는 점에서 단일 성분에 대한 특화된 표시제도의 정당성을 확보할 수 있다.

(2) 비교 대상 : "동일하거나 유사한 유형의 식품의 나트륨 함량과 비교"

나트륨 함량 비교 표시가 단순한 나트륨 함량 수치 제시가 아닌, '비교'에 중점을 둔다는 점을 명확히 한다. 이때 비교의 기준은 해당 식품과 '동일하거나 유사한 유형'의 식품으로, 소비자가 실제로 구매를 고려하는 제품군 내에서 상대적인 나트륨 함량 수준을 파악할 수 있도록 하기 위함이다. 예컨대 스낵류 간, 국류 간 등 유사 기준 하에서 비교가 가능하도록 하여, 왜곡된 비교 광고를 차단하고, 소비자가 합리적인 판단을 내릴 수 있도록 한다.

(3) 표시의 목적 : "소비자가 알아보기 쉽게"

표시의 궁극적 목적이 "소비자가 알아보기 쉽게" 하는 것이다. 이는 기존의 복잡한 영양성분표와 차별화되는 핵심적 특징으로, 소비자 친화적 정보 제공을 제도의 중심 가치로 설정하고 있음을 보여준다. "알아보기 쉽게"라는 표현은 단순히 정보를 제공하는 것을 넘어서 소비자가 그 정보를 쉽게 이해하고 활용할 수 있어야 한다는 적극적 의무를 부과하는 것으로 해석된다. 이는 정보의 접근성과 이해가능성을 동시에 확보해야 하며, 표시 방법의 설계에서 소비자 관점을 우선적으로 고려해야 함을 의미한다. 또한 이러한 목적 설정은 나트륨 함량 비교 표시가 전문가나 영양 지식이 풍부한 소비자만을 대상으로 하는 것이 아니라, 일반 소비자 모두가 쉽게 이해하고 활용할 수 있는 보편적 정보 제공 도구가 되어야 함을 강조하는 것이다.

(4) 표시의 방법 : "색상과 모양을 이용하여"

표시 방법을 "색상과 모양을 이용하여"로 구체적으로 명시하고 있다. 이는 단순한 문자나 숫자 정보가 아닌 시각적 기호를 활용한 직관적 정보 전달 방식을 법적으로 요구하는 것이다. "색상"의 활용은 소비자가 순간적으로 정보를 인식할 수 있도록 하는 효과적인 방법이며,[54] "모양"의 활용은 색상과 함께 정보 전달의 효과성을 높이는 보완적 수단으로 여겨진다.[55] 입법론적으로 일반적이라고 보기 어려운 이러한 시각적 표시 방법의 법적 명시는 추상적인 "알아보기 쉬운" 표시가 아닌 구체적이고 실행 가능한 표시 방식을 요구함으로써, 제도의 실효성을 확보하고자 하는 입법자의 의도로 보여진다.

3. 소결 및 시사점

우리나라의 "나트륨 함량 비교 표시" 제도는 해외 주요국의 제도에 비해 몇가지 점에서 특이성을 가진다. 첫째, 단일 영양소(나트륨)에 대한 직접적이고 시각적인 비교 표시 시스템을 법적으로 정의하고 있으며, 둘째, "색상과 모양"이라는 구체적인 시각적 요소를 법적 정의에 포함시켜 표시 방법을 명확히 하고 있다. 셋째, "동일하거나 유사한 유형의 식품"과의 비교를 전제로

---

[54] 녹색은 양호, 황색은 보통, 적색은 주의를 의미하는 색상 체계가 일반적으로 통용되고 있어, 이러한 관습적 색상 인식을 활용하면 별도 학습 없이도 정보 이해가 용이하다.
[55] 색맹이나 색약 등으로 색상 구별이 어려운 소비자들도 정보를 이해할 수 있도록 하는 접근성 확보의 의미도 가지고 있다.

하여 상대적 평가 시스템을 구축하고 있다는 점이다. 이러한 특이점들은 한국이 나트륨 섭취 저감을 위해 소비자의 직관적 이해를 높이는 보다 적극적이고 구체적인 정책적 접근을 시도하고 있는 것으로 평가할 수 있다. 그러나, 한편으로는 법률에 명확한 방법을 구체적으로 제시함으로써 지나치게 경직적으로 운영되는 한계를 가질 수도 있게 된다. 최초 도입을 통해 이루고자 했던 정책적 목표와 현재의 변화된 상황 등을 고려하여 적정한 규율 방법에 대해 종합적으로 검토할 필요성도 제기된다.

2 해외 주요국 제도와의 비교

1. 미국

미국에는 우리나라처럼 '나트륨 함량 비교 표시'(동일·유사 식품 간 직접 비교, 색상·도안 등 시각화 방식)를 법률로 의무화한 제도는 없다. 대신 「Nutrition Labeling and Education Act(NLEA, 1990)」와 미국식품의약품청(FDA) 규정에 따라 모든 가공식품에 'Nutrition Facts Label'이 부착되어, 단위당 나트륨 함량과 1일 기준치(%) 등이 의무적으로 표기되며, "low sodium", "reduced sodium" 등 영양강조표시(nutrient content claim)는 법률 및 세부 규정으로 엄격하게 관리된다. 예를 들어 'low sodium' 표시는 1회 제공량(RACC) 또는 100g 기준 나트륨이 일정 이하일 경우만 허용된다.

미국 FDA는 최근 영양성분 전면(FOP) 신속 표시를 위한 규제 도입을 추진 중이며, 나트륨이 높은 제품에 붉은색 경고 아이콘을 권고하거나 수치적 비교의 명확화, 저염 표시의 기준 강화 등을 논의 중이라고 한다.[56] 다만, 이 방법도 우리나라 '나트륨 함량 비교 표시'와는 구별된다. 즉, 소비자가 여러 제품을 직접 비교할 수 있도록 정보는 제공하지만, 제품 간 나트륨 함량 비교 자체를 색상이나 도안 등 시각화 방식으로 표기하는 제도는 규정되어 있지 않고, 수치 중심의 정보 제공이 원칙이다.

---

[56] 미국 FOP 라벨 규제 변화 임박, 한국 기업의 선제적 대응 전략(식품의료신문, 2025.4.1., https://www.thinkfood.co.kr/news/articleView.html?idxno=102333)

2. 유럽연합(EU)

EU 『식품 정보제공에 관한 규정(Regulation (EU) No 1169/2011, FIC)』에 의해 모든 가공식품에 열량, 지방, 당분, 나트륨(소금 등가량) 등이 영양표시로 필수 표기된다. 나트륨은 주로 소금(salt)으로 환산되어 100g/100ml 당 수치와 1일 기준치(%)로 표시되지만, 같은 식품군 내 타 제품과 나트륨 함량을 직접 비교하여 표시하거나, 색상 및 도안을 활용한 시각적 비교표시는 법률이나 공식 정부지침에 근거해 의무화된 바는 없다.

영국 등 일부 국가에서는 정부 권고(또는 업계 자율)로 '신호등 표시제(traffic light labelling)'가 도입되어, 식품당 나트륨(소금), 지방 등 주요 영양성분의 수준을 초록·노랑·빨강의 색상으로 일괄 표시하는 경우가 있으나, 이 제도는 '같은 식품군 내 비교'에 집중하기보다 개별 제품의 건강성(함량 수준) 자체를 색상으로 표현하는 방식을 취하고, 법적 의무가 아닌 자율 또는 정책 권고의 형태가 많다.

3. 일본

일본도 '식품표시법(食品表示法)'과 관련 고시(식품표시기준)에 따라 나트륨(또는 식염 상당량)을 필수 영양성분으로 1회 섭취량 기준으로 표기하고 있다. '저염' 또는 '염분 무첨가'와 같은 영양강조표시에 관한 규정은 있으나, 동일·유사 식품 간 나트륨 함량을 비교하여 보여주는 시각적 표시(색상·도안 등)는 법률, 정부지침, 업계 가이드라인 어디에도 존재하지 않는다. 영양표시 기준은 주로 mg 또는 g(식염 상당량) 단위로 제품마다 개별 표시하며, '덜 짠(나트륨 줄인 제품)' 등의 강조표시만 허용 기준에 맞춰 제한적으로 사용 가능하며, 비교표시는 업계 광고·홍보에서는 활용할 수 있지만, 포장 라벨 등을 통한 정형화된 비교표시는 제도화되어 있지 않다.

4. 중국

중국 『식품안전법』 및 영양표시 표준(GB 28050) 등에 따라 나트륨은 가

『식품표시광고법 해설』

공식품에 필수적으로 mg 단위, %기준치 형식으로 기재해야 하지만, 우리나라와 같이 동일·유사 유형 식품의 평균 혹은 타제품 대비 나트륨 함량 비교, 색상구분 등 시각적 비교표시를 제도화하거나 의무화한 법령·정부지침은 없다. 영양강조표시(예: 저염제품) 기준은 별도로 있지만, 구조상 제품 간 비교보다는 개별 제품 정보 제공 및 저감 노력을 유도하는 형태이다.

5. 종합 비교·평가

해외 주요국 모두 나트륨(또는 소금) 함량 자체의 수치 기재 및 소비자 정보제공을 의무화하고, '저염', '나트륨 저감' 등 강조표시는 별도 엄격한 기준 아래 규율하고 있다. 다만, 우리나라만이 법률과 구체적 시행지침(식품표시광고법, 시행규칙, '나트륨 함량 비교 표시 기준 및 방법' 고시 등)을 통해, '같은 종류 식품군'의 평균값에 대한 나트륨 함량 비교 및 색상·도안 등 시각적 표시 방식을 강제하고 있는 나라는 존재하지 않는다.

미국·유럽(특히 영국 '신호등 표시') 등에서 건강위해 영양성분에 색상 등 시각 정보를 부여하는 '프런트 오브 팩' 표시제를 일부 도입 또는 논의 중이나, 비교 기준은 개별 식품 함량의 '절대 수준'이며, 법령상의 의무는 아니라는 점에서 우리나라와 다르다. 일본·중국은 나트륨(소금) 함량 개별 기재 외에는 비교 표시나 시각화 표시는 체계화되어 있지 않다.

결론적으로, 해외 주요국에는 우리나라와 같이 '동일 혹은 유사 식품 간 나트륨 함량을 비교해 색상·도안 등으로 시각화하여 의무적으로 표시하도록 하는 법률·지침·가이드라인'은 존재하지 않고, 대체로 개별 수치정보 제공과 '저염' 등 강조표시만을 엄격히 관리하는 방식을 채택하고 있다. 영국 등 일부 나라에서 자율적 색상분류(신호등 표시제 등)가 존재하지만, 엄밀히 말해 상품 간 직접 비교가 아니라 개별 식품 성분 수준에 대한 안내를 주목적으로 하는 점에서 제도의 취지와 운용 방식에 분명한 차이가 있다.

〈 해외 유사 제도 비교 검토 〉

■ 영국의 신호등 표시제(traffic light labelling)

○ 식품 포장 전면에 지방, 포화지방, 당류, 소금(나트륨) 등 주요 영양소 함량을 '빨강(높음), 노랑(중간), 초록(낮음)' 세 가지 색깔로 구분해 보여주는 제도. 각 색상은 해당 영양소가 해당 식품에 얼마나 많이 들어있는지를 100g(또는 100ml) 단위 기준으로 직관적으로 나타내므로, 소비자는 같은 종류의 제품을 살 때 상대적으로 '초록'이 많은 제품을 손쉽게 고를 수 있음.

- 색상 이외에, 각 영양소별로 1회 섭취량 및 100g당 함량, 하루 기준치 대비 비율 등도 병기된다. 신호등 표시제는 법정 의무사항은 아니지만 대다수 대형 소매업체와 제조사가 도입하고 있고, 영국 보건당국이 적극 권장하고 있다.

○ 수치 중심 정보를 직관적 색상 신호로 변환하여, 영양정보 해석에 익숙하지 않은 소비자도 즉시 고나트륨 등 우려 식품을 식별할 수 있음.

- 여러 유사 식품을 비교할 때 '초록'이 많은 건강한 선택 유도를 촉진.
- 나트륨 뿐만 아니라 지방, 설탕 등 복수 영양성분을 동시에 비교 가능.

■ 호주·뉴질랜드의 건강별표시제(Health Star Rating, HSR)

○ 식품의 전체적인 영양학적 품질을 0.5~5개의 별(half-star 단위)로 평가하여, 별의 개수로 건강도를 표시하는 방식. 각 별점은 전체 에너지, 포화지방, 당류, 나트륨(소금), 단백질, 식이섬유, 채소·과일·견과·콩류 비율 등 다양한 요소를 영양평가기준(알고리즘)에 따라 종합적으로 평가한 점수에 의해 산정됨.

- 예를 들어 동일한 유탕면이나 간편식 중에서도 HSR이 4점이면 2점 제품보다 상대적으로 나트륨, 당, 포화지방이 낮고, 식이섬유 등의 긍정적 요소가 많다는 것을 의미하며, 나트륨 자체의 수치도 '별점' 산출에 반영되어 있다가, 경우에 따라 별도 표기(영양성분 항목)로 함께 병기될 수 있음.

○ 식품 전체의 건강도를 하나의 '별점'을 통해 종합적으로 평가함으로써 간편하게 비교 가능.

- 나트륨(소금), 당류, 포화지방 등 '위험' 성분이 적고, 긍정적 영양소가 많을수록 별점이 높아짐.
- 소비자 직관적 해석 및 선택 지원, 생산자 간 건강개선 경쟁 유발.

『식품표시광고법 해설』

──────────── < 해외 유사 제도 비교 검토 > ────────────

■ 우리나라 나트륨 함량 비교 표시제와의 비교

○ 소비자가 건강에 유의해야 할 영양성분에 빠르고 명확하게 접근할 수 있도록 설계라는 공통점(유사 제품 간 손쉬운 비교와 건강한 식품 선택 유도 목적)

○ 제도별 특성 및 차이점

표시 방식	영국	나트륨(소금) 등 주요 영양소별로 각기 색상 신호를 사용, 복수 영양성분 동시 비교 가능(빨강-노랑-초록).
	호주	나트륨(소금)을 포함한 전반적 영양성분을 '별점'을 통해 종합 평가, 직관적 서열화(주로 0.5~5점)함.
	한국	나트륨 함량에 초점. '같은 식품군 내'에서 색상, 모양(도안) 등 시각적 요소를 적극 활용하여, 소비자가 곧바로 저나트륨 제품을 인지하도록 특화.
적용 범위	영국 호주	지방·포화지방·당류 등 종합 영양성분을 포함한 다영역 식품건강 비교제.
	한국	나트륨(소금) 함량 비교라는 단일 지표에 집중, 색상·도안이라는 시각적 도구를 국내 실정에 특화해 도입.
특이점	영국	'직관성'과 '간이 비교성'을 강조하지만, 궁극적으로는 건강지표를 여러 성분에 두고 영양정보의 폭넓은 판단을 지원.
	호주	HSR의 경우, 나트륨 등 '위험' 성분의 감점, '이익' 성분의 가점이라는 가중치 구조의 점수 산정법을 통해 정교함을 추구.
	한국	시각적 표현(색상, 도안 등) 방식, 동종·유사 식품 내 구간화, '나트륨'이라는 특정 성분의 건강위해성에 대응한 전 세계적으로도 드문 규제형 표시제.

■ 요약 및 결론

○ 영국 신호등 표시제와 호주·뉴질랜드 HSR은 모두 건강한 식품 선택을 돕기 위한 전면 신속 표시제이지만, 각 나라마다 독자적 특성을 가지고 발달

- 영국은 개별 영양성분별 색상(특히 소금을 통한 나트륨 정보)을,
  호주·뉴질랜드는 종합 '별점' 평가와 정보 병기를,
  한국은 나트륨이라는 특정부위 위험요인에 착안한 비교 표시와 시각적 구간화 (색상·형상 패턴)로 독자적 발달을 이루었다고 할 수 있음.

○ 이들 제도는 나트륨 등 건강 위험요소 저감이라는 정책 목표는 일치하지만, 구현 방식과 정보의 폭, 강조성 등에는 차별성을 보임.

제4장. 총칙적 내용(제1조~제3조)

제10호 광고

1 해설

> 식품표시광고법 제2조(정의)
> 10. "광고"란 라디오·텔레비전·신문·잡지·인터넷·인쇄물·간판 또는 그 밖의 매체를 통하여 음성·음향·영상 등의 방법으로 식품등에 관한 정보를 나타내거나 알리는 행위를 말한다.

1. 광고의 일반적 개념 및 기능

일반적으로 광고는 대상 고객에게 제품, 서비스 또는 아이디어를 홍보하기 위한 유료 메시지로 이해되고 있다.[57] 광고는 인쇄(신문, 잡지), 방송(TV, 라디오), 온라인(소셜미디어, 웹사이트), 옥외 미디어(빌보드, 포스터) 등 다양한 형태로 이루어질 수 있으며, 소비자에게 제품에 대해 알리고, 설득하거나, 상기시키는 것을 목표로 한다.

광고는 현대 사회에서 다양한 기능을 수행하고 있다. 첫째, 제품의 기능, 혜택, 가격, 가용성 등 제품이나 서비스에 대한 필수 정보를 제공하여 소비자가 정보에 입각한 선택을 할 수 있도록 돕는다. 둘째, 감정적 매력, 설득력 있는 언어, 매력적인 비주얼을 사용하여 소비자 행동에 영향을 미치고 브랜드 구매나 참여를 장려한다. 셋째, 지속적인 알림을 통해 소비자에게 브랜드 또는 제품을 최우선적으로 고려하게 하여 브랜드 리콜과 충성도를 높이고 반복 구매를 장려한다. 넷째, 브랜드의 정체성을 구축하고 유지하며, 일관된 메시징과 비주얼을 통해 혼잡한 시장에서 브랜드를 차별화한다. 다섯째, 행동 유도 기능으로서 소비자에게 웹사이트 방문, 뉴스레터 가입, 구매 등 구체적인 조치를 취할 것을 촉구하는 콜 투 액션을 포함한다.

---

[57] 한국민족문화대백과사전은 광고를 "소비 대중을 대상으로 하여 상품의 판매나 서비스의 이용 또는 기업이나 단체의 이미지 증진 등을 궁극 목표로 이에 필요한 정보를 매체를 통하여 유료 또는 무료로 전달하는 모든 홍보행위"로 정의하고 있다.

『식품표시광고법 해설』

　또한 현대사회에서 광고는 사회 전반에 걸쳐 광범위한 영향을 미치고 있다. 경제적 측면에서는 소비자 지출을 촉진하고 기업 간의 경쟁을 촉진하여 경제를 순환시키는 역할을 하며, 이를 통해 혁신과 제품 및 서비스 개선으로 이어질 수 있다. 문화적 측면에서는 문화적 규범과 소비자 행동을 형성하고, 사회적 가치와 트렌드를 반영하여 인식과 라이프스타일에 영향을 미친다. 또한 신제품과 혁신에 대한 정보를 퍼뜨리고 소비자의 선택권을 교육하는 정보 배포의 역할을 하며, 소비자의 관심과 피드백을 측정하는 시장 조사의 방법으로도 활용되어 기업이 제품 및 마케팅 전략을 개선할 수 있도록 돕는다.

2. 식품표시광고법상 광고의 정의와 그 내용

　식품표시광고법 제2조(정의) 제10호는 "광고"를 "라디오·텔레비전·신문·잡지·인터넷·인쇄물·간판 또는 그 밖의 매체를 통하여 음성·음향·영상 등의 방법으로 식품등에 관한 정보를 나타내거나 알리는 행위"로 정의한다. 본 규정에서는 광고가 성립되기 위해서는 매체, 방법, 내용 및 목적의 요건을 제시하고 있다.

　(1) 라디오·텔레비전·신문·잡지·인터넷·인쇄물·간판 또는 그 밖의 매체

　식품표시광고법은 광고의 매체를 구체적으로 열거하고 있다. 여기에는 라디오, 텔레비전, 신문, 잡지, 인터넷, 인쇄물, 간판이 명시되어 있으며, "그 밖의 매체"라는 포괄 조항을 두어 기술 발전에 따른 새로운 매체를 포함할 수 있도록 하고 있다. 이러한 매체 요건은 광고의 범위를 법률에서 구체적으로 정한 매체에 의해 이루어지는 것으로 제한하는 효과를 가져온다.

　(2) 방법 : 음성·음향·영상 등의 방법

　광고는 "음성·음향·영상 등의 방법"으로 행해져야 한다. 이는 광고가 단순한 문자나 그림만이 아니라 청각적·시각적 요소를 활용한 다양한 표현

방법을 통해 이루어질 수 있음을 의미한다. "등"이라는 표현을 통해 이 외의 다른 방법도 포함할 수 있는 여지를 두고 있다.

(3) 내용 : 식품등에 관한 정보

광고의 내용은 "식품등에 관한 정보"로 한정된다. 식품등은 법률 제2조 제7호에서 규정된 바와 같이 식품, 식품첨가물, 기구, 용기·포장, 건강기능식품, 축산물을 포함하는 개념이다. 따라서, 그 이외의 사항에 대한 내용은 식품광고에 해당하지 않아 식품표시광고법의 규율대상에 포함되지 않는다고 볼 것이다.[58]

(4) 목적 : 나타내거나 알리는

광고는 해당 정보를 "나타내거나 알리는 행위"로 규정되어 있다. 이는 광고의 본질을 정보 전달 행위로 파악하고 있음을 보여준다. 여기서 주목할 점은 다른 법령이나 해외 사례에서 흔히 볼 수 있는 "홍보", "판매촉진", "공급촉진" 등의 적극적 목적보다는 정보 제공이라는 상대적으로 소극적 목적으로 광고를 정의하고 있다는 것이다.

2 해외 주요국에서의 광고의 정의

1. 미국

미국 연방법은 광고에 대한 명시적 정의가 존재하지 않는다. 다만, 광고 관련 단체 등에서는 광고를 "식품에 대한 정보를 전달하는 TV, 라디오, 인쇄물, 온라인, 소셜 미디어 광고를 포함한 모든 홍보 활동"이라고 하고 있다. 미국은 광고대행사협회 및 광고주협회에 의해 1971년 설립된 광고 자율규제위원회(ASRC)를 중심으로 한 자율규제 시스템을 운영하고 있으며, 산하 전국

---

58 다만, 식품등에 관한 정보의 범위에 대해서는 논란의 여지가 있다. 예컨대, 식품등을 제조·판매하는 사업자에 대한 정보가 포함될 것인지에 대해서는 이견이 존재할 수 있다.

광고부문(NAD)과 전미광고심의위원회(NARB)가 광고의 진실성과 정확성을 검토하고 있다.

2. 유럽연합(EU)

EU도 위원회 차원의 광고에 대한 명시적인 정의 규정을 두지는 않지만, 식품 광고를 "식품을 마케팅하는 인쇄, 방송, 온라인을 포함한 모든 형태의 판촉 활동 또는 커뮤니케이션"이라고 일반적으로 사용하고 있다. 한편, 영양 및 건강 표시에 관한 규정(EC) No 1924/2006에서는 영양 및 건강 표시와 관련된 광고를 "해당 제품의 공급을 촉진하기 위해 상업적, 산업적, 공예적 또는 전문적 활동과 관련하여 이루어지는 식품에 대한 모든 표현"으로 정의한다. 광고기준연맹(EASA)을 중심으로 한 자율규제 시스템을 운영하고 있다.

3. 일본

일본도 광고에 대한 명시적인 정의 규정을 가지고 있지는 않는다. 다만, 일반적으로 교육 자료 등에서는 "TV, 인쇄물, 온라인, 포장 문구를 포함하여 식품과 관련된 모든 판촉 활동"으로 정의하고 있다. 경품표시법상 표시의 정의 내에 협의의 광고에 대한 규정내용이 일부 포함되어 있는데, 제2조 4호에서는 표시를 "사업자가 고객을 유인하기 위한 수단으로 사업자가 자신이 공급하는 상품 또는 용역의 내용 또는 거래조건 기타 이러한 거래에 관한 사항에 대하여 행하는 광고 기타 표시"라고 규정하고 있다. 일본은 일본광고심사기구(JARO)를 중심으로 한 자율규제 시스템을 운영하고 있다.

4. 중국

중국 역시 법률상 명시적인 광고의 정의는 존재하지 않는다. 다만, 광고법 제2조는 "일정한 매체와 형식을 통하여 자신이 홍보하고자 하는 상품 또는 서비스를 직접적 또는 간접적으로 소개하는 상업광고 활동은 이 법의 관할을 받는다"고 규정하여 간접적으로 광고를 정의하고 있다. 일반적으로는 식품 광고를 "텔레비전, 인쇄물, 온라인 및 기타 매체를 통한 주장을 포함하여 식품과 관련된 모든 홍보 콘텐츠"라고 설명하고 있다. 중국은 다른 나라들과 달리 자율규제 방식이 아닌 국가시장관리총국이 1차적으로 책임을 지고 타 기관과 공동으로 관리하는 국가 주도의 규제 시스템을 운영하고 있다.

5. 해외 주요국과의 비교 특성

해외 주요국의 광고 정의와 비교할 때, 한국의 식품표시광고법은 다음과 같은 특성을 보인다. 첫째, 매체와 방법을 구체적으로 열거하여 광고의 범위를 상대적으로 좁게 제한하고 있다. 미국, EU, 일본, 중국 등은 "모든 홍보 활동", "모든 형태의 판촉 활동", "모든 판촉 활동", "모든 홍보 콘텐츠" 등으로 포괄적으로 정의하는 반면, 한국은 법률이 정하는 특정 매체와 방법에 의해서만 광고가 성립한다고 보고 있다. 둘째, 광고의 목적을 "정보를 나타내거나 알리는 행위"로 규정하여 정보 전달 기능에 중점을 두고 있다. 이는 미국의 "홍보", EU의 "공급 촉진", 일본의 "판촉", 중국의 "상품 소개" 등과 비교할 때 상대적으로 정보의 전달이라는 소극적 개념으로 광고를 인식하고 있음을 보여준다.

<표 7> 해외 주요국 광고의 개념과의 비교

구분	매체	방법	내용
한국	라디오·텔레비전·신문·잡지·인터넷·인쇄물·간판 또는 그 밖의 매체	음성·음향·영상 등의 방법	식품등에 관한 정보를 나타내거나 알리는 행위
미국	TV, 라디오, 인쇄물, 온라인, 소셜 미디어 광고를 포함한 모든 홍보 활동		식품에 대한 정보를 전달
EU	상업적, 산업적, 공예적 또는 전문적 활동과 관련하여 이루어지는 식품에 대한 모든 표현		해당 제품의 공급을 촉진하기 위해
일본	TV, 인쇄물, 온라인, 포장 문구를 포함하여 식품과 관련된 모든 판촉 활동		
중국	일정한 매개체와 형식	직접 또는 간접적	자신이 판매하는 상품 또는 서비스를 소개하는 활동

3 국내 관련 법령에서의 광고의 정의

1. 「표시·광고의 공정화에 관한 법률」에서의 광고

표시광고법 제2조(정의)에 따르면 "광고"란 사업자등이 상품등에 관한 사항(자기 또는 다른 사업자등에 관한 사항, 자기 또는 다른 사업자등의 상품등의 내용·거래 조건, 그 밖에 그 거래에 관한 사항)을 신문·인터넷신문, 정기간행물, 방송, 전기통신, 그 밖에 대통령령으로 정하는 방법으로 소비자에게 널리 알리거나 제시하는 것을 말한다. 시행령 제2조(광고의 방법)는 대통령령으로 정하는 방법으로 전단·팸플릿·견본 또는 입장권, 인터넷 또는 PC통신, 포스터·간판·네온사인·애드벌룬 또는 전광판, 비디오물·음반·서적·간행물·영화 또는 연극, 자기 상품 외의 다른 상품, 그 밖에 이와 유사한 매체 또는 수단 등을 규정하고 있다.

2. 「의료법」에서의 광고의 정의

의료법은 광고를 직접 정의하고 있지는 않지만, 제56조(의료광고의 금지 등)를 규정하면서 의료광고를 "의료인등이 신문·잡지·음성·음향·영상·인터넷·인쇄물·간판, 그 밖의 방법에 의하여 의료행위, 의료기관 및 의료인등에 대한 정보를 소비자에게 나타내거나 알리는 행위"라고 하고 있다.

3. 국내 관련 법령에서의 정의와 비교

국내 관련 법령의 광고 정의와 비교할 때 식품표시광고법 상 광고의 정의는 다음과 같은 특성을 가지고 있다. 첫째, 표시광고법과 비교하여 상대적으로 좁은 범위로 정의되어 있다. 표시광고법의 경우 매체와 방법을 구분하지 않아 더 포괄적이며, 광고의 내용도 식품표시광고법보다 넓게 정의되어 있다. 특히 표시광고법은 "자기 또는 다른 사업자등에 관한 사항"을 포함하여 기업에 대한 정보도 광고의 대상으로 하고 있지만, 식품표시광고법은 "식품등에 관한 정보"로만 한정하고 있다.

둘째, 의료법과 비교해서도 방법적인 측면에서 의료법이 더 포괄적으로 규정하고 있다. 의료법은 "그 밖의 방법"이라는 포괄 조항을 두어 열거되지 않은 방법도 포함할 수 있도록 하고 있으며, 그 대상도 의료행위, 의료기관, 의료인 등에 대한 정보라고 규정하여 식품등에 한정하는 식품표시광고법보다 더 넓게 규율하고 있다.

셋째, 광고의 목적에 있어서도 차이를 보인다. 표시광고법은 "널리 알리거나 제시하는 것"으로 규정하여 적극적인 홍보 의미를 담고 있는 반면, 식품표시광고법과 의료법은 모두 "나타내거나 알리는 행위"로 규정하여 상대적으로 소극적인 정보 전달의 의미를 강조하고 있다.

넷째, 식품표시광고법의 경우 광고의 주체가 제시되어 있지 않다. 표시광고법이나 의료법 등의 경우와 같이 그 업무에 종사하는 자들로 봐서 일반적으로는 사업자등으로 인식될 것이나, 그에 한정되지 않을 것이다.[59]

<표 8> 국내 유사 법령상 광고의 개념과의 비교

구분	식품표시법	표시광고법	의료법
주체		사업자등	의료인등
매체	라디오·텔레비전·신문·잡지·인터넷·인쇄물·간판 또는 그 밖의 매체	「신문 등의 진흥에 관한 법률」 제2조제1호 및 제2호에 따른 신문·인터넷신문, 「잡지 등 정기간행물의 진흥에 관한 법률」 제2조제1호에 따른 정기간행물, 「방송법」 제2조제1호에 따른 방송, 「전기통신기본법」 제2조제1호에 따른 전기통신, 그 밖에 대통령령으로 정하는 방법	신문·잡지·음성·음향·영상·인터넷·인쇄물·간판, 그 밖의 방법
방법	음성·음향·영상 등의 방법으로		
내용 목적	식품등에 관한 정보를 나타내거나 알리는 행위	상품등에 관한 제1호 각 목의 어느 하나에 해당하는 사항[60]을 소비자에게 널리 알리거나 제시하는 것	의료행위, 의료기관 및 의료인등에 대한 정보를 소비자에게 나타내거나 알리는 행위

---

59 식품표시광고법 제8조(부당한 표시 또는 광고행위의 금지)의 규율 대상이 '누구든지'로 규정되어 있어, 광고의 주체가 사업자에 한정되지 않음을 간접적으로 확인할 수 있다.
60 가. 자기 또는 다른 사업자등에 관한 사항
　　나. 자기 또는 다른 사업자등의 상품등의 내용, 거래 조건, 그 밖에 그 거래에 관한 사항

『식품표시광고법 해설』

4. 현행 식품표시광고법 상 광고 정의의 한계와 문제점

현행 식품표시광고법에서의 광고 정의는 여러 한계점을 보이고 있다. 첫째, 지나치게 좁게 정의됨으로써 본래 광고가 가지고 있는 홍보와 판매촉진이라는 기능과 목적을 제한하게 하는 한계를 보인다. 둘째, 사실상 매체와 방법을 바꾸어 표시하게 하는 것에 지나지 않는 것으로 인식될 가능성이 있다. 셋째, 관리적 측면에서 식품표시광고법과 표시광고법 간의 적용 관계에서 혼란이 발생할 수 있으며, 표시와 광고에 대해 부여되는 의무와 처벌에 차이가 있는 점을 고려할 때 일관성 있는 적용이 어려울 수 있다.

이러한 문제점들의 해결을 위해서 일반적 의미를 반영할 수 있도록 지나치게 좁게 설정된 현행 광고의 개념을 확장하고, 기업에 대한 정보 및 이미지가 소비자의 선택에 미치는 현실적인 영향을 고려하여 규율 대상이 되는 광고의 범위에 포함하는 방안을 고려할 필요가 있다. 또한 일반법적 지위를 갖는 표시광고법과의 광고 개념 불일치로 인한 혼란을 방지하고 일관된 적용을 가능하게 하는 방향으로 정의 규정을 개정하는 것이 타당할 것이다.[61]

4 '광고' 해당 여부 관련 판례

1. 판례의 경향

판례를 통해 살펴보면, 법원이 인터넷상의 다양한 정보 게시 행위를 폭넓게 '광고'로 인정하고 있음을 보여준다. 따라서, 특정 행위가 '광고'에 해당하는지 여부가 직접적인 쟁점이 되기보다는, 인터넷 게시물이라는 사실 자체로 '광고'임을 전제하고 그 내용의 위법성을 판단하는 경향이 나타난다.

---

61 식품표시광고법 제2조 제10호 개정안을 표시광고법과의 통일성 확보 등을 고려하여, 아래와 같이 제시해 본다.
  10. "광고"란 영업자등이 식품등에 관한 다음 각 목의 어느 하나에 해당하는 사항을 라디오·텔레비전·신문·잡지·인터넷·인쇄물·간판 또는 그 밖에 대통령령으로 정하는 방법으로 소비자에게 널리 알리거나 제시하는 것을 말한다.
    가. 자기 또는 다른 영업자등에 관한 사항
    나. 자기 또는 다른 영업자등의 식품등의 정보에 관한 사항

2. 인터넷 홈페이지, 블로그, 판매사이트 게시물은 '광고'에 해당

판례는 매체의 종류(홈페이지, 블로그, 쇼핑몰 등)와 형식(영상, 게시글, 제품 설명 등)을 불문하고, 인터넷을 통해 소비자에게 식품에 관한 정보를 알리는 행위는 식품표시광고법 제2조 제10호의 '광고'에 해당한다는 일관된 입장을 취하고 있다.

(1) 회사 홈페이지 영상 게시(서울남부지방법원-2020고정12953)

> 피고인이 자사 홈페이지에 '일반홍삼액'과 자사 제품을 비교하는 내용의 영상을 게시한 행위를 '광고'로 판단하여 부당 비교광고의 책임을 물었다. 이는 회사 공식 홈페이지의 게시물도 명백한 광고 행위임을 보여준다.

(2) 인터넷 블로그 게시글(서울남부지방법원-2023고정7904)

> 피고인이 운영하는 인터넷 블로그에 건강기능식품의 성분, 타제품과의 비교, 특정 제품 추천 등의 내용이 담긴 글을 게시한 행위에 대해 법원은 이를 '심의받지 않은 광고'로 인정하였다. 이는 정보 제공 형식의 블로그 포스팅이라도 실질이 제품 홍보 및 판매 유도에 있다면 '광고'에 해당함을 의미한다.

(3) 인터넷 쇼핑몰 판매 게시물(서울중앙지방법원-2022고정21006)

> 피고인이 인터넷 쇼핑몰에서 빵 제품을 판매하면서 "판매 당일 직접 생산한 제품"인 것처럼 상세 정보란에 이미지를 게시한 행위를 '거짓된 광고'로 판단하였다. 제품 판매 페이지에 게시된 정보 역시 규제 대상인 '광고'임을 명확히 하였다.

(4) 인터넷 판매사이트의 일반 정보 게시(서울남부지방법원-2023고정2895)

> 피고인이 식품 판매 페이지에 "속이 편안한 하루", "체질개선, 건강증진이 필요하신 분" 등의 문구를 게시한 행위에 대해, 법원은 이를 신체 기능에 대한 효과를 표현한 '거짓·과장된 광고'로 판단하였다.

(5) 구매 후기(체험기)를 이용한 게시물(부산지방법원동부지원-2023고단5792)

> 법원은 피고인이 구매 이용 후기를 캡쳐하여 게시한 행위가 '체험기를 이용'한 광고 행위라는 점은 명백하다고 전제하면서도 위법성 판단에 있어서는 '소비자 현혹' 정도에 이르렀는지 여부가 핵심이라고 하였다. 체험기를 이용했다는 사실만으로 즉시 위법한 광고가 되는 것은 아니며, 그 광고가 '소비자를 현혹하는' 정도에 이르러야 기만 광고로 처벌할 수 있다고 보았다.[62]

3. '광고' 행위 불성립(인천지방법원 부천지원 2014고단32352)

> 법원은 피고인의 행위가 법률에서 규정하는 '광고'에 해당하지 않는다고 보아 식품위생법(현행 식품표시광고법 전신) 위반 혐의에 대해 무죄를 선고하였다. 피고인은 식품을 판매하면서 특정 구매자들에게 "돌미나리 발효액이 신장기능 개선, 혈관 청소, 고혈압 예방에 효과가 있다"는 등의 설명을 하였고, 검사는 이를 질병의 예방 및 치료에 효능이 있다는 내용의 광고로 보아 기소하였다. 이에 법원은 식품위생법에서 금지하는 '광고'란 라디오, TV, 신문, 인터넷 등 불특정 다수에게 정보를 나타내거나 알리는 행위를 의미하므로, 피고인이 특정 구매자에게 개별적으로 효능을 설명하고 상담한 행위는 이러한 '광고'의 개념에 포함되지 않는다고 판단하여 무죄를 선고하였다.
>
> 동 판결은 행위의 성격 자체가 법률상 '광고'에 해당하지 않으면 식품표시광고법의 규율 대상에서 벗어날 수 있음을 보여준다. 특히, 일반인이 SNS나 사적 대화를 통해 식품의 효능을 설명하는 경우 등에 적용될 수 있다.

---

[62] 법원은 위법성 판단을 위해 광고의 전체적·궁극적 인상(광고가 게재된 인터넷 쇼핑사이트의 특성, 피고인의이 편집·게시한 후기 외에 다른 수많은 후기를 쉽게 확인할 수 있었던 점, 강조된 문구가 재구매율에 관한 것이었던 점, 질병 관련 후기 내용은 상대적으로 작고 흐릿하게 기재된 점 등)을 종합적으로 고려하였고, 해당 게시 행위가 '광고'에는 해당하지만, 소비자를 적극적으로 속이거나 오인하게 하여 합리적인 선택을 방해할 정도로 '현혹'하는 수준에는 이르지 않았다고 보아 무죄를 선고하였다. 이 판례는 어떤 행위가 '광고'에 해당하는지(사실 인정의 문제)와 그 광고가 '부당한 광고'로서 위법한지(법적 평가의 문제)는 구별하여 판단해야 하며, 후자를 판단할 때는 보통의 소비자가 받는 전체적·궁극적 인상을 기준으로 신중하게 접근해야 함을 보여준다.(부산지방법원동부지원 2023고단5792)

제11호 영업자

1 해설

> 식품표시광고법 제2조(정의)
> 11. "영업자"란 다음 각 목의 어느 하나에 해당하는 자를 말한다.
>   가. 「건강기능식품에 관한 법률」 제5조에 따라 허가를 받은 자 또는 같은 법 제6조에 따라 신고를 한 자
>   나. 「식품위생법」 제37조제1항에 따라 허가를 받은 자 또는 같은 조 제4항에 따라 신고하거나 같은 조 제5항에 따라 등록을 한 자
>   다. 「축산물 위생관리법」 제22조에 따라 허가를 받은 자 또는 같은 법 제24조에 따라 신고를 한 자
>   라. 「수입식품안전관리 특별법」 제15조제1항에 따라 영업등록을 한 자

1 식품표시광고법상 "영업자"

현행 식품표시광고법상 영업자 개념은 기존의 개별 법률들에서 규정하고 있던 영업자 정의를 단순히 합하는 방식으로 도입되었다. 구체적으로 건강기능식품에 관한 법률, 식품위생법, 축산물 위생관리법, 수입식품안전관리 특별법 등에서 각각 정의하고 있던 영업자 개념을 통합하여 규정한 것이다. 법률 제정 당시 기존 법률과의 연속성을 유지하고 법적 안정성을 확보하려는 의도에서 비롯된 것으로 보인다.

그러나 이러한 단순 통합 방식은 몇 가지 측면에서 개선이 필요한 상황이다. 첫째, 식품표시광고법의 입법 목적이 소비자의 알권리 보장과 건전한 거래질서 확립을 통한 소비자 보호에 있고, 기존 개별 법률들은 주로 위생상의 위해 방지, 영양 향상, 안전성 확보 및 품질 향상 등을 목적으로 하고 있어 규율 대상과 범위에서 차이가 발생할 수 있다. 둘째, 식품의 표시광고는 제조 및 유통 과정에서 다양한 경제주체들이 다양한 방식으로 참여하여 이루어지는데, 현행 영업자 정의로는 이러한 모든 주체를 포괄하기에 한계가 있다. 셋째, 표시광고법이 '사업자'라는 보다 포괄적인 개념을 사용하는 것과

『식품표시광고법 해설』

대비하여, 식품표시광고법의 '영업자' 개념은 상대적으로 제한적이어서 실질적 규율에 공백이 발생할 가능성이 있다.

2 해외 주요국의 영업자 개념 및 정의

1. 미국(FDA)

영업자(Food Business Operator)라는 용어는 사용되지 않으며, 제조·가공·포장·보관을 하는 시설 등록(Food Facility Registration)을 기준으로 규율한다. 식품의 유통이나 광고 주체가 법적으로 명확하게 정해지지 않더라도 '실질적인 통제력(control)'이 있는 자에게 책임이 귀속된다.

2. 유럽연합

EU는 일반식품법 규정(Regulation 178/2002)에서 '식품사업자(food business operator)'를 "자신의 통제 하에 있는 식품사업 내에서 식품법의 요구사항이 충족되도록 보장할 책임이 있는 자연인 또는 법인"으로 정의한다.[63] 매우 포괄적이고 기능적인 정의라고 볼 수 있으며, 실질적으로 식품과 관련된 사업을 영위하는 모든 주체를 포함한다. 사업의 영리·비영리, 공공·민간 여부와 무관하게 적용된다. 일반적인 표시 책임은 제품에 자기 상호 또는 브랜드를 명기한 자, 또는 그렇지 않은 경우 EU 내 수입자에게 있다.

3. 일본

「식품위생법」은 식품의 제조·판매 주체로서 '영업자'(営業者)를 정의하고 있다.[64] 그러나 「식품표시법」 제2조는 "식품 관련 사업자 등"[65]을 별

---

[63] 3. "food business operator" means the natural or legal persons responsible for ensuring that the requirements of food law are met within the food business under their control;
[64] 食品衛生法 第四条 ⑦ この法律で営業とは、業として、食品若しくは添加物を採取し、製造し、輸入し、加工し、調理し、貯蔵し、運搬し、若しくは販売すること又は器具若しくは容器包装を製造し、輸入し、若しくは販売することをいう.ただし、農業及び水産業におけ

도로 정의하고 식품표시기준의 준수 의무를 부과함으로써 두 법률간 적용에 있어서 미세한 차이를 보이고 있다.66 식품위생법 제4조의 영업자는 '업으로서' 하는 자를 의미하는 반면, 식품표시법 상의 "식품 관련 사업자"는 식품의 제조, 가공, 수입 또는 판매를 업으로 하는 자 외에도 식품의 판매를 하는 자를 포함하고 있다. 이에 따라, 바자회, 축제 등에서 일시적으로 식품을 판매하는 자, 부업으로 식품을 판매하는 개인, 소규모 직판 농가, 온라인에서 개인적으로 식품을 판매하는 자, 기타 영리 목적이 아니더라도 식품을 판매하는 모든 주체가 대상에 포함될 것이다.

식품표시법에서 다르게 규정한 첫 번째 이유는 식품안전과 소비자 보호를 위해서는 영업 규모나 형태에 관계없이 식품을 판매하는 모든 주체를 규제 대상에 포함시켜야 하는 포괄적 규제의 필요성에 있을 것이다. 둘째, 최근 온라인 직거래, 개인 간 식품 거래 등이 증가하면서 전통적인 "업"의 개념으로는 포괄하기 어려운 식품 판매 행위들이 늘어나는 것에 대한 현실적 고려이다. 셋째, 판매 규모나 빈도에 관계없이 식품을 판매하는 행위 자체가 소비자의 건강과 안전에 영향을 미칠 수 있으므로, 적절한 표시 의무를 부과하여 소비자 안전을 확보해야 하는 필요성이다. 넷째, 앞에서 제기된 사항들을 이루기 위해서는 "업으로 하는 자"만으로는 다양한 형태의 식품 판매 행위

　　る食品の採取業は、これを含まない.
　⑧　この法律で営業者とは、営業を営む人又は法人をいう.
65　3.この法律において「食品関連事業者等」とは、次の各号のいずれかに該当する者をいう.
　　一　食品の製造、加工(調整及び選別を含む.)若しくは輸入を業とする者(当該食品の販売をしない者を除く.)又は食品の販売を業とする者(以下「食品関連事業者」という.)
　　二　前号に掲げる者のほか、食品の販売をする者
66　일본 식품위생법 제3조에서 '식품등 사업자'라는 개념을 별도로 정의하여 영업자(식품위생법), 식품관련사업자(식품표시법) 등과 또다시 구별하고 있다.
　　食品衛生法　第三条　食品等事業者(食品若しくは添加物を採取し、製造し、輸入し、加工し、調理し、貯蔵し、運搬し、若しくは販売すること若しくは器具若しくは容器包装を製造し、輸入し、若しくは販売することを営む人若しくは法人又は学校、病院その他の施設において継続的に不特定若しくは多数の者に食品を供与する人若しくは法人をいう。以下同じ.)は、その採取し、製造し、輸入し、加工し、調理し、貯蔵し、運搬し、販売し、不特定若しくは多数の者に授与し、又は営業上使用する食品、添加物、器具又は容器包装(以下「販売食品等」という.)について、自らの責任においてそれらの安全性を確保するため、販売食品等の安全性の確保に係る知識及び技術の習得、販売食品等の原材料の安全性の確保、販売食品等の自主検査の実施その他の必要な措置を講ずるよう努めなければならない.

를 모두 포괄하기 어려워, 규제의 사각지대를 최소화하고 법적 공백을 방지하기 위한 입법적 필요에 의한 것으로 판단된다. 이러한 구조를 통해 일본은 식품표시법의 적용범위를 최대한 넓혀 소비자 보호와 식품안전을 강화하고자 한 것으로 해석된다.

4. 중국

식품안전법은 "영업자"에 대한 정의를 별도로 규정하고 있지는 않지만, "식품생산경영자(食品生产经营者)"라는 용어를 통해 규율하고 있다. 생산이라는 한정적 용어에도 불구하고 "식품생산경영자는 그가 생산경영하는 식품의 안전에 대하여 책임을 진다"와 같이 실질적으로는 생산 및 경영(유통·판매 등)에 종사하는 모든 주체를 포괄하는 개념으로 사용된다.[67]

법 제73조는 식품 표시 및 광고에 있어서 식품생산경영자의 법적 책임에 대해 명확히 규정하고 있으며, 제72조는[68] 판매자에 대해서도 단순히 식품을 진열하고 판매하는 것을 넘어, 제품에 표시된 정보를 인지하고, 그 정보에 따라 적절한 판매 행위를 해야 함을 명시하고 있다. 또한, 제140조는[69] 식품 허위 광고로 인해 소비자의 합법적 권익에 손해를 입힌 경우, 식품 생산·경영자뿐만 아니라, 광고주, 광고 대행사, 광고 매체, 그리고 허위 광고를 통해 식품을 추천한 사회단체, 기타 조직 또는 개인(예: 연예인, 유명인 등)이 연대 책임을 지며, 허위 광고로 인해 발생한 손해에 대해 관련 책임 주체들이 연대하여 배상 책임을 부담한다고 규정하여, 식품 안전에 대한 책임과 허위 광고로 인한 소비자 피해 방지를 위한 책임 주체의 범위를 넓히고 있다.

---

[67] 식품생산경영자의 포괄적 의미에도 불구하고, 식품안전법 제35조는 식품생산경영에 대한 허가제도의 시행을 규정하면서, 식품생산, 판매, 요식업 서비스 등에 대한 허가의 유형을 구분하고 있다.

[68] 第七十二条 食品经营者应当按照食品标签标示的警示标志、警示说明或者注意事项的要求销售食品.

[69] 第一百四十条 违反本法规定, 在广告中对食品作虚假宣传, 欺骗消费者, 或者发布未取得批准文件、广告内容与批准文件不一致的保健食品广告的, 依照《中华人民共和国广告法》的规定给予处罚.
广告经营者、发布者设计、制作、发布虚假食品广告, 使消费者的合法权益受到损害的, 应当与食品生产经营者承担连带责任.
社会团体或者其他组织、个人在虚假广告或者其他虚假宣传中向消费者推荐食品, 使消费者的合法权益受到损害的, 应当与食品生产经营者承担连带责任.

제4장. 총칙적 내용(제1조~제3조)

5. 국내 표시광고법의 "사업자"

표시광고법상 사업자는 독점규제 및 공정거래에 관한 법률 제2조를 준용하여 "제조업, 서비스업 또는 그 밖의 사업을 하는 자"로 매우 포괄적으로 정의된다. 이는 소비자가 사용하거나 이용하는 상품이나 용역을 생산하거나 제공하는 모든 경제주체를 포함하는 개념이다. 표시광고법의 사업자와 식품표시광고법의 영업자를 비교하면, 두 법률 모두 소비자 보호를 궁극적 목적으로 하고, 영리를 추구하는 경제활동 주체를 규율 대상으로 하며, 표시·광고 행위에 대한 의무와 책임을 부과한다는 측면에서 같다고 볼 것이다. 이에 반해, 식품표시광고법의 영업자 개념은 행정청의 허가, 신고 또는 등록을 전제로 하는 반면, 표시광고법의 사업자는 그러한 행정적 요건을 요구하지 않는다. 이로 인해 식품 관련 표시·광고 행위와 관련된 주체 중 일부가 식품표시광고법의 규율 대상에서 제외될 수도 있게 있다. 예를 들어, 온라인 플랫폼을 통해 식품을 중개하거나 판매하는 사업자, 식품 관련 정보를 제공하는 매체 등이 규율 대상에서 제외될 가능성이 있다.

6. 현행 영업자 규정의 한계 및 개선방안 검토

(1) 현행 영업자 규정의 한계 및 문제점

현행 식품표시광고법 상의 영업자 정의는 기존 개별 법률의 단순 합으로 구성되어 있어, 식품의 표시광고와 관련된 모든 경제주체를 포괄하지 못한다. 특히 디지털 경제의 발전으로 새롭게 등장하는 다양한 형태의 사업자들이 규율 대상에서 제외될 수 있다는 문제점이 있다. 둘째, 식품표시광고법이 소비자의 알권리 보장과 건전한 거래질서 확립을 목적으로 하고 있음에도 불구하고, 현행 영업자 개념은 주로 위생과 안전을 중심으로 한 기존 법률들의 규율 대상을 기반으로 하고 있어 입법 목적과의 정합성에 문제가 발생할 소지가 있다. 셋째, 행정청의 허가, 신고, 등록 등의 요건을 충족하지 않은 채 식품 관련 표시·광고 행위를 하는 주체들이 규율 대상에서 제외되어 실질적인 규율에 공백이 발생할 수 있다. 이는 소비자 보호라는 법률의 목적 달성에 장애가 될 수 있는 것이다. 넷째, 법률 간 규율 범위의 불일치 발생이 우려된다. 표시광고법과 식품표시광고법 간의 규율 대상 범위가 상이하여, 동일한 주체의 동일한 행위에 대해서도 적용되는 법률이 달라질 수 있다. 이는 법적 예측가능성을 저해하고 규율의 일관성을 해칠 수 있다.

(2) 개선 방안 검토

가장 먼저 현행 영업자 개념을 보다 포괄적이고 기능적인 개념으로 전환할 필요가 있다. 독점규제 및 공정거래에 관한 법률 제2조의 정의를 참고하여 "식품등의 제조 및 유통, 판매 또는 그 밖의 영업을 하는 자"로 정의하는 방안을 고려할 수 있을 것이다.

동시에 행정청의 허가, 신고, 등록 등의 요건을 영업자의 필수 요건에서 제외하고, 실질적으로 식품 관련 영업을 하는 모든 주체를 포함하는 방향으로 개선해야 한다. 이를 통해 새로운 형태의 사업모델이나 디지털 플랫폼 기반 사업자들도 규율 범위에 포함시킬 수 있다.

영업자의 형식적 요건보다는 실질적으로 수행하는 기능에 중점을 두어 정의하는 방안을 고려해야 한다. 식품의 제조, 가공, 유통, 판매 등의 과정에서 표시·광고와 관련된 책임을 지는 모든 주체를 포함하는 것이 바람직하다.

정의의 개선이므로 단계적이고 점진적인 개선 추진이 필요하다. 즉시적인 법률의 전면 개정이 어려운 경우, 시행령이나 시행규칙을 통해 영업자의 범위를 점진적으로 확대하는 방안도 고려할 수 있다. 특히 온라인 플랫폼 사업자, 배달·중개 서비스 제공자 등 새로운 유형의 사업자들을 우선적으로 포함시키는 것에 대한 적극적인 검토가 필요하다.

3 관련 판례

1. 영업자의 범위(대구고등법원 2015누7105 판결)

식품위생법 제2조 제10호에 의하면 "영업자"에는 영업허가를 받은 자 및 영업신고를 한 자와 아울러 영업등록을 한 자도 포함된다.

상기 판결 이외에 영업자에 해당 여부 자체가 직접적으로 쟁점이 된 판례를 찾기는 어려우나, 관련된 판례들에서는 식품 관련 법령에서 "영업자"의 해당 여부를 판단하는 기준을 간접적으로나마 제시하고 있다.

형식적 요건으로 해당 법령에 따른 허가, 신고, 등록 등의 절차를 이행했는지 여부가 가장 기본적인 판단 기준이다. 또한, 실질적 영업 행위의 존재 여부이다. 단순히 다른 법령에 따른 허가를 받았다고 해서 모든 식품 관련 법령상 영업자로 인정되는 것은 아니며, 실제 영위하는 영업의 성격에 맞는 허가/신고/등록이 필요하다. 이와 함께, 법령 간 관계를 고려한다. 축산물 위생관리법상 식육포장처리업 허가를 받았다고 해서 식품위생법상 식품제조·가공업 영업등록을 한 것으로 볼 수 없으며, 각 법령의 목적과 규제 대상에 따라 별도의 허가/신고/등록이 필요하다.

2. 법인의 업무 범위 외 행위로 인한 적용 배제(인천지법 2023고단4211)[70]

> 수입식품 보관업체인 ㈜○○의 창고 현장관리 업무 담당자 甲은, 식품 수입·제조업체 대표 乙과 공모하여 유통기한이 경과한 오징어목살의 라벨 스티커를 교체하는 방법으로 제조연월일 및 유통기한을 거짓으로 표시하여, 식품표시광고법 위반으로 甲과 법인 ㈜○○이 기소되었고, 법원은 사용인 甲의 행위가 법인인 ㈜○○의 업무에 관하여 이루어진 것으로 볼 수 없다고 다음과 같은 이유로 판단하여 ㈜○○에 대해 무죄를 선고하였다.

법원은 수입식품 보관업을 영위하는 법인의 사용인이 유통기한을 거짓으로 표시하는 행위에 가담하였으나, 해당 법인은 식품표시광고법 위반에 대한 책임이 없다고 판단하였다. 본 판결은 '영업자가 아니라는 이유'와는 조금은 다른 관점이지만, '영업자의 업무와 관련 없는 행위'라는 이유로 법 적용이 배제되었다는 점에서 시사점을 찾을 수 있다.

첫째, 주된 업무와의 비관련성이다. 피고인 ㈜○○는 수입식품 등의 보관업을 주된 업무로 하는 법인으로, 그 업무에 식품 등의 표시·광고 행위가 포함되지 않는다. 둘째, 사용인의 업무 범위 이탈이다. 피고인 甲의 업무는

---

[70] 2025년 8월 1일 현재, 확정 여부가 확인되지는 않음.

냉동·냉장 창고의 현장관리 업무로서, 라벨 스티커를 교체하거나 유통기한 등 식품 정보를 표시하는 업무는 그의 통상적인 업무에 포함되지 않았다. 셋째, 개인적 행위이다. 피고인 甲은 라벨 교체 행위의 위법성을 인식하고 다른 직원들에게 알리지 않은 채 개인적으로 처리하였다. 넷째, 역할의 제한성이다. 피고인 D의 주된 역할은 유통기한이 경과된 제품의 소유자를 소개하고 라벨 교체 행위를 묵인하는 것에 불과하였다.

이 판결은 양벌규정에 따라 법인을 처벌하기 위해서는 사용인의 위반행위가 객관적으로 법인의 업무와 관련이 있어야 한다는 점을 명확히 하였다. 예컨대, 광고업자나 포털서비스제공자의 경우 자신의 업무 범위를 넘어 식품판매업자 등과 직접 공모하여 허위·과장 광고에 적극적으로 가담하지 않는 한, 단순히 광고를 게재하거나 플랫폼을 제공했다는 사실만으로는 식품표시광고법상 '영업자'의 공동정범 또는 양벌규정에 따른 처벌 대상으로 보기 어려울 수 있음을 시사한다.

――<신고가 면제된 주체의 식품표시광고법상 '영업자' 해당 여부>――

■ 검토 배경
○ 식품표시광고법 제2조 제11호는 '영업자'를 "식품위생법 등 관련 법령에 따라 허가를 받았거나 신고 또는 등록된 자"로 한정하여 정의
 - 개별 법령에서 정식으로 영업허가·신고·등록된 자만이 식품표시광고법상 영업자로 간주됨(해당 법률의 적용 범위를 명확히 하려는 입법적 의도가 반영)
○ 건강기능식품법, 식품위생법은 일정한 경우 영업신고를 면제하고 있어, 이에 해당하는 주체들이 식품표시광고법상 영업자로 인정될 수 있는지 여부가 쟁점

■ 건강기능식품법상 약국의 신고 면제와 영업자 해당 여부
○ 건강기능식품법 제6조 제2항 본문은 건강기능식품판매업자에 대해 영업신고 의무를 규정하나, 같은 조 제2항 단서는 약국의 경우에는 신고 의무를 면제
 - 약국이 일정한 자격 요건과 시설 요건을 갖춘 경우 건강기능식품의 판매를 허용하면서도, 별도 신고 절차는 요구하지 않는다는 의미
○ 신고 면제된 약국이 건강기능식품법 상 영업자로 인정되나, 동시에 식품표시광고법상 '영업자'에 포함될 것인지가 논점
 - 식품표시광고법 제2조 제11호는 건강기능식품법 제5조에 따라 허가를 받았거나, 제6조에 따라 신고를 한 자만을 '영업자'로 명시하고 있음
○ 약국은 '신고를 한 자'가 아니므로 식품표시광고법상 영업자에 해당 안됨
 - 따라서, 이 법률을 직접 근거로 한 행정처분(예: 표시광고 위반에 대한 시정명령, 광고중지명령, 과태료 부과 등)도 법적 정당성을 확보하기 어려움.
 - 특히, 행정법의 일반원칙, 특히 침익적 행정처분은 반드시 법률에 근거해야 한다는 '법률유보 원칙'에 비추어 볼 때 더욱 분명해짐.
 - 이에 따라, 식품표시광고법상 행정처분을 부과하는 경우, '영업자' 요건이 충족되지 않았다는 이유로 처분의 위법성 시비가 발생할 소지
○ 반면, 약국은 실질적으로 건강기능식품을 판매하는 영업자에 해당하므로, 소비자 보호와 표시광고 질서 확립이라는 식품표시광고법의 목적에 비추어
 - 약국도 식품표시광고법 상 영업자에 해당한다는 기능적 또는 목적론적 해석이 있을 수 있으나, 법적 안정성과 명확성을 저해할 수 있다는 한계가 존재.
○ 따라서 약국은 식품표시광고법 제2조 제11호의 '영업자'에 해당하지 않음
 - 식품표시광고법은 '영업자'를 "허가를 받은 자 또는 신고를 한 자"로 한정적으로 열거(실질적 영업행위가 아닌, 허가·신고 여부의 형식적 기준을 적용)
 - 현재 상황은 명백한 입법 공백(legislative gap)으로, 규제 형평성 문제, 소비자 보호 사각지대, 법체계의 일관성 훼손 등의 문제가 있으므로 개선이 필요

『식품표시광고법 해설』

＜신고가 면제된 주체의 식품표시광고법상 '영업자' 해당 여부＞

■ 식품위생법 시행령에서의 신고 면제
ㅇ 식품위생법 시행령 제25조 제2항 등도 일정한 경우 영업신고를 면제
- 예컨대, 학교·병원·사회복지시설 등에서 자가 운영하는 집단급식소는 식품위생법상 신고 대상에서 제외되며, 일정 요건을 갖춘 자동판매기나 이동판매차량에 대해서도 영업신고를 면제
- 이들 역시 '신고를 하지 않은 자'로서, 식품표시광고법상 영업자 개념에 포함되지 않는다는 해석이 가능하므로 이들에 대해 식품표시광고법을 직접 근거로 한 행정처분의 적용도 법적 정당성에 한계를 가짐.

■ 수입식품안전관리 특별법의 경우
ㅇ 「수입식품안전관리 특별법」은 수입식품 등의 안전관리를 위해 수입자 등록 및 수입신고를 의무화하고 있으며, 일부 위해가능성이 낮은 식품에 한해 수입신고를 면제할 수 있도록 함
- 그러나 이는 기본적으로 등록된 수입업자를 전제로 하는 절차상 면제에 불과하며, 영업자 등록 자체가 면제되는 것은 아니므로, 건강기능식품법이나 식품위생법과 같은 법적 구조와는 명확히 구별
- 따라서 수입식품안전관리 특별법상 신고 면제 사례는 식품표시광고법상 영업자 해당 여부와 직접적인 관련성이 낮다고 볼 것임.

■ 결론
ㅇ 개별 식품 관련 법령에서 영업신고 또는 등록이 면제된 자는, 그 법령상 허용된 범위 내에서 영업을 수행하더라도 식품표시광고법상 '영업자'로 당연히 인정되지는 않음
- 건강기능식품을 판매하는 약국이나, 식품위생법상 신고 면제 대상인 일부 급식소 등이 대표적인 사례로 볼 수 있음
- 이는 명백한 입법공백으로 판단되며, 이들에 대해 식품표시광고법을 임의로 적용하는 것은 법적 근거 부족으로 법적 문제를 발생
- 다만, 식품표시광고법 제8조(부당한 표시 또는 광고행위의 금지)의 준수자는 "누구든지"로 규정되어 제2조의 영업자가 아닌 자라 하더라도 규제 대상
ㅇ (개선) 현행 식품표시광고법 제2조에서 정의된 영업자 범위의 확대가 타당
- 현재 허가 또는 신고 등 형식적 기준을 실질적 기준으로 변경하여, 해당 법령에 따라 영업행위를 하는 자 등으로 개선 검토
- 건강기능식품법 등에 다시 표시광고 준수사항 규정을 부활하는 방안도 고려할 수 있으나 이는 식품표시광고법 법제정 취지에 반하므로 바람직하지 않음

제12호 소비기한

1 해설

식품표시광고법 제2조(정의)
12. "소비기한"이란 식품등에 표시된 보관방법을 준수할 경우 섭취하여도 안전에 이상이 없는 기한을 말한다.

1. "소비기한" 도입의 배경 및 이유

"소비기한" 도입 이전에 운영되던 "유통기한"은 제품의 제조일로부터 판매 가능한 기한을 의미했다. 이는 식품의 안전성보다는 유통 및 판매의 편의성에 초점을 맞춘 개념으로, 유통기한이 지나지 않았더라도 제품의 보관 상태에 따라 섭취 부적합할 수 있었고, 반대로 유통기한이 지났음에도 실제로는 섭취 가능한 식품이 폐기되는 경우가 많아 경제적 손실과 환경 문제(음식물 쓰레기 증가)를 야기했다. 이러한 문제점을 해결하고 국제적인 추세에 발맞추기 위해 "소비기한" 개념이 도입되었다.[71]

소비기한은 식품을 섭취해도 안전에 이상이 없는 최종 기한을 의미하며, 다음과 같은 긍정적인 효과를 기대하며 도입되었다. 첫째, 소비기한 도입으로 유통기한 경과로 인해 버려지던 식품을 줄여 음식물 쓰레기를 감소시키고, 이에 따른 경제적 손실을 줄일 수 있게 되었다. 둘째, 소비자는 유통기한과 소비기한의 차이점을 명확히 인지하고, 식품의 실제 섭취 가능 기한을 정확히 파악하여 불필요한 폐기를 줄이고 합리적인 구매를 할 수 있게 되었다. 셋째, 소비기한은 제조업체가 정한 보관 방법을 준수했을 때의 안전한 섭취 기한을 명시하므로, 소비자는 이를 통해 식품을 보다 안전하게 섭취할 수 있게 된다. 넷째, 국제식품규격위원회 등 국제기구에서 권장하는 소비기한(Use-by date) 개념을 도입하여 국제적인 식품 표시 기준과의 조화를 이루고 수출입에도 긍정적인 영향을 미칠 수 있게 되었다.

---
[71] 식품 등의 표시·광고에 관한 법률 일부개정법률안 심사보고서(2021.7. 보건복지위원회)

2. "소비기한"을 법률에 규정한 이유

"소비기한"은 식품표시광고법 2021.8.17. 개정으로 법률에 명시되었다. 기존에는 행정규칙이나 고시 수준에서 유통기한을 규정했으나, 소비기한은 단순히 판매기한이 아니라, 섭취 가능성과 식품 안전성을 기준으로 한 것으로 기존 개념과는 본질적 차이가 존재하고, 새로운 제도 도입에 따라 산업계 등에 새로운 의무와 부담이 부과되는 등의 이유로 법률에 규정하였다. 또한, 법률에 명시적으로 정의함으로써 소비자의 알 권리 보장과 권익 보호의 중요한 근거가 될 수 있으며, 식품 관련 사고 발생 시 책임 소재를 명확히 하고, 관련 분쟁 발생 시 합리적인 해결의 기준이 될 수도 있게 된다.

(1) "식품등에 표시된"

소비기한이 단순히 정해지는 것만이 아니라, 해당 식품 또는 그 용기·포장에 명확하게 기재되어 소비자에게 제공되는 정보임을 의미한다. 표시 대상은 식품등(식품, 식품첨가물, 기구 또는 용기·포장)이며, 소비자는 이 표시된 정보를 통해 식품의 보관 방법과 섭취 가능 기한을 인지하게 된다.

(2) "보관방법을 준수할 경우"

소비기한이 유효하기 위한 가장 기본적인 전제 조건으로, 식품 제조·가공업자가 제품의 특성과 안전성을 고려하여 설정한 온도, 습도, 빛 등 최적의 보관 조건을 소비자가 반드시 지켜야 한다. 예를 들어, "냉장보관"이라고 표시된 제품을 상온에 보관했다면 해당 소비기한은 유효하지 않을 수 있다.

(3) "섭취하여도 안전에 이상이 없는"

소비기한의 핵심적인 내용으로, 해당 기한까지는 식품의 변질이나 유해 물질 생성 등으로 인해 건강상의 문제가 발생할 우려가 없음을 의미한다. 단순한 품질 문제가 아닌 '안전성'을 중점으로을 둔 개념으로 식품안전 관점에서 인체에 해를 끼치지 않을 것을 보장한다는 의미이다. 단순히 맛이나 품질의 변화를 넘어, 미생물 증식, 독소 생성 등 식품 안전에 직접적인 영향을 미치는 요인들이 고려되어, 과학적인 실험과 데이터에 기반하여 안전 계수를 적용하여 설정되는 것이 일반적이다.

(4) "기한을 말한다"

소비기한은 특정 시점까지의 기간을 의미하며, 해당 시점이 지나면 식품의 안전성을 담보할 수 없음을 나타낸다. 연월일로 명확하게 표시되어야 한다.

2 해외 주요국의 유사 개념

1. 국제식품규격위원회(Codex Alimentarius Commission)[72] 규정

코덱스는 식품 기한 표시에 있어 "소비기한(Use-by date)"과 "최소 품질 유지 기한(Best before date)"이라는 두 가지 개념을 사용하고 있다.[73]

Use-by Date(소비기한)은 표시된 보관 조건 하에서 제품이 안전하게 섭취될 수 있는 기간의 마지막 날을 의미하며, 이 날짜 이후에는 식품이 안전하지 않을 수 있으므로 섭취하지 않는 것이 권장된다. 미생물학적으로 부패하기 쉬운 식품, 즉 유통기한이 짧고 안전에 직결되는 식품(예: 신선육, 유제품, 조리된 식품 등)에 적용된다. 우리나라의 '소비기한'과 가장 유사한 개념이다.

Best before Date(최소 품질 유지 기한)은 표시된 보관 조건 하에서 개봉하지 않은 제품이 품질(맛, 질감, 향 등)을 최상으로 유지하는 기간을 의미하는 것으로 이 날짜가 지난 후에도 식품의 안전성에는 문제가 없으나, 품질이 저하될 수는 있다. 비교적 장기간 보관이 가능하고 안전상의 위험이 적은 가공식품(예: 통조림, 건조 식품, 과자류 등) 등에 적용된다.

---

72 코덱스(Codex)는 유엔 식량농업기구와 세계보건기구가 공동 설립한 국제식품규격위원회로, 전 세계 식품 무역의 안전성과 공정성 보장을 위한 국제식품규격을 제정하고 있다.
73 코덱스는 2018년부터 식품 표시 규정에서 '유통기한(Sell-by date)' 개념을 삭제하고, 식품 폐기 감소와 소비자 혼란 방지를 목표로 소비기한과 품질 유지 기한을 중심으로 한 표기를 권고하며 국제적인 표준을 제시하였다.

2. 미국

미국의 소비기한(유통기한) 표기는 연방법이 아닌 주 법에 따라 정해지며, 유아용 조제식을 제외한 대부분의 식품은 제조사와 판매사가 자율적으로 기한을 표시한다. Use By Date, Best if Used By/Before, Sell By Date 등 다양한 용어들이 사용되는데,[74] 이들 중 'Use By Date'가 우리나라의 '소비기한'과 가장 유사한 개념으로 볼 수 있다.

Use By Date(권장 사용 기한)은 코덱스의 'Use-by date'와 동일한 개념으로, 이 날짜 이후에는 제품의 품질이 저하되거나 안전상 문제가 발생할 수 있으므로 섭취하지 않는 것이 권장된다. 부패하기 쉽거나 너무 오래 보관하면 건강에 위험을 초래할 수 있는 제품에 적용된다.

Best if Used By/Best if Used Before(최상의 품질 유지 기한)은 코덱스의 'Best before date'와 유사한 개념으로, 이 날짜까지 제품의 맛과 품질이 최상임을 의미한다. 날짜가 지나도 섭취하는 데 안전상의 문제는 없으나, 품질이 저하될 수 있다.

Sell By Date(판매 기한)는 유통업체가 해당 제품을 판매할 수 있는 마지막 날짜를 의미한다. 소비자가 이 날짜 이후에도 제품을 구매하여 일정 기간 동안 보관 및 섭취할 수 있도록 충분한 여유를 두고 설정된다. 우리나라의 과거 '유통기한'과 유사하다.

3. 유럽연합(EU)

EU는 "Use-by date"와 "Best before date" 두 가지를 사용하고 있다. EU는 2011년부터 유통기한(Sell-by date) 표기 방식을 없애고, 식품 폐기 감소와 환경 보호를 위해 이 두 가지 기한 표시를 적극 권장하고 있다.[75]

---

[74] CA주가 2026년부터 'Sell by', 'Best before' 등으로 표기법을 통일하는 등 소비자의 혼란을 막고 환경을 보호하기 위한 움직임이 미국내 여러 곳에서 나타나고 있다.

[75] 유럽 주요국들은 과거에는 'sell by', 'display until' 등 재고·진열 관리용 날짜 표기를 실제로 사용되어 왔으나, 2011년 유럽연합(EU) 식품정보규정(Regulation (EU) No. 1169/2011) 도입 이후 소비자 대상 포장에는 'use by', 'best before'만 남기고, 'sell by', 'display until'과 같은 표기는 대폭 축소하거나 자율적으로 사용하지 않게 되었다.

Use-by date는 우리나라의 소비기한과 동일한 개념으로, 유통기한이 짧고 미생물학적 위험이 큰 식품(예: 신선육, 생선, 유제품)에 필수적으로 표시되며, 이 날짜 이후에는 섭취하지 않는 것이 권장된다.

Best before date는 우리나라의 품질유지기한 또는 일본의 상미기한과 유사한 개념으로, 안전에는 큰 문제가 없으나 품질(맛, 향, 식감 등)이 최상으로 유지되는 기한을 의미한다. 통조림, 건조 식품, 파스타 등 비교적 장기간 보관이 가능한 식품에 주로 적용된다.

4. 일본

일본은 1995년부터 제조연월일 대신 "소비기한(消費期限)"과 "상미기한(賞味期限)" 표시를 도입했으며, 2005년 관련 법률을 정비하여 명확한 정의와 적용 대상을 규정하였다. 소비기한(消費期限)은 우리나라의 소비기한과 동일하다. 정해진 보존 방법으로 보관했을 때, 부패·변질로 인해 안전성을 우려하지 않아도 되는 기한을 의미하며, 주로 도시락, 반찬, 생면, 샌드위치 등 품질 변화가 빠르고 5일 이내에 섭취해야 하는 신선식품에 표시된다. 상미기한(賞味期限)은 코덱스의 Best before date, EU의 Best before date와 유사한 개념으로, 정해진 보존 방법으로 보관했을 때, 기대되는 품질(맛, 향 등)이 충분히 유지되는 기한을 의미한다. 스낵 과자, 통조림, 컵라면 등 가공 후 품질 변화 속도가 느린 가공식품에 주로 표시된다.

5. 중국

중국은 모든 포장 식품에 생산일자(生产日期)와 보질기(保质期)를 모두 표시하도록 의무화하고 있다. 保质期는 제품이 제조사의 지시에 따라 보관될 경우, 품질(안전성 포함)이 보장되는 기간을 의미하며, 이 기한이 지나면 식품을 판매하거나 섭취하는 것이 권장되지 않는다. 우리나라의 과거 유통기한보다는 소비기한 또는 품질유지기한에 가까운 포괄적인 개념으로 식품의 종류에 따라 안전성과 품질을 종합적으로 고려하여 설정된다.

6. 기타 국가

호주·뉴질랜드의 경우 안전성 기준의 "Use by"(소비기한과 동일)와 품질 기준의 "Best before"를 사용한다. 캐나다의 경우 품질 기준의 "Best before"를 주로 사용하며, 일부 고위험 식품에 "Use by"를 적용한다.

7. 시사점과 개선 방안

EU, 일본, 코덱스 등 해외 주요국(기관)은 식품의 '안전'과 '품질'을 기준으로 각각 'Use-by date(소비기한)'와 'Best before date(최소 품질 유지 기한)'를 명확히 구분하여, 소비자가 해당 식품이 언제까지 '안전'한지, 언제까지 '최상의 품질'을 유지하는지를 명확히 인지할 수 있도록 한다. 이에 따라, '소비기한'으로 단일화되어 있는 현행 제도를 '안전'과 '품질'을 고려하여 '소비기한'과 '품질유지기한'을 병행 도입하는 것을 검토할 필요가 있다. 또한, 소비기한의 성공적 정착은 소비자 교육 및 홍보 강화에 있다는 점을 명확히 인식하고, 소비기한의 정확한 의미, 기존 유통기한과의 차이점, '표시된 보관 방법 준수'의 중요성에 대한 대국민 교육과 홍보도 강화해야 할 것이다.

3 관련 판례

1. 표시사항 훼손 및 허위 표시

건강기능식품 완제품의 포장을 훼손하여 소비기한 등 표시가 없는 소포장 형태로 판매한 행위도 표시의무 위반으로 처벌되었다. 이는 원 포장에 기재된 소비기한 정보를 소비자가 확인할 수 없게 만든 행위로, 표시의무 위반에 해당한다.
(부산지방법원동부지원-2024고정5546)

제조년월일을 허위로 표시하고, 유통기한이 경과된 제품을 판매한 사안에서 법원은 징역형의 집행유예 및 벌금형을 선고하였다.(인천지방법원-2024고단19334) 이 판결은 구 식품위생법에 따른 유통기한 경과 제품 판매에 대한 처벌이지만, 소비자의 안전을 위협하는 표시 관련 위반 행위를 엄격히 처벌한다는 점에서 소비기한 관련 사건과 그 맥락을 같이 한다고 볼 것이다.

2. 소비기한 등 필수 표시사항 미표시

프랜차이즈 가맹점주가 본사로부터 공급받은 소스 등에 소비기한 등 표시사항이 없는 것을 인지하고도 이를 조리에 사용하여 판매한 경우, 법원은 해당 행위가 소비자의 안전과 건강에 직결되는 중요한 의무를 위반한 것으로 죄질이 불량하다고 보았다. 다만, 프랜차이즈 계약에 따라 본사로부터 재료를 공급받은 경위, 초범인 점 등을 양형에 유리한 사정으로 참작하여 벌금형을 선고하였다.
(부산지방법원-2024고정3931, 부산지방법원-2024고정3732)

식육즉석판매가공업소의 정육관리자가 대패삼겹살에 소비기한 등 표시사항을 기재하지 않은 채 판매 목적으로 보관한 행위에 대해서도 벌금형이 선고되었다.
(부산지방법원동부지원-2024고정1983)

온라인 쇼핑몰을 통해 빵류 등을 판매하면서 소비기한 등 표시가 없는 식품을 판매 목적으로 보관한 행위 역시 유죄로 인정되었다. 법원은 식품 관련 범죄가 불특정 다수 국민의 건강과 생명에 직접적인 영향을 미치므로 엄중한 처벌이 요구된다고 판시하였다. (서울중앙지방법원-2022고정21005)

3. 적용 범위, 쟁점 관련 분석

제공된 판례들을 종합하면, 소비기한과 관련된 법적 쟁점은 소비기한의 정의 자체보다는 주로 소비기한을 포함한 필수 표시사항을 누락하거나 허위로 기재한 행위에 대한 집중된다.[76][77]

(1) 표시의무의 주체 및 범위

식품을 제조·가공·소분·수입·포장·보관·진열 또는 운반하거나 영업에 사용하는 자는 모두 소비기한을 포함한 필수 정보를 표시할 의무를 부담한다. 이는 제조업자뿐만 아니라, 프랜차이즈 가맹점주, 정육점 운영자, 온라인 판매업자 등 유통 및 판매의 모든 단계에 있는 영업자에게 적용된다.

---

[76] 부산지방법원 2024고정3931, 부산지방법원 2024고정3732, 부산지방법원동부지원 2024고정1983, 서울중앙지방법원 2022고정21005, 부산지방법원동부지원 2024고정5546

[77] 소비기한과 직접적으로 관련된 대법원 판례(대법원 2024. 7. 31. 선고 2024도7143 판결, 대법원 2016. 6. 23. 선고 2015도19699 판결 등)도 있으나, 대부분 판례가 원심의 판단을 그대로 유지하며 상고를 기각한 사건으로, 대법원이 소비기한에 대한 새로운 법리를 상세하게 설시하지는 않고 있다.

『식품표시광고법 해설』

(2) 위반 행위의 유형

소비기한 등이 전혀 표시되지 않은 제품을 판매 목적으로 보관하거나 영업에 사용하는 단순 미표시, 원 포장을 훼손하여 소비기한 등 중요 정보가 포함된 표시를 제거하고 판매하는 표시 훼손 및 소분 판매행위도 위반에 해당된다. 제조일자나 소비기한을 사실과 다르게 표시하는 허위표시 행위는 소비자를 기만하고 안전을 심각하게 위협하는 행위로 엄하게 처벌될 수 있다.

(3) 양형 참작 사유

법원은 범행을 인정하고 반성하는 태도, 초범 여부, 프랜차이즈 본사의 재료 공급 등 범행 경위에 참작할 사정이 있는지, 피고인의 경제적 상황 등을 양형에 고려하지만, 소비자의 안전과 건강에 직결되는 범죄라는 점에서 죄질을 불량하게 평가하는 경향이 뚜렷하다. 결론적으로, 식품표시광고법상 소비기한은 소비자의 안전을 위한 핵심적인 정보로, 판례는 소비기한을 포함한 필수 정보를 표시하지 않거나 허위로 표시하는 행위에 대해 영업의 형태를 불문하고 엄격한 책임을 묻고 있으며, 이는 국민의 건강과 식품 안전에 대한 신뢰를 보호하기 위함임을 명확히 하고 있다.

4. 소비기한 표시 위반에 대한 처벌 및 처분

소비기한 표시를 누락하거나 잘못한 경우, 위반 행위의 구체적인 내용에 따라 법 제4조(표시의 기준) 위반 또는 제8조(부당한 표시 또는 광고행위의 금지) 위반으로 처벌될 수 있으며, 두 조항이 동시에 적용될 수도 있다.

(1) 소비기한 미표시 : 제4조(표시의 기준) 위반

소비기한을 표시하지 않은 경우는 식품표시광고법 제4조(표시의 기준) 위반에 해당한다. 식품표시광고법 제4조 제1항은 식품에 제품명, 원재료명, 영업소 명칭, 소비기한 등을 의무적으로 표시하도록 규정하고 있고, 같은 조

제3항은 이러한 표시가 없는 식품을 판매하거나 판매할 목적으로 제조·보관·진열하는 행위 등을 금지하고 있다. 또한, 법원은 소비기한이 표시되지 않은 식품을 판매 목적으로 보관한 행위에 대해 법 제4조 제3항 위반을 적용하여 유죄를 선고하였다. 예를 들어, 온라인 쇼핑몰에서 판매할 빵류에 소비기한 등 표시가 없는 상태로 보관한 경우, 법원은 이를 식품표시광고법 제28조 제1호, 제4조 제3항 위반으로 보아 벌금형을 선고하였다.[78]

(2) 소비기한 허위·변조 : 제8조(부당한 표시 또는 광고행위의 금지) 위반

기존의 소비기한을 임의로 연장하거나 사실과 다른 소비기한을 표시하는 행위는 소비자를 속이는 행위이므로 식품표시광고법 제8조(부당한 표시 또는 광고행위의 금지) 위반에 해당한다. 경우에 따라서는 제4조 위반에도 동시에 해당될 수 있다. 식품표시광고법 제8조 제1항 제4호는 식품의 명칭, 제조방법, 성분 등에 관하여 거짓·과장된 표시 또는 광고를 하는 행위를 금지하고 있으며, 소비기한을 사실과 다르게 표시하는 것은 이에 해당하며,[79] 유통기한이 지난 제품의 포장지를 교체하여 유통기한을 92일 연장(변조)한 사안에서, 법원은 해당 행위가 식품표시광고법 제4조 및 제8조를 모두 위반한 것이라고 판단하여 영업등록취소 처분이 적법하다고 하였다.[80] 또한, 단순 가공만 거친 제품의 유통기한을 원료제품의 유통기한이 아닌, 최종 병입일로부터 새로 설정하여 연장 표시한 경우, 법원은 이를 식품표시광고법 제8조 제1항 제4호에서 금지한 '유통기한을 거짓으로 표시'한 것으로 판단하였다.[81]

(3) 처분 및 처벌 근거 규정

식품표시광고법 제16조(영업정지 등)에 따라 식품의약품안전처장 등은 제4조 제3항 또는 제8조 제1항을 위반한 영업자에게 6개월 이내의 영업정지 또는 영업허가·등록 취소 처분을 할 수 있다. 또한, 같은 법 시행규칙 제15조

---

78 서울중앙지방법원-2024가단50919852, 서울중앙지방법원-2022고정21001
79 서울중앙지방법원-2022고정19773, 수원지방법원-2021구합748235
80 대전지방법원-2023구단2012654
81 수원지방법원-2021구합748235

(회수·폐기처분 등의 기준)에 따라 소비기한을 사실과 다르게 표시하거나 표시하지 않은 식품 등은 회수·폐기처분 대상이 된다.

한편, 소비기한 미표시 등 제4조 위반의 경우 식품표시광고법 제28조에 따라 3년 이하의 징역 또는 3천만원 이하의 벌금에 처해질 수 있으며, 거짓·과장 표시 등 제8조 위반의 경우 법 제27조에 따라 5년 이하의 징역 또는 5천만원 이하의 벌금에 처해질 수 있다. 법 제30조에 따라 법인의 대표자나 종업원이 업무에 관하여 위반행위를 하면 그 행위자를 벌하는 외에 해당 법인에게도 벌금형이 과해질 수 있는 양벌규정을 두고 있다.

결론적으로, 소비기한 미표시는 주로 제4조 위반으로, 허위·변조는 제8조 위반(경우에 따라 제4조 위반 포함)으로 처벌된다. 허위·변조 행위가 소비자 기만 정도가 더 크다고 보아 형사처벌 수위도 더 높게 규정되어 있다.

제3조 다른 법률과의 관계

법　　률	제3조(다른 법률과의 관계) 식품등의 표시 또는 광고에 관하여 다른 법률에 우선하여 이 법을 적용한다.
시 행 령	
시행규칙	
관련판례	대법원 2014도14166 판결, 2011헌바2, 대법원 2010두16714 판결, 대법원 2011다76402 전원합의체 판결, 대법원 2015다233555 판결

1 해설

1. 제3조의 기본 내용

　법 제3조는 '특별법 우선의 원칙'을 명문화한 것으로, 식품 표시·광고 관련 사안에서는 다른 어떤 법률보다도 식품표시광고법이 우선 적용된다는 것이다. '우선 적용'이란 단순히 먼저 검토한다는 뜻이 아니라, 동일한 사안에 대해 여러 법률이 적용될 수 있는 상황에서 식품표시광고법만이 배타적으로 적용되고, 다른 법률의 적용은 배제됨을 의미한다.

(1) "식품등"

　"식품등"이 대상이다. 식품표시광고법 제2조 제7호 내용에 따라 식품, 식품첨가물, 기구, 용기·포장, 건강기능식품, 축산물이 포함된다. 따라서, 의약품은 해당되지 않으며, 수입식품이나 온라인으로 판매되는 식품도 해당된다.

(2) "표시 또는 광고"

　"표시 또는 광고"에 대해 규율한다. 표시는 식품표시광고법 제2조 제7호에 따라, 광고는 제11호에 따라 정의된다. 따라서, 식품표시광고법에서 정하는 표시 또는 광고에 해당하지 않는 활동에 대하여는 적용되지 않는다.

『식품표시광고법 해설』

(3) "다른 법률"

"다른 법률"이란 식품의 표시나 광고와 관련된 규정을 두고 있는 모든 법률을 의미한다. 대표적으로 표시·광고의 공정화에 관한 법률이 해당되며, 소비자기본법이나 전자상거래 등에서의 소비자보호에 관한 법률 같은 소비자보호 관련법도 포함된다. 개별 업종법으로는 식품위생법, 건강기능식품에 관한 법률, 축산물 위생관리법 등이 있으며, 독점규제 및 공정거래에 관한 법률이나 약사법도 부분적으로 해당될 수 있을 것이다. 직접적으로 표시·광고를 규율하지 않더라도 관련 조항이 있으면 포함되며, 동일한 행위에 대해 중복 규제가 가능한 모든 법률이 비교 대상이 된다.

(4) "우선하여"

특별법 우선의 원칙을 명문화한 것으로, 배타적 적용을 의미한다. 여기서 우선은 단순한 시간적 선후관계가 아닌 법적 효력의 우선순위를 의미한다. 이는 우선하므로 동일 사안에 대해 식품표시광고법만 적용되고 다른 법률의 관련 조항은 적용이 배제된다. 다만 우선 적용에도 한계가 있다. 완전히 다른 구성요건의 행위에는 각각 다른 법률이 적용될 수 있으며, 국제법이나 조약과의 관계에서는 별도의 고려가 필요하다.

(5) "이 법을 적용한다"

식품표시광고법령의 여러 층위에서 실현된다. 실체적 규정 차원에서는 표시기준, 광고기준이 적용되며, 금지행위나 의무사항, 허용 기준이나 예외 규정이 모두 이 법에 따라 판단된다. 절차적 규정에서는 조사·단속 절차, 시정명령이나 개선명령 절차, 과징금 부과 절차 등이 모두 식품표시광고법에 따라 진행되며, 제재 규정의 적용에서도 행정제재와 형사처벌 모두 이 법을 기준으로 결정된다. 식품의약품안전처 및 그 소속기관, 지방자치단체 등이 주무기관이 되며, 공정거래위원회는 관련 사항에서 일단 배제된다. 이러한 적용을 통해 기업 입장에서는 법적 예측가능성이 향상되고 중복 규제로 인한 부담이 해소되며, 전문적이고 일관된 규제가 적용될 수 있게 된다. 소비자 입장에서는 통일된 보호 기준이 적용되어 신속하고 효과적인 구제가 가능하며, 전문기관에 의한 체계적 보호를 받을 수 있다. 행정기관 입장에서는 명확한 관할과 권한을 행사할 수 있고, 효율적인 법집행이 가능하며, 전문성에 기반한 규제를 실현할 수 있다.

2. 적용 예시

(1) 다른 법률에는 저촉되지 않고 식품표시광고법에만 저촉되는 경우

건강기능식품 업체가 기능성 표시를 하면서, 표시기준에 부합하지 않는 방식으로 표시한 경우, 식품표시광고법 제4조(표시의 기준) 위반에만 해당하고, 다른 법률에는 저촉되지 않는다. 표시·광고의 공정화에 관한 법률이나 소비자기본법 등은 이런 세부적인 기능성 표시 규정을 두고 있지 않기 때문이다. 이 경우 당연히 식품표시광고법이 적용된다.

(2) 다른 법률에도 저촉되고 식품표시광고법에도 저촉되는 경우

식품 업체가 제품 효능에 대해 거짓 광고를 한 경우에는 표시광고법 제3조(부당한 표시·광고 금지)와 식품표시광고법 제8조(허위·과장 광고 금지) 모두 저촉된다. 하지만 식품표시광고법 제3조에 따라 식품표시광고법만 적용되고, 표시광고법은 적용이 제외되므로, 식품표시광고법에 따른 처벌만 받게 되고, 표시광고법으로 별도 처벌을 받지 않게 된다.

(3) 식품표시광고법에 저촉되면서 다른 법률의 다른 규정에 저촉되는 경우

식품 업체가 적합하지 않은 원료를 사용하면서, 허위로 표시한 경우에는 식품표시광고법 위반과 동시에 식품위생법 위반 사항이 별개로 존재하므로 두 법률이 각각 적용되어 별도의 책임이 발생하게 된다.

2 관련 판례

1. 대법원 2014도14166 판결

"일반적으로 특별법이 일반법에 우선하고 신법이 구법에 우선한다는 원칙은 동일한 형식의 성문법규인 법률이 상호 모순·저촉되는 경우에 적용된다. 이때 법률이 상호 모순·저촉되는지 여부는 법률의 입법목적, 규정사항"을 종합적으로 고려하여 판단한다고 명시하였다.

특별법 우선의 원칙이 적용되기 위한 핵심 요건을 제시하고 있는데, 첫째 동일한 형식의 성문법규여야 하고, 둘째 법률 간에 실질적인 모순·저촉이 존재해야 한다. 이는 단순히 규율 대상이 중복된다고 해서 자동으로 특별법이 우선되는 것은 아니며, 두 법률이 동일한 사안에 대해 서로 다른 결론을 도출하거나 양립할 수 없는 내용을 규정하고 있어야 한다. 또한, 특별법과 일반법의 관계가 명확해야 한다. 이는 규율 대상의 특수성, 입법목적의 특별성, 규정 내용의 구체성 등을 종합적으로 고려하여 판단된다.

2. 2011헌바2(2014. 4. 24. 헌법재판소 결정)

특별법 우선의 원칙은 복수의 법률(마약류관리에 관한 법률, 특정범죄 가중처벌 등에 관한 법률)이 충돌할 때 어떤 법률이 우선 적용되는지 판단하는 기준이 된다. 일반적으로 특정 사안에 대해 특별히 정한 법률(특별법)이 있으면, 그 부분은 특별법이 일반법에 우선하여 적용되어야 한다는 원칙이다.

또한, 특별법 우선의 원칙이 단순히 여러 법률 중 특별법을 골라 적용하는 것을 넘어, 실질적으로 같은 내용의 특별법적 처벌이 중첩되어 불합리하게 가중되는 경우 형벌체계상 정당성·균형을 해치면 위헌이 될 수 있음을 확인한 사례이다. 특별법 간에도 입법 목적이나 내용이 실질적으로 차별되지 않을 때, 중첩 가중은 원칙적으로 허용되지 않는 것이 헌법적 한계이다.[82]

---

[82] 이 사건에서 특정범죄가중처벌법 제11조 제1항은 이미 마약류관리법에서 엄중히 처벌하는 '마약류 수입' 범죄를 다시 가중처벌 대상으로 규정하였는데, 헌법재판소는 이런 중복 가중 처벌이 형벌체계의 정당성과 균형을 심각하게 훼손한다고 보았다. 이미 특별법(마약류관리법)이 적용되는 영역에 또 다른 특별법(특가법)이 중첩·가중 적용되는 것은 특별법 우선의 원칙에 따라 조화롭게 적용되어야 함에도, 실질적 차이 없이 형만 강화함으로써 평등원칙, 책임과 형벌의 비례원칙에 위배된다고 보았다.

3. 대법원 2011다76402 전원합의체 판결

국유재산의 무단점유자에 대한 변상금 부과와 민사소송을 통한 부당이득반환청구의 양립 가능성을 판단하면서, 특별한 구제절차가 있다고 해서 일반 구제절차가 반드시 배제되는 것은 아니라고 하며, 두 법률이 서로 다른 목적과 기능을 가지고 있는 경우 상호 보완적으로 적용될 수 있다고 판시하였다.

판례는 "일반법과 특별법 관계에서는 특별법이 규율하고 있는 사항에 관한 한 특별법의 규정이 우선적으로 적용되고 일반법의 규정은 특별법 규정에 모순·저촉하지 아니하는 범위 안에서 2차적으로 적용된다"고 판시하여, 특별법이 특정 분야에 대해 상세한 규정을 두고 있더라도, 특별법에서 규정하지 않은 부분에 대해서는 일반법이 보충적으로 적용될 수 있다고 하였다. 따라서 특별법 우선의 원칙은 전면적 배제 원칙이 아닌 우선적 적용 원칙으로 이해되어야 한다.

4. 대법원 2010두16714 판결 [농지보전부담금부과처분취소]

개요	• 일산농협이 농지전용허가를 받아 공동구판장 등을 건축하려 했으나, 고양시장이 농지보전부담금을 부과한 것에 대해 취소를 구한 사건
쟁점	• 농업협동조합법 제8조의 부과금 면제 규정이 농지법의 농지보전부담금 부과 규정에 대해 특별법으로서 우선 적용되는지 여부
판시사항	• 법률이 상호 모순, 저촉되는 경우에는 신법이 구법에, 특별법이 일반법에 우선하나, 법률이 상호 모순되는지는 각 법률의 입법 목적, 규정 사항 및 적용범위 등을 종합적으로 검토하여 판단해야 한다는 기본 원칙을 제시
판결요지	• 농협법의 입법 취지, 제8조의 내용, 농지법령에서 농협에 대한 특별한 규정을 두지 않은 점 등을 종합하여, 농협법 제8조가 농지법령에 대한 특별법으로서 우선 적용됨. 따라서 농지보전부담금을 부과할 수 없다고 결론

5. 대법원 2015다233555 판결 [부당이득금]

개요	• 산림조합중앙회가 임금채권부담금을 신고·납부한 후, 이를 부당이득으로 반환받기 위해 근로복지공단을 상대로 제기한 사건
쟁점	• 산림조합법 제8조의 부과금 면제 규정이 임금채권보장법의 임금채권부담금 부과에 대해 특별법으로서 우선 적용되는지 여부
판시사항	• 산림조합법 제8조가 임금채권보장법에 대한 특별법으로 우선 적용. • 1995년 농협법 제8조 관련 판결(94누2985), 2012년 농지보전부담금 관련 판결(2010두16714)을 통해 확립된 법리가 있었고, 산림조합법 제8조는 농업협동조합법 제8조와 규정 내용이 동일하여 같은 법리가 적용
판결요지	• 산림조합중앙회 업무·재산에 대해서는 임금채권부담금을 징수할 수 없으며, 이를 신고·납부한 행위는 "법규의 중요한 부분을 위반한 중대한 하자"

제5장. 표시 및 광고에 대한 기준(제4조~제7조)

표시 및 광고의 기준과 관련하여, 제4조(표시의 기준), 제4조의2(시각·청각장애인을 위한 점자 및 음성·수어영상변환용 코드의 표시), 제5조(영양표시), 제6조(나트륨 함량 비교 표시), 제7조(광고의 기준) 등을 규정하고 있다.

제4조 표시의 기준

법률	제4조(표시의 기준) ① 식품등에는 다음 각 호의 구분에 따른 사항을 표시하여야 한다. 다만, 총리령으로 정하는 경우에는 그 일부만을 표시할 수 있다. 1. 식품, 식품첨가물 또는 축산물 가. 제품명, 내용량 및 원재료명 나. 영업소 명칭 및 소재지 다. 소비자 안전을 위한 주의사항 라. 제조연월일, 소비기한 또는 품질유지기한 마. 그 밖에 소비자에게 해당 식품, 식품첨가물 또는 축산물에 관한 정보를 제공하기 위하여 필요한 사항으로서 총리령으로 정하는 사항 2. 기구 또는 용기·포장 가. 재질 나. 영업소 명칭 및 소재지 다. 소비자 안전을 위한 주의사항 라. 그 밖에 소비자에게 해당 기구 또는 용기·포장에 관한 정보를 제공하기 위하여 필요한 사항으로서 총리령으로 정하는 사항 3. 건강기능식품 가. 제품명, 내용량 및 원료명 나. 영업소 명칭 및 소재지 다. 소비기한 및 보관방법 라. 섭취량, 섭취방법 및 섭취 시 주의사항 마. 건강기능식품이라는 문자 또는 건강기능식품임을 나타내는 도안 바. 질병의 예방 및 치료를 위한 의약품이 아니라는 내용의 표현 사. 「건강기능식품에 관한 법률」 제3조제2호에 따른 기능성에 관한 정보 및 원료 중에 해당 기능성을 나타내는 성분 등의 함유량 아. 그 밖에 소비자에게 해당 건강기능식품에 관한 정보를 제공하기 위하여 필요한 사항으로서 총리령으로 정하는 사항 ② 제1항에 따른 표시의무자, 표시사항 및 글씨크기·표시장소 등 표시방법에 관하여는 총리령으로 정한다. ③ 제1항에 따른 표시가 없거나 제2항에 따른 표시방법을 위반한 식품등은 판매하거나 판매할 목적으로 제조·가공·소분[(小分): 완제품을 나누어 유통을 목적으로 재포장하는 것을 말한다. 이하 같다]·수입·포장·보관·진열 또는 운반하거나 영업에 사용해서는 아니 된다.

제5장. 표시 및 광고에 대한 기준(제4조~제7조)

시행령	

시행규칙	제2조(일부 표시사항) 「식품 등의 표시·광고에 관한 법률」(이하 "법"이라 한다) 제4조제1항 각 호 외의 부분 단서에 따라 식품, 식품첨가물, 기구, 용기·포장, 건강기능식품, 축산물(이하 "식품등"이라 한다. 이하 같다)에 표시사항 중 일부만을 표시할 수 있는 경우는 별표 1과 같다.
	
	제3조(표시사항) ① 법 제4조제1항제1호마목에서 "총리령으로 정하는 사항"이란 다음 각 호의 사항을 말한다.<개정 2022. 6. 30.>
	1. 식품유형, 품목보고번호
	2. 성분명 및 함량
	3. 용기·포장의 재질
	4. 조사처리(照射處理) 표시
	5. 보관방법 또는 취급방법
	6. 식육(食肉)의 종류, 부위 명칭, 등급 및 도축장명
	7. 포장일자, 생산연월일 또는 산란일
	② 법 제4조제1항제2호라목에서 "총리령으로 정하는 사항"이란 식품용이라는 단어 또는 식품용 기구를 나타내는 도안을 말한다.
	③ 법 제4조제1항제3호아목에서 "총리령으로 정하는 사항"이란 다음 각 호의 사항을 말한다.
	1. 원료의 함량
	2. 소비자 안전을 위한 주의사항
	
	제4조(표시의무자) 법 제4조제2항에 따른 표시의무자는 다음 각 호에 해당하는 자로 한다.
	1. 「식품위생법 시행령」 제21조에 따른 영업을 하는 자 중 다음 각 목의 어느 하나에 해당하는 자
	  가. 「식품위생법 시행령」 제21조제1호에 따른 식품제조·가공업을 하는 자(식용얼음의 경우에는 용기·포장에 5킬로그램 이하로 넣거나 싸서 생산하는 자만 해당한다)
	  나. 「식품위생법 시행령」 제21조제2호에 따른 즉석판매제조·가공업을 하는 자
	  다. 「식품위생법 시행령」 제21조제3호에 따른 식품첨가물제조업을 하는 자
	  라. 「식품위생법 시행령」 제21조제5호가목에 따른 식품소분업을 하는 자, 같은 호 나목1)에 따른 식용얼음판매업자(얼음을 용기·포장에 5킬로그램 이하로 넣거나 싸서 유통 또는 판매하는 자만 해당한다) 및 같은 호 나목4)에 따른 집단급식소 식품판매업을 하는 자
	  마. 「식품위생법 시행령」 제21조제7호에 따른 용기·포장류제조업을 하는 자

시행규칙	2. 「축산물 위생관리법 시행령」 제21조에 따른 영업을 하는 자 중 다음 각 목의 어느 하나에 해당하는 자 가. 「축산물 위생관리법 시행령」 제21조제1호에 따른 도축업을 하는 자(닭·오리 식육을 포장하는 자만 해당한다) 나. 「축산물 위생관리법 시행령」 제21조제3호에 따른 축산물가공업을 하는 자 다. 「축산물 위생관리법 시행령」 제21조제3호의2에 따른 식용란선별포장업을 하는 자 라. 「축산물 위생관리법 시행령」 제21조제4호에 따른 식육포장처리업을 하는 자 마. 「축산물 위생관리법 시행령」 제21조제7호가목에 따른 식육판매업을 하는 자, 같은 호 나목에 따른 식육부산물전문판매업을 하는 자 및 같은 호 바목에 따른 식용란수집판매업을 하는 자 바. 「축산물 위생관리법 시행령」 제21조제8호에 따른 식육즉석판매가공업을 하는 자 3. 「건강기능식품에 관한 법률」 제4조제1호에 따른 건강기능식품제조업을 하는 자 4. 「수입식품안전관리 특별법 시행령」 제2조제1호에 따른 수입식품 등 수입·판매업을 하는 자 5. 「축산법」 제22조제1항제4호에 따른 가축사육업을 하는 자 중 식용란을 출하하는 자 6. 농산물·임산물·수산물 또는 축산물을 용기·포장에 넣거나 싸서 출하·판매하는 자 7. 법 제2조제3호에 따른 기구를 생산, 유통 또는 판매하는 자 제5조(표시방법 등) ① 법 제4조제1항 및 제2항에 따른 소비자 안전을 위한 주의사항의 구체적인 표시사항은 별표 2와 같다. ② 법 제4조제1항에 따른 표시를 할 때에는 소비자가 쉽고 명확하게 알아볼 수 있도록 선명하게 표시해야 하며, 글씨크기·표시장소 등 구체적인 표시방법은 별표 3과 같다. ③ 제1항 및 제2항에서 규정한 사항 외에 표시사항 및 표시방법에 관한 세부 사항은 식품의약품안전처장이 정하여 고시한다.
관련판례	인천지방법원 2023고단1924 판결, 대구지방법원 2023고정489 판결, 대전지방법원 2021고정464 판결

제5장. 표시 및 광고에 대한 기준(제4조~제7조)

1 취지와 배경

식품표시광고법 제4조에 표시의 기준을 정하는 목적은 첫째, 소비자의 알 권리 보장을 위함이다. 소비자는 제품의 성분, 제조일, 유통기한, 원산지 등의 정보를 통해 합리적 선택을 할 수 있어야 하며, 이를 위해서는 객관적이고 명확한 표시가 필요하다. 둘째, 제품의 안전성이 확보될 수 있다. 부적절한 표시로 인해 소비자가 오인하거나 잘못 섭취할 경우 건강상의 피해가 발생할 수 있으므로, 최소한의 정보 제공 기준이 법적으로 마련되어야 한다. 셋째, 기업의 책임성 강화이다. 사업자가 반드시 기재해야 할 사항과 표시 방법을 법으로 정함으로써, 불성실하거나 고의적인 누락, 허위 표시 등을 방지하고 법적 책임을 명확히 한다.

식품표시광고법 제정 전에는 「식품위생법」, 「건강기능식품에 관한 법률」, 「축산물 위생관리법」 등에서 각각 표시기준을 두고 개별적으로 규율했으나, 표시 기준이 상이하고 중복적이며, 소비자 입장에서는 혼란이 발생하였다. 이러한 문제를 해결하고 표시제도의 일관성과 효율성을 확보하기 위하여, 2019년 식품표시광고법이 제정되었고, 제4조는 가장 중심 조항인 것이다.

2 연 혁

우리나라의 식품 표시에 관한 법적 규율은 1962년 「식품위생법」 제정으로 본격적으로 시작되었으며, 보건사회부령으로 표시기준을 정할 수 있도록 규정하였다. 1976년 기준규격이 보건사회부 고시로 전환되었고, 1996년 보건복지부 고시 제95-67호로 「식품등의 표시기준」이 독립하여 제정되었다. 이후 소비자의 알 권리 확대와 식품 안전에 대한 관심 증가에 따라 표시 사항이 점차 확대되었고, 2016년 식품위생법 개정으로 표시의 내용이 처음으로 법률 차원에서 규정되었으며, 2018년 식품표시광고법 제정으로 흩어져 있던 식품표시 관련 법률을 통합하여 지금에 이르게 되었다.

『식품표시광고법 해설』

연 혁	주요 내용
식품위생법 제정 1962. 1.20. 법률 제1007호	제9조 (표시기준) ①보건사회부장관은 국민보건상 특히 필요하다고 인정할 때에는 보건사회부령으로 판매를 목적으로 하는 **식품 또는 첨가물과** 전조 제1항의 규정에 의하여 규격 또는 기준이 정하여진 **기구와 용기, 포장의 표시에 관하여 필요한 기준을 정할 수 있다.**
	☞ 표시기준 근거 규정 마련(식품위생법 제정)
식품위생법 개정 1995.12.29. 법률 제5099호	제10조 (표시기준) ①보건복지부장관은 국민보건상 특히 필요하다고 인정하는 때에는 판매를 목적으로 하는 식품 또는 식품첨가물과 제9조제1항의 규정에 의하여 기준 또는 규격이 정하여진 기구와 용기·포장의 **표시에 관하여 필요한 기준을 정하여 이를 고시할 수 있다.**
	☞ 독립된 표시기준(고시) 제정 근거 마련
식품위생법 개정 2016. 2. 3. 법률 제14026호	제10조(표시기준) ③ 제1항제1호에 따른 **표시의 기준에는 다음 각 호의 사항이 포함되어야 한다.** 1. 제품명, 내용량, 원재료명, 영업소 명칭 및 소재지 2. 소비자 안전을 위한 주의사항 3. 제조연월일, 유통기한 또는 품질유지기한 4. 그 밖에 식품 또는 식품첨가물에 대한 소비자의 오인·혼동을 방지하기 … 필요한 사항으로서 총리령으로 정하는 사항
	☞ 표시에 포함되어야 하는 필수 사항을 법률로 규정
식품표시광고법 제정 2018. 3.13. 법률 제15483호	제4조(표시의 기준) ① **식품등에는 다음 각 호의 구분에 따른 사항을 표시하여야 한다.** 다만, **총리령으로 정하는 경우에는 그 일부만을 표시할 수 있다.** 1. 식품, 식품첨가물 또는 축산물 가. 제품명, 내용량 및 원재료명 나. 영업소 명칭 및 소재지 다. 소비자 안전을 위한 주의사항 라. 제조연월일, 유통기한 또는 품질유지기한 마. 그 밖에 소비자에게 해당 식품, 식품첨가물 또는 축산물에 관한 … 필요한 사항으로서 총리령으로 정하는 사항 <2호 및 3호 생략>
	☞ 식품표시광고법 제정으로 식품위생법 등 개별 법률에 흩어져 있던 "표시의 기준"을 통합하여 규정
(현행) 식품표시광고법 개정 2021. 8.17. 법률 제18445호	제4조(표시의 기준) ① 식품등에는 … 사항을 표시하여야 한다. 다만, 총리령으로 정하는 경우에는 그 일부만을 표시할 수 있다. 1. 식품, 식품첨가물 또는 축산물 라. 제조연월일, <u>소비기한</u> 또는 품질유지기한 가.나.다.마.목 및 2.3.호 <생략>
	☞ 소비기한 도입(←유통기한)

제5장. 표시 및 광고에 대한 기준(제4조~제7조)

3　해　설

① (제1항) 식품등에는 다음 각 호의 구분에 따른 사항을 표시하여야 한다. 다만, 총리령으로 정하는 경우에는 그 일부만을 표시할 수 있다.

1. 제1항 본문은 식품등에 대해 반드시 표시해야 하는 사항을 대상의 특성에 따라 각호로 구분하여 명시하고 있다.

<표 9> 식품등에 대한 의무 표시 사항

구 분		의무 표시 사항
식품, 첨가물, 축산물	법률	• 제품명, 내용량 및 원재료명, 영업소 명칭 및 소재지, 소비자 안전을 위한 주의사항, 제조연월일, 유통기한 또는 품질유지기한 • 그 밖에 총리령으로 정하는 사항
	총리령	• 식품유형, 품목보고번호, 성분명 및 함량, 용기·포장의 재질, 조사처리(照射處理) 표시, 보관방법 또는 취급방법, 식육(食肉)의 종류, 부위 명칭, 등급 및 도축장명, 포장일자, 생산연월일 또는 산란일
기구, 용기 포장	법률	• 재질, 영업소 명칭 및 소재지, 소비자 안전을 위한 주의사항 • 그 밖에 총리령으로 정하는 사항
	총리령	• 식품용이라는 단어 또는 식품용 기구를 나타내는 도안
건강 기능 식품	법률	• 제품명, 내용량 및 원료명, 영업소 명칭 및 소재지, 소비기한 및 보관방법, 섭취량, 섭취방법 및 섭취 시 주의사항, 건강기능식품이라는 문자 또는 건강기능식품임을 나타내는 도안, 질병의 예방 및 치료를 위한 의약품이 아니라는 내용의 표현, 「건강기능식품에 관한 법률」 제3조제2호에 따른 기능성에 관한 정보 및 원료 중에 해당 기능성을 나타내는 성분 등의 함유량 • 그 밖에 총리령으로 정하는 사항
	총리령	• 원료의 함량, 소비자 안전을 위한 주의사항

1-1. 제1항 단서는 "총리령으로 정하는 경우에는 그 일부만을 표시할 수 있다"고 규정하여, 제품의 특성을 고려한 표시 간소화의 근거를 제공하고 있다. 이는 실용성과 규제 합리화를 위한 예외 규정으로서 획일적인 규제의 한계를 보완하는 기능을 한다. 표시사항의 일부만을 표시할 수 있

는 식품등과 해당 식품등에 표시할 사항은 다음과 같다.

<표 10> 일부만을 표시하는 경우 의무 표시 사항

구 분		의무 표시 사항
자사(自社) 사용 목적 수입식품등		• 제품명, 영업소 명칭, 제조연월일, 소비기한 또는 품질유지기한 • 건강기능식품에 추가 : "건강기능식품"이라는 문자, 기능성에 관한 정보
원료용 식품등		• 제품명, 영업소 명칭 및 소재지, 제조연월일, 소비기한 또는 품질유지기한, 소비자 안전을 위한 주의사항 중 알레르기 유발물질, 보관방법, • 건강기능식품에 추가 : 내용량, 원료명 및 함량, "건강기능식품" 이라는 문자, 기능성에 관한 정보
가맹본부 등에 공급하는 식품 등		• 제품명, 영업소 명칭 및 소재지, 제조연월일, 소비기한 또는 품질유지기한, 보관방법 또는 취급방법, 소비자 안전을 위한 주의사항 중 알레르기 유발물질
바코드 이용 표시정보 제공 식품등	식품 및 축산물	• 제품명, 내용량 및 원재료명, 영업소 명칭 및 소재지, 소비자 안전을 위한 주의사항, 제조연월일, 소비기한 또는 품질유지기한, 품목보고번호
	기구 또는 용기·포장	• 재질, 영업소 명칭 및 소재지, 소비자 안전을 위한 주의사항, 식품용이라는 단어 또는 식품용 기구를 나타내는 도안
	건강기능 식품	• 제품명, 내용량 및 원재료명, 영업소 명칭 및 소재지, 소비기한, 건강기능식품이라는 문자 또는 건강기능식품임을 나타내는 도안, 기능성을 나타내는 성분 등의 함유량, 소비자 안전을 위한 주의사항
식육판매업자 등이 판매		• 식육의 종류, 부위명칭, 등급, 도축장명, 소비기한 및 보관방법, 포장일자(식육을 비닐로 포장한 경우만 해당)
식육부산물		• 식육부산물의 종류, 소비기한 및 보관방법

2 (제2항) 제1항에 따른 표시의무자, 표시사항 및 글씨크기·표시장소 등 표시방법에 관하여는 총리령으로 정한다.

1. 총리령 제4조(표시의무자) 주로 해당 식품 등을 제조·가공·소분하거나 수입하는 영업자.(제품 생산자에게 1차적인 책임이 있음을 규정)

제5장. 표시 및 광고에 대한 기준(제4조~제7조)

2. 총리령 제5조(표시방법 등) 제1항 : 소비자 안전을 위한 표시사항

Ⅰ. 공통사항

(1) 알레르기 유발물질 표시 : 알레르기 유발 원재료 포함 시 표시
  ① 알레르기 유발물질 : 알류, 우유, 메밀, 땅콩, 대두, 밀, 고등어, 게, 새우, 돼지고기, 복숭아, 토마토, 아황산류, 호두, 닭고기, 쇠고기, 오징어, 조개류(굴, 전복, 홍합), 잣, 아황산류(최종제품 1kg당 이산화황 10mg 이상)
  ② 표시대상 : 유발물질 사용·추출성분 포함·이들을 원료로 한 식품 등
  ③ 표시방법 : 원재료명 근처, 바탕색과 구분, 모든 유발물질 표시
     (단일원료 제품명과 동일한 경우 생략 가능)
(2) 혼입 우려 표시 : 동일 제조시설 사용 시 주의문구(예 : "메밀 혼입 가능" 등)
(3) 무 글루텐 표시 : 글루텐 20mg/kg 이하인 경우 표시 가능(원재료 제한)
(4) 고카페인 함유 표시 : 0.15mg/mL 이상 카페인 함유 액체 식품
     (주표시면에 "고카페인 함유" 및 총 함량, 주의문구 표시)

Ⅱ. 식품등의 주의사항 표시

(1) 식품·축산물
 가. 냉동제품 : "해동 후 다시 냉동하지 마십시오"(빙과류 등은 제외)
 나. 개봉 후 부패 우려 식품 : "냉장보관하거나 빨리 드시기 바랍니다"(과일·채소 음료, 우유류 등)
 다. 숙취해소 제품 : "과다한 음주는 건강을 해칩니다" 표시
 라. 아스파탐 사용 시 : "페닐알라닌 함유" 표시
 마. 당알코올 사용 시 : 종류, 함량, "설사 유발 우려" 등 표시
 바. 신선도 유지제 : "습기방지제", "먹어서는 안 됩니다" 표시(정보표시면 표시 어려우면 직접 표기)
 사. 부정·불량식품 신고 : "국번 없이 1399" 표시
 자. 질소가스 충전 : "질소가스 충전" 표시
 차. 원터치캔 : "절단 부분 주의" 등 표시
 카. 아마씨 사용 시 : 일일·1회 섭취량 제한 표시(아마씨유는 제외)
(2) 식품첨가물 : 위험성 있는 화학물질 사용 시 "직접 마시지 마십시오", "피부접촉 주의" 등 주의표시
(3) 기구·용기·포장
 가. 식품포장용 랩 : 100도 이하 사용 표시
 나. 식품포장용 랩 : 지방성분 및 주류 직접 접촉 금지 표시
 다. 유리제 기구 : 사용 용도 외 사용금지 표시(가열조리용 여부 구분)
(4) 건강기능식품
  · 숙취해소, 아스파탐, 신선도 유지제 관련 표시 : 식품과 유사
  · 이상 사례 발생 시 : "이상 사례 신고 1577-2488" 표시

3. 식품등의 표시방법 (총리령 제5조제2항, 제6조제4항, 제7조제2항 관련)

(1) 표시 대상 및 예외 : 소비자에게 판매하는 최소 판매단위의 용기·포장에는 법 제4조~제6조에 따른 표시사항을 표시해야 한다. 다만, 면적이 30㎠ 이하인 캔디류, 껌, 초콜릿류, 잼류 등은 외부 포장에 표시 가능하며, 낱알포장된 건강기능식품은 낱알모음 포장에 제품명과 제조업소명만 표시하면 됨

(2) 언어 및 글씨 크기 기준 : 한글 표시 원칙. 한자 또는 외국어는 병기 가능하되 한글보다 크지 않아야 함. 다만 수입식품(한자/외국어를 한글보다 크게 표시 가능), 등록 상표, 주류 제품명(한글보다 크게 표시 가능), 자사 제조용, 외화획득용 수입제품, 벌크상태 수입축산물, 연구·조사용 수입식품(한글 표시 생략 가능) 등의 경우는 예외로 한글보다 크게 표시하거나 생략 가능

(3) 표시면 구성과 대비 기준 : 주표시면과 정보표시면을 구분하여, 바탕색과 대비되는 색상으로 표시. 단, 재사용 병마개 제품, 각인·압인된 건강기능식품은 색상 대비 없이도 허용.

(4) 표시 방식 : 지워지지 않는 방식(예: 잉크, 각인, 소인 등)으로 표시해야 하나, 용기나 원료의 특성상 잉크 등을 쓰기 어려운 경우에는 식약처 고시 기준에 따름.

(5) 글씨 크기 : 원칙적으로 10포인트 이상. 예외적으로 영양성분 세부표시, 식육 합격표시, 달걀껍데기 표시, 공간이 부족한 정보표시면 등은 더 작은 크기 허용.

(6) 가독성 확보 : 글씨는 겹치지 않아야 하며, 도안·사진 등으로 인해 가려지지 않도록 해야 함

(7) 글자 비율 및 간격 기준

일반 정보표시면 : 글자 비율(장평) 90% 이상, 글자 간격(자간) -5% 이상

정보표시면 면적 100㎠ 미만 : 글자 비율 50% 이상, 글자 간격 -5% 이상

3 (제3항) 제1항에 따른 표시가 없거나 제2항에 따른 표시방법을 위반한 식품등은 판매하거나 판매할 목적으로 제조·가공·소분·수입·포장·보관·진열 또는 운반하거나 영업에 사용해서는 아니 된다.

1. 제1항에 따른 표시가 없거나

법 제4조 제1항에서 규정한 필수 표시사항을 전혀 기재하지 않거나, 그 중 일부가 누락된 경우를 의미한다. 제4조 제1항은 식품, 식품첨가물, 축산물, 기구·용기·포장, 건강기능식품 등 각각을 구분하여 표시사항을 제시하고 있으므로 그에 부합하도록 표시하지 못한 경우도 해당된다.

예를 들어, 가공식품 포장에 제품명과 제조일자만 표시하고 원재료명, 유통기한, 영양성분 등 필수 항목을 기재하지 않거나 건강기능식품임에도 기능성 내용이나 주의사항 등 필수 항목을 누락한 경우가 대표적 사례이다. 또한, 원재료명 및 함량 표시 누락, 소비기한 미기재, 제조업체나 수입업체의 명칭과 주소가 누락된 경우도 표시가 없는 것에 해당된다.

2. 제2항에 따른 표시방법을 위반

법 제4조 제2항에서 총리령으로 위임한 표시사항, 글씨 크기, 표시 위치, 표시 방법 등의 규정을 준수하지 않은 경우를 뜻한다. 이는 표시내용 자체는 존재하더라도, 법령이 정한 방법에 맞지 않게 기재된 경우다.

예를 들어, 원재료명은 표시했으나 글씨 크기가 기준보다 작아 소비자가 쉽게 식별할 수 없는 경우, 제품명을 영어로만 표시하거나 외국어 글씨가 한글보다 크게 표시된 경우, 배경색과 글자색이 비슷하여 가독성이 떨어지는

『식품표시광고법 해설』

경우, 소비자가 쉽게 확인할 수 없는 위치에 표시하거나 다른 정보와 구분되지 않게 표시한 경우, 정해진 표 형식이 아닌 임의의 문장형식으로 기재한 경우 등이 이에 해당한다. 이러한 위반은 표시의 존재 여부가 아니라 '형식과 방법의 적법성'에 관한 문제다.

3. 식품등

"식품등"은 법 제2조 제1호에서 정의에 따른다. 식품, 식품첨가물, 기구, 용기·포장, 건강기능식품, 축산물은 물론 이를 넣거나 싸는 것, 즉 포장지나 용기에 첨부되는 서류나 종이도 포함된다.

4. 판매할 목적으로 제조·가공·소분·수입·포장·보관·진열 또는 운반

"판매"는 식품등을 최종 소비자나 다른 사업자에게 유상 또는 무상으로 양도하는 모든 행위를 포함하는 개념이다. 여기서 중요한 것은 대가의 유무를 불문한다는 점이다. 소매점에서 소비자에게 직접 판매하는 경우는 물론, 제조업체가 유통업체에 도매로 공급하는 경우, 온라인 쇼핑몰을 통한 전자상거래, 심지어 무료 샘플 제공도 판매의 개념에 포함된다.

판매는 계약 성립 시점부터 적용되므로, 실제 물품 인도 이전이라도 판매로 간주될 수 있다. 예컨대 온라인에서 주문을 받고 결제가 완료된 상태라면 아직 배송하지 않았더라도 판매된 것으로 본다. 위탁판매, 할부판매, 교환 등 다양한 형태의 거래도 모두 판매에 포함되며, 목적이나 규모와 관계없이 식품등이 한 주체에서 다른 주체로 이전되는 모든 상거래 행위가 해당된다.

최종 판매 행위만이 아니라, 판매를 위한 생산·가공·유통 등을 포괄하여 규율함으로써 표시의무 위반 제품은 전단계에서 차단을 목적으로 한다. 다만, 이러한 모든 행위가 "판매할 목적으로"라는 전제 조건이 붙어있어, 개인적 소비나 비상업적 목적의 행위는 제외된다. 즉, 상업적 유통 과정의 모든 단계에서 표시 위반 제품이 차단되도록 하는 것이 이 규정의 취지이다.

── < 식품표시광고법과 식품위생법 상 '판매' 개념 비교 > ──

■ (배 경) 식품표시광고법은 식품위생법과 달리 판매의 정의에 **'불특정 다수인에 대한 제공'**을 포함하지 않아, 양 법률의 「판매」 개념이 동일한지 여부 검토
 (어떤 법률에 의하더라도 '특정 다수인에 대한 제공'은 판매 범위에 미포함)

> ○ 규제 당국은 「테스트 단계의 샘플 제품에도 모든 표기가 필수 요건」이라고 답변하여, 불특정 다수에게 무상으로 제공하는 경우에도 식품표시광고법 상의 규율이 적용된다는 입장으로 판단된다. ('○○○ 막걸리, 한달 생산중단 행정처분..."제품정보 표시 누락", 푸드투데이, 2024.7.2.)[83]

■ 동일하게 해석해야 한다는 견해(법률 해석의 통일성 중시)
○ 동일한 법제하에 있는 법률 용어는 특별한 사정이 없는 한 같은 의미로 해석하는 것이 원칙
 - 법률 용어를 일관되게 해석함으로써 예측 가능성을 높이고 법적 안정성 확보
 - 법률마다 다르게 해석하면, 행정청(집행)이나 사법부(판단)에 혼란 발생 우려
 - 식품위생법 상 개념이 더 넓어 소비자 보호에 유리

■ 구분하여 해석해야 한다는 견해(개별 법률의 목적과 규정의 내용을 중시)
○ 두 법률의 입법 취지와 문언이 다르므로, 규율 대상인 '판매'의 범위도 다르게 해석하는 것이 타당
 - 식품위생법은 위생상 위해 방지를 목적으로 하므로, 유상·무상을 불문하고 불특정 다수에게 제공되는 모든 식품에 대해 위생 관리를 적용해야 할 필요
 - 식품표시광고법은 상거래 과정에서 발생하는 거짓·과장 표시 및 광고를 규제하는 것이 핵심 목표이므로 유상 거래를 전제로 하는 한정하는 것이 타당
 - 식품표시광고법 제정시 식품위생법 내용을 상당 부분 이관했음에도 다르게 규정한 것은 두 법률의 '판매'의 범위를 구분하는 것이 입법자의 의도

■ (결 론) 식품위생법과 식품표시광고법의 '판매' 개념을 구분하여 해석
○ 법률 용어의 통일성도 중요하지만, 각 법률이 추구하는 궁극적인 목적을 달성하기 위한 해석이 우선되어야 함.
○ 식품위생법은 '안전'이라는 공공가치를 위해 규율 범위를 넓혀 '무상 제공'까지 포함하는 반면, 식품표시광고법은 '공정 거래'라는 시장 질서의 가치를 위해 '유상 판매'를 중심으로 규율.
○ 따라서 식품위생법이 규율하는 '판매'는 유상·무상을 불문한 모든 제공 행위, 식품표시광고법이 규율하는 '판매'는 유상 거래를 전제로 하는 행위로 해석하는 것이 각 법의 목적에 충실하고 입법 취지에도 부합.

---

[83] 해당 사례는 제공 대상이 불특정 다수인지와 판매에 해당 여부 모두 문제될 수 있다.

5. 영업에 사용

식품표시광고법에서의 "영업"은 사업 또는 상행위를 뜻하는 일반적인 '영업'의 의미는 물론 식품위생법 제2조(정의) 제9호[84] '영업'의 정의와도 구별된다. "제조·가공·소분·수입·포장·보관·진열 또는 운반하거나 영업에 사용"의 열거적 형태로 사용되었으므로, 앞의 행위들과 구분되는 행위로 판매가 아닌 형태로 소비자에게 식품등이 제공되는 경우를 포함하는 것으로 이해된다. 예를 들어, 식당이나 카페에서 손님에게 무료로 제공하는 음료나 디저트, 대형마트에서 진행하는 시식·시음 행사, 미용실에서 손님에게 제공하는 음료 등이 이에 해당한다고 볼 것이다. 이는 단순한 '영업'보다 확장된 개념으로, 판매 여부와 관계없이 영업 목적의 활동에서 사용되는 모든 식품등을 규제 대상으로 삼아, 표시 위반 제품이 소비자의 식탁에 오르는 것을 전면적으로 방지하여 소비자 보호를 강화하려는 입법 취지로 이해되나 명확하지 않은 표현으로 해석의 혼란을 유발할 수 있다는 우려가 있다.

4 해외 주요국 법률과의 비교

1 미국[85]

미국의 FDCA §403은 식품 표시의 구체적 기준과 부정·허위표시에 대한 금지 사항이 통합되어 규정되어 있다. 따라서, 우리나라 식품표시광고법에서 규정하고 있는 제4조(표시의 기준)과 제8조(부당한 표시 또는 광고행위의 금지)의 규율 사항이 결합된 형태로 이해될 수 있다.

미국의 FDCA 제403조 일정 요건을 충족하지 못하거나 소비자를 오도할 가능성이 있는 표시 전반을 'misbranded'라는 개념으로 포괄 규제한다. 반면, 우리나라의 「식품표시광고법」은 제4조에서 표시의 기준을, 제8조에서

---

84 "영업"이란 식품 또는 식품첨가물을 채취·제조·가공·조리·저장·소분·운반 또는 판매하거나 기구 또는 용기·포장을 제조·운반·판매하는 업(농업과 수산업에 속하는 식품 채취업은 제외한다. 이하 이 호에서 "식품제조업등"이라 한다)을 말한다. 이 경우 공유주방을 운영하는 업과 공유주방에서 식품제조업등을 영위하는 업을 포함한다.
85 Federal Food, Drug, and Cosmetic Act (FDCA) §403 (21 U.S.C. §343)

제5장. 표시 및 광고에 대한 기준(제4조~제7조)

부당한 표시·광고의 금지를 별도로 규정하여 기능과 집행 기준을 명확히 구분하고 있다. 이러한 차이는 입법 목적과 규제 철학의 차이에서 비롯된다고 볼 것이다. 미국은 소비자 보호를 우선으로 위법 여부를 포괄적으로 판단할 수 있는 유연한 구조를 택한 반면, 우리나라는 사업자의 법적 예측 가능성과 규제의 명확성을 중시하여 조항을 기능별로 분리하고 구체화하였다. 미국식 통합 규정은 다양한 상황에 대해 일관된 집행이 가능하다는 장점이 있으나, 법적 요건이 모호할 수 있고 사업자의 예측 가능성이 낮을 수 있다는 것이 단점이 될 수 있다. 반면, 한국식 이원화 구조는 법 적용 기준이 명확하고 사업자의 준법 판단이 용이하지만, 기준은 충족했으나 소비자를 기만하는 사례에 대한 유연한 대응에는 한계가 있을 수 있다. 양국 법령의 이러한 구조적 차이는 각국의 법문화와 규제환경을 반영한 것으로, 상호 보완적인 시사점을 제공한다.

<표 11> 한국과 미국의 규정 방식 비교

구분	미국(FDCA §403)	한국(식품표시광고법 제4조&제8조)
방식	• 통합 규정(표시기준+거짓표시 금지)	• 표시기준, 부당표시 광고를 별도 규정
개념	• misbranded 개념 중심	• 표시기준 위반, 부당 표시·광고로 구분
원칙	• 포괄적 판단과 집행의 유연성 중시	• 기준 중심 명확한 구조화
기준	• 사실 위반 + 소비자 오인 가능성	• 기준 위반, 거짓·과장 등 유형별 구분

② 유럽

유럽은 소비자에게 제공되어야 할 의무 표시사항을 구체적으로 명시하여 회원국 간 식품정보의 통일성과 투명성 확보에 중점을 두고 있다. 필수 표시 항목에는 식품명, 원재료명, 알레르기 유발물질, 특정 성분 함량, 순중량, 소비기한, 보관조건, 사업자 정보, 원산지, 사용방법, 알코올 도수, 영양성분표시 등이 포함되며, 문자와 숫자를 기본으로 하면서도 보조적으로 그림문자나 기호 사용도 허용된다.[86] 유럽의 규정은 알레르기 유발 성분의 강조표시, 최소 글자 크기 규정 등 세부적인 요소까지 포함되어 있어 소비자 안전과 알 권리를 보다 적극적으로 보호하는 데 초점이 맞춰져 있어, 우리나라 식품표

---

86 Regulation (EU) No 1169/2011 Article 9 - List of Mandatory Particulars

『식품표시광고법 해설』

시광고법 제4조가 표시의 기본 원칙을 정하고, 구체적 사항은 시행규칙 및 고시 등 하위 법령에 위임하는 방식과 대조된다. 다만 이러한 세밀한 규율은 기업, 특히 중소 식품업체에게는 준수 비용과 행정 부담으로 작용할 수 있으며, 표시 조정의 유연성이 낮다는 문제점이 제기되기도 한다. 이러한 문제제기에도 불구하고 EU가 표시의 세부 항목을 법령 본문에 직접 규정한 것은 회원국 간 식품 정보 제공의 조화를 도모하기 위한 것으로, 단일 시장 내 소비자 보호의 일관성을 높이기 위한 제도적 장치라고 할 수 있다.

<표 12> 한국과 유럽의 식품 표시 기준 규정 특성 비교

구분	EU Regulation No 1169/2011 제9조	한국 식품표시광고법 제4조
목적	• EU 단일시장 통합 + 소비자 보호	• 국민 건강보호 + 소비자 권익보호
범위	• 28개 회원국 통합 기준	• 국내 시장 중심
표시 기준	• 수치화된 구체적 기준 (글자크기 1.2mm 등)	• 정성적 기준 중심 ("명확하게", "쉽게" 등)
정보	• 매우 상세한 정보	• 핵심 정보 중심
법적 체계	• 직접 적용 규정(Regulation) - 개정 어려움(28개국 합의 필요) - 회원국별 분산 집행	• 단계별 체계(법률-시행령/규칙-고시) - 개정 상대적 용이(신속한 대응 가능) - 식약처 중심 통합 집행

3 일본

일본 『식품표시법』 제4조는 표시기준 제정의 목적과 주체, 내용 및 절차 등에 대해 규정하고 있다.[87] 총리대신에게 소비자가 식품을 안전하게 섭취하고 자율적·합리적으로 선택할 수 있도록 하는 것을 목표로 '식품표시기준' 제정 의무를 부과하고 있다. 표시기준은 식품의 명칭, 알레르기 유발물질, 저장 방법, 소비기한, 원재료 및 첨가물, 영양성분 및 열량, 원산지 등 필수 정보와, 그 표시 방법 및 준수사항을 포함한다. 이 기준은 식품 및 식품 관련 사업자별로 구분하여 설정되며, 제정·변경 시에는 후생노동대신, 농림수산대신, 재무대신과 사전 협의하고, 소비자위원회의 의견을 청취하며, 관계 부처 장관은 표시기준이 국민 건강 보호·증진, 농수산물 유통 및 생산의 원활화, 주류 산업의 발전 등에 기여한다고 판단할 경우, 기준안을 첨부하여

---

[87] 平成二十五年法律第七十号 食品表示法 第四条 (食品表示基準の策定等)

총리대신에게 제정을 요청할 수 있다는 절차가 법률에 명문화되어 있다.[88]

일본 제도의 가장 큰 특징은 표시항목뿐 아니라 제정·변경 절차 자체를 법률에 규정하여, 다부처 협의와 소비자위원회 의견 청취를 필수화함으로써 절차적 정당성과 사회적 합의를 강조하는 것이다. 표시기준 제정이 단일 부처의 행정 결정이 아니라 관련 부처 간 협의와 소비자위원회 의견 청취를 거치는 것으로 식품 안전과 표시제도에 대한 국민 신뢰를 높이고 정책의 정당성을 확보함으로써 식품 표시를 단순한 상거래 정보가 아니라 공공적 성격을 가진 소비자 권익 제도로 인식하고 있음을 반영한다. 또한, 식품표시를 안전·위생 정보뿐 아니라 산업·경제 정책과 연결하고 있어, 주로 안전과 소비자 보호 목적에 집중하고 있는 한국과는 차이를 보이고 있다.[89]

일본식 제도가 ▲투명하고 공론화된 입법절차에 따른 제도의 신뢰성 제고 ▲소비자 안전과 산업 진흥을 함께 고려하는 균형형 체계 ▲기준의 일원화에 따른 행정 효율성 등의 장점이 있는 반면, ▲절차가 복잡해 신속한 제정·개정이 어려울 수 있으며 ▲산업 진흥 목적이 소비자 보호보다 우선될 위험 등이 단점으로 지적될 수 있다.

〈표 13〉 한국과 일본의 식품 표시 기준 규정 특성 비교

구분	일본 식품표시법 제4조	한국 식품표시광고법 제4조
목적	• 소비자가 식품을 안전하게 섭취하고, 자율적·합리적으로 선택하게 하기 위함	• 법률상 명문 규정 없음
항목	• 모든 식품 공통 적용 항목 + 표시방법	• 유형별로 별도 규정
정책 협의	• 후생노동성·농림수산성·재무성 사전 협의, 소비자위원회 의견청취 필수 • 관계 부처 장관의 요청권 공식 규정	• 법률상 명문 규정 없음
중점	• 소비자 보호 + 농수산·주류 산업 진흥	• 소비자 보호 중심

---

[88] 일본은 식품표시를 안전·위생 정보뿐 아니라 산업·경제 정책과 연결하고 있어, 주로 안전과 소비자 보호 목적에 집중하고 있는 한국과는 차이를 보이고 있다.

[89] 일본 제4조는 식품표시를 다부처 협력형 정책 도구로 활용하는 것이 특징이다. 표시기준 제정 과정에서 보건·위생(후생노동성), 농수산업(농림수산성), 주류산업(재무성) 등 서로 다른 정책 분야가 참여하도록 하여, 표시제도가 소비자 보호와 산업 진흥을 동시에 달성할 수 있도록 설계되어 있다. 이는 일본의 식품표시 제도가 2015년 「식품표시법」으로 통합되기 이전, 세 부처가 각각 소관하던 표시제도를 하나로 묶는 과정에서 부처의 역할을 법률에 고정시킨 결과다. 또한 일본은 농수산업과 주류산업의 국가 경제 기여도가 높아, 표시제도가 산업 정책의 일부로 기능하는 구조를 유지하고 있다.

4 중국[90]

중국 「식품안전법」은 표시·라벨링(标签/标注) 관련 규정을 법 본문에 직접 두고, 사전포장식품의 라벨(포장)에 반드시 표기해야 할 항목을 구체적으로 열거하는 한편, 라벨·설명서의 명료성·정확성·금지표현·사업자 책임 등을 규정하고 있다. 사전포장식품의 라벨에는 명칭·규격·순중량(또는 내용량)·생산일자·성분표·제조자(생산자의 명칭·주소·연락처)·유통기한·보관조건·제품표준코드(제품 규격·표준번호) 등이 기재되어야 한다는 점이 명시되어 있으며, 영유아·특정 대상용 주·부식품의 경우 주요 영양성분 및 함량 표기를 요구하며(제67조), 비포장식품에 대해서도 용기 또는 외포장에 명칭·생산일자·유통기한·생산·영업자 명칭·주소·연락처 등을 표시하도록 규정한다(제68조). 유전자변형(전이유전자) 식품은 명확하게 표시해야 하며(제69조), 식품첨가제에는 별도의 라벨·설명서·포장을 의무화하고 사용범위·용량·사용방법을 기재하며 라벨 위에 "食品添加剂"(식품첨가제)라는 표기를 하도록 하였다(제70조). 라벨·설명서는 허위 기재 금지, 질병 예방·치료 기능 표기 금지 등 내용요건을 갖춰야 하고, 라벨·설명서와 실제 제품의 내용이 일치하지 않으면 시장에 유통할 수 없도록 규정하여 라벨의 신뢰성과 일치성을 강조한다(제71조). 판매자는 라벨에 표기된 경고표지·경고문·주의사항을 준수하여 판매해야 한다는 규정도 있다(제72조). 수입 사전포장식품의 경우는 중국어 라벨·중국어 설명서 부착 의무 및 원산지·중국 내 대리인의 명칭·주소·연락처 기재 의무가 명문화되어 있어 수입품의 표시요건도 엄격히 규율된다(제97조 등). 아울러 라벨·표시의 구체적 기준은 식품안전 국가표준(국가표준)으로 보완·구체화되며, 국가표준 제정 시 위험평가와 전문가·이해관계자 의견수렴 절차를 거치도록 하고 있다(제24~29조, 27조·28조 등). 법은 또한 라벨 부적합·안전성 문제 발생 시의 회수·공표 의무 및 행정조치(판매중지·회수·처벌 등)를 규정하여 표시 위반의 실효적 통제장치를 마련한다(회수·공표 규정).

중국과 한국 모두 법률에서 '표시항목'을 규정하고 있지만, 중국은 라벨·설명서의 표현(명확성·금지문구·수입품 중국어 의무 등)을 법 본문에

---
[90] 中华人民共和国食品安全法 第三节 标签, 说明书和广告

서 직접 규율하고 있다. 표시항목에 있어서 명칭·원재료(성분표)·제조·유통기한·영업자 정보·보관조건·원산지 등 핵심 정보는 양국 모두 필수로 규정하나, 중국은 영유아 등 특정 대상 식품의 영양성분 표기 의무와 수입제품에 대한 중국어 라벨·설명서 의무 명시, 식품첨가제에 대해 별도 라벨·설명서 의무 부과 등 표시 형식·언어·첨가제 정보의 엄격성을 강조한다.[91]

<표 14> 한국과 중국의 식품 표시 기준 규정 특성 비교

구분	중국 「식품안전법」 제3절	한국 「식품표시광고법」 제4조
규정 방법	• 법률 본문(제67조 등)에서 라벨의 필수항목 등을 규정	• 법률(제4조)에서 기본항목 규정, 세부 방법은 총리령·고시 위임.
표시 항목 (예시)	• 명칭·규격·성분표·제조자·생산일자·유통기한·보관조건·제품표준코드·영유아용 영양성분 등.	• 제품명·내용량·원재료명·제조연월일·소비기한·보관방법·주의사항 등(유형별 세분 규정).
수입품	• 중국어 라벨·중국어 설명서 의무, 국내 대리인 표기 요구(엄격).	• 수입품 표기는 하위 법령에서 규정
정책적 연계	• 소비자보호 + 농수산·수입관리 등 산업정책과 연계(법·표준 체계).	• 소비자 안전·표시의 정확성·광고 규제에 중점.

5 국내 관련 법률과의 비교

1 표시광고법

표시광고법 제3조는 부당한 표시·광고의 유형(거짓·과장, 기만, 부당비교, 비방)을 규정하고, 그 세부 내용과 기준은 대통령령(시행령)에서 정하도록 위임하고 있으며, 시행령 제3조 등에서는 각 유형별로 예시적·설명적인 내용을 규정하지만, 표시광고의 방식(글씨 크기, 표시 위치, 용기별 방법 등)과 같은 실무적·형식적 기준은 별도로 두고 있지 않다. 좀 더 구체적인 시행세칙(공정거래위원회 고시)에서는 각 분야별로 부당한 표시·광고의 세부 기준과 예시를 제시하지만, 이 역시 "모호하거나 소비자를 오인시키는 표시·광고 금지"와 같이 내용 중심의 규율이 대부분이다.

---

91 수입품의 중국어 라벨 의무(제97조)는 대규모 내수시장을 보호하고, 소비자 알권리와 안전을 확보하려는 정책적 목적을 반영하는 것으로 여겨진다.

『식품표시광고법 해설』

표시사항과 방법 등을 매우 세밀하게 규정한 식품표시광고법과는 달리 표시광고법은 형태적·실무적 기준(어디에, 어떻게, 어느 크기로) 등 '표시의 방식'을 직접 규정한 조항이 존재하지 않으며, 고시나 심사지침을 통해 일부 가이드라인성 지침이 제시되고 있으나, 이는 법적 강제 효력을 가지는 구체적 규정이 아닌 '심사 기준'에 가깝다고 볼 것이다.

표시광고법은 식품표시광고법 제4조에 상응하는, '표시 행위의 구체적 기준과 방식'을 명문으로 규율하는 조항은 존재하지 않으며, 부당 표시·광고 행위 유형의 금지(내용적 기준)에 집중하고 있다고 볼 것이다. 따라서, 표시광고법상 표시의 구체적 방식이나 세부 행위 기준이 필요하다면, 해당 품목의 개별 특별법(식품표시광고법 등)에 따라야 하며, 표시광고법은 이를 보완하는 '포괄적 규제' 역할에 머문다고 할 수 있다.

② 약사법

약사법이 '표시'를 따로 정의하지 않고 제56조 의약품 용기 등의 기재사항, 제57조 외부 포장 기재사항, 제58조 첨부 문서 기재사항을 각각 규정하여 표시의 위치와 그에 따른 기재사항을 구분하여 법률에서 직접 규정하고 있다. 식품표시광고법이 제4조(표시의 기준)를 통해 일원화한 것과는 구별된다.

약사법상 기재사항은 의약품의 특성을 반영하여 상대적으로 많은 정보를 요구하고 있다. 의약품의 용기 등에는 제조업자 정보, 제품명, 제조번호와 유효기한, 중량 또는 용량, 저장방법, 성분의 명칭과 분량, 전문의약품/일반의약품 구분 등 총 10개 항목을 의무 기재사항으로 규정하고 있으며,[92] 외부 포

---

[92] 제56조(의약품 용기 등의 기재 사항) ① 의약품 품목허가를 받은 자와 수입자는 의약품의 용기나 포장에 다음 각 호의 사항을 적어야 한다. 다만, 총리령으로 정하는 용기나 포장인 경우에는 총리령으로 정하는 바에 따라 다음 각 호의 사항 중 그 일부를 적지 아니하거나 그 일부만을 적을 수 있다.
1. 의약품 품목허가를 받은 자 또는 수입자의 상호와 주소(위탁 제조소 명칭 주소 포함)
2. 제품명
3. 제조번호와 유효기한 또는 사용기한
4. 중량 또는 용량이나 개수
5. 대한민국약전에서 용기나 포장에 적도록 정한 사항
6. 제52조제1항에 따라 기준이 정하여진 의약품은 그 저장 방법과 그 밖에 그 기준에서

장 기재사항과 첨부 문서 기재사항도 별도로 규정하고 있다. 이는 구매 유도 보다는 복용 및 사후관리 관련 정보 제공에 중점을 두는 것으로, 식품표시와는 목적과 성격에서 차이를 보인다. 한편, 약사법은 식약처장이 정하는 전문의약품의 경우 첨부문서 기재사항을 전자적 방법으로 제공할 수 있도록 하여, 온라인 정보 제공을 기재사항의 한 방법으로 인정하고 있다. 또한 제59조는 의무 기재사항을 "다른 문자·기사·그림 또는 도안보다 쉽게 볼 수 있는 부분에 적도록" 하여 정보 전달의 효과성을 강조한다. 반면 식품표시광고법은 바코드를 통한 부분적 정보 제공만을 제한적으로 허용하고 있다.

3 의료기기법

의료기기법도 약사법과 마찬가지로 '표시'를 별도로 정의하지 않고 '기재사항'이라는 개념을 통해 규율하고 있다. 제20조부터 제23조까지의 규정 구조도 약사법과 거의 동일한 형태를 보인다. 의료기기법상 기재사항의 구조는 제20조(용기 등의 기재사항), 제21조(외부 포장 등의 기재사항), 제22조(첨부문서의 기재사항)로 구성되어 있다. 이는 약사법과 동일한 위치별 분류 체계로, 식품표시광고법의 내용별 분류와는 차별화된다. 또한 제23조에서 의무 기재사항을 다른 사항들보다 쉽게 볼 수 있도록 하고 한글로 적어야 한다고 규정하여 정보 전달의 명확성을 강조하고 있다.

의료기기법상 기재사항의 내용적 특징은 의료기기의 안전성과 사용법에 중점을 두고 있다는 점이다. 제조업자 및 수입업자 정보, 제품명, 모델명, 제조번호, 제조연월일, 사용기한, 중량 또는 개수, 의료기기 분류, 허가번호 등

용기나 포장에 적도록 정한 사항
7. 품목허가증 및 품목신고증에 기재된 모든 성분의 명칭, 유효 성분의 분량(유효 성분이 분명하지 아니한 것은 그 본질 및 그 제조방법의 요지) 및 보존제의 분량. 다만, 보존제를 제외한 소량 함유 성분 등 총리령으로 정하는 성분은 제외할 수 있다.
8. "전문의약품" 또는 "일반의약품" [안전상비의약품은 "일반(안전상비)의약품"]이라는 문자
9. 제58조제1항제1호부터 제3호까지에 규정된 사항. 다만, 같은 조 제2항에 따라 의약품에 첨부하는 문서 대신 전자적 방법 등으로 그 내용을 제공하는 경우에는 그 내용을 확인하기 위하여 표기되는 바코드 등으로 갈음할 수 있다. 이 경우 의약품에 첨부하는 문서 대신 그 내용을 전자적 방법 등으로 제공한다는 문구를 용기나 포장에 적어야 한다.
10. 그 밖에 총리령으로 정하는 사항

을 의무 사항으로 규정하고 있다. 이는 의약품과 마찬가지로 안전한 사용을 위한 정보 제공에 중점을 두는 것으로, 일반 식품과는 규제 목적과 성격에서 차이를 보인다.

식품표시광고법과 비교할 때 의료기기법은 디지털 시대에 대한 적응성에서 더욱 진보적인 모습을 보인다. USB, 시디(CD), 안내서, 인터넷 홈페이지 등 다양한 전자적 매체를 통한 정보 제공을 명시적으로 허용하고 있어, 온라인 정보 제공에 대한 명확한 법적 근거를 제공하고 있다. 반면 식품표시광고법은 여전히 물리적 표시에 중점을 두는 전통적 접근에 머물러 있다.

6 관련 판례

1. 인천지방법원 2023고단1924 판결

개요	• 중국산 식품첨가물을 수입 후 단순 가공처리(분쇄, 탈철, 이물제거 등)만 하고도 국내에서 제조한 것처럼 제조연월일을 새롭게 표시하여 판매
쟁점	• 제조연월일 허위기재 여부 : 분쇄·분체·탈철·이물제거 등의 추가공정이 '단순 가공처리'에 해당하는지, 아니면 '제조일자를 새로 기재할 수 있는 가공'에 해당하는지 여부
판단 근거	• 식품등의 표시기준에서 '원료제품의 저장성이 변하지 않는 단순 가공처리'의 경우 제조연월일은 원료제품의 포장시점으로 표시해야 함. - 해당 식품첨가물은 화학적 합성품으로, 분쇄·분체·탈철·이물제거를 해도 저장성이 변하지 않음. - 대외무역관리규정에서도 위와 같은 가공은 '단순 가공활동'으로 규정. - 따라서 국내 재포장일을 제조연월일로 기재한 것은 허위 표시.
결과	• 식품위생법 위반, 식품등의표시·광고에관한법률 위반 → 벌금 2,000만 원
의미 분석	• 표시기준 적용 범위 명확화 : 단순 가공처리의 범위와 제조연월일 표기 기준을 법원이 구체적으로 판단. 향후 유사 사건에서 실무 해석의 기준 제시 • 식품첨가물 관리 강화 : 화학적 합성품 등 저장성 변화가 없는 제품의 경우 제조연월일 허위 표시가 엄격히 제재될 수 있음을 경고.

2. 대구지방법원 2023고정489 판결

개요	• 건강보조식품의 주요 원재료 함량을 표시하지 않고, 함량이 높은 것처럼 오인할 수 있는 표시를 하여 판매한 사건
쟁점	• 제품명에 원재료명(천마)을 사용했으나 주표시면에 실제 함량을 기재하지 않은 행위가 위반에 해당하는지 • 함량 약 0.06%에 불과한 천마 함유 제품을 "천마등혼합추출물 94%"로 표기한 것이 소비자로 하여금 천마 함량이 높다고 오인하게 하는지 여부
판단 근거	• 법령은 제품명에 원재료명을 사용할 경우 **실제 함량(백분율)**과 추출물·농축액의 경우 고형분 함량까지 표시하도록 규정 - 해당 제품은 천마 함량이 0.06%에 불과하나, '94%'라는 수치를 혼합추출물 전체 비율로 표시해 소비자가 천마가 주원료라고 오인할 수 있음
결과	• 식품등의표시·광고에관한법률 위반 → 벌금 500만 원
의미 분석	• 원재료 함량 표시의무의 엄격 적용 : 제품명에 원재료명을 사용하는 경우, 실제 함량 기재 의무가 위반되면 함량이 미미하더라도 처벌됨을 확인 • 소비자 오인 방지 원칙 강화 : 혼합추출물 비율과 개별 원재료 함량을 혼동시키는 표시는 부당 표시로 제재됨 • 장기간 반복행위의 불이익 : 판매 규모와 기간이 양형에 불리하게 작용 • 실무상, 제품명·포장 문구 설계 시 함량 표시 규정 준수가 필수임을 경고

3. 대전지방법원 2021고정464 판결

개요	• 표시사항(제품명, 내용량, 원재료명, 제조연월일, 유통기한 등)을 전부 표시하지 않은 축산물을 판매 목적으로 보관
쟁점	• 최소 판매단위별 표시의무 위반 여부 : 개별포장된 축산물에는 표시사항이 전혀 없고, 운반용 상자에만 일괄 표기한 경우 법 위반이 성립하는지 • 운반용 상자 표시로 표시의무를 대체할 수 있는지 여부
판단 근거	• 식품표시광고법 제4조 제1항 제1호 : 축산물에는 제품명, 내용량, 원재료명, 제조연월일, 유통기한 등을 표시(구체적 표시방법은 총리령에 위임) - 시행규칙 제5조 제2항 [별표 3] 제1호: 소비자에게 판매하는 제품의 최소 판매단위별 용기·포장에 표시해야 함 • 판매용 육류의 최소 판매단위는 개별포장이므로, 해당 포장에 직접 표시가 필요하므로 운반용 상자에만 표시한 것은 규정 위반에 해당
결과	• 식품등의표시·광고에관한법률 위반 → 벌금 2,000만 원
의미 분석	• 최소 판매단위별 표시의무 명확화 : 소비자에게 직접 판매되는 단위(개별포장)에 표시사항을 기재해야 한다는 점을 확인 • 상위 포장(운반상자) 표시는 법적 의무 이행으로 인정되지 않음 • 소비자 보호 중심 해석 : 표시의 목적이 소비자 정보 제공임을 전제로, 판매 시점에서 소비자가 확인 가능한 위치에 표시해야 함을 강조

『식품표시광고법 해설』

제4조2 시각·청각장애인을 위한 점자 및 음성·수어 영상변환용 코드의 표시

법　률 (23.6.13) 신설	제4조의2(시각·청각장애인을 위한 점자 및 음성·수어영상변환용 코드의 표시) ① 식품등을 제조·가공·소분하거나 수입하는 자는 식품등에 시각·청각장애인이 활용할 수 있는 점자 및 음성·수어영상변환용 코드의 표시를 할 수 있다. ② 식품의약품안전처장은 시각·청각장애인을 위한 점자 및 음성·수어영상변환용 코드의 표시 대상·기준 및 방법 등에 관하여 가이드라인을 마련하여야 한다. ③ 식품의약품안전처장은 제1항에 따른 표시에 필요한 경우 행정적 지원을 할 수 있다.
시 행 령	
시행규칙	
관련판례	

1 배경 및 취지

　　식품표시광고법 제4조의2는 시각·청각장애인 등 정보 접근이 어려운 소비자도 식품 정보를 쉽게 이해하고 활용할 수 있도록 하기 위해 도입된 규정이다. 구체적으로, 장애인을 위해 점자 및 음성·수어영상변환용 코드를 식품 등에 표시할 수 있는 근거를 마련하고, 식약처장이 이에 관한 가이드라인을 마련하며, 필요한 행정적 지원을 할 수 있도록 한 것이다.

　　과거에도 시각장애인 단체·청각장애인 단체를 중심으로, 의약품·화장품·식품의 포장에 점자 표시와 음성 안내를 확대해야 한다는 요구가 지속적으로 제기되었으나, 기존 제도는 일부 식품 포장에서 점자 '식품' 또는 '음료' 정도만 표기되는 경우가 많고, 구체적인 제품명·유통기한·섭취주의사항 등 핵심 정보 제공이 미흡한 경우가 많아 한계가 있었다. 기술 발전에 따라 스마트폰 카메라를 통한 QR코드 스캔, 음성 변환, 수어 영상 제공 기술이 상용화되면서, 2021~2022년 사이 식약처가 관련 실태조사와 시범사업을 진행했고, 이후 국회에서 식품표시광고법 개정안을 발의·통과시켜 2023년 법률에 반영되었습니다.

이 조문은 장애인의 식품 정보에 대한 접근권 보장 확대의 전기로 평가된다. 기존 글자·이미지 중심의 식품 표시를 직접 인식하는데 어려움이 있던 시각·청각장애인들은 점자 및 QR코드(음성 변환·수어 영상 변환용 코드)를 통해 식품의 주요 정보에 보다 쉽게 접근할 수 있게 되었으며, 소비자 권익 증진 측면에서도 단순히 안전사고를 예방하는 차원을 넘어, 장애인의 자율적이고 합리적인 소비 선택권 실현이라는 목적에도 기여하였다. 또한, 우리나라가 비준한 CRPD[93] 제9조(접근성)·제30조(문화생활, 여가 및 스포츠 참여)와 「장애인차별금지 및 권리구제 등에 관한 법률」의 정보 접근권 보장 의무화를 식품 분야에서 구체화한 조항이라고 볼 것이다.[94]

2 해설

1 제1항 : 사업자의 표시 가능 규정

> ① 식품등을 제조·가공·소분하거나 수입하는 자는 식품등에 시각·청각장애인이 활용할 수 있는 점자 및 음성·수어영상변환용 코드의 표시를 할 수 있다.

표시의 주체는 식품등을[95] 제조·가공·소분하거나 수입하는 자이다. 즉, 국내 제조업자, 식품가공업자, 소분업체, 수입업자 등이 포함되지만, 유통·판매업자는 표시 의무 대상에 포함되지 않는다.

표시대상은 점자 표시와 음성·수어영상변환용 코드 표시이다. 점자 표시

---

[93] Convention on the Rights of Persons with Disabilities(UN 장애인 권리 협약 : 장애인의 존엄성과 권리를 보장하기 위해 국제연합이 2006년 채택한 인권 협약)
[94] 미국 등 해외 주요국에서 의약품 처방전 라벨 등에서 시각장애인을 위한 점자 및 음성 기술 활용 권장 사례가 있으나, 식품 전반에 대한 장애인 접근성 표시는 장애인차별금지법(ADA) 등 포괄적 권리 보장 차원에 따르고 있어, 한국의 식품표시광고법 제4조의2 조항의 신설은 국제적 흐름을 선도하는 진보적 모범 사례라 할 것이다.
[95] 법 제2조(정의)에 따라 식품, 식품첨가물, 기구·용기·포장 등이 포함된다.

는 제품 포장이나 라벨에 점자를 인쇄·부착하게 되며, 음성·수어영상변환용 코드 표시는 QR코드·바코드 등을 통해 스마트폰 등 기기로 스캔 시 음성 안내 또는 수어 영상을 제공하게 된다.

본 조항은 "표시할 수 있다"고 규정되어, 의무가 아니라 가능성·권장 조항이다. 다만, 가이드라인 및 사회적 흐름에 따라 향후 권장·확대가 이루어질 것으로 예상된다.[96]

② **제2항** : 행정기관(식약처)의 의무

> ② 식품의약품안전처장은 시각·청각장애인을 위한 점자 및 음성·수어영상변환용 코드의 표시 대상·기준 및 방법 등에 관하여 가이드라인을 마련하여야 한다.

가이드라인 마련 주체는 식품의약품안전처장이다. 식약처장은 제1항에서 규정한 점자 및 음성·수어영상변환용 코드 표시와 관련해 표시 대상(어떤 제품에 적용할지), 표시 기준(점자나 코드는 어떤 정보, 어떤 형식으로 표기할지) 및 표시 방법(라벨 부착·인쇄·코드 생성·정보 제공 방식 등) 등의 내용을 포함한 가이드라인을 마련하여야 한다.[97] 가이드라인이므로 제시된 내용을 그대로 따라야 하는 것은 아니지만, 표시의 주체가 통일된 기준에 따라 제작·부착하여 소비자 혼란을 방지하고, 기술적·실무적 실행성을 확보하기 위해서는 가능하면 준수하는 것이 바람직하다.

③ **제3항** : 행정적 지원

> ③ 식품의약품안전처장은 제1항에 따른 표시에 필요한 경우 행정적 지원을 할 수 있다.

---

[96] 약사법 제59조의2(시각·청각장애인을 위한 의약품의 표시)에 따라 안전상비의약품을 포함하여 식약처장이 정하는 의약품에 대해 제품명 등 식약처장이 정하는 항목에 대하여는 의무적으로 표시토록 하고 있다. 의료기기의 경우 의료기기법 제23조의2에 따라 식품과 동일하게 권고사항이다.

[97] 식품의 점자 표시 등에 대한 가이드라인(민원인 안내서)이 2022년 7월 6일 제정되었다.

제5장. 표시 및 광고에 대한 기준(제4조~제7조)

식품의약품안전처장(주체)은 중소 제조업체나 지원이 필요한 사업자에게 기술·재정적 부담을 완화하여 제1항의 점자·코드 표시의 보급을 촉진하기 위하여(목적) 필요한 경우 국가 또는 행정기관이 행정적 지원 제공(무엇을)을 할 수 있다. 지원 사업에는 제작비 지원, 표준 코드 개발·배포, 모범사례 공유, 안내 자료 제공 등이 있을 수 있으며, 식약처는 200여 개 식품 전문용어에 대한 수어 개발과 영상 제작 등 지원사업을 시행하고 있다.

참고 | 장애인의 정보 접근성 관련 규정

1. 장애인차별금지 및 권리구제 등에 관한 법률 제21조(정보통신·의사소통 등에서의 정당한 편의제공의무) ① … 당해 행위자 등이 생산·배포하는 전자정보 및 비전자정보에 대하여 장애인이 장애인 아닌 사람과 동등하게 접근·이용할 수 있도록 한국수어, 문자 등 필요한 수단을 제공하여야 한다.

2. 지능정보화 기본법 제46조(장애인·고령자 등의 지능정보서비스 접근 및 이용 보장) ① 국가기관등은 정보통신망을 통하여 정보나 서비스를 제공할 때 장애인·고령자 등이 다음 각 호의 유·무선 정보통신을 쉽게 이용할 수 있도록 접근성을 보장하여야 한다.

3. 방송법 제69조(방송프로그램의 편성등) ⑧ 방송사업자는 장애인의 시청을 도울 수 있도록 한국수어·폐쇄자막·화면해설 등을 이용한 방송(이하 "장애인방송"이라 한다)을 하여야 한다. 이 경우 방송통신위원회는 방송사업자가 장애인방송을 하는 데 필요한 경비 및 장애인방송을 시청하기 위한 수신기의 보급에 필요한 경비의 전부 또는 일부를 「방송통신발전 기본법」 제24조에 따른 방송통신발전기금에서 지원할 수 있다.

4. 민사소송법 제143조(통역) ① 변론에 참여하는 사람이 우리말을 하지 못하거나, 듣거나 말하는 데 장애가 있으면 통역인에게 통역하게 하여야 한다. 다만, 위와 같은 장애가 있는 사람에게는 문자로 질문하거나 진술하게 할 수 있다.

『식품표시광고법 해설』

제5조　영양표시

법　　률	제5조(영양표시) ① 식품등(기구 및 용기·포장은 제외한다. 이하 이 조에서 같다)을 제조·가공·소분하거나 수입하는 자는 총리령으로 정하는 식품등에 영양표시를 하여야 한다. ② 제1항에 따른 영양성분 및 표시방법 등에 관하여 필요한 사항은 총리령으로 정한다. ③ 제1항에 따른 영양표시가 없거나 제2항에 따른 표시방법을 위반한 식품등은 판매하거나 판매할 목적으로 제조·가공·소분·수입·포장·보관·진열 또는 운반하거나 영업에 사용해서는 아니 된다.
시 행 령	
시행규칙	제6조(영양표시) ① 법 제5조제1항에서 "총리령으로 정하는 식품등"이란 별표 4의 식품등을 말한다. ② 법 제5조제2항에 따른 표시 대상 영양성분은 다음 각 호와 같다. 다만, 건강기능식품의 경우에는 제6호부터 제8호까지의 영양성분은 표시하지 않을 수 있다. 1. 열량 2. 나트륨 3. 탄수화물 4. 당류[식품, 축산물, 건강기능식품에 존재하는 모든 단당류(單糖類)와 이당류(二糖類)를 말한다. 다만, 캡슐·정제·환·분말 형태의 건강기능식품은 제외한다] 5. 지방 6. 트랜스지방(Trans Fat) 7. 포화지방(Saturated Fat) 8. 콜레스테롤(Cholesterol) 9. 단백질 10. 영양표시나 영양강조표시를 하려는 경우에는 별표 5의 1일 영양성분 기준치에 명시된 영양성분 ③ 제2항에 따른 영양성분을 표시할 때에는 다음 각 호의 사항을 표시해야 한다. 1. 영양성분의 명칭 2. 영양성분의 함량 3. 별표 5의 1일 영양성분 기준치에 대한 비율 ④ 제2항에 따른 영양성분을 표시할 때에는 소비자가 쉽고 명확하게 알아볼 수 있도록 선명하게 표시해야 하며, 글씨크기·표시장소 등 구체적인 표시방법은 별표 3과 같다. ⑤ 제1항부터 제4항까지에서 규정한 사항 외에 영양성분의 표시방법 등에 관한 세부 사항은 식품의약품안전처장이 정하여 고시한다.
관련판례	

제5장. 표시 및 광고에 대한 기준(제4조~제7조)

1 취지와 배경

우리나라 식품 영양표시제도는 2000년대 들어 급격한 식생활 서구화와 가공식품·외식 소비 증가를 배경으로 도입되었다. 이로 인해 비만, 고혈압, 당뇨병 등 생활습관병 유병률이 높아지고, 특히 아동·청소년 비만이 빠르게 증가하면서 국민 건강에 대한 우려가 커졌고, 잘못된 식생활 습관이 만성질환과 직결된다는 의학적 근거가 축적되자, 국민 개개인이 식품 선택에서 합리적 결정을 내릴 수 있도록 영양정보 제공의 필요성이 더욱 커지게 되었다. 국제적으로도 1990년 미국의 「영양표시교육법」, EU의 영양표시 강화 정책, 코덱스(Codex) 권고 등 영양성분 표시 의무화가 확산되고 있었고, 우리나라도 교역 환경과 국제 기준에 부합하는 제도 마련이 요구되었다.

영양표시의 핵심 취지는 소비자의 알 권리 보장과 국민건강 증진이다. 열량, 나트륨, 당류, 포화지방 등 과다 섭취 시 건강에 해로운 성분과 단백질, 식이섬유 등 유익한 성분의 함량을 소비자가 명확히 알 수 있도록 함으로써 올바른 식품 선택을 유도하고, 나아가 식품기업들이 성분 함량 개선과 건강 지향 제품 개발에 나서도록 유도해 산업의 건전한 발전도 꾀하게 된다.

영양표시제도는 시장의 상황을 고려하여 단계적으로 도입되었다. 초기에는 과자류, 빵류, 유제품 등 일부 식품군에 의무화하고 점차 확대함으로써 산업계의 적응을 돕고 운영상의 문제점을 보완하였다. 또한 법률에 교육·홍보 조항을 병행해 국민이 영양표시를 올바르게 이해·활용하도록 했다. 구체적인 표시 기준은 한국인의 영양섭취기준과 식생활 실태를 반영하여, 나트륨·당류 등 과다 섭취 성분과 식이섬유 등 부족 성분을 중심으로 설정되었다.

이 제도의 도입은 우리나라 식품안전 및 영양정책사에서 중요한 전환점으로, 소비자의 정보 접근성과 선택권을 확대하고, 건강 친화적 식품개발을 촉진했으며, 국제 기준과의 정합성을 확보하는 기반이 되었다. 2018년 식품표시광고법으로 이관됨에 따라 표시·광고 정책의 전문성과 법률 체계의 강화 계기가 마련되었으며, 현재도 국민건강 증진과 올바른 식생활 문화 정착을 위한 핵심 정책 수단으로 지속 발전해 나가고 있다.

2 연 혁

우리나라 식품 영양표시제도는 2007년 9월 27일 식품위생법에 제10조의2(식품의 영양표시 및 교육·홍보)를 신설하면서 법률에 처음 도입되었다. 이후 2018년 식품표시광고법 제정 시 제5조로 이관되어 현재에 이르고 있다.

연 혁	주요 내용
식품위생법 개정 2007.9.27. 법률 제8005호	제10조의2(식품의 영양표시 및 교육·홍보) ① 식품의약품안전청장은 보건복지부령이 정하는 식품의 영양표시에 관하여 필요한 기준을 정하여 이를 고시할 수 있다. ②식품을 제조·가공·소분 또는 수입하는 영업자가 식품을 판매하거나 판매의 목적으로 수입·진열·운반 또는 영업상 사용하는 경우 제1항의 규정에 따라 정하여진 영양표시기준을 준수하여야 한다. ③식품의약품안전청장은 국민들이 제1항의 규정에 따른 영양표시를 식생활에 활용할 수 있도록 교육·홍보를 실시하여야 한다. ☞ 영양표시 제공 근거 법률에 도입, 교육·홍보 명문화
식품위생법 전부개정 2009. 2. 6. 법률 제9432호	제11조(식품의 영양표시 등) ① 식품의약품안전청장은 **보건복지가족부**령으로 정하는 식품의 영양표시에 관하여 필요한 기준을 정하여 고시할 수 있다. ② ③ 〈이하 생략〉 ☞ 근거 조항 이관(제10조의2→제11조), 소관부처 명칭 변경
식품위생법 타법개정 2013. 3.23. 법률 제11690호	제11조(식품의 영양표시 등) ① **식품의약품안전처장은 총리령**으로 정하는 식품의 영양표시에 관하여 필요한 기준을 정하여 고시할 수 있다. ② 〈생략〉 ③ **식품의약품안전처장**은 국민들이 제1항에 따른 영양표시를 식생활에서 활용할 수 있도록 교육과 홍보를 하여야 한다. ☞ 정부조직법 개정에 따른 소관 부서명칭 변경(식약청→식약처)
식품표시광고법 제정 2018.3.13. 법률 제15483호	제5조(영양표시) ① **식품등(기구 및 용기·포장은 제외한다. 이하 이 조에서 같다)을 제조·가공·소분하거나 수입하는 자는 총리령으로 정하는 식품등에 영양표시를 하여야 한다.** ② 제1항에 따른 영양성분 및 표시방법 등에 관하여 필요한 사항은 총리령으로 정한다. ③ **제1항에 따른 영양표시가 없거나 제2항에 따른 표시방법을 위반한 식품등은 판매하거나 판매할 목적으로 제조·가공·소분·수입·포장·보관·진열 또는 운반하거나 영업에 사용해서는 아니 된다.** ☞ 식품표시광고법 제정으로 근거 법률 이관, 교육·홍보 규정 분리

제5장. 표시 및 광고에 대한 기준(제4조~제7조)

3　해 설

① (제1항) 식품등(기구 및 용기·포장은 제외한다. 이하 이 조에서 같다)을 제조·가공·소분하거나 수입하는 자는 총리령으로 정하는 식품등에 영양표시를 하여야 한다.

법률(제5조 제1항)은 "누가"와 "무엇을" 영양표시해야 하는지 큰 틀을 정하고, 총리령 [별표 4]는 그 대상을 식품군별로 구체화하며, 매출 규모·영업 형태에 따른 적용 시기와 면제 사유를 세분화하여 규정하고 있다.

1. 무엇을(식품등)

식품등에 영양표시를 하여야 한다. "식품등"은 법 제2조 제1호에 정의된 사항을 의미하나, 본 조항에서는 기구 및 용기·포장은 제외하고 식품, 식품첨가물, 건강기능식품, 축산물을 의미한다.

2. 누가(표시의 의무 주체)

"식품등(기구 및 용기·포장은 제외한다)을 제조·가공·소분하거나 수입하는 자"이다. 영양성분 표시가 원칙적으로 식품 그 자체에 대한 정보 제공을 목적으로 하기 때문에 기구 및 용기·포장은 적용 대상에서 제외된다. 제조·가공·소분·수입의 범위에는 완제품 생산뿐 아니라 반제품, 수입 후 국내 유통을 위한 포장 변경 등도 포함된다.

3. 영양표시 대상 식품[98]

영양표시 의무 식품군은 레토르트식품, 과자류·빵류·떡류, 빙과류, 코코아가공품·초콜릿류, 당류가공품, 잼류, 두부류·묵류, 식용유지류, 면류, 음

---
[98] 식품 등의 표시·광고에 관한 법률 시행규칙 [별표 4] 영양표시 대상 식품등(제6조제1항 관련)

료류(다류·커피·과채음료·탄산음료·두유·발효음료·인삼홍삼음료 등), 특수영양식품, 특수의료용도식품, 장류, 조미식품, 절임류·조림류(배추김치 포함), 농산가공식품류, 식육가공품, 알가공품, 유가공품, 수산가공식품, 즉석식품류, 건강기능식품과 기타 영업자가 자율적으로 영양표시를 하는 식품·축산물이 해당된다. 2019년 매출액 규모에 따라 순차적으로 적용된다.

<표 15> 매출 규모에 따른 영양표시 의무 시행 시기

표시 대상	시행 시기
• 매출 120억 원 이상(배추김치는 300억 원 이상)	2022.1.1. 시행
• 매출 50억~120억 원(배추김치는 300억 원 미만)	2024.1.1. 시행
• 매출 50억 원 미만	2026.1.1. 시행

영양표시 제외 대상도 총리령으로 정하고 있다. 즉석판매제조·가공업 또는 식육즉석판매가공업자가 제조·가공·재포장하는 식품, 원료로만 사용되고 최종 소비자에게 직접 제공되지 않는 식품, 포장·용기 주표시면 면적이 30㎠ 이하인 경우, 농·임·수산물, 식육, 알류 등이 해당된다.

② (제2항) 제1항에 따른 영양성분 및 표시방법 등에 관하여 필요한 사항은 총리령으로 정한다.

1. 표시 대상 영양성분

총리령 제6조 제2항은 표시해야 하는 영양성분으로 열량, 나트륨, 탄수화물, 당류, 지방, 트랜스지방(Trans Fat), 포화지방(Saturated Fat), 콜레스테롤(Cholesterol), 단백질을 규정하고 있으며, 건강기능식품의 경우에는 트랜스지방, 포화지방, 콜레스테롤의 영양성분은 표시하지 않을 수 있다고 규정하고 있다. 한편, 위에서 제시된 영양성분 이외에 사업자가 자발적으로 영양표시를 추가하거나, 특정 영양성분을 강조(영양강조표시)하려는 표시의 대상은 [별표 5][99]에 규정된 영양성분에 한정된다.

---

[99] 식품 등의 표시·광고에 관한 법률 시행규칙 [별표 5] 1일 영양성분 기준치

제5장. 표시 및 광고에 대한 기준(제4조~제7조)

<참고> 영양표시 추가 규정(시행규칙 제6조 제2항 제10호) 타당성 검토	
• 시행규칙 제6조 제2항은 각호에서 표시대상 영양성분을 규정하면서, 제10호에서 "영양표시나 영양강조표시를 하려는 경우에는 별표 5의 1일 영양성분 기준치에 명시된 영양성분" 이라고 규정하고 있다. 이에 대하여 제10호의 의미가 명확하지 않고 소비자나 사업자 등의 오해를 불러일으킬 수 있다는 지적이 가능하다.	
• 제10호가 방법 규정이 아니라 범위 제한 규정임을 명확히 하여, 사업자·소비자 모두 이해하기 쉬운 구조로 개선하는 방안을 검토할 필요가 있다.	
개정안 (예시)	10. 제1호부터 제9호까지의 성분 이외에 추가로 영양성분을 표시하거나 특정 영양성분을 강조표시하려는 경우에는, 별표 5의 1일 영양성분 기준치에 명시된 영양성분

2. 표시할 때 포함해야 하는 정보(총리령 제6조 제3항)

영양성분을 표시할 때에는 영양성분의 명칭, 영양성분의 함량, 별표 5의 1일 영양성분 기준치에 대한 비율을 표시해야 한다.

3. 영양표시의 방법

표시 방법에 대하여는 총리령 제6조 제4항 및 별표 3에서 정하고 있으며 요약하면 아래와 같다.

<표 16> 영양표시의 방법(요약)

구 분	내 용
가독성 확보	• 소비자가 쉽고 명확하게 인식 가능하도록 선명하게 표시
표시면 구분	• 주표시면·정보표시면을 색상 대비로 구분
글씨 크기	• 10포인트 이상(예외 시 고시 기준 적용)
표시 위치	• 최소 판매단위 용기·포장(일부 소포장, 특수제품 예외 인정)
언어 규정	• 원칙 한글, 필요시 한자·외국어 병기(크기·위치 제한)
표시 도구	• 지워지지 않는 잉크·각인·소인 등 사용
글자 비율·간격	• 장평 90% 이상, 자간 -5% 이상(소면적 예외 있음)
방해 요소 금지	• 글씨 겹침, 도안·사진 등에 의한 가림 금지

위에서 정한 사항 이외에 영양성분의 표시방법 등에 관한 세부 사항은 식품의약품안전처장이 정하여 고시하며,(총리령 제6조 제5항) 식품등의 표시기준(식약처 고시)에 따른 영양표시 방법은 다음과 같이 정리될 수 있다.

<표 17> 영양성분의 표시방법 세부사항(요약)

구 분	내 용
표시 위치 및 형태	• 소비자가 잘 볼 수 있는 주표시면 또는 정보표시면에 표시하며, 동일 시야 내에서 한눈에 확인할 수 있도록 배치. 표시는 표 또는 열 형식으로 하되, 글자색과 배경색 대비를 통해 가독성을 제고.
표시 항목	• 총리령 제6조 제2항에 따른 영양성분은 의무적으로 표시해야 하며, 그 이외에 영양표시를 추가하거나, 특정성분 영양강조표시는 [별표 5] 1일 영양성분 기준치에 명시된 성분에 한정됨. • 성분명, 함량, 1일 영양성분 기준치 대비 비율(%)을 함께 표시해야 함
단위 및 수치 표시	• 영양성분 함량은 g, mg, μg 등 적정 단위로 표시하며, 소수점 표기 규칙은 고시에 따름. 함량 값은 실측치 또는 분석에 근거한 평균값을 사용해야 하며, 허용 오차 범위 내여야 함.
추가 표기	• 1회 제공량과 총 내용량, 총 제공 횟수를 함께 표시. 필요 시 '*' 등 기호로 주석을 달아 해당 영양성분 관련 주의사항/설명을 기재.
가독성	• 글자 크기, 간격, 줄 높이 등은 [별표 3]의 기준에 따라야 하며, 표시가 선명하고 쉽게 알아볼 수 있도록 해야 함.
특수 유형	• 소포장, 복합포장, 캡슐·정제 형태 등 특수 형태의 경우에는 해당 유형에 맞춘 별도 표시 규정이 적용. 건강기능식품은 일부 영양성분(트랜스지방, 포화지방, 콜레스테롤) 표시를 생략 가능.

③ (제3항) 제1항에 따른 영양표시가 없거나 제2항에 따른 표시방법을 위반한 식품등은 판매하거나 판매할 목적으로 제조·가공·소분·수입·포장·보관·진열 또는 운반하거나 영업에 사용해서는 아니 된다.

1. 제1항에 따른 영양표시가 없거나

법률에서 의무화한 영양표시를 전혀 하지 않았거나 불완전하게 표시한 경우를 의미한다. 표시 대상 영양성분은 열량, 나트륨, 탄수화물, 당류, 지방,

트랜스지방, 포화지방, 콜레스테롤, 단백질 등 9개 필수 항목과 영양표시나 영양강조표시를 하려는 경우의 추가 영양성분을 포함한다.

가공식품 포장지에 제품명, 원재료명, 내용량 등은 표시되어 있지만 영양성분에 관한 정보가 아예 없거나, 9개 필수 영양성분 중 일부만 표시한 경우도 해당된다. 물론 소포장 제품이나 단일원재료 식품 등 표시 의무 면제 대상은 예외로 한다.

2. 제2항에 따른 표시방법을 위반

영양성분은 표시했으나 법령에서 정한 표시방법과 형식을 준수하지 않은 경우를 의미한다. 이는 영양성분의 내용은 있지만 형식·방법·단위·위치·글자 크기 등 세부 기술 기준을 지키지 않아 소비자가 올바르게 이해할 수 없도록 표시한 경우이다. 예를 들어, 영양성분 표의 글씨 크기가 최소 규격인 8포인트보다 작아 식별이 어려운 경우, 규정된 표 형식이 아닌 문장 형태로 기재한 경우, 단위를 g 대신 임의의 단위로 표시한 경우가 있다. 또한 1회 제공량, 1일 영양성분 기준치(%) 병기를 누락하거나, 글자색이 배경색과 유사하여 소비자가 내용을 식별하기 어려운 경우도 이에 해당한다.

3. '식품등'은 법 제2조(정의) 제7호에서 정의된 식품의 총칭에서 기구, 용기·포장을 제외한 개념이다. '판매하거나' 이후의 내용은 제4조(표시의 기준) 해설 내용과 동일하다.

4 해외 주요국 규정과의 비교

[1] 미국[100]

미국은영양표시교육법(NLEA, Public Law 101-535)을 통해 포장식품의 영양

---
[100] Nutrition Labeling and Education Act(NLEA, 1990)

표시를 의무화하였고, FDA가 21 CFR Part 101에 영양성분표에 관한 세부 규정을 마련하였다. 이 규정은 대부분의 포장식품을 대상으로 적용되며, 일부 소포장, 신선 농산물, 특정 소매제품 등은 예외로 한다. 미국의 영양표시는 'Nutrition Facts' 패널이라는 표준화된 양식에 따라 작성되며, 열량, 지방, 포화지방, 콜레스테롤, 나트륨, 탄수화물, 식이섬유, 당류, 단백질 등의 항목을 1회 제공량(serving size) 기준으로 표기하고, 각 항목에 대해 1일 영양섭취기준 대비 비율(%DV, Percent Daily Value)을 병기하도록 하고 있다.

이 제도는 소비자가 식품의 영양정보를 쉽게 이해하고 비교하여 건강한 선택을 하도록 지원하는 취지로 도입되었으며, 영양·건강 관련 주장을 객관적으로 뒷받침하는 기능도 갖는다. 한국의 제도와 비교하면, 미국은 1회 제공량 중심의 표기 체계를 두고 있는 점이 특징이며, 최근에는 전면(front-of-pack) 간략표시 도입을 검토하는 움직임이 나타나고 있다.

미국 NLEA 시스템은 소비자 친화적인 표준화된 표시 방식을 제공한다는 면에서 우수하나, 1회 제공량 기준으로 인해 제조업체의 자의적 해석 가능성이 있고, 레스토랑 적용이 제외되는 한계가 있다.

<표 18> 한국과 미국의 식품 영양표시 비교

구분	미국(NLEA, 1990)	한국(식품표시광고법 제5조)
대상	• 대부분의 포장식품	• 가공식품, 일부 건강기능식품 등
예외 면제	• 소규모 제조업체, 소포장(12 sq.in 이하), 즉석판매식품 등 면제	• 소포장 제품, 단일 원재료 식품, 즉석판매식품 등 고시상 면제
필수 표시	• 열량(kcal), 총지방, 포화지방, 트랜스지방, 콜레스테롤, 나트륨, 총탄수화물, 식이섬유, 총당류, 첨가당, 단백질, 비타민 D, 칼슘, 철, 칼륨	• 열량(kcal), 탄수화물, 당류, 단백질, 지방, 포화지방, 트랜스지방, 콜레스테롤, 나트륨, (필요시) 기타 영양소
기준 단위	• 1회 제공량(Serving size)중심, 제품군별 표준 서빙 기준 규정	• 1회 섭취참고량과 내용량 기준 병기, 제품군별 섭취참고량 별표 규정
표시 형식	• Nutrition Facts패널 형식 (정해진 서식·폰트·배치 준수)	• 고시 서식에 따른 표 형식(주표시면·정보표시면 구분, 글자크기·배경색)
표시 위치	• 포장 뒷면 또는 측면, Nutrition Facts 박스로 구획	• 주표시면 또는 정보표시면에 표시 (제품 유형에 따라 위치 지정)

제5장. 표시 및 광고에 대한 기준(제4조~제7조)

② 유럽연합(EU)

유럽연합은 '소비자를 위한 식품정보 제공에 관한 규정(FIC)'을 통해 역내 전역에 통일된 영양표시 제도를 적용하고 있다. 이 규정은 포장식품의 영양성분 표시를 의무화하고, 에너지, 지방, 포화지방, 탄수화물, 당류, 단백질, 소금 등의 항목을 반드시 기재하도록 한다. 표기는 100그램 또는 100밀리리터 기준을 원칙으로 하며, 소비자 편의를 위해 1회 제공량 기준을 병기할 수 있도록 허용한다. 표기 형식은 정해진 순서와 단위에 따라 표 형태로 제시해야 하며, 알레르기 성분 표시와 같은 추가 규정도 엄격하다. 이 규정은 소비자 보호와 역내 시장의 표시 규칙 통일, 무역 촉진을 목적으로 한다.

EU 규정은 100g/100ml 기준 통일로 제품 간 비교가 용이하고, 14개 알레르기 유발 물질 표시로 소비자 안전을 강화하고 있는 측면에서 평가된다. 다만, 국가별로 전면표시 시스템이 상이하여 혼란 가능성이 있고, 중소 제조업체의 부담이 증가할 수 있다는 점은 한계이다. 또한, 100그램 기준이 실제 섭취량과 차이가 있어 현실성과 직관성이 떨어질 수 있다는 지적도 있다.

<표 19> 한국과 유럽의 식품 영양표시 비교

구분	EU Regulation No 1169/2011	한국 식품표시광고법 제5조
대상	• 대부분의 포장식품	• 가공식품, 일부 건강기능식품 등
예외 면제	• 미가공 소규모 생산품, 소포장(표시공간 제한), 알코올 1.2% 이상 음료	• 소포장 제품, 단일 원재료 식품, 즉석판매식품 등 고시상 면제
필수 표시	• 에너지(kJ/kcal), 지방, 포화지방, 탄수화물, 당류, 단백질, 소금(또는 나트륨)	• 열량(kcal), 탄수화물, 당류, 단백질, 지방, 포화지방, 트랜스지방, 콜레스테롤, 나트륨
기준 단위	• 100g/100ml기준 표기(필수), 1회 제공량(per portion) 병기 허용	• 1회 섭취참고량과 내용량 기준 병기, 제품군별 섭취참고량 별표 규정
표시 형식	• 규정된 순서·단위·서식(표 또는 연속문), 100g 기준 의무	• 고시 서식에 따른 표 형식(주표시면·정보표시면 구분, 글자크기·배경색)
표시 위치	• 일반적으로 포장 뒷면, 소비자 읽기 쉬운 위치	• 주표시면 또는 정보표시면에 표시(제품 유형에 따라 위치 지정)

『식품표시광고법 해설』

③ 일본

일본은 2015년 식품표시법 시행을 통해 소비자의 건강증진과 합리적인 식품선택을 지원하기 위한 목적으로 영양성분표시 의무화를 도입하였다. 핵심 내용은 에너지, 단백질, 지방, 탄수화물, 나트륨(식염상당량)의 5개 항목을 의무적으로 표시하는 것이며,[101] 표시 기준은 100g, 100ml, 1회 제공량 중에서 선택할 수 있도록 하고 있다. 특히 기능성표시식품 제도를 도입하여 기업의 혁신을 촉진하고 있다고 평가된다.

일본 제도는 기능성표시식품 제도를 통해 기업의 혁신을 촉진하고, 식염상당량 표시로 나트륨 섭취량 인식을 개선한다는 점은 긍정적으로 평가되나, 의무 표시 항목이 상대적으로 적어 정보가 부족하고, 기능성 표시의 과학적 근거 검증 체계가 미흡하다는 한계가 지적되고 있다.

<표 20> 한국과 일본의 식품 영양표시 비교

구분	일본 식품표시법(食品表示法) 제4장	한국 식품표시광고법 제5조
대상	• 대부분의 포장식품(건강기능식품)	• 가공식품, 일부 건강기능식품 등
예외 면제	• 100㎠ 이하의 소포장, 특정 소규모 사업자, 영양성분 함량 미미 식품 등	• 소포장 제품, 단일 원재료 식품, 즉석 판매식품 등 고시상 면제
필수 표시	• 열량(kcal), 단백질, 지방, 탄수화물, 나트륨(또는 식염상당량)	• 열량(kcal), 탄수화물, 당류, 단백질, 지방, 포화지방, 트랜스지방, 콜레스테롤, 나트륨
기준 단위	• 100g / 100ml기준 표기(필수) + 1회 제공량(per serving) 병기 가능	• 1회 섭취참고량과 내용량 기준 병기, 제품군별 섭취참고량 별표 규정
표시 형식	• 표 형식 또는 연속문 형태 가능, 순서·단위 규정 있음	• 고시 서식에 따른 표 형식(주표시면·정보표시면 구분, 글자크기·배경색)
표시 위치	• 포장 뒷면 또는 측면, 소비자 식별 용이한 위치	• 주표시면 또는 정보표시면에 표시(제품 유형에 따라 위치 지정)

④ 중국

중국은 「GB 28050-2011(사전포장식품 영양표시 일반규칙)」과 「GB

---

[101] 일본의 의무 표시 항목은 5개로 한국의 9개보다 적다. 그리고 나트륨을 '식염상당량'으로 표시한다.

7718(식품안전 국가표준」을 통해 영양표시를 규정하고 있다. 이 표준은 에너지, 탄수화물, 단백질, 지방, 나트륨 등의 항목을 반드시 표기하도록 하고, 표기 기준은 100그램 또는 100밀리리터를 기본으로 하되 1회 제공량 표기를 병기하거나 권장할 수 있도록 하고 있다. 표기 단위, 소수점 처리, 글자 크기 등도 명확하게 규정되어 있다.

중국은 빠르게 성장하는 가공식품 시장에서 소비자의 건강을 보호하고, 영양정보 접근성을 높이며, 국가 표준을 통한 산업 질서 확립을 이루는 것을 취지로 제도를 도입하였다. 한국과 비교하면 중국은 표기 방식의 유연성을 부여하는 한편, 국가표준의 강제력이 매우 강하다는 점이 다르다. 장점은 통일된 표준을 통한 규제 집행의 용이성이며, 단점은 표준 개정이 잦아 기업의 준수 비용이 증가할 수 있다는 점이다. NRV(하루 기준 섭취량 대비 비율) 시스템을 통해 영양소 적정성 판단이 용이하고, 급속한 경제발전에 맞춘 단계적 규제 도입을 실현했다는 점에서 평가되나, 의무 표시 항목이 제한적이어서 정보가 부족하고, 국제 기준과의 조화가 필요하다는 과제가 있다.

<표 21> 한국과 중국의 식품 영양표시 비교

구분	중국 국가표준 GB 28050/GB 7718	한국 식품표시광고법 제5조
대상	• 사전포장식품(수입품 포함)	• 가공식품, 일부 건강기능식품 등
예외 면제	• 일부 소포장·특수품목	• 소포장 제품, 단일 원재료 식품, 즉석판매식품 등 고시상 면제
필수 표시	• 에너지(열량), 단백질, 지방, 탄수화물, 나트륨(또는 소금) 등	• 열량(kcal), 탄수화물, 당류, 단백질, 지방, 포화지방, 트랜스지방, 콜레스테롤, 나트륨
기준 단위	• 100g/100ml 기준 표기를 기본으로, 1회 제공량(per serving)병기 허용	• 1회 섭취참고량과 내용량 기준 병기, 제품군별 섭취참고량 별표 규정
표시 형식	• 규격화된 box table(표)형태로 표기. 디지털 라벨·QR코드 등 허용 추세	• 고시 서식에 따른 표 형식(주표시면·정보표시면 구분, 글자크기·배경색)

제6조 나트륨 함량 비교 표시

법률	제6조(나트륨 함량 비교 표시) ① 식품을 제조·가공·소분하거나 수입하는 자는 총리령으로 정하는 식품에 나트륨 함량 비교 표시를 하여야 한다. ② 제1항에 따른 나트륨 함량 비교 표시의 기준 및 표시방법 등에 관하여 필요한 사항은 총리령으로 정한다. ③ 제1항에 따른 나트륨 함량 비교 표시가 없거나 제2항에 따른 표시방법을 위반한 식품은 판매하거나 판매할 목적으로 제조·가공·소분·수입·포장·보관·진열 또는 운반하거나 영업에 사용해서는 아니 된다.
시행령	
시행규칙	제7조(나트륨 함량 비교 표시) ① 법 제6조제1항에서 "총리령으로 정하는 식품"이란 다음 각 호의 식품을 말한다. 1. 조미식품이 포함되어 있는 면류 중 유탕면(기름에 튀긴 면), 국수 또는 냉면 2. 즉석섭취식품(동·식물성 원료에 식품이나 식품첨가물을 가하여 제조·가공한 것으로서 더 이상의 가열 또는 조리과정 없이 그대로 섭취할 수 있는 식품을 말한다) 중 햄버거 및 샌드위치 ② 법 제6조제2항에 따른 나트륨 함량 비교 표시를 할 때에는 소비자가 쉽고 명확하게 알아볼 수 있도록 선명하게 표시해야 하며, 글씨크기·표시장소 등 구체적인 표시방법은 별표 3과 같다. ③ 제1항 및 제2항에서 규정한 사항 외에 나트륨 함량 비교 표시의 단위 및 도안 등의 표시기준, 표시사항 및 표시방법 등에 관한 세부 사항은 식품의약품안전처장이 정하여 고시한다.
관련판례	

1 취지와 배경

기존의 영양표시 제도는 제품에 포함된 나트륨 함량을 숫자로만 표기하는 방식으로, 소비자가 직관적으로 이해하고 제품 선택에 반영하기 어려웠다. 이에 정부는 색상과 모양 등 시각적 요소를 활용하여 표시함으로써 숫자 중심의 영양표시의 한계를 극복하, 건강 친화적 식품에 대한 소비자의 선택을 돕기 위한 방식으로 '나트륨 함량 비교 표시 제도'를 도입하였다.

또한, 나트륨 과잉섭취 문제의 심각성과 이를 개선하기 위한 정부의 의지를 고려하여, 법률에 명시함으로써 강행규정의 성격을 보다 강화하고, 하위 법령에서 구체적인 대상, 기준, 표시방법을 정하는 체계를 통해 제도 운영의 실효성을 확보하고자 하였다.

2 연 혁

이 제도는 식품위생법(2015.5.18.)에서 처음 법률에 규정되었다. 표시 대상 식품은 총리령으로 정하고, 영업자에게 나트륨 함량 비교 표시 의무를 부과하였으며, 세부기준과 방법은 식품의약품안전처장이 고시하도록 하였다.

식품표시광고법 제정(2018.3.13.)으로 이관되어 현행 체계를 유지하고 있다. 표시대상과 기준·방법을 총리령에서 정하고, 나트륨 비교 표시가 없거나 방법을 위반한 식품에 대한 판매 등의 금지 의무를 명문화하였다.

연 혁	주요 내용
식품위생법 개정 2015.5.18. 법률 제13332호	제11조의2(나트륨 함량 비교 표시 등) ① 식품을 제조·가공하거나 「수입식품안전관리 특별법」에 따라 수입·판매하는 영업자는 총리령으로 정하는 식품의 나트륨 함량을 동일하거나 유사한 유형의 식품의 나트륨 함량과 비교하여 소비자가 알아보기 쉽게 색상과 모양을 이용하여 표시하여야 한다. ② 식품의약품안전처장은 제1항에 따른 나트륨 함량 비교 표시 기준 및 방법 등을 정하여 고시하여야 한다. ☞ 나트륨 저감화 정책의 적극적 추진 및 법적 근거 마련
식품표시광고법 제정 2018. 3.13. 법률 제15483호	제6조(나트륨 함량 비교 표시) ① 식품을 제조·가공·소분하거나 수입하는 자는 총리령으로 정하는 식품에 나트륨 함량 비교 표시를 하여야 한다. ② 제1항에 따른 나트륨 함량 비교 표시의 기준 및 표시방법 등에 관하여 필요한 사항은 총리령으로 정한다. ③ 제1항에 따른 나트륨 함량 비교 표시가 없거나 제2항에 따른 표시방법을 위반한 식품은 판매하거나 판매할 목적으로 제조·가공·소분·수입·포장·보관·진열 또는 운반하거나 영업에 사용해서는 아니 된다. ☞ 식품표시광고법 제정, 미표시 식품 판매 금지 의무 명시화

3 해 설

① (제1항) 식품을 제조·가공·소분하거나 수입하는 자는 총리령으로 정하는 식품에 나트륨 함량 비교 표시를 하여야 한다.

1. 식품을 제조·가공·소분하거나 수입하는 자

   표시의 주체는 식품 제조업자, 가공업자, 소분업자 및 수입업자이다. 단순 유통·판매업자나 음식점 영업자는 원칙적으로 해당되지 않으나, 해당 영업자가 식품을 제조·가공·소분하는 경우에는 의무가 적용된다. 소비자에게 최종 판매되는 형태로 식품을 공급하는 자에게 표시 의무를 부과하고 있다.

2. 총리령으로 정하는 식품

   표시 대상 식품은 총리령(시행규칙) 제7조 제1항 각호에서 정하고 있는데, ① 조미식품이 포함되어 있는 면류 중 유탕면(기름에 튀긴 면), 국수 또는 냉면과 ② 즉석섭취식품(동·식물성 원료와 식품 또는 식품첨가물을 가공해 별도의 조리 없이 섭취 가능한 제품) 중 햄버거·샌드위치이다. 우리 국민의 나트륨 섭취 기여도와 섭취 빈도, 제품 간 나트륨 함량 차이가 뚜렷해 비교 표시 효과가 큰 품목을 중심으로 하여, 제도 초기의 산업계 부담과 행정적 복잡성을 줄이고, 소비자 선택 변화 가능성을 반영하였다.

② (제2항) 제1항에 따른 나트륨 함량 비교 표시의 기준 및 표시방법 등에 관하여 필요한 사항은 총리령으로 정한다.

1. (표시 원칙) 나트륨 함량 비교 표시를 할 때에는 소비자가 쉽고 명확하게 알아볼 수 있도록 선명하게 표시해야 하며, 글씨크기·표시장소 등 구체적인 표시방법은 별표 3[102]과 같다.

제5장. 표시 및 광고에 대한 기준(제4조~제7조)

2. 세부 사항은 식품의약품안전처장 고시에 위임

나트륨 함량 비교 표시사항은 주표시면 또는 정보표시면에 표시하거나 QR 코드 등과 연계(포장지 면적이 50㎠ 이하인 경우에 한한다.)하여 전자적으로 표시할 수 있으며, 실제 비교 표시의 색상 체계, 함량 구간, 도안 형태 등은 「나트륨 함량 비교 표시기준 및 방법(고시) 별표 2」에서 규정하고 있다.

<그림 2> 나트륨 함량 비교 표시 방법

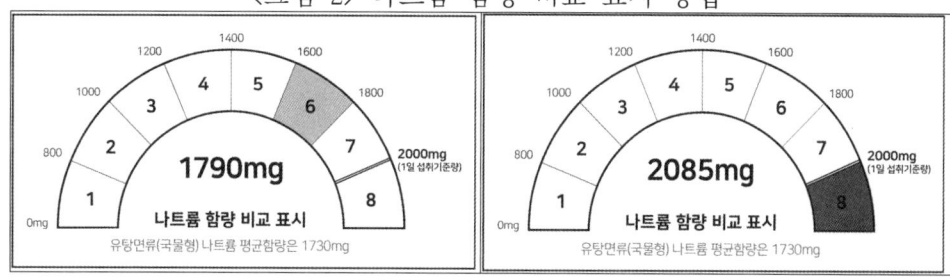

③ (제3항) 제1항에 따른 나트륨 함량 비교 표시가 없거나 제2항에 따른 표시방법을 위반한 식품은 판매하거나 판매할 목적으로 제조·가공·소분·수입·포장·보관·진열 또는 운반하거나 영업에 사용해서는 아니 된다.103

나트륨 함량 비교 표시가 없거나 표시방법을 위반한의 의미는 법률에서 정한 나트륨 함량 비교 표시를 하지 않았거나 표시는 하였으나 법령에서 정한 표시방법과 형식을 지키지 않은 경우이다. 표시장소가 잘못되었거나 면적이 50㎠이 넘는 포장지에 QR 코드 연계 전자적 표시를 한 경우, 나트륨 함량 비교 표시기준 및 방법(고시) 별표 2에서 정한 비교 표시 색상 체계, 함량 구간, 도안 형태 등과 다르게 표시한 경우도 해당될 수 있다.

---

102 표시 위치, 표시 방법 및 가독성 확보, 글씨 크기 및 형태 등은 일반적인 표시방법이 적용된다.
103 '식품'은 먹거리의 총칭이며, 법 제2조(정의) 제7호에서 정의된 '식품등'에서 기구, 용기·포장을 제외한 개념으로 볼 수 있다. '판매하거나' 이후 내용은 제5조(영양표시) 해설 내용과 같다.

제7조 광고의 기준

법 률	제7조(광고의 기준) ① 식품등을 광고할 때에는 제품명 및 업소명을 포함시켜야 한다. ② 제1항에서 정한 사항 외에 식품등을 광고할 때 준수하여야 할 사항은 총리령으로 정한다.
시행령	
시행규칙	제8조(광고의 기준) 법 제7조제2항에 따른 식품등을 광고할 때 준수해야 할 사항은 별표 6과 같다.
관련판례	

1 취지와 배경

이 조항은 소비자가 광고를 통해 어떤 제품이며 누가 제조·판매하는지를 명확히 알 수 있도록 하는 취지로 도입되었다. 이는 광고의 형식이나 창작 여부와 관계없이 최소한의 거래 식별 정보를 제공해야 한다는 의미로, 소비자의 알 권리와 오인·혼동 방지를 위한 기본적인 의무로 설정된 것이다.[104]

2 연 혁

연 혁	주요 내용
식품표시광고법 제정 2018. 3.13. 법률 제15483호	제7조(광고의 기준) ① 식품등을 광고할 때에는 제품명 및 업소명을 포함시켜야 한다. ② 제1항에서 정한 사항 외에 식품등을 광고할 때 준수하여야 할 사항은 총리령으로 정한다. ☞ (구)식품위생법 시행규칙 내용을 식품표시광고법에 상향 규정

---

[104] (구)「식품위생법」 시행규칙 [별표 17]의 내용을 식품표시광고법 제정 시 법률에 상향하여 규정한 것이다.
「식품위생법 시행규칙」 [별표 17] 식품접객영업자 등의 준수사항(제57조 관련)
 1. 식품제조·가공업자 및 식품첨가물제조업자와 그 종업원의 준수사항
   라. **식품을 텔레비전·인쇄물 등으로 광고하는 경우에는 제품명 및 업소명을 포함하여야 하고** …
 3. 식품소분·판매·운반업자와 그 종업원의 준수사항
   라. **식품판매업자가 식품을 텔레비전·인쇄물 등으로 광고하는 경우에는 제품명·제조업소명 및 판매업소명을 포함하여야 하고** 유통기한을 확인하여 제품을 구입하도록 권장하는 내용을 포함시켜야 한다.

3 해 설

① (제1항) 식품등을 광고할 때에는 제품명 및 업소명을 포함시켜야 한다.

문언 그대로 식품등에 대하여 광고할 때에는 제품명 및 업소명을 포함시켜야 한다는 것이며, 그 구체적인 형식과 방법 등에 대하여는 규율하고 있지 않다. 다만, 법률로 광고의 내용에 대한 기준을 제시하는 것의 타당성에 대하여는 찬반의 견해가 제시될 수 있다.[105]

찬성하는 입장에서는, 소비자의 알 권리를 보장하고 광고로 인한 오인·혼동을 방지하기 위해서는 이러한 최소한의 식별 정보 제공이 필요하다고 한다. 또한, 명확한 제품명·업소명 표시를 통해 동일 업종 내에서의 공정한 경쟁을 유도할 수 있다는 점도 근거로 제시한다.

반면 반대하는 견해는, 광고는 단순한 정보 전달 수단이 아니라 창작과 표현의 자유가 보장되는 영역이므로, 특정 내용을 반드시 포함하도록 하는 것은 과도한 내용 강제(content-based regulation)[106]로서 위헌 소지가 있다고 지적한다. 아울러 '표시'가 소비자 보호를 위해 정형화된 정보를 제공하는 것이라면, '광고'는 설득과 창의성을 기반으로 하는 영역이므로 성격이 다른 곳에 같은 규제를 부과하는 것은 타당하지 않다고도 한다. 특히 브랜드 로고나 이미지 등을 통해 이미 소비자가 광고주를 인식할 수 있는 경우까지 동일하게 적용하는 것은 불필요한 형식적 규제라는 비판이 제기될 수 있다.

② (제2항) 제1항에서 정한 사항 외에 식품등을 광고할 때 준수하여야 할 사

---

[105] 식품표시광고법 제7조 제1항에서 규정하는 식품등의 광고 시 제품명·업소명 필수적으로 포함한 내용을 표현의 자유 관점에서 직접 연구한 논문을 확인하기는 어려워, 표현의 자유와 관련된 일반적인 법리적 논의에 근거하여 찬반의 입장을 구성하여 제시한다.

[106] 표현의 내용이나 주제를 기준으로 특정 표현을 규제하는 것을 의미한다. 표현의 내용 자체에는 개입하지 않고 시간, 장소, 방법만을 규제하는 내용중립적 규제(content-neutral regulation)와 구별된다.

항은 총리령으로 정한다.

제7조 제2항은 제1항의 기본 의무 외에도, 식품 광고 시 준수해야 할 세부사항을 총리령으로 정하도록 위임하고 있다. 총리령 별표 6은 식품등 광고시 준수사항으로 제품명·업소명 표시 의무 외에, 모유대용 식품등에 대한 조제유류 명칭 제한 등, 조제유류에 대한 광고 또는 판촉행위 금지 사항, 행정처분 받은 경우 광고 즉시 중지 등을 규정하고 있다. 다만, 이러한 준수사항의 제시가 광고의 기준으로 적합한지에 대하여도 찬반 논란이 있다.

찬성 견해는, 제품 특성상 부적절한 사용이나 과도한 신뢰로 인한 위해 가능성이 높은 경우, 광고 단계에서부터 주의사항과 경고를 고지함으로써 소비자 피해를 사전에 예방할 수 있다는 점을 강조한다. 또한, 영유아용 조제식 광고 규제와 같이 특정 위험군 제품에 대해 별도의 광고 준수사항을 부과하는 것은 국제적으로도 일정한 선례가 있다는 점을 들고 있다.

반면 반대 견해는, 제2항의 규정은 '광고의 기준'이라기보다는 허위·과장·부당 광고를 금지하는 규정의 하위 개념으로 다루는 것이 타당하며, 광고 내용에 지나치게 많은 필수 문구를 포함시키는 것은 표현의 자유를 위축시킬 수 있다고 주장한다. 나아가 표시, 사용설명서, 법정 경고문 등 이미 존재하는 다른 제도와의 중복 규제 가능성도 문제점으로 지적된다.

4 해외 주요국 사례

해외 주요국의 식품 광고 관련 법률과 규제는 주로 광고의 허위·과장 금지, 기능성 표시의 과학적 근거 및 승인, 소비자 오인 방지에 집중되어 있다. 따라서, 광고 시 제품명 및 업소명 명시 등 구체적인 기준을 제시하는 것은 각국 규정이나 가이드라인에서 권장 또는 요구될 수 있으나, 이를 반드시 명시해야 한다고 법률로 명확히 의무화한 사례는 찾아보기 어렵다. 다만, 몇몇 국가의 경우 제한된 범위에서 우리나라와 유사한 사례를 운용하고 있다.

1. 광고주(사업자) 식별 의무화(EU)

EU는 상업적 커뮤니케이션(광고)은 광고임이 명확해야 하고, 그 광고가 누구(자연인·법인)를 위해 이루어지는지 명확히 식별 가능하도록 한다.[107] 식품뿐 아니라 온라인 광고 전반에 적용되며, 결과적으로 광고물에 광고주(사업자)의 신원 표시를 요구하게 된다. 또한, 시청각 상업 커뮤니케이션은 광고임을 인지할 수 있도록 해야 하고(스텔스 광고 금지), 스폰서십의 경우 스폰서의 명칭·로고 등을 통해 명확히 식별되도록 규율한다.[108] 이 또한 식품 전용은 아니지만 TV·온라인 동영상 식품광고에 그대로 적용된다. 이러한 EU의 규정은 "사업자(광고주) 식별"을 명문화해 한국의 '업소명 포함' 요구와 기능상 유사하다고 볼 수 있으나, 매체별·형태별 틀을 두고 '식별가능' 요건을 부과하는 구조로 특정한 표현을 강제하는 것은 아니다.

2. 특정 식품군(모유대용식 등) 필수 문구를 강제하는 보건 규제

필리핀은 영·유아용 조제식 관련 제품에는 Important Notice/Government Warning 등의 문구를 표시하고, 모유수유 우월성 고지, 제품 사용은 보건전문가와 상담 등의 정해진 문구를 포함하도록 규정하고 있다.[109] 호주·뉴질랜드는 법률보다는 공적 승인된 자율규범(MAIF / INC Code)을 운영하며, 조제식 관련 콘텐츠에 '모유수유가 최선'이라는 특정 문구를 포함하도록 권고 및 가이드라인을 제공하고, 정부도 이를 관리·강화하고 있다.[110]

3. 경고·주의 표시(라벨)를 광고물에도 반영하도록 한 규정

페루는 초과 나트륨·당·포화·트랜스지방 가공식품에 대해 제품 포장에 '검은 팔각형(옥타곤)' 경고 문구를 표시해야 할 뿐만 아니라, 광고물에도 이를 명확하고 가독성 있게 표시하도록 규정하고[111] 있으며, 멕시코도 경고

---

107 EU 전자상거래지침 2000/31/EC 제6조
108 EU 시청각미디어서비스지침(AVMSD) 2010/13/EU
109 모유대용식 마케팅에 관한 행정명령(EO 51) 개정 시행규칙(AO 2006-0012)
110 필리핀, 호주, 뉴질랜드 등의 사례는 광고가 아니라 표시사항이라고 볼 것이다.
111 건강한 식생활 촉진법 시행령(DS Nº 017-2017-SA) 제15조 및 매뉴얼

'옥타곤'을 받은 제품 광고에 경고 문구(예: 어린이 대상 광고 시 '감미료 함유·비권장')를 반드시 포함하도록 행정지침이 명시되어 있다. 칠레도 고영양 경고와 함께 아동 대상 광고 제한과 경고 표시를 광고에 반영하도록 체계가 구축되어 있다.

5 국내 유사 법령 사례

1. 부당한 광고 금지 규정 법령

광고 규정이 있는 국내 법령 대부분은 광고 기준을 적극적으로 제시하기보다는 부당한 광고 유형과 방법 등을 규정하는 네가티브 방식을 취하고 있다. 광고의 유형과 방법 등이 특정한 형태로 규율하는 것이 사실상 어렵고, 헌법과 법률이 보장하는 다른 기본권과의 충돌을 일으킬 수 있기 때문이다.

(1) 의료법

의료법상에는 광고의 기준에 대한 일반적인 규정을 두고 있지 않다. 동법 제56조는 '의료광고의 금지등'에 대해 규정하고 있으며, 제1항은 의료기관 개설자, 의료기관의 장 또는 의료인이 아닌 자는 의료에 관한 광고를 금지하고 있고, 제1항은 부당한 의료 광고에 대해 규정하고 있으며, 제3항은 의료 광고에 대한 방송 금지 등을 규정하고 있다.

(2) 약사법

약사법도 광고의 기준에 대한 일반적인 규정을 두지 않고 있으며, 동법 제68조에 '과장광고의 금지'에 대해 규정하고 있다. 동조 제1항은 의약품등의 명칭·제조방법·효능이나 성능에 관하여 거짓광고 또는 과장광고 금지를, 제2항은 의약품등은 그 효능이나 성능에 관하여 의사·치과의사 등이 보중한 것으로 오해랄 염려가 있는 기사 사용 금지를, 제3항은 그 효능이나 성능을 암시하는 기사·사진·도안, 그 밖의 암시적 방법 사용 금지, 제4항은 낙태 암시 문자나 도안 사용 금지를 규정하고 있다. 제5항은 관련규정에 따라 허가(변경허가) 또는 신고(변경신고) 한 후가 아니면 의약품등의 명칭·제조방법·효능이나 성능에 관하여 광고 금지를 규정하고 있고, 제6항은 전문의약품, 원료의약품 등에 대해서는 의약품 광고를 금지하고 있다.

(3) 의료기기법

의료기기법도 광고의 기준에 대한 일반적인 규정을 두지 않고 있다. 동법 제24조는 '기재 및 광고의 금지' 등에 대해 규정하고 있는데, 동조 제2항은 광고금지 사항을 각 호에서 규정하고 있다. 각호에는 거짓광고, 의사등의 의료기기 성능·효능·효과에 관한 보증·추천·공인 등을 하거나 오해할 염려가 있는 광고, 성능·효능·효과 암시 기사·사진·도안 사용 등의 광고, 낙태 암시 또는 외설적인 문서·도안 사용 광고 등을 규정하고 있다.

(4) 표시광고 공정화법

표시·광고에 대한 일반적인 기준을 두지 않고, 제3조에 '부당한 표시·광고 행위의 금지'을 규정하고 있으며, 제1항 각호는 거짓·과장 표시·광고, 기만적인 표시·광고, 부당하게 비교하는 표시·광고, 비방적인 표시·광고를 열거하고, 제2항에서 구체적인 내용은 대통령령에 위임하고 있다.

(5) 어린이 식생활 안전관리 특별법

광고에 대한 일반 기준은 없다. 법 제10조(광고의 제한·금지 등) 제1항은 다른 법령과 유사하게 특정 광고의 행위와 내용을 제한하고 있으나, 제2항이 그에 더하여, 광고시간의 제한과 금지 등도 규율하고 있는 것이 특징적이다.

이상에서와 같이 표시·광고를 규정한 법률에서는 표시에 대해서는 기준과 방법에 해당하는 사항을 상세하게 기술한 반면, 광고에 대해서는 적극적인 형태의 기준을 제시하지 않고 부당한 광고를 금지하는 조항에서 금지되는 사항을 상세하게 열거하는 방식의 소극적인 방식을 취하고 있다.

2. '광고의 기준'이라는 조문명을 명시하고 있는 법령

현행 대부분의 법령이 부당한 광고의 유형을 제시하거나 준수사항(또는 금지사항) 등을 통해 광고를 규제하는 반면에 몇몇 법령의 경우 식품표시광고법과 유사하게 '광고의 기준'이라는 조문을 명시적으로 규정하고 있다. 이하에서는 이의 내용과 특성을 살펴보고자 한다.

(1) 마약류 관리에 관한 법률

법 제14조제3항 및 시행규칙 제25조(마약 및 향정신성의약품의 광고기준)는 마약류 등의 광고 기준을 명시적으로 제시하고 있다. 그 내용은 허가를 받은 사항 외에 대한 광고 금지(1호), 마약 등의 광고시 우수한 치료효과 암시, 적응증상 표현 제한, 사용 강요 등의 금지(2호), 오·남용하게 할 염려가 있는 표현의 광고 금지(3호), 의사 등의 추천 등 광고금지(4호), 의약학상 공인된 사항 이외의 광고 금지(5호), 감사장, 체험기 이용 등 금지(6호), 문헌 인용시 명시 사항(7호), 모호한 표현의 광고 금지(8호), 부작용 부정 표현 광고 금지(9호), 사은품 등 제공 광고 금지(10호) 등이다.

이 법도 '광고기준'이라는 표현을 사용하고는 있으나, 대부분 부당한 광고의 우려를 유발할 수 있는 광고를 금지하거나, 특정한 행위를 금지하는 방식을 취하고 있어 다른 법령의 규율과 유사하다고 볼 것이다. 다만, 제7호의 경우 문헌 인용시 연구자의 성명, 문헌명과 발표연월일을 명시토록 하여 구체적인 방법을 제시하고 있다.[112]

(2) 소비자기본법

---

[112] 이 경우에도 '연구자의 성명, 문헌명과 발표연월일 등이 포함되지 않아 근거가 불분명할 수 있는 광고의 금지' 등으로 규정하는 경우 다른 규정과 동일한 방식이라고 볼 것이다.

제5장. 표시 및 광고에 대한 기준(제4조~제7조)

소비자기본법은 제11조(광고의 기준)에서 국가에 대하여 물품등의 잘못된 소비 또는 과다한 소비로 인하여 발생할 수 있는 소비자의 생명·신체 또는 재산에 대한 위해를 방지하기 위하여 필요한 경우 광고의 내용 및 방법에 관한 기준을 정하도록 책무를 부과하고 있다. 그 대상은 허가 또는 공인된 내용만으로 광고를 제한하거나 특정내용을 소비자에게 반드시 알릴 필요가 있는 경우, 소비자가 오해할 우려가 있는 특정용어 또는 특정표현의 사용을 제한할 필요가 있는 경우, 광고의 매체 또는 시간대에 대하여 제한이 필요한 경우 등을 열거하고 있다.

다른 법령의 사례와는 다르게 소비자기본법은 특정한 경우 광고의 내용 및 방법에 관한 기준을 정하도록 하고 있어, 구체적인 타당성 여부와는 별개로 광고의 내용과 방법에 대한 기준을 정할 수 있는 근거를 제시하고 있다. 다만, 현행 소비자기본법은 소비자정책의 종합적 추진을 위한 기본적인 사항 등을 규정하는 것으로 구체적인 조치를 규율하고 있지는 않다.[113] 또한, 이 조항에 따라 개별 부처 등이 구체적인 광고의 기준을 정하는 근거가 된다고 보기도 어렵다.

(3) 국민건강증진법

시행령 제10조에서 주류광고의 기준을 정하고 있으며, 시행령 별표 1은 음주행위의 지나친 미화 금지(1호), 알코올분 17도 이상의 주류에 대한 방송광고 금지(2호), 주류의 판매촉진을 위한 광고노래 사용 금지(3호), 방송광고 시간 및 프로그램 제한(4호), 영화관에서의 광고 제한(5호), 특정 시설, 장소나 행사에서의 광고의 금지(6호), 옥외광고 등의 제한(7호) 등을 규정하고 있다.

국민건강증진법 역시 '광고기준'에서 특정한 대상과 방법, 매체 등을 금지하는 방식으로 규정하고 다른 법령과 비교하여 상당히 구체적인 내용까지 포함한다고 볼 수도 있으나, 광고의 본질적인 사항에 해당하는 구체적인 표현이나 내용까지 기준을 제시한다고 보기는 어렵다.

---

[113] 현재 소비자기본법 제11조에 근거하여 제정된 광고의 기준은 존재하지 않는다.

6   제7조(광고의 기준) 개선 필요성 검토

앞에서 살펴본 바와 같이 현행 제7조는 소비자의 알 권리 보장이라는 입법 목적에도 불구하고 다음과 같은 측면에서 개선 검토가 필요한 상황이다. 우선 법리적 측면에서는 광고 내용에 특정 사항을 강제로 포함시키는 것이 표현의 자유를 제약하는 내용기반 규제로서 위헌 논란의 소지가 있다. 광고는 단순한 정보 전달을 넘어 창작과 표현의 영역으로서, 과도한 형식적 의무 부과는 헌법상 기본권과의 충돌 우려를 야기한다. 실무적 측면에서는 브랜드 로고나 이미지를 통해 광고주가 명확히 식별되는 경우에도 획일적으로 적용되는 문제, 다양한 광고 매체의 특성을 충분히 고려하지 못하는 한계, 그리고 표시사항이나 사용설명서 등 기존 제도와의 중복 규제 가능성 등이 지적되고 있다. 국제적 정합성 측면에서도 해외 주요국에서 법률로 명시적 의무화한 사례가 드물어 국제 기준과의 괴리가 존재한다.

이러한 문제점 해결을 위해서는 ① 문제가 제기되는 '광고의 기준'이라는 조문명을 '준수사항'으로 변경하는 방안, ② 규제 방식을 강제적 의무에서 권고사항으로 전환하는 방안, ③ 부당광고 금지의 틀 내에서 통합하여 규율하는 방안, ④ 매체별 차등 적용이나 예외규정을 두는 방안 등을 포함하여 다양한 대안들이 검토될 수 있을 것이다

궁극적으로 제7조의 개선은 표현의 자유와 소비자 보호 간의 적절한 균형점을 찾는 것이 핵심이다. 이를 위해서는 학계의 심층적인 법리 연구, 업계와 소비자단체 등 이해관계자 간의 충분한 논의, 해외 사례에 대한 면밀한 분석, 그리고 사회적 공감대 형성을 위한 지속적인 노력이 필요하다. 특히 광고 환경의 급속한 변화와 다양한 매체의 등장을 고려할 때, 현행 규정이 미래의 광고 형태에도 적절히 대응할 수 있는지에 대한 전향적 검토가 요구된다. 이러한 종합적 검토를 통해 소비자 보호라는 본래 목적을 달성하면서도 헌법적 가치와 조화를 이루는 합리적 개선방안을 모색해야 할 것이다.

제6장. 표시 및 광고에 대한 관리(제8조~제11조)

식품표시광고법의 가장 핵심적인 내용이면서 해석의 여지와 분쟁이 많은 영역이라고 할 수 있다. 제8조(부당한 표시 또는 광고행위의 금지), 제8조의2(마약류 표시·광고 영업자 등에 대한 권고), 제9조(표시 또는 광고 내용의 실증), 제10조(표시 또는 광고의 자율심의), 제11조(심의위원회의 설치·운영) 등을 규정하고 있다.

제8조 부당한 표시 또는 광고행위의 금지

법률	제8조(부당한 표시 또는 광고행위의 금지) ① 누구든지 식품등의 명칭·제조방법·성분 등 대통령령으로 정하는 사항에 관하여 다음 각 호의 어느 하나에 해당하는 표시 또는 광고를 하여서는 아니 된다. 1. 질병의 예방·치료에 효능이 있는 것으로 인식할 우려가 있는 표시 또는 광고 2. 식품등을 의약품으로 인식할 우려가 있는 표시 또는 광고 3. 건강기능식품이 아닌 것을 건강기능식품으로 인식할 우려가 있는 표시 또는 광고 4. 거짓·과장된 표시 또는 광고 5. 소비자를 기만하는 표시 또는 광고 6. 다른 업체나 다른 업체의 제품을 비방하는 표시 또는 광고 7. 객관적인 근거 없이 자기 또는 자기의 식품등을 다른 영업자나 다른 영업자의 식품등과 부당하게 비교하는 표시 또는 광고 8. 사행심을 조장하거나 음란한 표현을 사용하여 공중도덕이나 사회윤리를 현저하게 침해하는 표시 또는 광고 9. 총리령으로 정하는 식품등이 아닌 물품의 상호, 상표 또는 용기·포장 등과 동일하거나 유사한 것을 사용하여 해당 물품으로 오인·혼동할 수 있는 표시 또는 광고 10. 제10조제1항에 따라 심의를 받지 아니하거나 같은 조 제4항을 위반하여 심의 결과에 따르지 아니한 표시 또는 광고 ② 제1항 각 호의 표시 또는 광고의 구체적인 내용과 그 밖에 필요한 사항은 대통령령으로 정한다.
	제2조(부당한 표시 또는 광고행위의 금지 대상) 「식품 등의 표시·광고에 관한 법률」(이하 "법"이라 한다) 제8조제1항 각 호 외의 부분에서 "식품등의 명칭·제조방법·성분 등 대통령령으로 정하는 사항"이란 다음 각 호의 사항을 말한다.

시행령	1. 식품, 식품첨가물, 기구, 용기·포장, 건강기능식품, 축산물(이하 "식품등"이라 한다)의 명칭, 영업소 명칭, 종류, 원재료, 성분(영양성분을 포함한다), 내용량, 제조방법(축산물을 생산하기 위한 해당 가축의 사육방식을 포함한다), 등급, 품질 및 사용정보에 관한 사항 2. 식품등의 제조연월일, 생산연월일, 소비기한, 품질유지기한 및 산란일에 관한 사항 3. 「식품위생법」 제12조의2에 따른 유전자변형식품등의 표시 또는 「건강기능식품에 관한 법률」 제17조의2에 따른 유전자변형건강기능식품의 표시에 관한 사항 4. 다음 각 목의 이력추적관리에 관한 사항 가. 「식품위생법」 제2조제13호에 따른 식품이력추적관리 나. 「건강기능식품에 관한 법률」 제3조제6호에 따른 건강기능식품 이력추적관리 다. 「축산물 위생관리법」 제2조제13호에 따른 축산물가공품이력추적관리 5. 축산물의 인증과 관련된 다음 각 목의 사항 가. 「축산물 위생관리법」 제9조제2항 본문에 따른 자체안전관리인증기준에 관한 사항 나. 「축산물 위생관리법」 제9조제3항에 따른 안전관리인증작업장·안전관리인증업소 또는 안전관리인증농장의 인증에 관한 사항 다. 「축산물 위생관리법」 제9조제4항 전단에 따른 안전관리통합인증업체의 인증에 관한 사항 제3조(부당한 표시 또는 광고의 내용) ① 법 제8조제1항에 따른 부당한 표시 또는 광고의 구체적인 내용은 별표 1과 같다. ② 제1항에서 규정한 사항 외에 부당한 표시 또는 광고의 내용에 관한 세부적인 사항은 식품의약품안전처장이 정하여 고시한다. 제15조(권한의 위임) ③ 식품의약품안전처장은 법 제24조제1항에 따라 법 제8조제1항에 따른 식품등의 부당한 표시 또는 광고행위의 금지 위반사항의 점검에 관한 권한(건강기능식품에 대한 점검 권한만 해당한다)을 시·도지사에게 위임한다.
시행규칙	제8조의2(식품등이 아닌 물품의 범위) 법 제8조제1항제9호에서 "총리령으로 정하는 식품등이 아닌 물품"이란 다음 각 호의 물품을 말한다. 1. 「생활화학제품 및 살생물제의 안전관리에 관한 법률」 제3조제4호의 안전확인대상생활화학제품 2. 「어린이제품 안전 특별법 시행규칙」 별표 2 제11호의 학용품
관련판례	제1호(대구지방법원 2024고정1298), 제2호(수원지방법원 2007노101), 제3호(부산지방법원 2023노670), 제4호(서울남부지방법원 2023고정289), 제5호(서울남부지방법원 2023고정289), 제6호·제7호(대법원 2011두7991, 대법원 2011두7991, 서울남부지방법원 2016노2160, 서울행정법원 2016구합63958), 제8호(수원지방법원 안양지원 2015고단1316)

제6장. 표시 및 광고에 대한 관리(제8조~제11조)

1 취지와 배경

　식품표시광고법 제8조(부당한 표시 또는 광고행위의 금지)는 제4조(표시의 기준)과 더불어 식품표시광고법에 있어서 가장 중요한 축을 형성하고 있는 규정으로 아래와 같은 입법 목적 하에 도입되었다.

　첫째, 소비자 보호와 알 권리 보장이 가장 핵심적인 취지이다. 식품은 국민의 생명과 건강에 직결되는 기본 생활필수품으로, 소비자가 정확하고 진실한 정보에 기반하여 선택할 수 있도록 보장하는 것이 국가의 기본적 의무이다. 특히 제1호부터 제3호까지의 규정은 식품을 의약품이나 건강기능식품으로 오인하게 하는 표시·광고를 금지함으로써, 소비자가 제품의 본질을 정확히 인식하고 적절한 선택을 할 수 있도록 하고 있다.

　둘째, 공정한 거래질서 확립을 위함이다. 제4호의 거짓·과장 광고 금지, 제6호의 비방 광고 금지, 제7호의 부당 비교 광고 금지 등은 사업자 간의 공정한 경쟁을 보장하고 건전한 시장질서를 유지하기 위한 규정이다. 이는 진실하고 공정한 광고 경쟁을 통해 소비자에게 더 나은 제품과 서비스가 제공될 수 있는 환경을 조성하려는 취지이다.

　셋째, 사회윤리와 공중도덕 보호입니다. 제8호의 사행심 조장이나 음란한 표현 사용 금지는 식품 광고가 사회의 건전한 윤리의식을 해치지 않도록 하려는 목적이다. 특히 식품 광고는 일반 국민, 특히 청소년들에게 광범위하게 노출되므로 사회적 책임을 다해야 한다는 인식이 반영된 것으로 볼 수 있다.

　넷째, 규제의 체계화와 예측가능성 제고이다. 기존에 여러 법률에 분산되어 있던 부당 광고 금지 규정을 하나의 법률로 통합함으로써 영업자들이 준수해야 할 기준을 명확히 하고, 법적 예측가능성을 높이려는 취지가 있다.

　제8조 각 호의 규정은 식품 광고의 특수성을 반영하고 있다. 제1호부터 제3호까지는 식품이 의약품이나 건강기능식품과 구별되는 고유한 특성을 가진다는 점을 명확히 하여, 소비자가 제품의 성격을 올바르게 인식할 수 있도록 하는 데 중점을 두고 있다. 이는 우리나라의 식품 관련 법체계가 일반식품, 건강기능식품, 의약품을 명확히 구분하고 있는 것과 일맥상통한다. 제9호의

다른 물품과의 오인·혼동 방지 규정은 최근 다양한 형태의 식품이 개발되면서 나타나는 새로운 문제에 대응을 위한 것이며, 제10호 심의 관련 규정은 자율 심의 제도를 통한 사전 예방적 규제 체계를 구축하려는 의도이다.

이러한 규정들은 정보화 시대의 다양한 광고 매체 등장, 소비자 권리 의식의 향상, 건강에 대한 관심 증대 등 현대 사회의 변화상을 반영한 것이다. 특히 온라인 광고의 확산과 함께 부정확하거나 과장된 정보가 빠르게 유포될 위험성이 커지면서, 보다 체계적이고 포괄적인 규제의 필요성이 대두된 시대적 배경이 있다. 결국 제8조의 부당 표시·광고 금지 규정은 소비자의 알 권리 보장, 공정한 시장질서 확립, 사회윤리 보호라는 다층적 목적을 달성하기 위해 도입된 종합적 규제 체계라고 할 수 있다.

2 연 혁

식품표시광고법 제8조의 부당한 표시·광고 금지 규정은 1962년 식품위생법 제정 당시 단순한 허위표시 금지에서 시작되어 현재까지 사회경제적 환경 변화에 따라 지속적으로 발전해 왔다.

초기에는 "국민보건에 위해를 끼칠 우려가 있는 허위표시"를 금지하는 기본적 수준이었으나, 1970년대 들어 경제발전과 식품산업 성장에 따라 "과대광고" 개념이 도입되고 "의약품과 혼동할 우려가 있는 표시" 금지 조항이 신설되었다. 1980년대에는 적용 대상이 식품첨가물에서 식품, 기구, 용기·포장까지 확대되었고, 2000년대 후반부터는 원산지 표시, 식품이력추적관리 등 새로운 표시 항목들이 허위·과대 표시 금지 대상에 포함되었다.

2011년 개정에서는 기존의 포괄적 서술 방식에서 각호별로 세분화하는 체계적 정리가 이루어졌으며, 비방광고 금지, 기만·오인·혼동 표시·광고 금지 등 새로운 금지 유형들이 추가되었다. 2018년 식품표시광고법 제정을 통해 여러 법률에 분산되어 있던 규정들이 하나로 통합되면서, 객관적 근거 없는 부당 비교광고 금지, 사행심 조장이나 음란표현을 사용한 광고 금지 등이

제6장. 표시 및 광고에 대한 관리(제8조~제11조)

새롭게 포함되어 현재의 10개 항목 체계가 완성되었다.

이러한 변화 과정은 소비자 보호라는 기본 목적에서 출발하여 공정거래 질서 확립과 사회윤리 보호까지 규제 범위가 확대되고, 인터넷 광고 활성화, 건강기능식품 시장 성장, 경쟁 심화 등 시대적 변화에 능동적으로 대응해 온 우리나라 식품 표시·광고 규제의 발전사를 보여주고 있다.

연 혁	주요 내용
식품위생법 제정 1962. 1.20. 법률 제1007호	제10조 (허위표시금지) 식품, 첨가물, 기구와 용기, 포장에 관하여 국민보건에 위해를 끼칠 우려가 있는 허위표시 기타의 표시를 하지 못한다.
	☞ 허위표시 등 금지.(광고에 대한 별도 규율 없음) 당시 식품 제조·유통 안전 확보를 위한 기본적 소비자 보호장치 마련.
식품위생법 개정 1973.02.16. 법률 제02532호	제10조 (허위표시 및 과대광고의 금지) ① **식품첨가물과** 기구·용기 및 포장의 명칭·제조방법 및 품질에 관하여는 **허위표시 또는 과대광고를** 하지 못하며, **식품첨가물의 표시에 있어서는 의약품과 혼동할 우려가 있는 표시를 하여서는 아니된다. 식품첨가물의 영양가 및 성분에 관하여도 또한 같다.** ② **전항의 규정에 의한 허위표시와 과대광고의 범위 기타 필요한 사항은 보건사회부령으로 정한다.**
	☞ 허위표시' 범위 확대, '과대광고' 개념 도입, 식품첨가물 규제 강화. 반면, 조문 정리 결과 식품이 제외되는 현상 발생
식품위생법 개정 1974.12.21. 법률 제02701호	제10조 (허위표시등의 금지) ①식품첨가물과 기구·용기 및 포장의 명칭·제조방법 및 품질에 관하여는 허위표시 또는 과대광고를 하지 못하고, **포장은 지나치게 큰 과대포장을 하지 못하며,** 식품첨가물의 표시에 있어서는 의약품과 혼동할 우려가 있는 표시를 하여서는 아니된다. <이하 생략> ②전항의 규정에 의한 허위표시·과대광고와 **과대포장의** 범위 기타 필요한 사항은 보건사회부령으로 정한다.
	☞ 과대포장 금지 규정 신설. 소비자 보호와 자원 낭비 방지, 당시 사회문제로 대두된 '포장 과대화' 억제.
식품위생법 개정 1976.12.31. 법률 제02971호	제10조 (허위표시등의 금지) ②**제1항의 규정에 의한** 허위표시·과대광고와 과대포장의 범위 기타 필요한 사항은 보건사회부령으로 정한다.
	☞ 문구 정비(내용상 큰 변화 없음. 법 문장 체계 정비 목적

연 혁	주요 내용
식품위생법 개정 1986.11.11. 법률 제03823호	제11조 (허위표시등의 금지) ①**식품, 첨가물,** 기구 및 용기·포장의 명칭·제조방법 및 품질에 관하여는 허위표시 또는 과대광고를 하지 못하고, **포장에 있어서는 과대포장을 하지 못하며,** 〈이하 생략〉 ②제1항의 규정에 의한 허위표시·**과대광고·과대포장**의 범위 기타 필요한 사항은 보건사회부령으로 정한다. ☞ 적용 대상에 '식품'이 명시적으로 포함
식품위생법 개정 1995.12.29. 법률 제05099호	제11조(허위표시등의 금지) ①**식품등의** 명칭·제조방법 및 품질에 관하여는 … 광고를 하여서는 아니된다. 〈이하 생략〉 ② 제1항의 규정에 의한 허위표시·과대광고·과대포장의 범위 기타 필요한 사항은 **보건복지부령**으로 정한다. ☞ "식품등"이라는 포괄적 용어 도입. 정부조직개편
식품위생법 개정 2008.2.29. 법률 제8852호	제11조 (허위표시등의 금지) ①식품등의 명칭·제조방법, 품질, **영양표시, 제10조의3의 규정에 따른 쌀의 원산지 및 식육의 원산지등 표시, 식품이력추적관리 표시**에 관하여는 … 〈이하 생략〉 ② 제1항의 규정에 의한 허위표시·과대광고·과대포장의 범위 기타 필요한 사항은 **보건복지가족부령**으로 정한다. ☞ 원산지 표시, 식품이력추적관리 대상 추가. 식품안전사고 증가와 소비자 알 권리 요구 확대, WTO 체제하 통상환경 반영
식품위생법 개정 2009.12.29. 법률 제9847호	제13조 (허위표시 등의 금지) ① **누구든지** 식품등의 명칭·제조방법, 품질·영양표시 및 식품이력추적관리 표시에 관하여는 … 광고를 하여서는 아니 된다. 〈이하 생략〉 ② 제1항에 따른 허위표시, 과대광고 및 과대포장의 범위와 그 밖에 필요한 사항은 **보건복지부령**으로 정한다. ☞ 조문 번호 변경(제13조), '누구든지'로 주체 확장
식품위생법 개정 2011.6.7. 법률 제10787호	제13조(허위표시 등의 금지) ① 누구든지 식품등의 명칭·제조방법, 품질·영양 표시, **유전자재조합식품등** 및 식품이력추적관리 표시에 관하여는 **다음 각 호에 해당하는 허위·과대·비방의 표시·광고를 하여서는 아니 되고, 포장에 있어서는 과대포장을 하지 못한다.** 〈이하 생략〉 1. 질병의 예방 및 치료에 효능·효과가 있거나 의약품 또는 건강기능식품으로 오인·혼동할 우려가 있는 내용의 표시·광고 2. 사실과 다르거나 과장된 표시·광고 3. 소비자를 기만하거나 오인·혼동시킬 우려가 있는 표시·광고 4. 다른 업체 또는 그 제품을 비방하는 광고 5. 제12조의3제1항에 따라 심의를 받지 아니하거나 심의받은 내용과 다른 내용의 표시·광고 ② 제1항에 따른 허위표시, 과대광고, **비방광고** 및 과대포장의 범위와 그 밖에 필요한 사항은 보건복지부령으로 정한다. ☞ 기존의 포괄적 서술에서 각호로 구분하는 체계적 정리 시작. 비방광고 금지, 광고심의 관련 신설

제6장. 표시 및 광고에 대한 관리(제8조~제11조)

연 혁	주요 내용
식품위생법 개정 2013.3.23. 법률 제11690호	제13조(허위표시 등의 금지) ① 〈생략〉 ② 제1항에 따른 허위표시, 과대광고, 비방광고 및 과대포장의 범위와 그 밖에 필요한 사항은 **총리령**으로 정한다. ☞ 식약처 출범으로 위임 규정 변경(보건복지부령 → 총리령)
식품표시광고법 제정 2018.3.13. 법률 제15483호	제8조(부당한 표시 또는 광고행위의 금지) ① 누구든지 식품등의 **명칭·제조방법·성분 등 대통령령으로 정하는 사항**에 관하여 다음 각 호의 어느 하나에 해당하는 표시 또는 광고를 하여서는 아니 된다. 1. 질병의 예방·치료에 효능이 있는 것으로 인식할 우려가 있는 표시 또는 광고 2. 식품등을 의약품으로 인식할 우려가 있는 표시 또는 광고 3. 건강기능식품이 아닌 것을 건강기능식품으로 인식할 우려가 있는 표시 또는 광고 4. 거짓·과장된 표시 또는 광고 5. 소비자를 기만하는 표시 또는 광고 6. 다른 업체나 다른 업체의 제품을 비방하는 표시 또는 광고 7. 객관적인 근거 없이 자기 또는 자기의 식품등을 다른 영업자나 다른 영업자의 식품등과 부당하게 비교하는 표시 또는 광고 8. 사행심을 조장하거나 음란한 표현을 사용하여 공중도덕이나 사회윤리를 현저하게 침해하는 표시 또는 광고 9. 제10조제1항에 따라 심의를 받지 아니하거나 같은 조 제4항을 위반하여 심의 결과에 따르지 아니한 표시 또는 광고 ② 제1항 각 호의 표시 또는 광고의 구체적인 내용과 그 밖에 필요한 사항은 **대통령령**으로 정한다. ☞ 식품표시광고법 제정으로 현행 제8조 형태로 갖추게 됨. 신설 : 제7호(객관적 근거 없는 부당 비교광고 금지), 제8호(사행심 조장·음란표현 금지) 항목 정리 : 제1~3호 의약품·건강기능식품 오인 금지를 더욱 세분화, 제4~6호 기존 허위·과장, 기만, 비방 규정 계승
식품위생법 개정 2021.8.17. 법률 제18445호	제8조(부당한 표시 또는 광고행위의 금지) ① 〈생략〉 1.~8. 〈생 략〉 **9. 총리령으로 정하는 식품등이 아닌 물품의 상호, 상표 또는 용기·포장 등과 동일하거나 유사한 것을 사용하여 해당 물품으로 오인·혼동할 수 있는 표시 또는 광고** 10. 〈생략〉 ② 〈생략〉 ☞ 제1항 제9호 신설(식품이 아닌 물품과 동일·유사 표시로 인한 오인·혼동 금지)

3 해 설

① (제1항) ① 누구든지 식품등의 명칭·제조방법·성분 등 대통령령으로 정하는 사항에 관하여 다음 각 호의 어느 하나에 해당하는 표시 또는 광고를 하여서는 아니 된다.

1. 주체 : "누구든지"

'누구든지' 부당한 표시 또는 광고행위를 해서는 아니된다. 식품표시광고법 상 규율은 원칙적으로 '영업자'를 대상으로 하나, 제8조(부당한 표시 또는 광고행위의 금지)는 모든 사람에게 적용된다. 자연인과 법인 모두 해당하며, 내외국인에 대한 구분도 없다. 따라서, 식품표시광고법 상 영업자에 한정되는 것은 더더욱 아니다.[114]

2. 표시·광고의 객체

'식품등'을 대상으로 한다. 식품표시광고법 제8조는 부당한 표시광고 행위의 금지 대상으로 식품등의 명칭·제조방법·성분 등 대통령령으로 정하는 사항으로 정하고 있으며, 법 제2조(정의)제7호는 「식품, 식품첨가물, 기구, 용기·포장, 건강기능식품, 축산물(이하 "식품등"이라 한다)」고 규정하고 있다.[115] 따라서, 현행 법률 규정에 따르면, 광고의 객체는 식품, 식품첨가물, 기구, 용기·포장, 건강기능식품, 축산물로 한정될 것이며, 그 이외의 사항(예컨대, 영업자에 대한 내용)은 법률이 규율하는 부당한 표시광고의 금지 행위의 객체에 포함되지 않는다고 볼 것이다. 이에 대하여는 제6호와 제7호에서 "다른 업체" 또는 "다른 영업자"를 대상으로 제시하고 있고, "식품등" 이외에도 대통령령으로 정할 수 있으므로 규율 대상이 되는 객체에 제한이 없다는 견해가 제기될 수도 있다.[116]

---

[114] 반면, 표시광고법의 경우 부당한 표시광고행위 금지 의무의 주체를 사업자로 한정한다.
[115] 법 제2조 제7호에서 "식품등"에 대하여 규정하고 있음에도 불구하고, 시행령 제2조 제1호는 동일한 내용으로 "식품등"을 다시 정의하고 있다.

3. 표시 또는 광고의 내용

식품등의 명칭·제조방법·성분 등 대통령령으로 정하는 사항이다. 이에 대하여 대통령령에서는 명칭, 종류, 원재료, 성분, 내용량, 제조방법(사육방식 포함), 등급, 품질 및 사용정보, 식품등의 제조연월일, 생산연월일, 소비기한, 품질유지기한 및 산란일, 유전자변형식품등의 표시 등 다양한 정보를 부당한 표시·광고를 해서는 안 되는 내용을 정하고 있다.

시행령에서 정하고 있는 내용 중에서, 식품등에 대한 정보를 포함함은 타당하나, 영업소 명칭, 「축산물 위생관리법」 상 안전관리인증작업장·안전관리인증업소 또는 안전관리인증농장의 인증에 관한 사항, 안전관리통합인증업체의 인증에 관한 사항 등은 식품등에 해당하지 않으므로, 법률에서 위임한 범위에 포함되는지에 대하여는 의문의 여지가 있다.

② 제1항 각 호(금지되는 행위) 및 제2항(제1항 각 호의 표시 또는 광고의 구체적인 내용과 그 밖에 필요한 사항은 대통령령으로 정한다)

식품표시광고법 제8조 제1항 각 호는 금지되는 부당한 표시광고 행위를 규정하고 있으며, 제2항은 제1항에서 금지한 부당한 표시 또는 광고행위의 구체적인 내용과 그 밖에 필요한 사항을 대통령령으로 정하도록 위임하고 있다. 이는 법률에서 추상적으로 규정한 부당한 표시·광고 금지 내용을 구체화하고 실무에서 적용 가능하게 하는 입법기술적 장치이다.

이에 따라 시행령 제3조[117]와 [별표 1]은 제1호에서 제8호까지의 행위에 대한 구체적인 내용을 정하고 있고, 제9호의 내용에 대하여는 시행규칙 제8조의2에서 정하며,[118] 제10호는 별도 하위법령 규정이 없다.

---

[116] 다만, 이렇게 해석하는 경우 문언의 의미를 지나치게 넓게 해석한다는 비판과 포괄위임이라는 비판을 피하기는 어려워 보인다.

[117] 시행령 제3조 제2항은 "제1항에서 규정한 사항 외에 부당한 표시 또는 광고의 내용에 관한 세부적인 사항은 식품의약품안전처장이 정하여 고시한다." 고 규정하여 일부 내용을 고시에 재위임한다.

[118] 법 제8조 제1항 9호는 대상 제품을 총리령으로 정하고 있으며, 조항의 특성상 다른 하위법령을 통한 추가적인 설명이나 예시가 필요하지 않다.

『식품표시광고법 해설』

1. 질병의 예방·치료 효능 표시·광고 금지

　제1호는 식품등이 질병의 예방이나 치료에 효능이 있는 것으로 소비자가 인식할 우려가 있는 표시나 광고를 금지한다. 이는 식품과 의약품의 경계를 명확히 하여 소비자가 식품을 의약품으로 오해하지 않도록 보호하는 규정이다. 구체적으로는 특정 질병이나 질병군의 발생을 예방한다고 표현하거나, 질병에 치료 효과가 있다고 광고하는 행위가 금지되며, 질병의 특징적 징후나 증상에 예방·치료 효과가 있다고 표현하는 것도 포함된다. 다만, 특수의료용도식품이 섭취대상자의 질병명과 영양조절 목적을 표시하는 경우나, 건강기능식품이 인정받은 기능성을 표시하는 경우는 예외로 인정된다.

2. 의약품 오인 표시·광고 금지

　제2호는 일반 식품등을 의약품으로 인식할 우려가 있는 표시나 광고를 금지하는 규정이다. 의약품에만 사용되는 명칭이나 한약의 처방명을 식품에 사용하는 행위가 대표적이다. 또한 해당 식품이 의약품에 포함된다고 표현하거나, 의약품을 대체할 수 있다고 광고하는 것도 금지되며, 의약품의 효능이나 질병 치료 효과를 증대시킨다는 내용의 표시·광고 역시 이 규정에 의해 금지된다. 이러한 규제는 소비자가 식품과 의약품을 명확히 구분할 수 있도록 하여, 잘못된 선택으로 인한 건강상 위험을 방지하는 목적을 가진다.

3. 건강기능식품 오인 표시·광고 금지

　제3호는 건강기능식품이 아닌 일반 식품을 건강기능식품으로 인식할 우려가 있는 표시나 광고를 금지한다. 건강기능식품은 별도의 법률에 따라 엄격한 기준과 절차를 거쳐 기능성을 인정받은 제품으로, 일반 식품과는 차별화된 관리를 받으므로, 일반 식품이 건강기능식품의 기능성이 있는 것처럼 표현하는 것은 금지된다. 다만, 건강기능식품 기준 및 규격에서 정한 영양성분의 기능 및 함량을 나타내거나, 식약처장이 고시한 내용의 표시, 특수영양식품이나 특수의료용도식품의 영양보급 관련 표시, 특정 생애주기의 영양보급 목적 표시 등은 예외로 인정된다.

4. 거짓·과장 표시·광고 금지

제4호는 사실과 다르거나 과장된 내용의 표시나 광고를 금지하는 포괄적 규정이다. 식품위생법, 건강기능식품에 관한 법률, 축산물 위생관리법, 수입식품안전관리 특별법에 따라 허가받거나 등록·신고·보고한 사항과 다르게 표현하는 경우가 대표적이다. 건강기능식품의 경우 식약처장이 인정하지 않은 기능성을 나타내는 표시·광고가 금지되며, 법정 표시사항을 사실과 다르게 표현하거나 신체 기능·작용·효과·효능에 관하여 과장하여 표현하는 것도 금지된다. 또한 정부나 공인기관의 수상·인증·보증·선정·특허와 관련하여 사실과 다른 내용으로 표현하는 것도 이 규정에 의해 금지된다.

5. 소비자 기만 표시·광고 금지

제5호는 소비자를 속이거나 혼동시킬 수 있는 다양한 형태의 표시나 광고를 금지한다. 공인되지 않은 제조방법에 관한 연구나 발견 사실을 인용하거나, 원재료나 성분의 효능·효과를 해당 식품의 효능으로 오인하게 하는 표시·광고가 포함된다. 각종 감사장이나 체험기를 이용하여 소비자를 현혹하는 행위, 의료진 등이 제품을 보증하거나 추천한다는 내용의 표시·광고도 금지된다. 외국어 남용으로 외국 제품으로 혼동하게 하거나, 조제유류에 유아·여성 사진을 사용하거나 모유보다 좋다고 광고하는 것, 건강기능식품의 인정 사항을 왜곡하여 표현하는 것, 과학적 근거 없는 추상적 용어를 사용하는 것 등이 모두 이 규정에 의해 금지된다.

6. 타업체 비방 표시·광고 금지

제6호는 다른 업체나 다른 업체의 제품을 비방하는 표시나 광고를 금지한다. 이는 공정한 경쟁 질서 유지와 건전한 시장환경 조성을 위함이다. 비교하는 표현을 사용하여 다른 업체의 제품을 간접적으로 비방하거나, 다른 업체의 제품보다 우수한 것으로 인식될 수 있도록 하는 모든 형태의 표시·광고가 금지되므로, 직접적인 비방뿐만 아니라 간접적으로 타업체를 폄하하는 표현도 이 규정의 적용 대상이 된다. 이러한 규제는 소비자에게 객관적이고 정확한 정보를 제공하여 합리적 선택을 할 수 있도록 돕는 역할을 한다.

7. 부당한 비교 표시·광고 금지

제7호는 객관적인 근거 없이 자기 또는 자기의 식품등을 다른 영업자나 다른 영업자의 식품등과 부당하게 비교하는 표시나 광고를 금지한다. 비교표시·광고에서 비교대상이나 비교기준이 명확하지 않거나, 비교내용 및 방법이 적정하지 않은 경우가 대표적이다. 또한 제품의 제조방법·품질·영양가·원재료·성분·효과와 직접적 관련이 적은 내용이나 사용하지 않은 원재료·성분을 강조하여 다른 업소의 제품을 간접적으로 다르게 인식하게 하는 표시·광고도 금지된다. 다만, 식약처장이 소비자의 판단에 도움을 주기 위해 필요하다고 인정하여 고시하는 원재료나 성분을 사용하지 않았다는 표시·광고는 예외로 인정된다.

8. 사행심 조장·음란 표현 표시·광고 금지

제8호는 사행심을 조장하거나 음란한 표현을 사용하여 공중도덕이나 사회윤리를 현저하게 침해하는 표시나 광고를 금지한다. 판매 사은품이나 경품 제공 등으로 사행심을 조장하는 내용의 표시·광고가 대표적이다. 다만 독점규제 및 공정거래에 관한 법률에 따라 허용되는 경우는 예외이다. 또한 미풍양속을 해치거나 해칠 우려가 있는 저속한 도안, 사진, 음향 등을 사용하는 표시·광고도 금지된다. 이러한 규제는 건전한 사회 분위기 조성과 청소년 보호 등의 공익적 목적을 가진다.

9. 타물품 오인·혼동 표시·광고 금지

제9호는 총리령으로 정하는 식품등이 아닌 물품의 상호, 상표, 용기·포장 등과 동일하거나 유사한 것을 사용하여 해당 물품으로 오인·혼동할 수 있는 표시나 광고를 금지한다. 이는 소비자가 서로 다른 제품을 혼동하여 잘못된 구매 결정을 내리거나 제품 혼동으로 인해 발생될 수 있는 위해 가능성을 사전에 방지하기 위함이다. 시행규칙 제8조의2는 「생활화학제품 및 살생물제의 안전관리에 관한 법률」 제3조제4호의 안전확인대상생활화학제품과 「어린이제품 안전 특별법 시행규칙」 별표 2 제11호의 학용품을 대상으로 규정하고 있다.

제6장. 표시 및 광고에 대한 관리(제8조~제11조)

10. 미심의·심의위반 표시·광고 금지

제10호는 제10조 제1항에 따른 심의를 받지 않거나, 같은 조 제4항을 위반하여 심의 결과에 따르지 않은 표시나 광고를 금지한다. 이는 일정한 경우 의무적으로 받아야 하는 사전 심의제도의 실효성을 확보하기 위한 규정이다. 심의 대상 표시·광고임에도 심의를 받지 않고 실시하거나, 심의를 받았더라도 그 결과에 따르지 않고 임의로 변경하여 표시·광고하는 행위가 모두 금지된다. 표시·광고의 사전 점검을 통해 부당한 표시·광고를 예방하고, 소비자 보호를 보다 효과적으로 실현하기 위한 제도적 장치로 기능한다.

③ 각 호에서 규정한 사항들에 대한 검토

1. 부당한 표시광고의 유형 및 상호 관계

제1호에서 제3호까지의 내용과 제4호와 제5호, 제6호와 제7호 사이에 서로 중복되게 적용될 수 있다. 제1호에서 제3호까지의 내용은 우량 오인 표시에 해당하고 제4호와 제5호는 부당표시광고의 일반적 규정에 해당한다. 제6호와 제7호는 특별한 유형의 부당한 표시광고를 규정한 것으로 볼 것이다. 따라서 제1호에서 제3호까지의 내용은 언제든지 제4호 또는 제5호에 포함될 수 있으나, 그 위반행위의 중함을 고려하여 별도로 규정한 것으로 보인다. 이를 반영하여, 법 제26조와 제27조는 제1호에서 제3호까지의 위반행위에 대한 벌칙을 더 강하게 규정하고 있다. 행정처분도 동일한 원칙으로 적용된다.[119]

2. 공중도덕이나 사회윤리를 현저하게 침해하는 표시광고

제8호의 구체적인 내용은 시행령 [별표1] 「부당한 표시 또는 광고의 내용」에서 정하고 있다.[120] 다만, 이에 대하여는 제8호에서 금지하고자 하는 표시

---

[119] 다만, 행정처분의 경우 법률에서 구분하여 정하지 않더라도 자체적으로 유형을 구분하여 차등된 행정처분을 할 수 있다는 점에서 형벌과는 차이가 있다고 볼 것이다.
[120] 8. 사행심을 조장하거나 음란한 표현을 사용하여 공중도덕이나 사회윤리를 현저하게 침해하는 다음 각 목의 표시 또는 광고
　가. 판매 사례품이나 경품의 제공 등 사행심을 조장하는 내용의 표시·광고(「독점규제

광고가 사회윤리적으로 적절하지 않다는 것에 대한 판단과는 별개로 동 조항이 규율하고자 하는 부당한 표시광고에 해당하는지에 대하여는 다른 의견이 제기될 수 있다.

표시광고법의 경우 제3조에서 부당한 표시광고 행위를 '소비자를 속이거나 소비자로 하여금 잘못 알게 할 우려가 있는 표시·광고 행위'로 규정하고, 그 목적을 '공정한 거래질서를 해칠 우려'의 방지임을 명시하고 있어, 식품표시광고법에서 규정하고 있는 '사행심 조장이나 음란한 표현' 등이 포함될 가능성은 없다.

이에 반해, 식품표시광고법은 부당한 표시광고의 개념을 별도로 정의하지 않고, 목적도 명시하지 않으며, 각호에서 금지되는 유형만 열거하고 있다. 따라서, 각호의 내용에 해당하면 부당한 표시광고로 규정되게 된다. 따라서, 식품등의 명칭·제조방법·성분 등에 관하여 사행심을 조장하거나 음란한 표현을 사용하여 공중도덕이나 사회윤리를 현저하게 침해하는 표시광고는 부당한 표시광고에 해당하게 된다. 이 경우에도, 식품등의 명칭·제조방법·성분 등에 관한 사항이어야 하고, 사행심을 조장하거나 음란한 표현을 사용하여야 하며, 공중도덕이나 사회윤리를 현저하게 침해하는 표시광고인 경우에 부당한 표시광고에 해당하게 된다. 따라서 사행심을 조장하거나 음란한 표현 등을 사용했다는 사실만으로 부당한 표시광고에 해당한다고 볼 수는 없다.

앞에서 살펴본 바와 같이 현행 식품표시광고법은 사행심 조장이나 음란한 표현이 부당한 광고에 해당하다고 규정하고 있으나, 이러한 규정이 부당한 표시광고를 금지하고자 하는 입법 목적과 반드시 일치한다고 보기는 어렵다. 양 행위가 가지는 효과와 그것을 금지하고자 하는 입법목적이 명확히 다르다고 볼 수 있기 때문이다. 다른 법률의 사례에서는 사행심 조장이나 음란한 표현을 금지하는 경우, 별도로 규정하는 것이 일반적이므로 식품표시광고법에서도 오인혼동 등의 방지를 주요 목적으로 하는 부당한 표시광고의 행위 금지 조항보다는 별도의 규정을 마련하는 방안에 대한 검토가 필요하다.

  및 공정거래에 관한 법률」에 따라 허용되는 경우는 제외한다)
 나. 미풍양속을 해치거나 해칠 우려가 있는 저속한 도안, 사진 또는 음향 등을 사용하는 표시·광고.

3. 다른 물품으로 오인혼동할 수 있는 표시광고

제9호는 "총리령으로 정하는 식품등이 아닌 물품의 상호, 상표 또는 용기·포장 등과 동일하거나 유사한 것을 사용하여 해당 물품으로 오인·혼동할 수 있는 표시 또는 광고"를 부당한 표시광고로 규정하고 있다.[121] 시행규칙 제8조의2(식품등이 아닌 물품의 범위)는 안전확인대상생활화학제품, 학용품을 대상 물품으로 규정하고 있으므로, 이러한 물품의 상호, 상표 또는 용기·포장 등과 동일하거나 유사한 것을 사용한 식품등의 표시·광고의 경우 해당 물품으로 오인·혼동할 수 있다면 부당한 표시광고가 된다.

그러나, 이에 대하여는 그 타당성 여부를 재검토해야 할 것으로 보여진다. 동 규정은 특정 제품을 식품으로 오인하여 섭취하는 경우 발생할 수 있는 위해 가능성을 사전에 방지하고자 도입된 제도이다. 이는 기본적으로 다른 제품을 식품으로 오인하여 섭취하는 것을 방지하고자 하는 것이 목적이며, 식품을 그러한 제품으로 오인하게 하는 것을 방지하기 위함은 아니다.[122] 따라서, 「생활화학제품 및 살생물제의 안전관리에 관한 법률」 또는 「어린이 제품 안전 특별법」 등 개별 법령에 식품으로 오인·혼동되지 않도록 강제하는 것이 필요하지 식품표시광고법에 규정할 사항은 아니라고 보여진다.[123]

4. 자율심의를 받지 아니하거나 자율심의 결과를 따르지 않은 표시광고

현행 법률은 자율심의를 받지 아니하거나 자율심의 결과를 따르지 않은 표시광고를 부당한 표시광고로 규정하고 있다. 앞에서 살펴본 바와 같이 이는 금지되는 부당한 표시광고에 대한 정의가 명확하게 규정되지 않은 상태

---

121 이에 대하여, 적용 대상이 되는 물품 자체가 총리령에 의해 결정되는데 어떠한 요건과 예시도 없이 포괄위임된 것으로 해당될 수 있어 그 타당성 여부를 검토할 필요가 있다.
122 다만, 식품등에 다른 제품으로 오인할 수 있는 표시·광고를 사용하여 향후 다른 제품을 식품으로 오인하여 섭취할 가능성까지 제거하겠다는 것을 제도의 근거로 제기할 수는 있으나 이에 대하여도 수단의 적정성과 형평성 등을 종합적으로 검토해야 할 것이다.
123 안전확인대상생활화학제품 지정 및 안전·표시기준 [별표 3] 용기 또는 포장, 중량에 관한 안전기준 Ⅲ. 제품의 겉모양 '제품의 겉모양은 식품의 용기, 포장, 겉모양 등과 동일하거나 유사한 것을 사용하여 식품으로 오인되거나 혼동되지 않아야 한다.' 고 규정하고 있다. 그러나, 어린이 제품 안전 특별법에는 관련 규정이 없다.

에서, 표시광고 자율심의제도의 실효적 운영을 위해서 마련된 규정이라고 볼 것이나, 내용적으로는 법률로 부여된 작위의무를 행하지 않은 것에 대해 의무위반의 책임을 묻지 않고, 우회적으로 부당한 표시광고에 포함하여 규정하고 있다는 점에서, 또 한편으로는 자율심의를 받지 않아 부당한 표시광고 행위 금지를 위반하게 되면 형사처벌을 받을 수 있다는 측면에서 헌법재판소의 결정에 위반될 가능성이 있으므로 재검토가 필요하다.[124]

5. 금지되는 표시·광고의 대상 문제

법 제8조제1항 본문은 표시광고의 대상을 "식품등"으로 정하고 있는 반면, 제6호는 다른 업체를 비방하는 표시 또는 광고를 금지하고, 제7호는 객관적인 근거 없이 자기와 다른 영업자를 부당하게 비교하는 표시 또는 광고의 금지를 규정하고 있어, '식품등' 이외에 영업자와 관련된 내용을 부당한 표시광고로 포함하고 있는 부정합 문제가 발생된다. 이에 대하여는 대상을 '식품등'으로 한정하여 제6호와 제7호에서 '업체'와 '영업자'를 삭제하는 방안과, 표시광고법 규정과 동일하게 표시와 광고의 대상에 상품뿐만 아니라 사업자까지 포함하여 명시하는 방안을 고려할 수 있을 것이다.

6. 날짜 표시와 관련된 사항

시행령 제2조제2호에 따라 식품등의 제조연월일, 생산연월일, 소비기한, 품질유지기한 및 산란일에 관한 사항에 대해서는 부당한 표시·광고가 금지되어 있는바, 이를 준수해야 하는 것은 물론이나, 동 법령에서 언급하고 있는 날짜표시 이외의 날짜표시(예컨대, 포장일자 등) 사항에 대하여도 적용되는지에 논란의 여지가 있다. 그러나, 국민의 권리를 제한하거나 의무를 부과하

---

[124] 현행 법에 따르면, 광고심의를 받지 않는 경우, 직접적인 제재는 없으나, 제8조제1항 위반에 해당되어, 법 제14조(시정명령), 제15조(제15조(위해 식품등의 회수 및 폐기처분 등), 제16조(영업정지 등), 제17조(품목 등의 제조정지) 등의 처분이 내려질 수 있으며, 제27조(벌칙) 제2호에 따라 5년 이하의 징역 또는 5천만원 이하의 벌금에 처하거나 병과될 수 있다. 향후 제도 개선이 이루어지면 과태료를 부과하거나, 광고중지 명령 등을 통해 실효성을 확보하는 방안이 검토될 수 있을 것이다.

는 침익적 행정행위에 있어서는 그 적용대상을 임의로 확대할 수 없는 것이며, 한정적으로 열거된 사항에 대해서만 위반시 행정처분 또는 처벌을 할 수 있다고 보아야 할 것이므로 시행령에서 정한 날짜표시 사항 외의 날짜표시까지 부당한 표시·광고가 금지되는 날짜표시로 확대하여 금지할 수는 없을 것이므로 입법적 보완이 필요하다고 볼 것이다.[125]

4 해외 주요국 사례

1. 미국 : 원칙적·기능별 규정(기관 분업에 따른 세분화)

미국은 법문 자체가 '모든 광고에 대해 허위·기만적 진술을 금지'하는 포괄적 원칙 중심으로 구성되어 있고, 실무에서는 규제 대상의 성격(라벨·표시 vs 광고), 주장 유형(영양성분·건강주장·구조·기능 주장) 및 집행 주체(FDA, FTC)에 따라 세부 처리가 달라진다. 즉 조문상으로는 포괄적이지만, 실무적·기능적으로는 세부 유형을 나누어 각 유형에 요구되는 절차·근거 수준을 달리 적용되며 주요 내용은 다음과 같다.

일반 식품의 질병 예방·치료 표방은 의약품으로 오인될 소지가 있어 금지된다(의약품-식품 구분원칙). 건강주장에 대하여는 EU나 일본처럼 단일 '사전허가 목록' 방식은 아니지만, health claims(질병 위험감소 주장)과 structure/function claims(구조·기능 주장)을 구분해 각각 다른 절차·요건을 적용한다. 예컨대, structure/function은 사전승인 대신 통지·면책문구·근거

---

[125] 표시광고법 제3조는 부당한 표시광고의 금지 대상을 구체적으로 특정하지 아니하고 일반적으로 규정함으로써 규율 적용의 공백을 최소화하고 있는 점을 참고할 만하다.
표시광고법 제3조(부당한 표시·광고 행위의 금지) ① 사업자등은 소비자를 속이거나 소비자로 하여금 잘못 알게 할 우려가 있는 표시·광고 행위로서 공정한 거래질서를 해칠 우려가 있는 다음 각 호의 행위를 하거나 다른 사업자등으로 하여금 하게 하여서는 아니 된다.
1. 거짓·과장의 표시·광고
2. 기만적인 표시·광고
3. 부당하게 비교하는 표시·광고
4. 비방적인 표시·광고

보유 등이 요구된다. 거짓·과장·부당비교·비방 등을 방지하기 위해 FTC가 '광고의 기만성' 원칙에 따라 '적절한 과학적 근거(competent and reliable evidence)' 보유를 요구하며, Lanham Act(민사) 등으로 출처오인·트레이드드레스 혼동을 제재한다. 한편, 공서양속·사행성 표현(음란성·도박 조장 등)은 연방법상 식품 관련 규정에서는 찾을 수 없고, 방송 규제(FCC), 형법 또는 자율적 광고심의기구 규범을 통해 통제되는 경향이 있다.

2. 유럽연합(EU) : 열거적·사전허가(목록화) 중심의 규율

EU는 영양·건강주장(nutrition & health claims) 분야에서 매우 구체적·열거적 규범을 운영한다. Regulation (EC) No 1924/2006 등은 '어떤 건강주장이 허용되는지'에 관한 사전심사·목록화(positive list) 체계를 도입하여, 허용목록에 등재되지 않은 주장은 원칙적으로 사용을 금지한다. 또한 Regulation (EU) No 1169/2011(FIC)은 라벨·표시·광고 전반에서 소비자가 오인되거나 기만되어서는 안 된다는 일반원칙을 명시하여, 오인·혼동·거짓·과장 유형을 법조문으로 직접 규정·제한한다.

식품이 질병의 진단·치료·예방을 표방하는 것은 원칙적으로 금지되며, 건강주장은 EFSA의 과학평가를 거쳐 EU 차원의 허용목록에 등재된 경우에만 허용된다. FIC와 소비자보호 지침에 따라 라벨·광고가 소비자를 오인시키는 경우 금지되며, 비교광고·비방도 불공정상행위 규범으로 제재된다. 공서양속·사행성 관련하여 식품 차원에서 규정하기 보다는 EU 차원에서 전반적 기준을 제시하되(예 : AVMSD 등 시청각서비스 규범), 구체적 음란성·도박 규율은 회원국 법·자율규범에서 보완되는 경우가 많다.

3. 일본 : 유형별(열거) + 건강표시의 이원적(승인·신고) 체계

일본은 허위·과장·기만·부당비교 등 표시·광고의 부당행위를 경품표시법 등에서 구체적 유형으로 열거하고 규율한다. 특히 건강관련 표시는 특정 보건용식품(FOSHU)과 기능성표시식품(FFC)의 이원적 트랙으로 운영되어, 주장 유형·근거 수준에 따라 사전승인형과 신고형을 구분한다.

일반 식품의 질병 치료·예방 표방은 금지되며, 기능성·건강주장은 FOSHU의 엄격한 승인이나 FFC의 신고 요건(근거자료 공개 등)을 충족해야 한다. 허위·과장·기만·부당비교 관련하여 경품표시법(불공정표시 방지법)이 오인 유발·거짓표시를 구체적으로 금지하고, 집행과 제재를 담당한다. 공서양속·사행성: 음란성·사행성 문제는 방송·일반법·자율심의 영역과 병행하여 관리된다.

4. 중국 : 열거적·강력한 사전통제 및 금지항목 명시

중국은 광고법·식품안전법·반부정당경쟁법 등을 통해 식품·건강 관련 광고를 통제하는데, 금지 콘텐츠(예 : 질병 치료 표방, 음란·도박·미신 표현 등)를 법조문에서 명시적으로 열거하고, 특히 건강식품·특수식품 광고에 대한 사전심사·승인(검열) 제도를 강하게 운영한다. 또한 온라인 플랫폼·라이브커머스 등 전자상거래 채널에 대한 규제·단속도 적극적으로 수행한다.

광고법은 의료·의약품 광고과 구분하여 일반 광고에서 질병 치료·예방의 표방을 금지하며, 공서양속(음란·사행성) 관련 내용도 금지항목으로 명시되어 있어 식품광고에도 적용된다. 건강식품 등은 시장진입 전 등록·허가·심사를 받아야 하며, 광고도 승인된 범위 내에서만 게재할 수 있다.

5. 정리 및 시사점

우리나라를 비롯하여 모든 국가가 의약품적 효능 표시와 허위·기만적 표시에 대해서는 강력한 규제를 가하고 있으며, 소비자 보호를 최우선 가치로 설정하고 있다는 점에서는 공통된다. 다만, 규제 방식에서 미국은 사후규제와 면책문구를 통한 시장친화적인 접근을 취하고 있고, EU는 강한 과학적 근거를 요구하며, 일본은 단계별 차등규제를 취하고 있어 향후 우리의 제도 개선에 시사하는 바가 있다. 한편, 공서양속(음란·사행성) 관련 사항은 개별 국가마다 차이는 있으나, 식품 관련 법령에서 별도 규정을 두는 경우는 거의 존재하지 않은 점도 향후 제도 개선에서 고려해야 할 사항이다. 또한, 표시광고의 사전심의제도에 대하여도 그 필요성과 운영 방식 등과는 별개로 부당한 표시광고에 해당하는지의 문제는 신중하게 검토되어야 할 것이다.

『식품표시광고법 해설』

5 관련 판례

◆ (제1호) "질병 예방·치료에 효능이 있는 것으로 인식할 우려"

<대구지방법원 2024고정1298 판결[식품등의표시·광고에관한법률위반]>

개요	• 질병의 예방·치료 효능이 있는 것으로 인식될 수 있는 광고를 한 혐의.
주장	• 해당 광고는 비염 예방·치료 효능을 암시하지 않았으며, 의도도 없었음.
법원 판단	• 광고 내용의 위법성 판단 : 위법성 인정 - 블로그 광고에서 '비염' 및 '염증' 단어를 반복적으로 사용. - "비염에서 탈출하기에 적합", "모든 걸 해결" 등의 표현을 사용. - 직접 '예방'이나 '치료' 문구를 사용하지 않았더라도, 전체적인 맥락에서 비염 예방 및 치료 효과가 있다고 인식될 우려가 있다고 판단. • 고의성 판단 : 피고가 광고 가이드라인에서 질병 효능 언급을 금지한다고 명시했으나, 동시에 '염증과 항산화 항염의 관계' 등을 포함하도록 요구. - 모순된 지침 하에 작성된 광고물을 승인했다는 점에서 고의성이 인정.

◆ (제2호) 식품등을 의약품으로 인식할 우려가 있는 표시 또는 광고

<수원지방법원 2007노101 판결[식품위생법 위반]>

개요	• "다이어트 기능성 쌀이 체중감량뿐 아니라 당뇨병, 변비, 고혈압, 동맥경화 환자에게 월등한 효과." 라고 광고하여 허위·과대광고로 기소된 사건.
피고 주장	• 해당 광고 내용은 신문의 보도 내용을 그대로 인용한 것일 뿐이며, 쌀은 명백히 의약품이 아니므로, 소비자가 이를 혼동할 우려가 전혀 없음.
법원 판단	• 법규 위반 : 해당 광고 문구는 법령이 정한 금지 규정에 정확히 해당. - 식품위생법은 '질병 치료에 효능이 있다는 내용 또는 의약품으로 혼동 우려가 있는 내용'의 광고를 금지하고, 시행규칙은 '당뇨병·변비·암 등 특정 질병을 지칭'하여 효능·효과가 있다는 내용의 표현을 명백히 금지. • 위해 발생 가능성 : 광고 내용의 효과가 일부 사실이라 할지라도, 광고가 질병 치료 효과를 지나치게 강조함으로써 소비자들이 오인할 수 있음. 즉, 소비자들이 해당 쌀에 직접적인 질병 치료 효과가 있는 것처럼 오인하여 과용하게 되거나, 이를 의약품의 대체재로 인식하게 될 경우 보건위생상의 위해가 발생할 우려가 크다고 판단. • 광고의 본질적 한계 일탈 : 해당 광고는 식품이 갖는 본질적 한계 내에서 영양 섭취의 결과로 나타나는 부수적 효과를 표현한 것으로 보기 어렵고, 특정 질병에 대한 '월등한 효과'를 강조하여 식품 광고로서의 범위 일탈. • 신문 보도 내용을 그대로 인용하여 광고했더라도 일반 소비자로 하여금 해당 제품의 효능으로 오인하게 할 가능성이 있고, 여전히 보건위생상의 위해를 발생시킬 수 있으므로 식품위생법에서 금지하는 과대광고에 해당.

제6장. 표시 및 광고에 대한 관리(제8조~제11조)

◆ (제3호) 건강기능식품이 아닌 것을 건강기능식품으로 인식할 우려

〈부산지방법원 2023노670 판결〉

개요	• 초록입홍합분말(환)을 건강기능식품으로 오인할 수 있는 광고를 한 혐의
주요 쟁점	• 건강기능식품으로 인식할 우려가 있는 광고인지 여부 - 광고에서 초록입홍합분말이 관절건강에 도움이 되는 기능성 성분이 풍부하다고 강조하고, 건강기능식품에 요구되는 섭취방법 등을 표시함으로써 일반 소비자가 건강기능식품으로 오인할 우려가 있다고 판단. • 허용되는 광고 범위에 해당하는지 여부 - 바로 섭취하는 포 형태의 분말 식품은 식품의약품안전처 고시에 따라 건강기능 관련 광고가 허용되지 않음. - 이 사건 광고는 식품으로서의 향미나 식감에 대한 정보 없이 관절건강 효능만을 강조하여, 건강기능식품으로 오인하게 하는 광고에 해당.
결과	• 법원은 피고인들의 행위가 식품등의표시·광고에관한법률을 위반했다고 판단하여, 각각 벌금 70만 원을 선고.

◆ (제4호) 거짓·과장된 표시 또는 광고

〈서울남부지방법원 2023고정289 판결〉

개요	• 인터넷을 통해 식품을 판매하면서 신체기능과 관련된 거짓·과장 광고를 한 혐의로 기소된 사건
위법 내용	• 다음의 광고 문구를 통해 일반 식품을 마치 건강기능식품인 것처럼 광고 - "속이 편안한 하루를 맞이하고 싶은 현대인을 위한 F" - "가볍고 속편한 하루를 위한 100% 곡물 발효효소" - "체질개선, 건강증진이 필요하신 분" 등의 표현을 사용.
피고 주장	• 광고 내용이 소화효소 등의 일반적 효과를 설명한 것으로 거짓·과장이 아니라는 점 • 일반적 상식을 광고한 것으로 법 위반의 고의가 없었으며 사회상규에 위배되지 않는다는 점
법원 판단	• 법원은 피고인의 주장을 다음과 같은 이유로 기각 - 단순 식품임에도 소화 작용이나 신체조직 기능 향상에 효과가 있는 것처럼 광고한 점 - 2015년부터 회사를 운영해온 피고인이 식품 광고 관련 규정을 잘 알고 있었을 것으로 보이는 점 - 광고 표현의 적법성 여부에 대해 특별한 주의를 기울이지 않은 점
결과	• 법원은 피고인의 행위가 식품표시광고법 제27조 제2호, 제8조 제1항 제4호를 위반했다고 판단 • 광고의 수위, 피고인의 개인적 사정, 범행 동기와 경위, 수단과 결과, 범행 후 정황 등을 종합적으로 고려하여 벌금 100만원을 선고

◆ (제5호) 소비자를 기만하는 표시 또는 광고, (제10호) 제10조제1항에 따라 심의를 받지 아니하거나 같은 조 제4항을 위반하여 심의 결과에 따르지 아니한 표시 또는 광고

〈서울남부지방법원 2023고정289 판결〉

개요	• 식품 수입판매업체 대표와 법인이 건강기능식품에 대해 미심의 광고 및 소비자 기만 광고 혐의로 기소된 사건
공소 사실	• 미심의 표시 및 광고 행위 : 심의를 받지 않은 수입식품 검사결과 성적서와 월경 전 증후군 관련 동영상을 광고에 포함하여 게시. • 소비자 기만 광고 행위 : 제품 구매 후기를 임의로 편집하여 생리전 증후군 개선 효과가 있는 것처럼 광고
판결 내용	• 미심의 광고 행위에 대해 피고인들을 각각 벌금 50만 원에 처함. • 소비자 기만 광고 행위에 대해서는 다음과 같은 이유로 무죄를 선고 - 인터넷 쇼핑몰에서 구매 후기는 일반적인 정보 제공 수단임. - 편집된 후기는 4개에 불과하고 다른 7,500개 이상의 실제 후기 확인 가능 - 강조 내용은 주로 재구매 관련 사실. 효능 관련은 작은 글씨로 표시. - 제품 성분의 공인된 기능성 내용 관련 소비자의 주관적 평가로 봄.
양형 이유	• 심의받지 않은 광고 내용의 성격, 검사결과의 진실성, 동영상이 자체 제작물이 아닌 점, 피고인의 전과 등을 종합적으로 고려하여 벌금형을 선고
의의	• 식품 광고 규제와 표현의 자유 사이의 균형을 고려하여, '소비자를 현혹하는 광고'인지 여부는 광고 매체의 특성, 표현방식, 소비자의 합리적 판단 가능성 등을 종합적으로 고려해야 한다는 기준을 제시

◆ (제6호) 다른 업체나 다른 업체의 제품을 비방하는 표시 또는 광고, (제7호) 객관적인 근거 없이 자기 또는 자기의 식품등을 다른 영업자나 다른 영업자의 식품등과 부당하게 비교하는 표시 또는 광고

〈판례의 경향〉

단순히 경쟁 제품을 비판하거나 자사 제품 우수성을 강조하는 것을 넘어, 객관적 근거 없이 비난하거나 사실을 왜곡하여 상대방을 깎아내리는 경우에 비방 광고로 인정하는 경향이나, 광고 내용이 객관적 근거를 갖추고 있거나, 소비자의 알 권리 보장이라는 공익적 측면이 강한 경우 비방 광고의 성립에 신중한 입장.[126]

---

[126] 비방 광고의 성립을 인정하지 않은 사례는 다음과 같다.
  1. 인체 유해성에 대한 문제 제기
    • 식품의 안전성이나 인체 유해성에 관해 어느 정도 객관적 근거를 갖춘 우려가 제기되

판례의 경향에서는 다음의 시사점을 확인할 수 있다. 첫째, '비방'의 의미와 '객관적 근거'의 중요성이다. 판례에 따르면 '비방'은 단순히 부정적인 사실을 적시하는 것을 넘어, 객관적인 근거 없이 악의적으로 비난하거나, 불리한 사실만을 의도적으로 추출·왜곡하여 상대방의 사회적 평가를 저하하는 행위를 의미한다. 따라서 광고 내용에 대해 학술 자료, 연구 결과, 공신력 있는 기관의 발표, 언론 보도 등 어느 정도의 객관적 근거를 제시할 수 있다면 비방 광고로 인정될 가능성은 낮아진다.(대법원 2011두7991)

둘째, 공익성 및 소비자의 알 권리 보장이다. 식품의 안전성과 같이 국민 건강과 직결되는 사안에 대해서는 소비자의 알 권리와 정보에 기반한 선택권을 폭넓게 보장하는 경향이 있다. 따라서 경쟁 제품에 잠재적 위험성이 존재하고 이에 대한 사회적 논의가 있는 경우, 이를 언급하는 광고는 공정한 경쟁을 저해하는 비방 행위이기보다는 소비자에게 유용한 정보를 제공하는 행위로 평가될 수 있다.(대법원 2011두7991, 서울남부지방법원 2016노2160)

  어 현실적으로 논란이 되고 있다면, 그 유해성이나 유해 수준이 과학적으로 명백하게 입증되지 않았더라도 경쟁 제품의 위험을 언급하거나 지적하는 광고를 함부로 비방 광고로 단정할 수 없다. 이는 소비자의 정당한 선택권에 속하기 때문이다.(대법원 2011두7991, 서울남부지방법원 2016노2160)
- 합성비타민의 인체 유해성에 대한 우려가 언론 등을 통해 지속적으로 제기된 상황에서, TV 프로그램, 신문기사, 연구자료 등을 근거로 합성비타민의 위험성을 알리고 자사 천연비타민 제품의 상대적 안전성을 주장한 광고는 비방 광고에 해당하지 않는다고 판단.(서울남부지방법원 2016노2160)

2. 사실에 기반한 제조방식 비교
- 경쟁 제품의 제조방식과 자사 제품의 제조방식을 비교하며 자사 제품의 우수성을 강조하는 광고는, 객관적 자료에 근거하고 있고 특정 업체를 명시하여 비난하는 것이 아니면 비방 광고로 성립 안됨.
- "물에 달인 홍삼액"과 자사의 "통째로 갈아 넣은 홍삼액"을 비교하며 영양분 함유량 차이를 설명한 광고에 대해, 학계 연구결과 등에 근거하고 있고 특정 업체를 비방하는 것이 아니므로 비방 광고에 해당하지 않는다고 판단.(서울행정법원 2016구합63958)

3. 유해성 논란이 있는 성분의 불포함 강조
- 경쟁 제품군에서 일반적으로 사용되는 특정 화학첨가물의 유해 가능성을 언급하며 자사 제품에는 해당 성분이 포함되지 않았음을 강조하는 광고는, 제품의 원재료 및 성분과 직접 관련이 큰 내용을 강조하는 것이므로 비방 광고로 보기 어렵다.
- 특정 화학첨가물의 유해성을 학계 연구결과나 기사 등을 근거로 언급하며 자사 유산균 제품의 상대적 강점을 표시한 것은, 제품의 원재료와 직접 관련이 있는 내용이므로 소비자 기만 또는 오인 우려 광고에 해당하지 않는다.(서울행정법원 2017구합62242)

셋째, 사실에 기반한 비교광고와의 구별이다. 자사 제품의 우수성을 알리기 위해 다른 제품과 비교하는 것 자체는 허용된다. 다만, 그 비교가 비방이 되지 않기 위해서는 ① 비교 내용이 사실에 부합해야 하고, ② 객관적 기준에 따라야 하며, ③ 경쟁 제품을 부당하게 깎아내리거나 폄하하는 표현을 사용해서는 안된다. "물에 달인 홍삼액"과 "통째로 갈아 넣은 홍삼액" 등의 영양분 차이를 설명한 광고는 사실에 기반한 비교광고로 허용되어 비방 광고에 해당하지 않는다고 판단하였다.(서울행정법원 2016구합63958)

◆ (제8호) 사행심을 조장하거나 음란[127]한 표현을 사용하여 공중도덕이나 사회윤리를 현저하게 침해하는 표시 또는 광고

<수원지방법원 안양지원 2015고단1316 판결>

개요	• 피고는 건강기능식품 판매업체를 운영하면서 노인들을 대상으로 허위·과대광고를 통해 건강기능식품을 판매하고 사행심을 조장한 사건
공소사실	• 피고는 'W'와 'X' 제품에 대해 고혈압, 당뇨, 중풍, 치매, 관절 질환 등에 효과가 있다고 허위광고를 하여 185명으로부터 약 2억4천만원을 편취. • 또한 제품 구매자들에게 소꼬리세트, 쌀, 라면 등의 사례품을 제공하며 사행심을 조장.
쟁점	• 건강기능식품에 관한 법률상 허위·과대광고 금지 위반, 사행심 조장 행위 금지 위반, 형법상 사기죄가 주된 쟁점.
판결요지	• 징역 1년 6월 선고 - 가중요소: 불특정 다수 노인 대상 범행, 동종 전과 있음 - 감경요소: 15년간 집행유예 이상 전과 없음, 일부 피해 배상, 반성

법원은 노인 등 취약계층을 대상으로 생활용품이나 식품 등을 경품 또는 사례품으로 제공하여 영업소로 유인한 뒤, 고가의 건강기능식품이나 일반식품을 판매하는 행위를 사행심을 조장하는 위법 행위로 판단하고 있으며,[128] 특정 조건을 충족하면 경제적 이익을 제공하겠다는 내용의 광고도 그 조건이 불명확할 경우 사행심 조장 광고에 해당할 수 있다고 본다.[129]

---

[127] 음란 표현 광고는 그 표현이 공중도덕이나 사회윤리를 '현저하게' 침해하는 경우에 규제된다. 음란 표현 사용으로 문제된 구체적인 식품 광고 판례는 확인되지 않으나, 식품 광고에 사용된 표현이 사회 평균인의 관점에서 볼 때 성적 수치심이나 혐오감을 일으키고 건전한 성도덕을 현저히 해치는 정도에 이르렀을 때 본 규정이 적용될 수 있다.
[128] 전주지원 2016고단1197, 수원지원 안양지원 2015고단1316, 인천지원 2017고정2818.

제6장. 표시 및 광고에 대한 관리(제8조~제11조)

◆ 총리령으로 정하는 식품등이 아닌 물품의 상호, 상표 또는 용기·포장 등과 동일하거나 유사한 것을 사용하여 해당 물품으로 오인·혼동할 수 있는 표시 또는 광고[130]

───< 판례의 경향 정리 >───

■ 광고의 전체적인 인상과 소비자 인식 기준
법원은 식품 광고의 위법성을 판단할 때 문구 하나하나를 분리해서 보지 않고, 광고가 전달하는 전체적·궁극적 인상을 기준으로 보통의 주의력을 가진 일반 소비자가 어떻게 받아들일지를 중요하게 고려한다. '초록입홍합' 사건 등에서 기술적으로 분말과 오일을 구분했더라도 전체적으로는 분말 제품이 관절 건강 기능성을 가진다는 인상을 주었다고 본 것이 대표적이다.(부산지방법원 2023노6701)

■ 일반식품의 기능성 표현의 한계
일반식품은 의약품이나 건강기능식품과 명확히 구분된다. 따라서 원재료에 특정 성분이 포함되어 있다는 사실을 넘어, 제품 자체가 신체의 기능·작용·효과·효능에 직접적인 영향을 미치는 것처럼 표현하는 것은 원칙적으로 금지된다. '효소제품' 광고에서 '체질개선', '건강증진'과 같은 표현이 문제가 된 사례가 이를 명확히 보여주고 있다.(서울남부지방법원 2023고정2894)

■ 부당한 비교광고의 판단 기준
비교광고 자체가 금지되지는 않으나, 비교 대상과 기준이 명확하고 객관적이어야 한다. '일반 제품'과 같이 불특정 대상을 설정하거나, 과학적 근거가 부족한 자체 실험 결과를 근거로 우수성을 주장하는 것은 부당한 비교광고로 처벌될 수 있다. (서울남부지방법원 2020고정12953, 서울남부지방법원 2021노14246) 광고주는 식품표시광고법 제9조에 따라 광고 내용에 대한 실증 책임을 부담한다.

■ 체험기(이용후기)를 이용한 광고의 허용 범위
소비자 구매 후기를 광고에 활용하는 것 자체가 즉시 위법이 되는 것은 아니다. 법원은 해당 광고가 소비자의 합리적인 판단을 방해할 정도로 '현혹'하는 수준에 이르렀는지를 기준으로 판단한다. 후기의 일부만 의도적으로 편집하여 전체적인 여론을 왜곡하거나, 사실과 다른 후기를 만들어내는 등의 행위는 문제가 될 수 있으나, 소비자가 다른 후기들을 쉽게 접근할 수 있고 내용이 주관적 평가의 범주에 있다면 허용될 여지가 있다.(부산지방법원동부지원 2023고단5795)

---

[129] 홍삼 제품 광고에 "감기에 걸리면 병원비를 내드립니다"라는 내용을 포함했으나, 행사 기간, 세부 조건, 지급 액수 등이 포함되지 않은 사안에 대해, 법원은 불공정 행위로 보아, 식품위생법상 '사행심 조장 내용 광고'에 해당한다고 판단(서울행정법원 2016구합63958).

[130] 2021년 8월 17일 신설 규정으로, 식품이 아닌 화학제품(세제, 접착제 등)이나 학용품 등을 식품으로 착각하고 섭취하는 위험을 막기 위해 도입된 것으로 확인된 판례는 없다.

제8조2 마약류 표시·광고 영업자 등에 대한 권고

법률	제8조의2(마약류 표시·광고 영업자 등에 대한 권고) ① 식품의약품안전처장, 특별시장·광역시장·특별자치시장·도지사·특별자치도지사(이하 "시·도지사"라 한다) 또는 시장·군수·구청장(자치구의 구청장을 말한다. 이하 같다)은 영업자 등에게 「마약류 관리에 관한 법률」 제2조제1호에 따른 마약류 중 마약 등 총리령으로 정하는 마약류 및 이와 유사한 표현을 사용한 표시 또는 광고를 하지 아니하도록 권고할 수 있다. ② 식품의약품안전처장, 시·도지사 또는 시장·군수·구청장은 제1항에 따라 표시 또는 광고의 변경 조치를 하려는 영업자 등에게 국고에서 보조하거나 「식품위생법」 제89조에 따른 식품진흥기금으로 필요한 비용을 지원할 수 있다. ③ 제1항에 따른 표시 또는 광고의 구체적인 내용, 제2항에 따른 비용 지원 등에 필요한 사항은 총리령으로 정한다.
시행령	
시행규칙	제8조의3(마약류 등 표시·광고의 범위) ① 법 제8조의2제1항에서 "「마약류 관리에 관한 법률」 제2조제1호에 따른 마약류 중 마약 등 총리령으로 정하는 마약류"란 마약, 향정신성의약품 및 대마를 말한다. ② 법 제8조의2제1항에 따른 표시·광고는 다음 각 호의 어느 하나에 해당하는 명칭을 사용하는 표시·광고를 말한다. 　1. 마약 　2. 대마(「마약류 관리에 관한 법률」 제2조제1호에 따른 마약류의 뜻으로 사용되는 경우로 한정한다) 　3. 양귀비 　4. 아편 　5. 코카인 　6. 헤로인 　7. 모르핀(몰핀) 　8. 코데인 　9. 펜타닐 　10. 케타민 　11. 프로포폴 　12. 필로폰 　13. 엑스터시 　14. 제1호부터 제13호까지에서 규정한 명칭과 유사한 표현으로 인식될 우려가 있는 명칭

제6장. 표시 및 광고에 대한 관리(제8조~제11조)

시행규칙	제8조의4(비용지원의 범위 등) ① 법 제8조의2제2항에 따라 국고에서 보조하거나 「식품위생법」 제89조에 따른 식품진흥기금으로 지원할 수 있는 비용은 제8조의3제2항에 따른 표시·광고에 사용된 간판, 메뉴판 또는 제품 포장재를 변경하는 데 소요되는 비용으로 한다. ② 제1항에 따른 비용을 지원받으려는 자는 별지 제1호서식의 마약 등 명칭 사용 표시·광고 변경비용 지원신청서에 다음 각 호의 서류를 첨부하여 식품의약품안전처장, 특별시장·광역시장·특별자치시장·도지사·특별자치도지사 또는 시장·군수·구청장(자치구의 구청장을 말한다)에게 제출해야 한다. 1. 표시·광고 현황을 확인할 수 있는 사진 등 자료 2. 예상 비용을 확인할 수 있는 견적서 3. 신청인이 본인임을 증명할 수 있는 신분증명서 사본 4. 신청인 명의의 통장 사본(계좌번호가 기재된 면을 말한다) ③ 제1항 및 제2항에서 규정한 사항 외에 비용 지원에 필요한 세부 사항은 식품의약품안전처장이 정하여 고시한다.
관련판례	

1 취지와 배경

마약은 그 중독성과 유해성으로 인해 사회적 문제가 되고 있으나, 식품의 명칭 또는 상호명에 광범위하게 사용되고 있어 국민에게 마약 용어가 친숙하게 느껴지는 등 마약에 대한 경각심을 저해할 수 있으며, 특히 아동과 청소년에게 마약에 대한 이미지가 긍정적이고 친화적으로 비칠 수 있는 우려가 있는 상황이다. 이에 식품의약품안전처장과 지방자치단체의 장은 식품접객업소 등 관련 영업자 등에게 총리령으로 정하는 마약류 및 이와 유사한 표현을 사용한 표시·광고를 하지 않도록 권고할 수 있도록 하고, 권고에 따라 표시·광고의 변경 조치를 이행하려는 영업자 등에게 비용을 지원할 수 있도록 하였다.[131]

최초 제안된 법률안에서는 '마약류 및 그 유사 표현 광고 금지'에 대한 적극적 조치 요구가 있었으나, 영업자의 표현 자유, 과도한 규제 우려 등 반

---
[131] 의안번호 2125849, 식품 등의 표시·광고에 관한 법률 일부개정법률안(대안) 2쪽

론도 상당수 존재하여, 국회 심의 과정에서 조문의 내용이 '권고'와 '비용 지원' 형태로 완화 조정되었다. 즉, 법적 강제보다 자율성 유도 차원에서 권고 조치 중심으로 도입되었다.

2 해설

1. (제1항) 권고권자의 권한과 권고대상 행위

 (1) 권고권자(주체)는 식품의약품안전처장, 시·도지사(특별시장·광역시장·특별자치시장·도지사·특별자치도지사) 및 시장·군수·자치구 구청장이다.

 (2) 권고 대상(객체)는 영업자 등(식품표시광고법상 규율 대상이 되는 영업주체)이다.

 (3) 권고 내용(행위)은 「마약류 관리에 관한 법률」 제2조 제1호의 마약류 중 '마약 등 총리령으로 정하는 마약류' 및 이와 유사한 표현을 사용한 표시 또는 광고를 하지 아니하도록 권고하는 것이다. 즉, 식품·광고 등에 마약류 명칭 또는 유사 표현 사용 금지에 대한 행정적 권고를 할 수 있다.

2. (제2항) 비용 지원 가능성

 식품의약품안전처장, 시·도지사, 시장·군수·구청장(비용지원의 주체)은 제1항 권고에 따라 광고 변경 조치하려는 영업자 등(비용지원의 대상)에게 영업자의 경제적 부담 완화 및 자발적 시정 촉진을 위해(취지) 국고 보조 또는 식품위생법 제89조에 따른 식품진흥기금에서 비용 지원(지원 내용)을 할 수 있다.(가능 조항)

3. (제3항) 구체적 사항 위임

 표시·광고 구체적 내용, 비용 지원 기준 등 필요한 사항을 총리령으로 정하도록 위임하고 있다. 시행규칙 제8조의3(마약류 등 표시·광고의 범위)은 마약, 향정신성의약품 및 대마 등을 대상 마약으로 하고, 마약, 대마, 양귀비, 아편, 코카인, 헤로인, 모르핀(몰핀), 코데인, 펜타닐, 케타민, 프로포폴, 필로폰, 엑스터시와 이와 유사한 표현으로 인식될 우려가 있는 명칭의 사용 제한을 권고할 수 있도록 제시하고 있다.

제8조의4(비용지원의 범위 등)는 세부적인 내용을 정하고 있다. 지원 대상 비용은 "국고 또는 식품진흥기금"으로 보조할 수 있는 변경 비용에 한정되며, 구체적 대상은 제8조의3제2항에 해당하는 표시·광고—즉, 마약류(마약, 대마, 향정신성의약품 등) 또는 유사 명칭이 사용된 간판, 메뉴판, 제품 포장재를 변경(교체)하는 데 드는 비용이다. 즉, 일반적인 광고 수정이 아닌, 소극적이고 물리적인 표시 변경에 필요한 간판·메뉴판·포장재 교체 비용만 지원 대상이 된다. 비용 지원을 받기 위해서는 정해진 신청서를 작성하여 서류를 첨부하여 식품의약품안전처장 또는 해당 지자체장(시·도지사, 시장·군수·구청장 등)에게 제출하여야 한다. 시행규칙에서 정한 사항 이외에 추가 세부사항은 식품의약품안전처장이 별도로 고시하도록 위임되어 있다.

3 국내외 입법 사례

해외 주요국들은 마약류 자체에 대한 표시·광고를 엄격하게 규제하고는 있으나, 우리나라 식품표시광고법과 같이 식품 사업자에게 마약류 관련 표현 사용을 권고하는 법령을 찾기는 어렵다. 만약, 규제할 필요성이 있는 경우라면 포괄적인 '거짓·기만 광고' 금지 원칙을 적용할 것으로 판단된다.

국내 법률 중에서도 명시적으로 '마약류와 유사 표현 사용 자제 권고'를 규정한 사례는 식품표시광고법 제8조의2가 유일하다. 표시광고법, 옥외광고물관리법 등은 사회통념에 따른 광범위한 규율로 존재하며, 의료·약사 분야에서도 마약류 자체에 대한 표시·광고의 제한을 두고 있을 뿐이다. 따라서, 마약류 유사 표현 자제 권고를 명문화한 식품표시광고법 제8조의2는 매우 특수하고 선진적인 사례로 평가될 수 있다.

『식품표시광고법 해설』

제9조 표시 또는 광고 내용의 실증

법　률	제9조(표시 또는 광고 내용의 실증) ① 식품등에 표시를 하거나 식품등을 광고한 자는 자기가 한 표시 또는 광고에 대하여 실증(實證)할 수 있어야 한다. ② 식품의약품안전처장은 식품등의 표시 또는 광고가 제8조제1항을 위반할 우려가 있어 해당 식품등에 대한 실증이 필요하다고 인정하는 경우에는 그 내용을 구체적으로 밝혀 해당 식품등에 표시하거나 해당 식품등을 광고한 자에게 실증자료를 제출할 것을 요청할 수 있다. ③ 제2항에 따라 실증자료의 제출을 요청받은 자는 요청받은 날부터 15일 이내에 그 실증자료를 식품의약품안전처장에게 제출하여야 한다. 다만, 식품의약품안전처장은 정당한 사유가 있다고 인정하는 경우에는 제출기간을 연장할 수 있다. ④ 식품의약품안전처장은 제2항에 따라 실증자료의 제출을 요청받은 자가 제3항에 따른 제출기간 내에 이를 제출하지 아니하고 계속하여 해당 표시 또는 광고를 하는 경우에는 실증자료를 제출할 때까지 그 표시 또는 광고 행위의 중지를 명할 수 있다. ⑤ 제2항에 따라 실증자료의 제출을 요청받은 자가 실증자료를 제출한 경우에는 「표시·광고의 공정화에 관한 법률」 등 다른 법률에 따라 다른 기관이 요구하는 자료제출을 거부할 수 있다. 다만, 식품의약품안전처장이 제출받은 실증자료를 제6항에 따라 다른 기관에 제공할 수 없는 경우에는 자료제출을 거부해서는 아니 된다. ⑥ 식품의약품안전처장은 제출받은 실증자료에 대하여 다른 기관이 「표시·광고의 공정화에 관한 법률」 등 다른 법률에 따라 해당 실증자료를 요청한 경우에는 특별한 사유가 없으면 이에 따라야 한다. ⑦ 제1항부터 제4항까지의 규정에 따른 실증의 대상, 실증자료의 범위 및 요건, 제출방법 등에 관하여 필요한 사항은 총리령으로 정한다.
시행령	제15조(권한의 위임) ① 식품의약품안전처장은 법 제24조제1항에 따라 법 제9조제2항에 따른 식품등의 표시 또는 광고의 실증자료에 대한 검토에 관한 권한을 식품의약품안전평가원장에게 위임한다. ② 식품의약품안전처장은 법 제24조제1항에 따라 다음 각 호의 권한을 지방식품의약품안전청장에게 위임한다. 1. 법 제14조에 따른 시정명령 2. 법 제15조에 따른 다음 각 목의 권한 　가. 법 제15조제2항에 따른 회수계획 및 회수결과의 보고 접수 　나. 법 제15조제3항에 따른 압류·폐기 지시 또는 영업자에 대한 조치 명령 3. 법 제16조제1항 및 제2항에 따른 영업허가 또는 영업등록의 취소·정지 4. 법 제17조에 따른 품목 또는 품목류의 제조정지 명령 5. 법 제19조 및 제20조에 따른 과징금의 부과·징수 6. 법 제21조에 따른 공표 7. 법 제23조에 따른 청문 8. 법 제31조에 따른 과태료의 부과·징수

시행령	③ 식품의약품안전처장은 법 제24조제1항에 따라 법 제8조제1항에 따른 식품등의 부당한 표시 또는 광고행위의 금지 위반사항의 점검에 관한 권한(건강기능식품에 대한 점검 권한만 해당한다)을 시·도지사에게 위임한다.
시행규칙	제9조(실증방법 등) ① 법 제9조제2항에 따라 식품등을 표시 또는 광고한 자가 표시 또는 광고에 대하여 실증(實證)하기 위하여 제출해야 하는 자료는 다음 각 호와 같다. 1. 시험 또는 조사 결과 2. 전문가 견해 3. 학술문헌 4. 그 밖에 식품의약품안전처장이 실증을 위하여 필요하다고 인정하는 자료 ② 법 제9조제3항에 따라 실증자료의 제출을 요청받은 자는 실증자료를 제출할 때 다음 각 호의 사항을 적은 서면에 그 내용을 증명하는 서류를 첨부해야 한다. 1. 실증자료의 종류 2. 시험·조사기관의 명칭, 대표자의 성명·주소·전화번호(시험·조사를 하는 경우만 해당한다) 3. 실증 내용 ③ 식품의약품안전처장은 제2항에 따라 제출된 실증자료에 보완이 필요한 경우에는 지체 없이 실증자료를 제출한 자에게 보완을 요청할 수 있다. ④ 제1항부터 제3항까지에서 규정한 사항 외에 실증자료의 요건, 실증 방법 등에 관한 세부 사항은 식품의약품안전처장이 정하여 고시한다.
관련판례	서울중앙지방법원 2022고정1977 판결, 서울남부지방법원 2020고정1309 판결, 서울고등법원 2004누23997 판결

1 취지와 배경

2018년 식품표시광고법 제정에 따라 새롭게 도입된 제도이다. TV, 인터넷, 소셜 미디어 등 다양한 매체를 통해 식품 표시·광고가 범람하면서, 소비자를 기만하거나 허위·과장된 내용의 광고가 증가했고, 기존의 행정력만으로는 이를 사전적으로 규제하는 데 한계가 있었기 때문이다. 또한, 이전에는 허위·과장광고 사실을 행정당국이 입증해야 했으나, 광고 효과는 단기간에 집중되고, 사후 입증만으로는 소비자 피해를 예방하기 어려웠으므로 이의 보완을 위해 광고주에게 스스로 근거(실증자료)를 보유·제출하도록 하는 '사전적 책임' 부과 방식이 필요하다는 의견도 반영되었다. 국제적으로도 미국, 유럽 등 선진국에서는 이미 '입증 책임(substantiation)'

제도를 통해 기업 스스로 광고 내용의 진실성 입증 의무를 부과하고 있었으므로, 이러한 국제적 흐름에 맞춰 국내 법제를 정비한 것이다.[132]

표시·광고의 실증은 제8조가 금지하는 부당한 행위의 발생을 예방하는 동시에 신속하고 효율적인 규제를 가능하게 한다. 식약처는 부당 광고가 의심될 경우 실증자료 제출을 요청할 수 있으며, 기업이 이를 제출하지 않거나 증명하지 못하면 해당 광고를 중지시킬 수 있다. 이는 기존의 복잡한 행정 절차를 간소화하여 신속한 사후관리를 가능하게 하며, 기업 스스로 표시·광고에 신중을 기하도록 유도할 수 있다.

2 해설

① (제1항) 식품등에 표시를 하거나 식품등을 광고한 자는 자기가 한 표시 또는 광고에 대하여 실증(實證)할 수 있어야 한다.

1. "식품 등"[133]

법 제2조 제7호에 따라 "식품등"은 식품, 식품첨가물, 기구, 용기·포장, 건강기능식품, 축산물을 포함하게 된다. "식품 등의 표시·광고"에 한정되

---

[132] 화장품에 대하여는 이미 도입되어 있었고, 식품·건강기능식품 표시·광고 사전심의가 자율심의로 변경됨에 따른 제도적 보완이 필요하다는 현실적 요구도 있었다.

[133] 식품표시광고법 제9조 제1항의 실증 대상은 "식품등"이다. 그런데 같은 법 제2조 제7호는 "식품등(식품, 식품첨가물, 기구, 용기·포장, 건강기능식품, 축산물)"과 "이를 넣거나 싸는 것(그 안에 첨부되는 종이 등을 포함한다)"을 구분하여 규정하고 있다. 따라서 문언을 엄격히 해석할 경우, "식품등"이라는 표현에는 "이를 넣거나 싸는 것"이 제외되는 해석상 문제가 생길 수 있다. 이는 입법기술상 착오로 보인다. 표시·광고 실증제도 도입의 본래 취지는 소비자에게 전달되는 모든 표시·광고 내용의 진실성 확보에 있으므로, 단순히 식품 자체뿐 아니라 이를 포장하거나 첨부된 문서·종이에 기재된 표시도 당연히 실증 대상에 포함되어야 한다. 실제로 소비자가 인식하는 광고·표시의 매개체는 포장재, 첨부문서, 홍보물 등을 포함한 넓은 개념이기 때문이다. 따라서 해석에 있어서는 문언을 지나치게 엄격하게 한정하기보다, 입법 취지를 고려하여 "이를 넣거나 싸는 것"에 표시된 사항도 실증 대상에 포함된다고 보는 것이 타당하다. 다만, 이는 규제의무를 부과하는 조항인 만큼 명확해야 하므로, 향후 입법적으로 '식품등 및 이를 넣거나 싸는 것'과 같이 명확히 규정하는 방식으로 보완할 필요가 있다.

므로 기업 이미지 광고, 사회공헌활동 홍보, 투자유치 광고 등은 포함되지 않는다. 다만 기업광고라도 특정 식품의 품질, 기능, 영양효과 등을 암시하거나 연결되는 혼합 광고의 경우에는 식품광고로 간주될 수도 있다.

2. "표시나 광고를 한 자"

직접 표시·광고 행위를 한 자, 즉 광고주(식품 영업자, 제조·수입·판매업자 등)를 의미한다. 일반적으로 "광고업자(대행사, 매체사)"는 단순한 위탁 수행자이므로 주체가 아니라고 볼 것이나, 광고업자가 표시·광고의 구체적 내용을 직접 결정하거나 허위·과장 내용을 고의로 제작·배포한 경우에는 공동책임이 인정될 수 있다.

3. "자기가 한 표시 또는 광고"

자기가 한 내용에 대하여만 실증하면 된다. 예컨대, A업체가 제조사로서 기능성 문구를 기재했다면 A업체가 실증해야 하고, B유통업체가 자체 광고에서 별도의 효능을 강조했다면 B업체가 그 광고를 실증해야 한다. 동일 광고를 여러 주체가 공동 집행했다면, 공동 실증 책임을 질 수 있다.

4. "실증할 수 있어야"

표시·광고의 사실적 근거를 과학적·객관적으로 입증하는 것을 의미한다. 실험자료, 임상시험 결과, 공인시험기관 데이터, 문헌·논문, 정부 공인통계 등이 해당된다. 표시·광고의 효과나 사실에 대해 절대적 입증(100% 확정)까지는 요구되지 않고, "합리적인 소비자"가 납득할 수 있을 정도의 객관적이고 신뢰성 있는 자료면 된다. 만약, 다른 제품과 비교하는 광고를 한 경우, 비교대상 및 수치의 근거도 광고주가 실증해야 한다.

한편, 실증은 현재적·항상적으로 준비되어야 한다. 즉, 단순히 '실증자료를 나중에 만들면 된다'는 것이 아니라, 표시·광고를 할 당시 이미 근거자료를 확보하고 있어야 한다는 의미로 해석된다.[134]

5. "있어야 한다"

　강행규정적 성격으로 "실증"은 단순한 선언이 아니라 의무이다. 제3항에 따라 실증자료를 제출해야 하는 의무가 부과되며, 행정청이 실증자료 제출을 요구했을 때 이를 제출하지 못하면 표시 또는 광고의 중지 등 제재 대상이 된다. 이에도 따르지 않는 경우 형사처벌[135]을 받을 수도 있다.

2️⃣ (제2항) 식품의약품안전처장은 식품등의 표시 또는 광고가 제8조제1항을 위반할 우려가 있어 해당 식품등에 대한 실증이 필요하다고 인정하는 경우에는 그 내용을 구체적으로 밝혀 해당 식품등에 표시하거나 해당 식품등을 광고한 자에게 실증자료를 제출할 것을 요청할 수 있다.

　이 조항은 표시·광고에 대한 실증자료 제출 요청의 법적 근거와 조건을 규정하고 있다. 단순히 행정청이 자의적으로 자료를 요구할 수 있게 하는 것이 아니라, 주체·발동 요건·절차·대상·내용·재량의 한계를 단계적으로 명확히 규정하고 있다.

1. 권한의 주체

　실증자료 제출 요청 주체는 식품의약품안전처장이다.[136] 식품안전 분야에서의 전문성과 신속성을 고려한 것이며, 다른 기관의 사전 승인과 협의 등은 요구되지 않는다. 동시에 행정청이 행사한 요청의 적정성에 대한 책임 또한 수반됨은 당연하다.

---

134 실증 요구가 있을 때 자료를 마련하면 충분하다는 견해가 있을 수 있으나, 이는 광고 당시에는 아무런 근거 없이 표시·광고를 하고 사후적인 자료 준비를 허용하게 되므로 사전관리와 기업 스스로 신중함을 유도한다는 제도의 기본적인 취지에 반하게 된다.
135 제29조(벌칙) 다음 각 호의 어느 하나에 해당하는 자는 1년 이하의 징역 또는 1천만원 이하의 벌금에 처한다. 다만, 제1호의 경우 징역과 벌금을 병과할 수 있다.
　1. 제9조제4항에 따른 중지명령을 위반하여 계속하여 표시 또는 광고를 한 자
136 식품표시광고법 규정 대부분이 식약처장을 비롯한 지방자치단체의 장에게 권한을 부여하고 있는 것과는 대조적으로 제9조 실증의 권한을 식약처장에게만 부여하고 있다.

2. 실체적 요건

(1) 위반 우려의 존재

'제8조제1항 위반의 우려'가 있어야 한다. 이는 실제 위반이 확정적으로 발생해야 하는 것이 아니라, 일정한 위험성이 존재하는 상황에서도 요청이 가능하다는 의미이다. 따라서, '추상적 위험범'적 성격을 가지며, 소비자 기만이나 오인의 위험이 객관적으로 상당할 경우 행정청이 개입할 수 있다.

(2) 실증 필요성의 인정

위반 우려가 있다고 해서 곧바로 자료 요청이 가능한 것은 아니며, 실증이 필요하다고 인정되는 경우여야 한다. 이는 행정청의 합리적 재량 판단에 속하는 영역으로, 위반 가능성의 정도, 소비자 피해 우려, 사회적 파급효과, 자료 확보 가능성 등이 종합적으로 고려된다. 따라서 "필요성 인정"은 자의적 결정이 아니라 객관적 정당성과 비례성 원칙에 기초해야 한다.

4. 절차적 요건

실증자료를 요청하는 경우 "그 내용을 구체적으로 밝혀"야 한다. 적법절차 원칙을 구현하는 조항으로, 상대방이 어떤 이유로 어떤 자료를 제출해야 하는지 명확히 알 수 있어야 한다는 의미이다. 문제되는 표시·광고의 구체적 부분, 위반 우려 조항, 판단 근거, 요청 자료의 범위 등이 구체적으로 특정되어야 하며, 이는 사업자의 방어권 보장을 위한 필수 요소이다.

5. 요청의 대상

표시한 자 또는 광고한 자를 대상으로 요청한다. 즉, 식품 포장 등에 표시를 한 제조·수입업자, 또는 광고를 의뢰·집행한 광고주 등이 해당한다. 광고 제작업체와 같이 단순 대행자는 통상 직접적 책임 대상이 되지 않고, 실

『식품표시광고법 해설』

질적으로 표시·광고를 기획·결정하고 책임을 지는 자가 주요 대상이 된다. 경우에 따라 표시자와 광고자가 모두 요청을 받을 수도 있으며, 실증자료를 확보할 수 있는 실효적 주체가 우선적으로 지정된다.

6. 요청 내용

요청의 실질은 '실증자료 제출'이다. 이는 단순한 행정지도가 아니라 법률상 근거에 따른 의무 부과이며, 제3항·제4항은 제출기한과 불이행 시 조치를 규정하고 있다. 실증자료에는 과학적 시험결과, 임상자료, 학술논문, 성분분석서 등 표시·광고의 진실성을 뒷받침할 수 있는 자료 등이 포함된다.

7. 권한의 법적 성격

"요청할 수 있다"라고 규정되어 재량권이 인정된다. 다만, 재량은 무제한적이지 않고, 비례원칙·평등원칙·신뢰보호원칙을 준수해야 하며, 자의적 판단은 위법하다. 특히 '구체적으로 밝혀야 한다'는 절차적 요건을 준수하지 않은 경우에는 위법한 권한 행사로서 취소 사유가 될 수 있다.

③ (제3항) 제2항에 따라 실증자료의 제출을 요청받은 자는 요청받은 날부터 15일 이내에 그 실증자료를 식품의약품안전처장에게 제출하여야 한다. 다만, 식품의약품안전처장은 정당한 사유가 있다고 인정하는 경우에는 제출기간을 연장할 수 있다.

1. 주체

자료 제출의 주체는 "실증자료의 제출을 요청받은 자"이다. 표시한 자(제조업체, 수입업체, 판매업체 등)와 광고한 자(원칙적으로 광고주, 경우에 따라 실질적 책임을 가진 자)의 범위 내에서, 제9조 제2항에 따라 식품의약품안전처장으로부터 공식적으로 자료 제출을 요청받은 사업자이다. 실증 의무를 이행해야 하는 법적 책임이 있는 주체를 의미한다.

제6장. 표시 및 광고에 대한 관리(제8조~제11조)

2. 기한

제출 기한은 "요청받은 날부터 15일 이내"이다.[137] 법률이 정한 명확한 기한을 설정함으로써 신속한 행정 처리와 부당 광고에 대한 즉각적인 대응을 가능하게 한다. 요청일로부터 기산되며, 통상적으로 행정절차법상 "송달받은 날"을 의미한다. 강행규정으로서, 단순 훈시적 규정이 아니며, 이 기간 내 미제출 시 제4항에 따른 제재(광고 금지 등)가 가능하게 된다.

3. 제출 자료

제2항 요청 시 구체적으로 특정된 "그 실증자료"를 제출해야 한다. 일반적으로는 표시·광고 내용의 과학적 근거 자료(시험 성적서, 논문, 임상시험 결과, 원료 분석자료 등)를 의미한다. 자료 제출은 단순 참고용이 아니라 표시·광고의 진실성 입증 책임 이행이라는 성격을 가지므로, 불완전한 자료 제출은 "제출 거부"와 동일하게 취급될 수도 있다.

4. 제출 대상(Recipient, 접수처)

"식품의약품안전처장"에게 제출하여야 한다. 제2항의 요청 권한 주체와 동일하게 규정하고 있으므로 만약 제2항의 요청 권한이 위임되거나 위탁된 경우, 위임·위탁받은 기관이 수령 주체가 될 수도 있다.

5. 법적 성격

"하여야 한다"로 규정되어 있어, 요청받은 자에 대한 단순 협조 요청이

---

[137] 앞에서 살펴본 바와 같이, 제1항은 표시·광고를 한 자가 그 내용에 대하여 언제든지 실증할 수 있는 상태를 유지할 의무를 규정한 것으로, 이는 표시·광고 행위 시점에 실증자료가 이미 갖추어져 있어야 함을 전제로 한다. 한편, 제3항은 식품의약품안전처장의 요청에 따라 실증자료를 제출하는 절차와 기간을 정한 것으로, 제출기한(요청받은 날로부터 15일 이내)은 단순한 제출기한에 불과하며, 실증자료의 준비시점을 표시·광고 후로 미루어도 된다는 의미로 해석해서는 안 된다. 따라서 제1항의 일반적 실증의무와 제3항의 제출기한 규정은 상충하는 것이 아니라, 제1항에 따른 '사전적 준비의무'를 전제로 하여, 제3항이 '사후적 제출절차'를 보완적으로 정한 것으로 보아야 한다.

아니라 법률상 제출 의무를 부과하는 것이다. 이의 불이행 시 제4항 광고 금지, 제18조 벌칙 등으로 연계될 수 있다.

6. 단서 조항 (연장 사유)

사업자가 제출기간 연장을 위한 불가피한 사정을 소명해야 하며, 식약처장이 그 정당성을 인정할 수 있어야 한다. 불가피한 사정은 구체적 사례에 따라 다를 것이나 자료 확보에 장기간 소요, 해외 자료 번역 필요, 실험·시험 일정 지연, 천재지변 등 불가항력 등이 해당될 수 있다. 기간의 연장은 행정청의 재량이나 자의적으로 연장 거부 시 재량권 남용이 될 가능성이 있다.

4 (제4항) 식품의약품안전처장은 제2항에 따라 실증자료의 제출을 요청받은 자가 제3항에 따른 제출기간 내에 이를 제출하지 아니하고 계속하여 해당 표시 또는 광고를 하는 경우에는 실증자료를 제출할 때까지 그 표시 또는 광고 행위의 중지를 명할 수 있다.

1. 명령의 주체

식품등의 표시·광고 행위에 대한 감독 권한을 가진 식품의약품안전처장이고, 타 기관과의 협의가 요구되지 않으며, 실증자료 제출 요청을 받은 자(즉, 해당 표시·광고를 한 자)를 대상으로 한다.

2. 발동 요건

제2항에 따른 실증자료 제출 요청이 선행되어야 한다. 이러한 요청에 대하여 제출기간 안에 자료를 제출하지 않아야 하며, 그에 더하여 해당 표시·광고를 계속하는 경우에만 발동 가능하다. 즉, "미제출 + 광고 계속"이라는 누적적 요건이 동시에 충족되어야 한다.

3. 조치 내용

명령의 대상은 "해당 표시 또는 광고 행위"이다. 실증자료 요청 대상이 특정 광고 문구나 표시에 한정되는 경우, 그 부분에 한해 중지 명령이 가능하다. 중지 명령은 "실증자료를 제출할 때까지" 유효하다. 즉, 불확정기한이 붙은 중지명령이므로 실증자료 제출 시 효력은 소멸된다고 볼 것이다.[138]

4. 법적 성격

 행정청의 침익적 행정처분으로 강제적이고 직접적인 조치이나 행정청의 재량행위이므로 반드시 명령을 내려야 하는 것은 아니다. 의무 불이행에 대한 간접강제 수단으로 행정상 즉시강제와는 구별된다.[139] 동 처분에 대하여 행정절차법상 청문·의견제출 절차의 적용 여부에 대해 논란이 제기될 수 있으나, 실증자료 제출 자체가 의견제출의 기회이므로, 별도의 청문 절차를 면제할 수 있다는 견해가 타당하다고 본다.

5 (제5항) 제2항에 따라 실증자료의 제출을 요청받은 자가 실증자료를 제출한 경우에는 「표시광고법」 등 다른 법률에 따라 다른 기관이 요구하는 자료제출을 거부할 수 있다. 다만, 식품의약품안전처장이 제출받은 실증자료를 제6항에 따라 다른 기관에 제공할 수 없는 경우에는 자료제출을 거부해서는 아니 된다.

 동 조항은 여러 정부기관에서 실증자료를 요구하는 경우가 빈번하여, 사업자에게 같은 자료를 여러 기관에 중복 제출하게 하는 부담의 완화와 제출자료의 비밀성·사업상 정보 보호도 고려해야 하는 상황에서 도입되었다.

 동 조항을 통해 실증자료 제출 부담을 줄여 사업자의 자발적 협력과 행정 효율성을 높이고, 관계기관 간 자료 공유를 통해 행정의 중복성 방지 및 통합적 규제 환경 조성이 가능해지며, 제출자 권익 보호와 규제기관의 업무 효율을 조화롭게 달성하는 균형 정책의 의미를 가진다.

---

[138] 제9조 제3항의 중지명령은 '실증자료 미제출'과 '계속적 광고행위'가 병존하는 경우에만 발동된다. 따라서 실증자료를 제출한 경우에는 당연히 효력이 상실되고, 실증자료를 제출하지 않았더라도 광고행위를 중단하였다면 더 이상 집행 대상이 없어 명령의 효력은 소멸한다. 다만, 과거 광고행위에 대한 제재 가능성은 여전히 존재한다.
[139] 중지명령에 따르지 않는 경우 벌칙을 부과(법 제29조)하여 실효성을 확보할 수 있다.

1. 주체

자료 제출 거부권 행사의 주체는 실증자료 제출 요청을 받은 자이다. 즉, 제2항에 따라 식약처장에게 실증자료를 제출한 표시자·광고자이다. 한편, 자료 요구 주체는 다른 법률에 근거하여 자료를 요청하는 다른 기관(예: 공정거래위원회, 지자체 등)이다.

2. 요건

거부권 행사의 주체가 제2항에 따른 실증자료를 이미 식약처장에게 제출한 상태에서, 공정거래법 등 다른 법률상 자료 제출 의무가 발생한(다른 기관의 자료 요청이 있는) 경우이다. 사업자에게 부여된 첫 번째 의무를 충실히 이행했을 때에만 다른 기관의 추가적인 자료 요청에 대해 거부권을 행사할 수 있다는 취지이다.

3. 행위

자료제출 거부가 가능하다. 실증자료를 이미 제출했다는 사유로, 다른 기관에 같은 자료를 다시 제출하지 않을 수 있다. 제출자가 제출 거부권을 행사할 수 있는 범위는 동일 자료, 동일 목적으로 한정되며, 다른 기관의 별도 목적 자료 요청은 거부권이 적용되지 않는다.

4. 거부권 행사의 제한

이 조항은 사업자가 자료 제출을 거부할 수 없는 예외적인 경우를 명시한다. 예를 들어, 제출된 자료에 법률상 비밀보호 의무가 있거나, 기술적 한계 등으로 인해 식약처가 다른 기관에 자료를 제공할 수 없는 특별한 사정이 있다면, 사업자는 다른 기관에 직접 자료를 제출해야 하는 의무가 면제되지 않는다. 이는 기관 간 정보 공유가 불가능한 상황에서 행정 공백이 발생하는 것을 방지하기 위함이다.

⑥ (제6항) 식품의약품안전처장은 제출받은 실증자료에 대하여 다른 기관이 「표시·광고의 공정화에 관한 법률」 등 다른 법률에 따라 해당 실증자료를 요청한 경우에는 특별한 사유가 없으면 이에 따라야 한다.

과거에는 식품의 거짓·과장 광고에 대해 식약처뿐만 아니라 공정거래위원회 등 여러 기관이 각각 조사하고 자료를 요청하여, 동일한 사안에 대해 같은 자료를 중복하여 제출해야 하는 경우도 있었다. 이러한 중복 규제와 행정력 낭비를 해결하고, 원활한 정보 공유를 통해 행정 효율성 극대화를 위해 이 조항이 도입되었다. 이를 통해 기업은 한 번의 자료 제출로 여러 기관의 요청에 대응할 수 있게 되어, 시간과 비용을 절감할 수 있게 되었다.

1. 주체

자료 제공의 의무 주체는 '식약처장'이다. 이 조항은 최초로 실증자료를 제출받은 기관의 장에게 다른 기관에 자료를 제공할 의무를 부여한다.

2. 요건

"다른 기관이 「표시광고법」 등 다른 법률에 따라 해당 실증자료를 요청한 경우"에 제공하여야 한다. 이는 다른 기관의 자료 요청이 명확한 법적 근거를 바탕으로 이루어져야 함을 의미하며, 임의로 제출을 요구하는 경우에는 해당하지 않는다.

3. 행위

식약처장은 '특별한 사유가 없으면 이에 따라야 한다'고 규정되어, 다른 기관의 정당한 요청에 대해 식약처가 원칙적으로 협조해야 한다는 법적 의무를 의미한다. '특별한 사유'는 개인정보 보호, 영업비밀 보호의 필요성 등 예외적인 경우에 한정된다.140

---

140 식약처가 다른 기관의 실증자료 요청에 대해 이에 응하지 못하는 특별한 상황이라는 예외를 두는 것이 필요할 것인가에 견해 차이가 있을 수도 있으나 표시광고법(제5조 제4항)의 경우 일반인 열람 등 공개 가능성을 규정하고 있어 자료보호에 있어서 식품표시

4. 법적 성격

이 조항은 식약처장에게 부여된 의무 규정이다. '할 수 있다'가 아닌 '하여야 한다'로 규정되어 있어, 기관의 재량권이 아닌 강제적인 의무임을 명확히 한다. 이는 행정 시스템의 유기적인 연계를 위한 강력한 법적 기반이다.

7 (제7항) 제1항부터 제4항까지의 규정에 따른 실증의 대상, 실증자료의 범위 및 요건, 제출방법 등에 관하여 필요한 사항은 총리령으로 정한다.

실증 관련 세부 사항을 총리령으로 위임하고 있고, 다시 식품의약품안전처장 고시로 세부 사항을 규정하는 다단계 위임 체계를 구축하고 있다.

1. 시행규칙 제9조의 주요 내용

제1항은 실증자료의 유형을 시험 또는 조사 결과, 전문가 견해, 학술문헌, 그 밖에 식품의약품안전처장이 필요하다고 인정하는 자료로 분류한다. 이는 실증자료의 범위를 구체화하면서도 열린 구조로 설계하여 다양한 형태의 과학적 근거자료를 포괄할 수 있도록 하고 있다. 특히 마지막 호는 과학기술의 발전과 새로운 실증방법 등장에 대응할 수 있는 탄력성을 부여한다.

제2항은 실증자료 제출 시의 첨부서류에 대해 규정하고 있다. 실증자료의 종류, 시험·조사기관의 명칭과 대표자 정보, 실증 내용을 적은 서면과 증명서류를 첨부하도록 함으로써 실증자료의 신뢰성과 추적가능성을 확보하고자 한다. 이는 단순한 자료 제출을 넘어서 자료의 출처와 작성 주체를 명확히 함으로써 실증의 객관성과 투명성을 제고하는 중요한 장치이다.

제3항은 보완 제도를 규정하고 있다. 제출된 실증자료에 보완이 필요한 경우 지체 없이 보완을 요청할 수 있도록 함으로써 실증자료의 완전성과 적절성을 담보한다. 이는 실증제도의 실효성 확보와 동시에 상대방에게 보완 기회를 제공함으로써 절차적 공정성도 보장하는 접근법이라 할 수 있다.

광고법과 다른 접근 방식을 취하고 있으므로, 양 기관의 실증자료가 항상 동등한 수준은 아니라는 점에 대한 고려가 필요하다.

2. 「식품등의 표시 또는 광고 실증에 관한 규정」

시행규칙 제4항은 실증자료의 요건, 실증방법 등에 관한 세부 사항을 다시 식약처장 고시로 위임하고 있다. 고시는 법률과 시행규칙에서 정한 기본 틀을 바탕으로 실무에서 필요한 구체적·기술적인 기준들을 상세히 제시한다.

고시에서는 실증자료의 구체적 요건을 명시하고, 각 실증자료 유형별 작성 방법과 기준을 제시한다. 또한 시험·조사의 방법론, 전문가 견해의 자격 요건, 학술문헌의 신뢰성 기준 등을 구체화하여 실증제도의 운영에 필요한 실무적 지침을 제공한다. 이를 통해 사업자들이 실증자료를 준비할 때 예측가능성을 확보할 수 있고, 행정청도 일관성 있는 심사를 할 수 있게 된다.

3 해외 주요국 사례

1. 미국

미국의 실증 요구 제도는 주로 연방거래위원회법(FTC Act) 제5조에 근거한다. 광고주는 광고에서 주장하는 내용을 입증할 합리적인 근거(reasonable basis)를 사전에 확보해야 하며,[141] 이는 한국의 '실증의무'와 기능적으로 유사하다. 미국은 명시적 사전심사 제도는 없는 대신, 광고주가 광고 주장의 근거 자료를 스스로 보유하고, 문제 발생 시 FTC가 이를 사후에 검증하고 제재하는 사후 집행 중심의 규제체계를 운영한다. 또한 식품과 의약품의 안전성 및 라벨링은 FDA가 중심으로 책임지는 구조로 운영되고 있다.[142]

2. 유럽연합(EU)

EU의 식품 광고 관련 규제는 불공정상업관행지침(2005/29/EC)과 식품정보

---

[141] 역사적으로 1970~80년대 소비자 권리 운동 확산과 건강 관련 광고 증가로 미국 FTC는 '합리적 근거를 확보하지 못하면 기만광고로 판단한다'는 원칙을 확립하였다.
[142] 미국 제도는 시장 자율성을 존중하면서도 소비자 보호를 위한 사후적, 강력한 제재 수단을 보유한다는 점에서 높게 평가되나, 광고 표현의 자유를 위축시킬 수 있는 지나치게 높은 입증 기준 등은 문제로 지적되기도 한다.

제공규정(EU No 1169/2011)이 기본 틀을 제공하며, 특히 건강 관련 주장은 별도의 영양·건강강조표시 규정(Regulation (EC) No 1924/2006)에 의해 엄격히 관리된다. 이들 규정들은 사업자가 광고에서 하는 모든 주장이 입증 가능해야 하며, EU 건강강조표시 등록부에 등재된 과학적 평가를 받은 주장만 표시·광고에 사용할 수 있도록 한다. EU 제도의 핵심적 특징은 모든 건강 또는 영양 관련 표시·광고에 대해 사전적 승인 및 과학적 심사를 필수로 한다는 점이다. 이는 유럽 식품안전청(EFSA)의 과학적 평가를 거쳐 집행위원회가 최종 승인하는 절차로, 매우 엄격한 사전 규제 체계를 의미한다.[143]

3. 일본

일본에서는 건강증진법과 식품표시법이 식품 표시·광고에 관한 실증의무의 주된 법적 근거를 제공한다. 더불어 경품표시법(景品表示法)이 허위·과장 광고를 광범위하게 금지하며, 소비자청이 사업자에게 광고 자료 제출을 요구하는 권한을 갖는다. 특히 2015년 시행된 식품표시법은 기능성 표시식품에 대해 사업자가 반드시 과학적 근거를 확보하고 보관하며, 수시로 제출할 수 있도록 규정하고 있다. 이는 소비자 보호 강화를 위해 2009년 소비자청 설립 이후 도입된 제도로, 주요 내용은 '사전 보관과 사후 제출' 방식이다.[144]

4. 중국

중국은 2015년 개정된 광고법(广告法)과 식품안전법을 중심으로 식품 등의 광고 규제를 진행하고 있다. 광고주가 광고에서 주장하는 내용에 대해 반드시 사실에 근거해야 하며, '의학적·과학적 근거자료'를 보유하고 심사 과정에서 제출할 책임이 있다고 명시되어 있다. 중국 정부는 1990년대 이후 소

---

[143] 한국 식품표시광고법과 비교할 때 EU는 '사후 실증의무' 뿐 아니라 각 주장별로 엄격한 '사전 승인 체계'를 갖추고 있어, 규제의 엄격성과 소비자 신뢰 확보 면에서는 우수하다고 할 수 있으나, 기업의 절차적 부담과 혁신 표현의 제약이라는 측면에서는 단점으로 평가되기도 한다.
[144] 한국 식품표시광고법과 유사하나, 일본은 법률상 명문화보다는 행정기관의 요구 권한과 업계 자율규제, 행정지도의 조합 방식으로 운영되는 특징이 있다. 유연성이 높은 반면, 규제 강도 및 적용 범위에 기관별, 사안별 차이가 생길 수 있다는 점이 지적되기도 한다.

비자 피해 증가에 대응하기 위해 강력한 정부 주도의 광고 규제를 시행해 왔으며, 최근에는 온라인 플랫폼까지 허위광고 규제 범위를 확대하였다.145 감독 주체인 국가시장감독관리총국은 사전 심사와 사후 감독을 병행하며, 지방 단위에서도 집행이 이루어지는 등 다층적 관리체계를 유지한다.146

4   국내 유사 입법 사례147

1. 표시광고법 제5조(표시·광고 내용의 실증 등)

동 조항은 부당한 표시·광고 규제를 위한 '입증 책임 전환' 원칙을 명문화한 것으로 1999년 표시광고법 제정시부터 도입되었다. 사업자에게 그 내용의 진실성을 스스로 증명하도록 하여, 정부가 일일이 허위 광고를 입증해야 하는 비효율성을 해소하고, 사업자의 자율적인 책임성을 강화하기 위함이다.

사업자는 자신이 행한 표시·광고 중 사실과 관련된 사항에 대해 실증할 수 있어야 하고, 공정거래위원회는 부당 광고가 우려될 경우 사업자에게 실증자료 제출을 요청할 수 있으며, 제출 기한은 15일 이내이다. 식품표시광고법과 달리 실증자료의 열람(또는 공개)할 수 있으며, 자료의 미제출시 과태료를 부과할 수도 있다. 식품표시광고법과 표시광고법은 특별법과 일반법 관계

---

145 중국은 규정이 광범위하고 정부 재량권이 크며, 강력한 행정 집행으로 신속한 소비자 피해 차단이 가능하지만, 지나친 재량권으로 예측 가능성이 낮다는 점이 제기되기도 한다.
146 주요 국가 이외에도 캐나다는 경쟁법(Competition Act) 제52조에서 허위·기만적 표시를 금지하며, 광고주에게 실증 책임을 부여한다. 호주는 소비자법(Australian Consumer Law) 제18조로 오해를 불러일으키는 표시를 금지하고, 합리적 근거 확보 원칙을 세우고 있다. 이들은 법에 실증의무를 명문화하지는 않으나 법 집행과 판례를 통해 사실상 실증의무를 요구하고 있어 유사한 기능을 수행한다.
147 우리나라는 일반법(표시광고법)의 입증책임 규정을 축으로, 위해성이 상대적으로 낮지만 소비자 오인의 여지가 큰 품목(식품·화장품)에는 사후적 '실증요청-제출-중지명령' 절차를 설계하고, 위해성이 높고 전문성이 높은 품목(의약품·의료기기)에는 사전심의와 금지유형의 세부 열거로 예방적·엄격한 통제를 하는 이원적 구조를 형성한다. 식품표시광고법 제9조와 같은 사후 실증제도는 표현의 자유와 신속한 커뮤니케이션을 존중하는 장점이 있는 반면 사후대응이라는 그 자체의 한계가 있고, 사전심의제도는 위해 예방·예측가능성의 장점이 있는 반면 혁신·속도 측면 부담이 상대적으로 크다.

로서 식품 관련 부당한 광고에 대해서는 식품표시광고법이 우선 적용되지만, 식약처가 규제하지 않는 범위에서는 표시광고법에 따라 규제할 수 있다.

2. 화장품법 제14조(표시·광고 내용의 실증 등)

화장품의 기능과 효능에 대한 허위·과장 광고로부터 소비자를 보호하고, 화장품의 안전성과 신뢰성을 확보하기 위해 도입되었다. 특히 '미백', '주름개선' 등 기능성 화장품에 대한 광고는 객관적인 과학적 근거를 요구하여 소비자에게 정확한 정보를 제공하려는 취지가 강하다.

화장품 책임판매업자 등은 자신이 한 표시·광고 내용에 대해 실증할 수 있어야 하고, 식품의약품안전처장은 부당 광고가 의심될 경우 실증자료 제출을 요청할 수 있으며, 기한은 15일 이내이다. 규제대상이 화장품이라는 것을 제외하면 식품표시광고법과 매우 유사한 내용과 구조를 가지고 있으나, 제4항에서 "표시·광고 행위의 중지를 명하여야 한다."고 규정하여, 식품표시광고법 상의 "할 수 있다."는 규정과는 대비가 된다.

5 판례

1. 서울중앙지방법원 2022고정1977 판결[식품표시광고법 위반]

개요	• A기업과 이사 B가 식품 'P' 제품을 인터넷 판매사이트에서 판매하면서 HACCP/GMP 인증을 받은 것처럼 거짓 광고를 한 혐의로 기소.
쟁점	• 피고인들은 약 2~300개의 공급업체와 거래하며 약 2,500개의 품목을 취급하고 있고, 'P' 제품의 경우 Q사로부터 R협회의 심의를 거친 홍보자료를 제공받아 사용했기 때문에 거짓 광고의 고의가 없다고 주장.
판단 근거	• 식품표시광고법은 소비자 보호를 위해 광고의 실증책임을 규정. • 거짓임을 명확히 인식하지 못했더라도, 진위 여부를 확인하지 않고 실증자료 없이 광고를 한 경우 거짓 광고의 범의가 있다고 봐야 함. • 피고인 B는 광고 내용의 진위를 확인하기 위한 절차를 전혀 거치지 않음. • 자율심의위원회의 심의를 거쳤다고 하더라도, 직접 광고를 게시한 자로서 거짓광고 행위에 대한 법적 책임이 있음.
결과	• 피고인들에게 각각 50만 원의 벌금형이 선고.

2. 서울남부지방법원 2020고정1309 판결[화장품법 위반]

개요	• 화장품 제조판매업체 대표이사와 법인이 화장품법 위반으로 기소된 사건. 피고인들은 <u>미백기능성 화장품 'F'에 대해 입증되지 않은 피부보습, 피부탄력 효능을 광고하여 소비자를 오인하게 한 혐의</u>로 기소됨.
쟁점	• 피고인은 구체적 수치가 없는 '피부보습', '피부탄력' 표현은 실증자료 없이 사용 가능하며, 식약처 자료와 유관기관 상담을 통해 확인했으므로 법령 오인에 정당한 이유가 있다고 주장.
판단 근거	• 화장품법상 영업자는 소비자를 오인하게 할 우려가 있는 표시·광고를 해서는 안 되며, <u>사실 관련 사항은 실증할 수 있어야 함</u>. • 당해 광고는 단순한 '보습', '탄력' 표현을 넘어, <u>구체적 효과와 효능을 기재</u>했고, 미백기능과 동일 선상의 기능처럼 표현하여 소비자 오인 우려 존재. • 피고인이 참고했다는 유관기관 자료나 상담은 오래된 것이며, 내용도 이 사건 광고를 정당화할 수 없어 법령 오인의 정당한 이유로 인정되지 않음.
결과	• 벌금 150만원, 2년간 집행유예가 선고. 법원은 광고 표현의 정도가 중하지 않은 점, 문제된 표시를 삭제한 점 등을 고려하여 집행유예를 선고.

3. 서울고등법원 2004누23997 판결[표시광고법 위반]

현재 국내 최고 발행 부수와 최다 정보량의 신문'이라는 표현의 사실여부에 관하여, 법 제5조는 '<u>사업자 등은 자기가 행한 표시 · 광고 중 사실과 관련한 사항에 대하여는 이를 실증할 수 있어야 한다.</u>'고 규정하여 <u>광고를 게재한 사업자에게 입증책임을 부과하고 있는데, 원고는 이를 실증할 만한 자료를 제출하지 못하고 있으므로 위 표현은 사실이 아니라고 할 것인 바</u>, 결국 원고는 원고 발행의 '<u>대구교차로</u>'가 국내 최고 발행부수와 최다 정보량을 가진 신문이라는 사실이 아닌 기사 형태의 광고를 마치 일간스포츠가 원고 발행의 '대구교차로'에 대하여 취재를 하여 현재 국내 최고 발행부수와 최다 정보량의 신문이라는 사실을 확인하고서 그와 같은 내용을 보도한 기사인 것처럼 소비자로 하여금 오인케 하였다고 할 것이고, 일반 소비자들이 광고보다 언론사의 보도내용을 훨씬 더 신뢰한다는 점에 비추어 이 사건 일간스포츠 관련 광고 부분과 같은 원고의 광고행위는 매출이나 수익에 중대한 영향을 미치게 되어 공정한 거래질서를 저해할 우려도 있다고 할 것이므로 원고의 이 사건 일간스포츠 관련 광고 부분 역시 법 제3조 제1항에 위반되는 행위라고 할 것이다.

『식품표시광고법 해설』

제10조 표시 또는 광고의 자율심의

법률	제10조(표시 또는 광고의 자율심의) ① 식품등에 관하여 표시 또는 광고하려는 자는 해당 표시·광고(제4조, 제4조의2, 제5조 및 제6조에 따른 표시사항만을 그대로 표시·광고하는 경우는 제외한다)에 대하여 제2항에 따라 등록한 기관 또는 단체(이하 "자율심의기구"라 한다)로부터 미리 심의를 받아야 한다. 다만, 자율심의기구가 구성되지 아니한 경우에는 대통령령으로 정하는 바에 따라 식품의약품안전처장으로부터 심의를 받아야 한다. ② 제1항에 따른 식품등의 표시·광고에 관한 심의를 하고자 하는 다음 각 호의 어느 하나에 해당하는 기관 또는 단체는 제11조에 따른 심의위원회 등 대통령령으로 정하는 요건을 갖추어 식품의약품안전처장에게 등록하여야 한다. 1. 「식품위생법」 제59조제1항에 따른 동업자조합 2. 「식품위생법」 제64조제1항에 따른 한국식품산업협회 3. 「건강기능식품에 관한 법률」 제28조에 따라 설립된 단체 4. 「소비자기본법」 제29조에 따라 등록한 소비자단체로서 대통령령으로 정하는 기준을 충족하는 단체 ③ 자율심의기구는 제4조, 제4조의2, 제5조부터 제8조까지에 따라 공정하게 심의하여야 하며, 정당한 사유 없이 영업자의 표시·광고 또는 소비자에 대한 정보 제공을 제한해서는 아니 된다. ④ 제1항에 따라 표시·광고의 심의를 받은 자는 심의 결과에 따라 식품등의 표시·광고를 하여야 한다. 다만, 심의 결과에 이의가 있는 자는 그 결과를 통지받은 날부터 30일 이내에 대통령령으로 정하는 바에 따라 식품의약품안전처장에게 이의신청할 수 있다. ⑤ 제1항에 따라 표시·광고의 심의를 받으려는 자는 자율심의기구 등에 수수료를 납부하여야 한다. ⑥ 식품의약품안전처장은 자율심의기구가 제3항을 위반한 경우에는 그 시정을 명할 수 있다. ⑦ 식품의약품안전처장은 자율심의기구가 다음 각 호의 어느 하나에 해당하는 경우에는 그 등록을 취소할 수 있다. 1. 제2항에 따른 등록 요건을 갖추지 못하게 된 경우 2. 제3항을 위반하여 공정하게 심의하지 아니하거나 정당한 사유 없이 영업자의 표시·광고 또는 소비자에 대한 정보 제공을 제한한 경우 3. 제6항에 따른 시정명령을 정당한 사유 없이 따르지 아니한 경우 ⑧ 제1항에 따른 심의 대상, 제2항에 따른 등록 방법·절차, 그 밖에 필요한 사항은 총리령으로 정한다.
시행령	제4조(표시 또는 광고의 심의 기준 등) ① 법 제10조제1항 본문에 따른 자율심의기구(이하 "자율심의기구"라 한다)가 구성되지 않아 같은 항 단서에 따라 식품등의 표시·광고에 대하여 식품의약품안전처장의 심의를 받는 경우 그 심의 기준은 다음 각 호와 같다.

제6장. 표시 및 광고에 대한 관리(제8조~제11조)

시행령	1. 법 제4조부터 제8조까지의 규정에 적합할 것 2. 다음 각 목에 따른 기준에 적합할 것 　가. 「식품위생법」 제7조 및 제9조에 따른 기준 　나. 「건강기능식품에 관한 법률」 제14조 및 제15조에 따른 기준 　다. 「축산물 위생관리법」 제4조 및 제5조에 따른 기준 3. 객관적이고 과학적인 자료를 근거로 하여 표현할 것 ② 식품의약품안전처장은 법 제10조제1항 단서에 따라 심의 신청을 받은 경우에는 심의 신청을 받은 날부터 20일 이내에 심의 결과를 신청인에게 통지해야 한다. 다만, 부득이한 사유로 그 기간 내에 처리할 수 없는 경우에는 신청인에게 심의 지연 사유와 처리 예정기한을 통지해야 한다. ③ 제1항 및 제2항에서 규정한 사항 외에 심의 기준 및 심의 절차 등에 관한 세부적인 사항은 식품의약품안전처장이 정하여 고시한다. 제5조(자율심의기구의 등록 요건) ① 법 제10조제2항 각 호 외의 부분에서 "심의위원회 등 대통령령으로 정하는 요건"이란 다음 각 호의 요건을 말한다. 1. 법 제11조에 따른 심의위원회를 구성할 것 2. 표시ㆍ광고 심의 업무를 수행할 수 있는 전담 부서와 2명 이상의 상근 인력(식품등에 관한 전문지식과 경험이 풍부한 사람이 포함되어야 한다)을 갖출 것 3. 표시ㆍ광고 심의 업무를 처리할 수 있는 전산장비와 사무실을 갖출 것 ② 법 제10조제2항제4호에서 "대통령령으로 정하는 기준"이란 「소비자기본법 시행령」 제23조제1항 각 호에 따른 기준을 말한다. 제6조(표시 또는 광고 심의 결과에 대한 이의신청) ① 식품등의 표시ㆍ광고에 관한 심의 결과에 이의가 있는 자는 법 제10조제4항 단서에 따라 심의 결과를 통지받은 날부터 30일 이내에 필요한 자료를 첨부하여 식품의약품안전처장에게 이의신청을 할 수 있다. ② 식품의약품안전처장은 이의신청을 받은 날부터 30일 이내에 이의를 신청한 자에게 그 결과를 통지해야 한다. 다만, 부득이한 사유로 그 기간 내에 처리할 수 없는 경우에는 이의를 신청한 자에게 결정 지연 사유와 처리 예정기한을 통지해야 한다. ③ 제1항 및 제2항에서 규정한 사항 외에 이의신청의 절차 등에 관한 세부적인 사항은 식품의약품안전처장이 정하여 고시한다.
시행규칙	제10조(표시 또는 광고 심의 대상 식품등) 식품등에 관하여 표시 또는 광고하려는 자가 법 제10조제1항 본문에 따른 자율심의기구(이하 "자율심의기구"라 한다)에 미리 심의를 받아야 하는 대상은 다음 각 호와 같다.

시행규칙	1. 특수영양식품(영아·유아, 비만자 또는 임산부·수유부 등 특별한 영양관리가 필요한 대상을 위하여 식품과 영양성분을 배합하는 등의 방법으로 제조·가공한 식품을 말한다) 2. 특수의료용도식품(정상적으로 섭취, 소화, 흡수 또는 대사할 수 있는 능력이 제한되거나 질병 또는 수술 등의 임상적 상태로 인하여 일반인과 생리적으로 특별히 다른 영양요구량을 가지고 있어, 충분한 영양공급이 필요하거나 일부 영양성분의 제한 또는 보충이 필요한 사람에게 식사의 일부 또는 전부를 대신할 목적으로 직접 또는 튜브를 통해 입으로 공급할 수 있도록 제조·가공한 식품을 말한다) 3. 건강기능식품 4. 기능성표시식품[「식품 등의 표시·광고에 관한 법률 시행령」 별표 1 제3호나목에 따라 제품에 함유된 영양성분이나 원재료가 신체조직과 기능의 증진에 도움을 줄 수 있다는 내용으로서 식품의약품안전처장이 정하여 고시하는 내용을 표시·광고하는 식품을 말한다.] 제11조(수수료) ① 법 제10조제1항 본문에 따라 자율심의기구로부터 심의를 받는 경우 법 제10조제5항에 따른 심의 수수료는 해당 자율심의기구에서 정한다. ② 자율심의기구가 구성되지 않아 법 제10조제1항 단서에 따라 식품의약품안전처장의 심의를 받는 경우 법 제10조제5항에 따른 심의 수수료는 10만원으로 한다. 제12조(자율심의기구의 등록) ① 법 제10조제2항에 따라 자율심의기구로 등록을 하려는 기관 또는 단체는 영 제5조에 따른 요건을 갖춘 후 별지 제2호서식의 자율심의기구 등록 신청서에 다음 각 호의 내용을 적은 서류를 첨부하여 식품의약품안전처장에게 제출해야 한다. 1. 자율심의기구의 설립 근거 2. 자율심의기구의 운영 기준 3. 심의 대상 4. 심의 기준 5. 심의위원회의 설치·운영 기준 6. 심의 수수료 ② 제1항에 따라 등록신청을 받은 식품의약품안전처장은 해당 기관 또는 단체가 등록 요건을 충족하는 경우 별지 제3호서식의 자율심의기구 등록증을 발급해야 한다. ③ 제2항에 따라 등록증을 발급한 식품의약품안전처장은 자율심의기구 등록 관리대장을 작성·보관해야 한다. ④ 자율심의기구의 등록증을 잃어버렸거나 등록증이 헐어 못 쓰게 되어 등록증을 재발급 받으려는 경우에는 별지 제4호서식의 자율심의기구 등록증 재발급 신청서를 식품의약품안전처장에게 제출해야 한다. 이 경우 헐어서 못 쓰게 된 등록증을 첨부해야 한다.
관련판례	서울고등법원 2021누49576 판결, 전주지방법원 2023구합10669 판결, 서울행정법원 2024구단71216 판결, 전주지방법원 2017고정325 판결

제6장. 표시 및 광고에 대한 관리(제8조~제11조)

1 취지와 배경

식품 광고에 대한 사전심의제도는 2011년 식품위생법 제12조의3(표시·광고의 심의)에 영유아식, 체중조절용 조제식품 등 대통령령으로 정하는 식품 등을 대상으로 도입되었다. 이후 2015년 의료광고 사전심의의 위헌결정을 비롯하여, 정부에 의해 이루어지는 사전심의에 대해 잇따라 위헌결정이 이루어짐에 따라 식품의 표시광고에 대한 심의제도도 변화를 맞이하게 되었다.[148]

2018.3.13. 식품표시광고법을 제정하면서, 건강기능식품에 관한 법률 및 식품위생법에 따른 사전심의제도를 폐지하고, 식품위생법에 따른 동업자조합, 한국식품산업협회 및 건강기능식품에 관한 법률 제28조에 따른 단체 중 부당한 표시·광고를 방지하기 위한 조직을 운영하는 자는 식품의약품안전처장에게 그 운영 사실을 등록하도록 하는 사전 광고에 대한 자율심의제도를 도입하여 2019.3.14.일 시행하였다.

2 연혁

연 혁	주요 내용
식품표시광고법 제정 2018.3.13. 법률 제15483호	제10조(표시 또는 광고의 자율심의) ① 식품등에 관하여 표시 또는 광고하려는 자는 해당 표시·광고에 대하여 제2항에 따라 등록한 기관 또는 단체(이하 "자율심의기구"라 한다)로부터 미리 심의를 받아야 한다. 다만, 자율심의기구가 구성되지 아니한 경우에는 대통령령으로 정하는 바에 따라 식품의약품안전처장으로부터 심의를 받아야 한다. ② <생략> ③ 자율심의기구는 제4조부터 제8조까지의 규정에 따라 공정하게 심의하여야 하며, 정당한 사유 없이 영업자의 표시·광고 또는 소비자에 대한 정보 제공을 제한해서는 아니 된다. ④, ⑤, ⑥, ⑦, ⑧ <생략> ☞ 식품표시광고법 제정(자율심의제도 도입)

---

[148] 2018.6.28일 헌법재판소는 건강기능식품 기능성 광고 사전심의는 그 검열이 행정권에 의하여 행하여진다고 볼 수 있고, 이는 헌법이 금지하는 사전검열에 해당하므로 헌법에 위반된다고 결정하였다.

『식품표시광고법 해설』

연 혁	주요 내용
식품표시광고법 개정 2020.12.29, 법률 제17808호	제10조(표시 또는 광고의 자율심의) ① 식품등에 관하여 표시 또는 광고하려는 자는 해당 표시·광고(**제4조부터 제6조까지의 규정에 따른 표시사항만을 그대로 표시·광고하는 경우는 제외한다**)에 대하여 제2항에 따라 등록한 기관 또는 단체로부터 미리 심의를 받아야 한다. 다만, … 심의를 받아야 한다. ② 〈생략〉 ③ 자율심의기구는 제4조부터 제8조까지의 규정에 따라 공정하게 심의하여야 하며, 정당한 사유 없이 영업자의 표시·광고 또는 소비자에 대한 정보 제공을 제한해서는 아니 된다. ④, ⑤, ⑥, ⑦, ⑧ 〈생략〉
	☞ 의무 표시 사항만을 표시·광고하는 경우 심의대상에서 제외
식품표시광고법 개정 2023.6.13. 법률 제19472호	제10조(표시 또는 광고의 자율심의) ① 식품등에 관하여 표시 또는 광고하려는 자는 해당 표시·광고(제4조, **제4조의2, 제5조 및 제6조**에 따른 표시사항만을 그대로 표시·광고하는 경우는 제외한다)에 대하여 … 심의를 받아야 한다. ② 〈생략〉 ③ … **제4조, 제4조의2, 제5조부터** … 아니 된다. ④, ⑤, ⑥, ⑦, ⑧ 〈생략〉
	☞ 법 문장 체계 정비

3 해설

① (제1항) 식품등에 관하여 표시 또는 광고하려는 자는 해당 표시·광고(제4조, 제4조의2, 제5조 및 제6조에 따른 표시사항만을 그대로 표시·광고하는 경우는 제외한다)에 대하여 제2항에 따라 등록한 기관 또는 단체(이하 "자율심의기구"라 한다)로부터 미리 심의를 받아야 한다. 다만, 자율심의기구가 구성되지 아니한 경우에는 대통령령으로 정하는 바에 따라 식품의약품안전처장으로부터 심의를 받아야 한다.

1. (심의를 받아야 하는) 주체

식품 등에 관한 표시 또는 광고를 하려는 자, 즉 실제로 식품의 표시나 광고를 진행하는 사업자나 광고주가 자율심의를 받아야 하는 주체가 된다. 심의는 광고나 표시를 하기 전에 받아야 한다.

2. 심의 대상

심의 대상은 특수영양식품, 특수의료용도식품, 건강기능식품, 기능성표시식품의 표시·광고이다.[149] 다만, 표시·광고 내용이 법률 제4조, 4조의2, 5조 및 6조에 규정된 필수 표시사항만을 그대로 사용하여 표시하거나 광고하는 경우에는 심의를 받지 않아도 된다. 이로써 불필요한 심의를 줄여 효율성을 도모하며, 핵심적으로 소비자의 오인이나 혼동을 유발할 우려가 있는 내용들에 대한 관리에 집중할 수 있도록 하였다.

3. 심의기관

심의는 '자율심의기구'가 수행한다. 사업자는 자율심의기구에게 심의를 신청해야 하며, 자율심의기구는 독립성과 전문성을 갖추어 광고의 적정성을 판단하게 된다. 자율심의기구의 등록 등에 대하여는 제2항에서 규정한다.

4. 단서 및 예외

자율심의기구가 없는 경우에는 식품의약품안전처장이 심의를 직접 담당하게 하여 심의 공백을 최소화함으로써 식품표시 및 광고의 신뢰성 확보와 절차 운영의 효율성 제고를 동시에 도모하고 있다.

5. 표시 또는 광고의 심의 기준 등(시행령 제4조 및 관련 고시)

시행령 제4조는 자율심의기구가 미구성되어 식품의약품안전처장이 직접 심의를 수행할 경우 적용되는 심의 신청 절차, 제출서류, 심의 기간, 심의 기준 등을 규정하고 있다. 심의 기준은 제품의 안전성과 기능성, 과학적 근거의 타당성, 법률 및 관련 고시 준수 여부 등을 포함하며, 사업자가 제출하는 자료에 대한 검토가 이루어진다. 또한, 식품등의 표시 또는 광고 심의 및 이의신청 기준 고시(제2항 및 제3항)는 심의 신청에서부터 결정 및 심의 결과의 통에 이르기까지의 세부 절차에 대하여 규정하고 있다.

---

[149] 식품 등의 표시·광고에 관한 법률 시행규칙 제10조(표시 또는 광고 심의 대상 식품등)

2 (제2항) 제1항에 따른 식품등의 표시·광고에 관한 심의를 하고자 하는 다음 각 호의 어느 하나에 해당하는 기관 또는 단체는 제11조에 따른 심의위원회 등 대통령령으로 정하는 요건을 갖추어 식품의약품안전처장에게 등록하여야 한다.

1. 자율심의기관이 될 수 있는 단체

　자율심의기관은 식품동업자조합(식품위생법 제59조 제1항), 한국식품산업협회(식품위생법 제64조 제1항), 건강기능식품에 관한 법률 제28조에 따라 설립된 단체, 소비자단체(소비자기본법 제29조에 따라 등록) 중에서 요건을 갖춘 기관이 될 수 있고, 2025년 8월 현재 한국건강기능식품협회, 한국식품산업협회, (사)소비자공익네트워크 등 3개 기관이 등록되어 있다.

2. 대통령령이 정하는 요건

　제2항 각 호에서 규정된 단체가 자율심의기관으로 등록되기 위한 요건은 법 제11조에 따른 심의위원회 구성, 표시·광고 심의 업무를 수행할 수 있는 전담 부서와 2명 이상의 상근 인력(식품등에 관한 전문지식과 경험이 풍부한 사람이 포함되어야 한다), 표시·광고 심의 업무를 처리할 수 있는 전산장비와 사무실 등을 갖추어야 한다.

3. 식품의약품안전처장에게 등록

　자율심의기관으로서의 정식 인정과 활동 개시를 위해 위 요건을 갖춘 단체는 반드시 식품의약품안전처장에게 등록해야 한다. 등록은 신청서 제출, 심사, 등록증 발급 등의 절차로 진행되며, 등록기관은 관련 법령에 따라 활동 내역을 보고하고 심의 상황을 관리받게 된다. 등록은 그 기준에 적합하면 거절할 수 없는 기속행위이므로, 정책적 이유에 의해 거절할 수는 없다. 등록을 통해 해당 단체는 식품 표시·광고 심의 업무를 공식적으로 수행할 수 있는 법적 지위를 갖게 된다.

③ (제3항) 자율심의기구는 제4조, 제4조의2, 제5조부터 제8조까지에 따라 공정하게 심의하여야 하며, 정당한 사유 없이 영업자의 표시·광고 또는 소비자에 대한 정보 제공을 제한해서는 아니 된다.

1. 관련 법조문 준수(제4조, 제4조의2, 제5조~제8조에 따른 심의)

식품표시광고법 제4조, 제4조의2, 제5조부터 제8조까지에 규정된 표시사항 및 광고 기준을 근거로 심의해야 한다. 이 조항들은 표시·광고의 구체적 금지 사항, 필수 표기 사항, 표시·광고의 제한 기준 등을 포함하며, 이는 심의의 객관성과 법적 타당성을 확보하는 역할을 수행하게 된다.

2. 공정한 심의 수행

자율심의기구는 견 없이 공정하게 판단해야 한다. 심의 절차와 결과는 일관성 있고 투명해야 하며, 특정 이해관계자의 이익이나 불이익을 초래하지 않아야 한다. 공정성은 자율심의기구의 신뢰성을 결정하는 중요한 요소로, 심의위원회의 구성과 운영, 심의 기준 적용 모두 이에 부합해야 한다.

3. 정당한 사유의 존재

영업자의 표시·광고 또는 소비자에게 제공되는 정보에 대한 제한은 오로지 정당한 사유가 있을 때만 가능하다는 원칙이다. 정당한 사유란 법률에서 금지하거나 제한하는 허위·과장광고, 소비자 오인 유발 행위, 공공복리 훼손 위험 등 객관적·합리적 근거를 의미한다. 정당한 사유 없이 제한하는 행위는 심의기구의 권한 남용으로 간주되며, 법적 문제로도 이어질 수 있다.

4. 영업자 및 소비자 정보 제공 제한 금지

자율심의기구는 정당한 사유가 없으면 영업자의 표시·광고 행위나 소비자에 대한 정보 제공을 제한해서는 안된다. 이는 표현의 자유와 정보 접근권 보호를 위한 규정이다. 정보 제한이 심의기구의 권한 범위를 넘어서는 경우, 행정적 또는 법적 대응 대상이 될 수 있다.

『식품표시광고법 해설』

4 (제4항) 제1항에 따라 표시·광고의 심의를 받은 자는 심의 결과에 따라 식품등의 표시·광고를 하여야 한다. 다만, 심의 결과에 이의가 있는 자는 그 결과를 통지받은 날부터 30일 이내에 대통령령으로 정하는 바에 따라 식품의약품안전처장에게 이의신청할 수 있다.

1. 심의를 받은 자

자율심의기구 또는 식품의약품안전처장으로부터 표시 또는 광고의 심의를 받은 사업자 또는 광고주를 말한다. 이들은 자율심의기구 등에 심의를 신청하여 승인, 수정, 또는 부적합 등의 심의 결과를 받게 된다.

2. 심의 결과에 따른 표시·광고 행위 의무

심의 결과에 따라 사업자는 표시·광고를 반드시 그 결과에 맞게 진행해야 하는 법적 의무가 있다. 예를 들어, '적합' 결과를 받은 경우 그대로 표시·광고할 수 있고, '조건부 적합'이나 '수정 요구'가 있으면 심의 내용에 맞게 내용을 수정해야 한다. 임의로 심의 결과를 무시하고 표시·광고를 하는 것은 법 위반행위로 처벌 대상이 된다.[150]

3. 심의 결과에 이의가 있는 자

심의 결과의 전부 또는 일부에 대해 불복하는 자를 의미한다. 예를 들어 부적합 판정, 조건부 수정을 요구받은 경우 등이 포함될 것이다. 따라서, 그 이외의 자는 이해관계가 있다고 하더라도 이의신청의 주체가 될 수 없다.

4. 이의신청 기간

심의 결과를 통지받은 날부터 30일 이내에 이의신청을 할 수 있다.[151] 이 기간은 제척기간[152]이므로 30일 경과 후에는 이의신청 권리가 소멸된다.

---

[150] 법 제10조 제4항을 위반하여 심의 결과에 따르지 않고 표시광고를 한 경우에 대한 별도의 처벌 규정이 존재하지 않으며, 대신 식품표시광고법 제8조에 따른 처벌이 적용된다.
[151] 식품표시광고법 시행령 제6조 제2항
[152] 법률이 예정하는 존속기간이다. 따라서, 이 기간이 지나면 권리는 당연히 소멸한다.

제6장. 표시 및 광고에 대한 관리(제8조~제11조)

5. 이의신청 대상 및 절차

　이의신청은 식품의약품안전처장에게 하며, 이의신청 접수 후 재심의 및 검토 절차가 이루어진다. 이의신청 결과에 따라 심의결과가 변경될 수 있으며, 결과에 따른 추가 조치가 이뤄진다. 식품등의 표시 또는 광고 심의 및 이의신청 기준 고시 제4항은 심의 결과에 대한 이의신청 절차가 구체적으로 명시되어 있다. 사업자는 고시 제4조 제2항의 규정에 따른 서류를 갖추어 이의신청을 할 수 있으며, 식약처장은 수용 또는 불수용으로 결정하여야 한다. 이의신청에 대한 절차는 식약처장이 심의하는 절차를 준용한다.

5 (제5항) 제1항에 따라 표시·광고의 심의를 받으려는 자는 자율심의기구 등에 수수료를 납부하여야 한다.

1. 납부 주체와 수납처

　수수료 납부 주체는 자율심의기구 또는 식품의약품안전처장 등에서 표시·광고 심의를 받으려는 표시·광고 주체이다. 이는 식품 등의 표시 또는 광고를 하는 사업자, 광고주, 또는 관련 기관 등이 포함된다. 수납처는 심의 신청을 접수하고 심의를 수행하는 기관으로, 법에서 인정한 자율심의기구 또는 식품의약품안전처장이 해당된다. 수수료는 심의 신청 시에 납부되어야 하며, 자율심의기구는 표시·광고 내용에 대해 사전 검토 및 심사를 수행한다.

2. 수수료 납부 의무

　심의를 받으려는 자는 해당 심의기관(자율심의기구 등)에 소정의 수수료를 납부해야 한다. 수수료는 심의 운영에 소요되는 비용을 분담하는 취지이며, 해당 자율심의기구에서 정한다. 다만, 자율심의기구가 구성되지 않아 식품의약품안전처장의 심의를 받는 경우 심의 수수료는 10만원으로 한다.[153]

---

153 식품표시광고법 시행규칙 제11조(수수료)

6̄ (제6항) 식품의약품안전처장은 자율심의기구가 제3항을 위반한 경우에는 그 시정을 명할 수 있다.

1. 제3항 위반 행위

자율심의기구가 식품표시광고법 제10조 제3항에서 규정한 의무를 준수하지 않은 경우를 말한다. 제3항은 자율심의기구가 심의를 공정하게 수행해야 하며, 정당한 사유 없이 영업자의 표시·광고 또는 소비자에 대한 정보 제공을 제한해서는 안 된다는 내용을 포함하고 있다. 따라서, 공정한 심의 원칙 위반, 정당한 사유 없는 정보 제한 등이 제3항 위반 행위에 해당한다.

2. 시정 명령 권한

식품의약품안전처장은 이러한 제3항 위반 사실을 인지할 경우, 자율심의기구에게 위반 사항에 대해 시정을 명할 수 있다. 시정 명령은 행정적 조치로서 재량사항이다. 따라서, 시정명령을 할지 아니면 자율심의기구가 스스로 개선하게 할지 여부는 행정청이 판단하여 선택할 수 있다.

7̄ (제7항) 식품의약품안전처장은 자율심의기구가 다음 각 호의 어느 하나에 해당하는 경우에는 그 등록을 취소할 수 있다.

1. 제2항에 따른 등록 요건 미충족 : 자율심의기구가 등록 당시 갖추어야 하는 조직 구성, 심의위원회 설치, 독립성 확보 등 대통령령으로 정한 등록 요건을 유지하지 못한 경우를 의미한다. 조직 해체, 심의위원회 기능 상실, 운영 체계 붕괴 등으로 더 이상 정상적인 심의를 수행할 수 없기 때문이다.

2. 제3항 위반 : 자율심의기구가 법에서 요구하는 공정한 심의를 하지 않거나 정당한 사유 없이 영업자의 표시·광고 또는 소비자에 대한 정보 제공을 제한한 경우이다. 심의 편파, 불공정 운영, 무리한 정보 제한 등 공정성과 신뢰성을 훼손하는 행위에 해당하기 때문이다.

제6장. 표시 및 광고에 대한 관리(제8조~제11조)

3. 제6항 시정명령 미이행 : 시정명령을 받았음에도 불구하고 정당한 사유 없이 따르지 않는 경우이다. 법적 통제 및 개선 요구에 불응하여 위법 상태가 지속되기 때문이다.

4. 법적 성격 : 자율심의기구 등록 취소는 법률에 명시된 요건 아래 행정청이 사실과 법리를 판단해 결정하는 행정처분이며, 일정 부분 재량이 인정되나 그 행사는 법적 제약과 절차적 공정성을 준수해야 하는 법적 행위이다.

⑧ (제8항) 제1항에 따른 심의 대상, 제2항에 따른 등록 방법·절차, 그 밖에 필요한 사항은 총리령으로 정한다.

심의 대상(시행규칙 제10조)은 특수영양식품, 특수의료용도식품, 건강기능식품, 기능성표시식품이다. 시행규칙 제12조 및 제13조에서 자율심의기구 등록을 위한 요건과 절차가 상세히 규정하고 있다. 등록 신청서 작성, 제출 서류, 심사 기준, 등록증 발급, 갱신 절차 등을 포함한다. 그 밖에 심의 수수료 부과 등과 관련 사항은 시행규칙 제11조에 규정되어 있다.

4 해외 주요국 사례

1 미국

미국은 식품의 표시(labeling)와 광고(advertising)를 구분하여 규제한다. 일반적인 표시(라벨링)는 원칙적으로 사전승인이 필요하지 않으나, 건강강조표시(health claims)와 같은 특정 표현은 예외적으로 FDA의 사전승인 또는 사전통지가 요구된다. 이때 건강강조표시는 과학적 합의(significant scientific agreement)를 전제로 허용되며, 조건부 건강강조표시(qualified health claims)는 제한된 문구와 면책을 전제로 허용된다.

광고에 대한 정부의 사전심의는 허용되지 않고, 연방거래위원회(FTC)가 사후적으로 기만적 광고를 규제하는 체계이다. 민간 BBB National Programs[154]

산하 NAD(National Advertising Division)와 CARU(Children's Advertising Review Unit)가 중심 역할을 수행한다. NAD는 기업 간 분쟁 해결과 자율규제를 통해 광고의 진실성을 담보하며, 권고가 이행되지 않을 경우 FTC에 이첩할 수 있다. 아동 대상 식품광고는 CARU와 CFBAI(Children's Food and Beverage Advertising Initiative)가 별도의 기준을 마련해 관리한다.

한국이 민간 기구를 통한 사전검토 절차를 법적으로 제도화한 반면, 미국은 사전심의보다는 사후규제와 독립된 민간 자율규제에 의존하는 구조이다. 즉, 한국이 선택적·제한적으로 제도적 사전심의 채널을 운영하는 것과 달리, 미국은 사전 개입이 제한적이고 사후 대응 중심이라는 점에서 차이가 있다.

② 유럽연합(EU)

유럽연합은 식품표시광고 중 특히 영양·건강강조 표시에 대하여는 매우 엄격한 사전허가 체계를 운영한다. 「영양 및 건강강조표시에 관한 규정(Regulation (EC) No 1924/2006)」에 따라, 어떠한 건강강조표시도 유럽식품안전청(EFSA)의 과학적 평가를 거쳐 유럽집행위원회의 승인을 받아야만 사용할 수 있다. 승인된 표현은 EU 공인 목록에 등재되며, 기업은 해당 목록에 포함된 문구만을 사용할 수 있다.

한편, 일반적인 광고에 대해서는 EU 차원의 사전심의는 존재하지 않고, 각 회원국의 자율규제기구(Self-Regulatory Organization, SRO)가 사후심의를 담당한다. 프랑스의 ARPP, 이탈리아의 IAP, 스페인의 AUTOCONTROL 등은 모두 유럽광고자율심의연합(EASA) 네트워크의 일원으로서, ICC(국제상업회의소) 광고규범을 기초로 활동한다. 또한 아동 대상 식품광고에 대해서는 EU

---

154 미국 광고 산업 내 자율규제 활동을 조직적으로 관리하기 위해 1971년에 설립된 독립적 비영리 조직이다. 1971년, 광고 산업 내 여러 단체(미국 광고연맹American Advertising Federation, American Association of Advertising Agencies, Association of National Advertisers, 그리고 Better Business Bureaus 협의회(Council of Better Business Bureaus, CBBB))가 정부 규제 도입에 대응하고 업계의 자율성을 확보하기 위해 설립한 National Advertising Division(NAD)과 National Advertising Review Board(NARB)를 운영하는 자율심의기구가 근간이 되었다. 이후 2009년에는 회원 기반과 운영 범위가 확대되었고, 2012년에는 National Advertising Review Council(NARC)라는 명칭에서 Advertising Self-Regulatory Council(ASRC)으로 변경되어 광고 산업 자율규제 기능을 강조하는 기관으로 발전하였다. 2019년에 Council of Better Business Bureaus(CBBB)의 재구조화 과정에서 ASRC는 BBB National Programs로 통합되면서, BBB National Programs는 독립적 비영리 단체로서 산업 자율규제 프로그램을 총괄하는 조직으로 재편되었다. 오늘날 광고, 개인정보, 어린이 대상 마케팅 등 다양한 분야에서 산업 자율규제를 촉진하고 있으며, 미국 내 업계 자율심의 모델의 중추적 역할을 하는 기관이다.

차원의 법적 구속 규정은 없으나, 업계가 자율적으로 체결한 'EU Pledge'를 통해 영양기준과 마케팅 제한을 운영하고 있다.

③ 일본

일본은 특정보건용식품(FOSHU)과 기능성표시식품(FFC)에 대한 표시에서 규제를 운영하고 있다. FOSHU는 소비자청(CAA)의 개별 심사를 거쳐 허가를 받아야 하는 사전승인형 제도이나, FFC는 사업자가 과학적 근거를 확보한 뒤 이를 CAA에 사전통지하는 방식으로 운영된다.

광고의 경우에는 사전심의가 제도화되어 있지 않다. 업계가 권고적으로 내규를 운영하기도 하지만, 법적으로 심의가 의무화되지는 않는다. 광고의 허위·과장 판단 역시 정부의 사후 관리가 중점이다.

한국과 일본은 실무적으로 유사한 측면도 있으나, 일본은 표시제도에서 허가형(FOSHU)과 통지형(FFC) 등을 통해 사전적 관리 대상을 정하고 광고에 있어서는 제도화된 규제가 없는 반면, 한국의 제10조는 특정 제품이나 표현이 아니라, 전반적인 표시·광고를 포괄하는 민간 사전검토의 경로를 제공하고 있다는 점에서 근본적으로 구별된다고 볼 것이다.

④ 중국

중국은 여타 국가들에 비해 식품광고에 대한 사전규제가 매우 강력하다. 「광고법」 제46조에 따르면 건강식품, 의약품, 의료기기, 특수의학용도 조제식품 등은 광고를 게재하기 전에 반드시 광고감독관리 부문의 사전심사 및 승인을 받아야 한다. 또한 「인터넷광고 관리방법」에 따라 온라인 광고도 동일하게 사전검열의 대상이 된다.

표시 영역에서는 「식품안전법」을 통해 건강식품에 대한 등록·비안 절차와 라벨 표시 의무가 엄격히 규정되어 있다. 승인된 문구만 사용할 수 있으며, 이를 위반할 경우 강력한 행정처분이 뒤따른다.

한국이 민간을 통한 자율심의를 법제화한 것과 달리, 중국은 법정 의무로서 정부 주도의 사전심의를 운영하고 있다. 따라서 그 규제 강도와 구속력 측면에서 중국의 제도는 한국보다 훨씬 엄격하고 경직적이라고 할 수 있다.

5 기타 국가

영국은 방송광고의 경우 Clearcast라는 민간기관이 방송사 요구에 따라 광고를 사전검토하는 시스템을 운영하고 있으며, 광고표준청(ASA)이 CAP 코드에 따라 사후심의를 담당한다. 특히 아동 및 건강에 해로운 식품(HFSS)에 대한 광고는 시간대 제한과 온라인 규제가 강화되어 있다. 캐나다 역시 민간기구(Ad Standards)가 방송광고에 대해 사전클리어런스를 제공하며, 아동 대상 광고는 특별히 엄격한 기준을 적용한다. 호주는 FSANZ를 통한 식품표시 규제와 AANA 코드에 따른 자율심의가 병행된다. 이들 국가는 한국처럼 법적인 자율심의 조항을 두지는 않지만, 방송사나 업계 요구에 따른 자율적인 사전검토 절차가 존재한다.

6 해외 사례에 비추어 본 시사점

이상의 해외 주요국의 사례를 종합하면, 표시 영역에서는 특정한 '영양·건강강조표시'와 같은 고위험 표현에 한하여 사전허가 또는 사전통지 제도를 두는 것이 일반적임을 알 수 있다. 광고의 경우에는 미국, EU 회원국, 일본 등은 주로 사후규제를 중심에 두고, 민간 자율심의를 결합한 구조를 취하는 반면, 중국은 법정 의무에 따른 엄격한 사전검열을 실시하고 있다.

우리나라의 제도는 해외 주요국과 비교할 때, 민간 자율심의기구의 사전심의를 법률로 제도화하였다는 점에서 독특하다. 이는 중국과 같이 강제적인 사전심의과는 거리가 있지만, 미국이나 EU처럼 사전심의 제도가 없는 체계와도 다르다. 한국의 제도는 '민간 자율'과 '사전검토'의 접점을 제도화한 사례로 평가될 수도 있으나, 위헌결정을 받은 사전심의제도에 대한 근본적 재설계보다는 위헌으로 판정된 사항에 대한 부분적인 수정만 가한 미봉책에 불과하다는 지적을 받을 수도 있다.

5 국내 유사 입법 사례 비교 및 현행 제도에 대한 검토

① 검토 배경

과거 표시·광고 사전심의를 규정하고 있었던 국내 법률 중에 의료법(2015.12.23., 2015헌바75), 건강기능식품법(2018.6.28., 2016헌가8), 의료기기법(2020.8.22., 2017헌가35)에 대해 헌법재판소의 위헌결정이 이루어졌다. 이에 따라, 의료법(2018.3.27. 개정)에서 자율심의를 가장 먼저 도입하였고, 의료기기법(2021.3.23. 개정)도 의료법 모델을 참고하여 자율심의를 도입하였다.[155]

한편, 식품표시광고법은 2018.3.13.일 건강기능식품법 등에 분산되어 있는 식품 등의 표시·광고에 관한 규정을 통합하여 제정되어, 건강기능식품법 및 식품위생법에 따른 사전심의제도를 폐지하고, 사전 광고에 대한 자율심의제도를 도입하여 2019.3.14.일 시행되었다.

현행 자율심의기구에 의한 사전심의제도를 규정하고 있는 여러 법률들을 검토하여 향후 식품표시광고법 상의 자율심의제도 개선을 검토할 필요가 있다. 특히, 현행 식품표시광고법이 규정하고 있는 광고 사전심의제도의 내용 중에 헌법재판소의 위헌결정 이전의 내용과 상당히 유사한 부분도 확인되고 있어, 개정된 법률에 대한 검토가 제도 개선에 시사점을 줄 것으로 보인다.

② 헌법재판소의 위헌결정 요지(2016헌가8, 2018.6.29., 위헌)

현행 헌법상 사전검열은 표현의 자유 보호대상이면 예외 없이 금지된다. 건강기능식품의 기능성 광고는 인체의 구조 및 기능에 대하여 보건 용도에 유용한 효과를 준다는 기능성 등에 관한 정보를 널리 알려 해당 건강기능식품의 소비를 촉진시키기 위한 상업광고이지만, 헌법 제21조 제1항의 표현의 자유의 보호 대상이 됨과 동시에 같은 조 제2항의 사전검열 금지 대상도 된다.

---

[155] 반면, 약사법에 대해서는 위헌 결정이 내려진 바 없어 개정 전의 의료기기법 및 의료법과 유사한 사전심의 규정을 두고 있다.

『식품표시광고법 해설』

　사전검열 금지원칙은 모든 형태의 사전적인 규제를 금지하는 것은 아니고, 의사표현의 발표 여부가 오로지 행정권의 허가에 달려 있는 사전심사만 금지한다. 헌법재판소는 헌법이 금지하는 사전검열의 요건으로 1) 일반적으로 허가를 받기 위한 표현물의 제출의무가 존재할 것, 2) 행정권이 주체가 된 사전심사절차가 존재할 것, 3) 허가를 받지 아니한 의사표현을 금지할 것, 4) 심사절차를 관철할 수 있는 강제수단이 존재할 것을 들고 있다.

1. 허가를 받기 위한 표현물의 제출의무가 있는지 여부

　건강기능식품법 제16조제1항은 건강기능식품의 기능성에 대한 광고를 하려는 자에게 식약처장이 정한 건강기능식품 표시·광고 심의의 기준, 방법 및 절차에 따라 심의를 받도록 하고 있고, 이에 따라 식약처장이 정한 심의기준 제4조는 건강기능식품의 기능성에 대한 광고를 하려는 자는 신청서에 해당 기능성 광고 내용을 첨부하여 심의기관에 제출하도록 하고 있다. 이는 일반적으로 허가를 받기 위한 표현물 제출의무를 부과한 것에 해당한다.

2. 허가를 받지 아니한 의사표현을 금지하는지 여부

　건강기능식품법의 금지조항은 누구든지 심의받은 내용과 다른 내용의 광고를 하여서는 아니된다고 규정하고 있어 이는 허가받지 않은 의사표현을 금지하는 것에 해당한다.

3. 심사절차를 관철할 수 있는 강제수단이 존재하는지 여부

　심의받은 내용과 다른 내용의 광고를 한 경우, 제재조항은 대통령령이 정하는 바에 따라 영업허가를 취소·정지하거나, 영업소의 폐쇄를 명할 수 있도록 하고, 처벌조항은 5년 이하의 징역 또는 5천만원 이하의 벌금에 처하도록 하고 있다. 이와 같은 행정제재나 형벌의 부과는 사전심의절차를 관철하기 위한 강제수단에 해당한다.

4. 행정권이 주체가 된 사전심사절차가 존재하는지 여부

한국건강기능식품협회의 사전심의가 행정권이 주체가 된 사전심사에 해당하는지 여부가 쟁점이다. 광고 심의기관이 행정기관인지 여부는 기관의 형식에 의하기보다는 그 실질에 따라 판단되어야 하고, 검열을 행정기관이 아닌 독립적인 위원회에서 행한다고 하더라도, 행정권이 주체가 되어 검열절차를 형성하고 검열기관의 구성에 지속적인 영향을 미칠 수 있는 경우라면 실질적으로 그 검열기관은 행정기관이라 보아야 하며, 민간심의기구가 사전심의를 담당하고 있고, 현재에는 행정기관이 그 업무에 실질적인 개입을 하고 있지 않더라도 행정기관의 자의에 의해 언제든지 개입할 가능성이 열려있다면, 개입 가능성의 존재 자체로 민간심의기구는 심의업무에 영향을 받을 수 밖에 없으므로 사전검열에 해당한다고 보고 있다. 특히, 심의의 위탁을 규정하고는 있으나, 여전히 법상으로는 행정기관인 식약처장이 심의업무의 주체이고, 언제든지 심의업무의 위탁을 철회하고, 심의 전면적으로 개입할 가능성이 열려있으며, 심의위원회 위원 위촉에 있어 식약처장의 승인을 받는 점, 식약처장의 위원 해촉 권한 보유, 위원회 구성에 관한 총리령 규율 등 자율성을 인정될 수 없다고 한다.

그리고, 건강기능식품 표시·광고 심의기준, 방법, 절차를 식약처장이 정하고 있으므로(법 제16조 제1항), 식약처장이 심의기준 등의 제정 및 개정을 통해 언제든지 심의기준 등을 정하거나 변경함으로써 심의기관인 한국건강기능식품협회의 심의 내용 및 절차에 영향을 줄 수 있다. 이외에도 심의기준 제정, 식약처장의 재심의 권고와 심의기관에게 따를 의무 부과, 심의 및 재심의 결과의 분기별 보고 등 독립적, 자율적으로 운영된다고 보기 어려운 점이 존재하였다.

이상과 같은 사정을 종합하여 보면, 한국건강기능식품협회나 위 협회에 설치된 표시·광고심의위원회가 사전심의업무를 수행함에 있어서 식약처장 등 행정권의 영향력에서 벗어나 독립적이고 자율적으로 심의하고 있다고 보기 어렵고, 결국 건강기능식품 기능성 광고 심의는 행정권이 주체가 된 사전심사라고 할 것이다. 헌법재판소는 헌법이 금지하는 사전검열의 요건 검토를 종합하여 보면, 한국건강기능식품협회가 행하는 건강기능식품 기능성 광고 사전심의는 헌법이 금지하는 사전검열에 해당하므로 헌법에 위반된다고 판단하였다.

『식품표시광고법 해설』

③ 국내 유사 법령 규정에서의 주요 내용 비교

1. 자율심의기구

자율심의기구를 설치할 수 있는 기관·단체는, 의료기기법은 민법이나 다른 법률에 따라 설립된 법인이나 소비자기본법에 따라 등록된 소비자단체로 대통령령으로 정하는 기준을 충족하거나 해당하는 기관 또는 단체(법 제25조의2 제1항), 식품표시광고법은 식품위생법 및 건강기능식품법에 따른 기관·단체와 소비자기본법에 따라 등록한 소비자단체로서 대통령령으로 정하는 기준을 충족하는 단체(법 제10조제2항), 의료법은 의사회, 치과의사회, 한의사회와 소비자단체(법 제57조제2항)이다. 사전심의기구에 대한 위헌결정이 없는 약사법은 법 제67조에 따라 설립한 법인(법 제68조의2제2항)이다.

<표 22> 국내 법령에서 정하고 있는 자율심의기구 비교

	식품표시광고법	의료기기법	의료법	약사법
주체	• 업종 단체 (식품, 건기식) • 소비자단체 • 식약처(보충적)	• 단체(민법 등) • 소비자단체	• 단체(의사회·치과의사회·한의사회) • 소비자단체	• 법 제67조에 따른 별도 설립 법인 (법 제68조의2 ②)
설치	• 등록제	• 신고제	• 신고제	• 위탁
이의 신청	• 식약처(재심)	• 자율심의기구→식약처(삼심제)	-	• 자율심의기구 (재심)
의무	• 공정심의, 정보제공 제한금지	• 공정·투명 심의	• 공정·투명 심의	• 식약처 보고(심의결과 등)
제재	• 시정명령(제3항 위반시)	-	-	-
등록 취소	• 등록요건 미충족, • 의무 위반, 시정명령 미준수	-	-	-
관리 감독	-	• 주무관청(민법 제37조 배제)	• 주무관청(민법 제37조 배제)	
운영	• 등록시 운영기준 제출	• 필요사항 정함 (심의회)	• 필요사항 정함(심의회)	-

자율심의기구 설치에 대해 의료기기법(법 제25조제1항)과 의료법(법 제57조제2항)은 신고제로, 식품표시광고법은 등록제로 하되, 심의기구가 설치되지 아니한 경우 식약처장의 심의를 받도록 규정(법 제10조제2항)하고 있다. 반면, 약사법은 법 제67조에 따라 설립한 법인에 위탁(법 제68조의2제2항)한다.

심의결과에 대한 이의신청은 식품표시광고법은 식약처장에게(법 제10조제4항), 의료기기법은 1차로 자율심의기구, 2차로 식약처장에게(법 제25조제4항·제5항) 한다. 의료법에는 이의신청 관련 별도 규정이 없으며, 약사법은 자율심의기구에 이의신청토록(시행규칙 제80조제3항) 하고 있다.

심의기구에 대해 식품표시광고법은 공정한 심의 의무와 정보제공 제한 금지 의무(법 제10조제3항), 의료기기법(법 제25조의2제6항)과 의료법(법 제57조제11항)은 공정하고 투명한 심의 의무를 부여한다. 다만, 식품표시광고법은 동 의무 위반시 시정명령(법 제10조제6항)을 할 수 있고, 의무위반 및 시정명령 미준수 등에 대해서는 등록취소(법 제10조제7항)를 규정한 반면, 의료기기법 및 의료법에는 별도 규정이 없다. 한편, 약사법은 심의결과 및 이의신청 심의결과를 식약처장에게 보고(시행규칙 제83조제5항)토록 하고 있다.

2. 자율심의 대상·매체·사항·기준 등

앞에서 살펴본 바와 같이, 식품표시광고법은 특수영양식품, 특수의료용도식품, 건강기능식품, 기능성표시식품을 사전 자율심의 대상으로 정하고 있다. 반면, 의료기기법은 의료기기(법 제25조), 의료법은 의료광고(법 제57조), 약사법은 의약품(법 제68조의2제1항)을 대상으로 한다.

자율심의 사항에 대해 식품표시광고법(제10조제3항)은 '제4조에서 제8조까지'의 표시기준, 영양표시, 나트륨 함량 비교표시, 광고기준, 부당한 표시·광고행위 금지를 규정하고 있으며, 의료기기법(25조제1항)은 '제24조제2항 및 제3항'의 광고행위의 금지, 표시·기재·광고의 범위를 심의사항으로 하고 있다. 의료법(제57조제1항)은 '제56조 제1항 내지 제3항까지'의 의료인이 아닌 자의 광고금지, 거짓광고 등의 광고금지, 방송 광고금지 등에 대한 사항을, 약사법은 별도 명시 규정은 없으나 제68조의 과장광고의 금지를

『식품표시광고법 해설』

대상으로 하고 있는 것으로 보인다. 한편, 의료기기법은 식품표시광고법과 달리 광고 내용 변경시(경미한 사항 제외) 재심의를 규정[156]하고 있다.

사전심의의 예외로 식품표시광고법(제10조제1항 괄호)은 '제4조에서 제6조까지에 따른 표시사항만을 그대로 표시·광고하는 경우'로 하고, 의료기기법(제25조제3항의 각호)은 허가·인증·신고한 내용으로만 구성된 광고, 수출만을 목적으로 생산하는 의료기기의 외국어 광고, 심의받은 내용과 동일한 외국어 광고, 의료인 등 전문가 집단을 대상으로 하는 광고 등은 심의받지 않을 수 있도록 한다. 의료법은 의료기관 명칭·소재지·전화번호, 진료과목 등 객관적이고 명시적인 사항을 제외(법 제57조제3항)하고, 약사법은 상호와 허가 또는 신고한 제품명 및 효능·효과와 용법·용량만 광고하는 것은 예외(시행규칙 제79조제2항)하고 있다.

<표 23> 자율심의 운영 비교

	식품표시광고법	의료기기법	의료법	약사법
심의 대상	특수영양식품, 특수용도식품, 건강기능식품, 기능성표시식품	의료기기	의료광고	의약품
심의 사항	제4조~제8조 (표시기준, 영양표시, 나트륨 함량 비교 표시, 광고기준, 부당한 표시·광고행위 금지)	제24조제2항 및 제3항 위반여부 (부당한 광고행위 금지, 표시·기재 광고의 범위)	제56조 제1항~제3항 위반 여부 (의료인이 아닌자 광고금지, 거짓광고 등 광고금지, 방송광고 등 광고금지)	명시적 규정 없음 (제68조의 거짓·과장광고, 효능성능 보증 오해 염려 광고, 효능성능 암시 광고, 낙태 암시 광고 등)
변경 심의	-	내용 변경시 재심의(경미사항 제외)	-	내용 변경시 재심의(자구 수정·삭제 제외)
사전 심의 예외	표시사항 그대로 표시·광고하는 경우	허가내용 그대로 수출용(외국어) 전문가 대상 광고	명칭·소재지·전화번호·진료과목·성명·성별·면허종류 등	상호, 제품명 및 효능·효과와 용법·용량만 광고
기간	-	3년	3년	
심의 기준	등록시 심의기준 제출	자율심의기구 상호협의 마련	자율심의기구 상호협의 마련	심의기관의 장 (위원회 의결)

---

156 약사법에도 의료기기법과 유사한 규정(시행규칙 제81조제1항)을 두고 있다.

3. 광고 모니터링

　의료기기법(법 제25조의4)은 자율심의기구가 자신이 심의한 광고에 대해 광고 금지 등을 규정한 제24조제2항 및 제3항의 준수 여부에 관하여 모니터링하고 그 결과를 식약처장에게 제출토록 하고, 의료법도 의료광고 모니터링에 대해 동일한 규정(법 제57조의3)을 두고 있다. 반면, 식품표시광고법에는 이에 대한 별도의 규정이 두고 있지 않다.

4 현행 식품표시광고법 상 자율심의제도의 위헌 가능성 검토

1. 자율심의 의무 자체의 위헌성 문제

　자율심의제도는 행정상 자율규제에 해당한다. 자율규제란 일반적으로 조직화된 집단이 그 구성원의 행위를 규제하는 것을 의미한다. 이에는 정부에 의해 규제권한이 사업자에게 형식적으로 위임된 것에서부터 사업자와 기타 민간영역에 의해 자발적으로 조직화되어 관리되는 규제에 이르기까지 다양한 스팩트럼이 존재한다. 자율규제의 집행 형태는 보통 규제대상이 되는 업계가 동업자 조합을 결성하고 이를 통해 스스로가 지켜야 할 기준을 제정하는 한편 그것의 위반행위를 스스로 점검하는 방법으로 이루어진다. 이러한 자율규제는 정부의 감시비용 및 적발비용을 절감하고 정부규제의 실효성을 제고함으로써 규제집행의 효율성을 증대할 수 있다.

　자율규제의 유형화 기준은 정부의 개입 및 통제 정도와 자율규제가 합리적인 행위자들이 자신의 행동을 스스로 규율하는지 여부이다. 합리적 선택의 관점에서 재화의 속성상 공유재와 공공재로 나누어볼 수 있는데 공유재는 차감성으로 인해 규제참여자와 규제이익 관련성이 크고 직접적이며, 공공재는 상대적으로 관련성이 적고 간접적인 특징을 지닌다. 이에 따라 공유재적 성격의 정도와 정부 통제의 강도에 따라 4가지 유형으로 구분할 수 있다.[157]

---

[157] 〈유형 1〉 자율규제의 집행과정에서 정부의 간여가 최소화되며, 업계 또는 규제대상자의 참여 수준이 높게 나타나는 가장 이상적인 자율규제라 할 수 있다.
〈유형 2〉 정부통제가 여전히 강하게 남아 있어 규제주체 측면에서 업계의 참여수준이 낮게 나타나며, 집행과정에서 정부 관여가 지속적으로 나타나는 특징을 보인다.

『식품표시광고법 해설』

<표 24> 자율규제의 유형 분류

기준		정부 통제(개입)의 정도	
		적음	큼
공유재 속성	○	<유형 1> • 참여자 자율규제형성 이니셔티브 • 자율규제 참여자 범위가 한정 : 주민(사업자) 중심 사후 감시체계 • 정부의 통제 적음 • 규제기구가 정부로부터 독립적	<유형 2> • (좌동) • (좌동) • 정부의 통제 큼 • 규제기구와 정부간 관계가 긴밀
	×	<유형 3> • 정부의 자율규제형성 이니셔티브 • 자율규제 참여자 범위가 비한정 : 정부(전문가) 중심의 사후감시체계가 있으나 용이하지 않음 • (위동) • (위동)	<유형 4> • (좌동) • (좌동) • (위동) • (위동)

　식품표시광고법의 자율심의제도는 자율규제 <유형 3>에 해당하는 것으로 보인다. 공공재적인 성격이 강하여 자율심의제도를 법률에 근거하여 마련한 것이므로 심의여부에 대한 자율을 반드시 부여해야 하는 것은 아니며, 제도의 운영에 있어서 헌법재판소의 위헌 결정의 취지에 맞추어 자율심의기구의 자율성이 확보되면 될 것이다. 다만, 규제 이용자의 범위가 한정되어 있지 않아 정부 또는 전문가 중심의 사후감시체계가 마련되더라도 사후감시가 쉽지 않은 한계는 여전히 존재한다.

　<유형 3> 규제대상이 공공재적 성격이 강하므로 정부주도의 자율규제 형성이라는 특징을 가지며, 규제 이용자의 범위가 한정되어 있지 않아서 사후감시가 쉽지 않은 경우가 있다. 비록 자율규제 형성은 정부주도로 이루어졌지만 자율규제 운영과정에서 정부의 관여가 최소화되고 자율규제기구가 정부에 독립적이라 할 수 있다.
　<유형 4> 규제 운영과정에서 정부의 관여가 나타나고 규제주체와 정부와 밀접한 관계 속에 운영되고 있어 업계 또는 규제대상자들의 자율적 참여 수준이 낮게 나타날 수 밖에 없고, 공공재적 성격으로 인해 자발성이 정도가 낮고 자율규제 이용자가 한정되지 못하기 때문에 이용자 중심의 사후관리체계 구축에 어려움이 크게 나타난다.

2. 자율심의기구 운영의 위헌 가능성 검토

2018.6.28일 헌법재판소는 건강기능식품 기능성 광고 사전심의는 그 검열이 행정권에 의하여 행하여진다고 볼 수 있고, 이는 헌법이 금지하는 사전검열에 해당하므로 헌법에 위반된다고 결정하였다. 헌법재판소의 헌법이 금지하는 사전검열의 요건으로는 1) 일반적으로 허가를 받기 위한 표현물의 제출의무가 존재, 2) 행정권이 주체가 된 사전심사 절차가 존재할 것, 3) 허가를 받지 아니한 의사 표현을 금지할 것, 4) 심사 절차를 관철할 수 있는 강제수단이 존재할 것을 들고 있다.

먼저, 표현물 제출 의무가 존재하는지 여부에 대해 식품표시광고법 제10조 제1항은 특수영양식품 등 4개 식품에 대해 표시·광고하려는 자는 해당 표시·광고에 대해 자율심의기구 또는 식약처장으로부터 심의를 받도록 규정하고 있다. 이는 사실상 표현물 제출의 의무가 존재한다고 볼 것이나, 앞에서 자율심의 의무 자체의 위헌성 여부에 대해 살펴본 바와 같이, 소비자 보호와 건전한 시장질서 유지 등 법률의 목적 달성을 위한 제도로 위헌성이 높다고 볼 것은 아니다.

둘째, 허가받지 아니한 의사 표현을 금지하는지 여부에 대해, 식품표시광고법은 심의를 받지 아니하거나 심의 결과에 따르지 아니한 표시·광고를 부당한 표시·광고 행위로 규정하고, 이러한 행위를 금지하고 있다. 이는 구 건강기능식품법과 동일하게 허가받지 않은 의사 표현을 금지하는 것에 해당한다. 식품표시광고법은 심사 절차를 관철할 수 있는 강제 수단으로 식품표시광고법은 심의를 받지 아니하거나 심의 결과에 따르지 아니한 표시·광고 행위에 대해 시정명령(법 제10조), 영업정지(법 제16조), 제조정지(법 제17조), 과징금(법 제20조), 5년 이하의 징역 또는 5천만원 이하의 벌금(법 제27조) 등 광범위하게 규정하고 있다. 특히, 법 제27조(벌칙)에서 규정하고 있는 형사처벌 규정은 식품표시광고의 내용 여부에 관계 없이 사전심의를 받지 않고 표시광고를 한 행위 자체만으로 형사처벌의 대상임을 규정하고 있어 위헌성이 인정될 가능성이 크다고 볼 것이다.

셋째, 행정권이 주체가 된 사전심사 절차가 존재하는지 여부에 대해, 식품표시광고법상 심의기구는 자율심의기구와 식약처장이다. 자율심의기구는 과거와는 달리 식약처로부터 그 심의 업무를 위탁받은 것이 아닌 동 법에서 정한 업무를 수행하고 있으며, 심의위원회 구성에 있어서도 식약처장이 위촉하는 것이 아닌 자율심의기구의 장이 위촉하고 그 자격요건만 동법에서 규정하고 있다. 이와 같은 점을 고려한다면 자율심의기구는 구 건강기능식품법상 심의기구와는 상이하며, 행정기관인 식약처의 관여가 없다고 볼 수 있다.

한편, 식품표시광고법은 보충적 심의기구로 식약처장을 규정하고 있다.[158] 이 경우 구 건강기능식품법에 대한 헌법재판소의 위헌결정의 근거인 행정기관이 주체인 사전심사가 된다. 또한, 심의기구의 심의결과에 대해 이의가 있는 경우에 심의신청자는 식약처장에게 이의를 신청할 수 있는데, 이 경우에도 행정기관이 식약처장이 심의기구가 된다.(법 제10조제4항)

따라서, 헌법재판소의 위헌결정 근거인 행정기관에 의한 사전심의라는 점은 현행 식품표시광고법 역시 동일하므로, 제10조 제1항 단서와 제10조 제4항은 위헌 소지가 있으므로 개정이 필요할 것으로 판단된다.[159]

5 자율심의제도 개선방안 검토

1. 자율심의기구의 행정권 개입 여지 축소 검토

광고에 대한 사전심의가 헌법상 사전검열에 해당하는지 여부는 사전심의 업무 처리에 있어 자율심의기구의 독립성과 자율성이 보장되는지 여부가 관건이라 할 수 있다. 따라서, 행정기관의 자의적 개입으로 자율심의기구의 독립성과 자율성 침해의 소지가 있는 규정을 정비하는 것이 바람직할 것이다.

먼저, 자율심의기구가 심의기준을 스스로 마련토록 하고, 자율심의기구의 광고심의 업무에 대해서는 민법 제37조 적용 배제한다. 자율심의기구의 구

---

158 법 제10조 제1항 단서에 따라 자율심의기구가 구성되지 아니한 경우에 대통령령으로 정하는 바에 따라 식약처장에게 심의를 요청할 수 있다.
159 법 제10조제1항 단서(보충적 자율심의기구로 식약처장 규정)를 삭제하고, 제10조제4항을 이의신청 심의기관을 식약처에서 민간 심의기구로 변경하는 방안으로 검토가 필요하다.

성·운영 및 심의에 필요한 사항, 심의위원회의 구성·운영에 필요한 사항 등을 자율심의기구가 정하도록 하여야 한다.160 또한, 자율심의기구의 법 제 10조제3항 의무 위반 경우에 시정명령을 할 수 있도록 한 규정(법 제10조제6 항)의 삭제도 검토가 요구된다.

2. 형사처벌 대상에서 삭제 및 행정처분에 포함

사전심의를 받지 않은 사실만으로 5년 이하의 징역 또는 5천만원 이하의 벌금 부과가 가능하게 하는 법률 제27조(처벌) 제2호의 개정이 필요하다. 법률 제27조제2호의 적용 대상에서 제8조제1항제10호는 제외함이 타당하다. 이와 함께 제8조(부당한 표시 또는 광고행위의 금지)에서 제10호를 제외하고, 제10조제1항에서 규정한 의무를 위반한 경우 제16조(영업정지 등) 또는 제17조(품목 등의 제조정지) 등의 대상 행위로 규정하는 것이 타당할 것이다.

3. 사전 심의대상 식품을 위임한 규정의 상향 조정

사전 심의대상 사항은 법규위임에 해당함으로, 현행 식품표시광고법은 제 10조제8항에 심의대상을 총리령에 위임토록 한 것을 법률에 직접 규정하거나, 최소한 대통령령에 위임하는 것으로 상향 조정하는 것이 바람직하다.

4. 사전심의 예외 규정 정비

기업의 규제 완화 차원에서 실질적으로 사전심의가 불필요한 사항에 대해서는 사전심의 대상에서 제외할 필요가 있다. 현행 식품표시광고법은 동법 제10조제1항의 괄호에 '표시사항만을 그대로 표시·광고하는 경우'에만 예외로 규정하고 있으나, 국내에 유통되지 아니하고 수출 목적의 식품 등의 경우에도 예외로 하는 방안을 검토할 필요가 있다.161

---

160 의료기기법 제25조의2제2항에서 제5항까지 참조
161 의료기기법 제25조제3항은 수출목적 생산 의료기기 외국어 광고, 심의받은 내용과 동일한 외국어 광고, 전문가 집단 대상 광고 등에 대해서도 예외로 규정하고 있다.

『식품표시광고법 해설』

6 관련 판례

1. 서울고등법원 2021누49576 판결[품목제조정지처분취소]

개요	• 온라인 광고 시 사전자율심의 내용과 다르게 "실시간 검색어 1위 달성" 문구를 추가하여 광고한 것에 대해, 1개월의 품목제조정지처분을 내린 사건
쟁점	• 해당 광고가 '식품등의 품질에 관한 사항'에 해당하는지 여부 • 심의 결과와 다른 광고를 한 것이 법률 위반에 해당하는지 여부

판단 근거	• 품질에 직접 관계되는 정보뿐 아니라, 소비자 선호도/만족도/판매량/추천 등 품질의 우수성을 암시하는 간접적 정보도 '품질에 관한 사항'에 해당.
	• 이 사건 광고의 성격
	  - "실시간 검색어 1위"는 제품 자체가 아닌 브랜드에 관한 것임
	  - 실시간 검색어 순위가 반드시 긍정적 인식이나 품질의 우수성을 암시한다고 보기 어려우며, 제품 선택에 직접적 영향을 미치는 품질 정보라고 단정하기 어려움

결과	• 해당 광고는 제품의 '품질에 관한 사항'에 해당하지 않으므로, 이를 전제로 한 처분은 위법하여 취소

2. 전주지방법원 2023구합10669 판결[영업정지처분취소]

개요	• 건강기능식품 12개를 묶어 판매하는 광고를 홈페이지에 게시했으나, 사전심의를 받지 않았다는 이유로 ○○시장으로부터 5일간 영업정지처분 받음

쟁점	• 사전심의 대상 여부
	  - (원고) 이미 각 제품별로 사전심의를 받은 제품들을 단순 이벤트성으로 묶어 광고한 것이므로 사전심의 대상이 아니라고 주장함.
	  - (법원) 새로운 광고에서 원재료, 성분, 품질, 사용정보 등의 법정사항이 기존 광고와 다르게 표현되었으므로 사전심의 대상이라고 판단함.
	• 처분의 재량권 일탈·남용 여부
	  - (원고) 단순 이벤트성 광고였고, 기존에 제품별로 사전심의를 받았으며, 5일간의 영업정지가 과도한 불이익이라고 주장함.
	  - (법원) 위반행위의 내용과 정도, 행정처분 기준의 적절성, 공익과 사익의 비교형량 등을 종합적으로 고려할 때 재량권 일탈·남용이 없다고 판단.

판결 요지	• 해당 광고가 사전심의 대상에 해당하고 영업정지 처분이 적법하다고 판단 - 특히 새로운 광고에 포함된 제품 조합의 시너지 효과, 원료의 안전성, 섭취방법 등이 기존 광고와 다르게 표현되었다는 점을 중요하게 고려.

3. 서울행정법원 2024구단71216 판결[영업정지처분취소]

개요	• A사는 건강기능식품유통전문판매업체로 홈페이지에 B제품을 광고하던 중 자율심의기구의 심의결과를 따르지 않았다는 이유로 서울시 강남구청장으로부터 5일간의 영업정지 처분을 받은 사건
처분 경위	• 원고는 2024년 4월 한국건강기능식품협회에 제품 광고 심의를 신청했으며, 협회는 인체시험 대상자의 국적과 인종을 명확히 밝히도록 시정을 요구했으나, 원고는 이를 반영하지 않은 채 광고를 게시했고, 이에 피고는 2024년 8월 13일 영업정지 처분을 내림.

쟁점 판단	• 처분사유 : 법원은 시험대상자의 국적과 인종이 원료의 효능과 연관되는 '원재료에 관한 사항'에 해당한다고 보아 처분사유가 존재한다고 판단함.
	• 신뢰보호원칙 : 과거 과징금 부과 사례가 있었다는 이유만으로는 신뢰보호원칙 위배로 볼 수 없다고 판단함.
	• 법원은 다음과 같은 이유로 처분이 재량권을 일탈·남용했다고 판단함.
	  - 원고가 인종과 국적 외 모든 심의결과를 반영함
	  - 시험결과가 모든 사람에게 동일하지 않다는 점을 명시함
	  - 재심의 시 해당 사항이 단순 참고사항으로 변경됨

판결 결과	• 법원은 영업정지 처분이 비례원칙에 반하여 재량권을 일탈·남용했다고 보아 처분을 취소하고, 소송비용은 피고가 부담하도록 판결.

4. 전주지방법원 2017고정325 판결[의료기기법위반]

개요	• 의료기기 판매회사 B의 직원 A가 코골이 치료기구 D를 광고하면서 의료기기 광고 사전심의를 받지 않고 블로그에 광고를 게재한 사건

공소 사실	• 피고인 A는 2016년 10월~11월 사이 3차례에 걸쳐 자신의 블로그에 의료기기 D에 대해 다음과 같은 미심의 광고를 게재함.
	  - 특정 증상이 있는 환자들에게 효과가 좋다는 내용
	  - 수술 효과와 동등한 효과를 볼 수 있다는 내용
	  - 높은 개선효과와 만족도를 강조하는 내용
	• 피고인 회사 B는 직원 A가 회사 업무와 관련하여 위와 같은 위반행위를 한 것에 대한 책임이 있음.

판결 결과	• 검사는 의료기기법 제24조 제2항 제6호 등을 적용하여 공소를 제기. • 그러나 헌법재판소가 2020년 8월 28일 해당 조항에 대해 위헌 결정을 내렸고, 이로 인해 소급하여 효력이 상실됨. • 법원은 위헌 결정으로 인해 형벌 법률이 소급하여 효력을 상실하였으므로 피고인들의 행위는 더 이상 범죄가 되지 않는다고 판단하여 무죄를 선고
의의	• 헌법재판소 위헌결정으로 형벌 법규가 소급하여 효력을 상실한 경우, 해당 법조항을 적용하여 기소된 사건은 범죄가 성립하지 않는다는 법리 재확인.

『식품표시광고법 해설』

제11조 심의위원회의 설치·운영

법　률	제11조(심의위원회의 설치·운영) 자율심의기구는 식품등의 표시·광고를 심의하기 위하여 10명 이상 25명 이하의 위원으로 구성된 심의위원회를 설치·운영하여야 하며, 심의위원회의 위원은 다음 각 호의 어느 하나에 해당하는 사람 중에서 자율심의기구의 장이 위촉한다. 이 경우 제1호부터 제5호까지의 사람을 각각 1명 이상 포함하되, 제1호에 해당하는 위원 수는 전체 위원 수의 3분의 1 미만이어야 한다. 1. 식품등 관련 산업계에 종사하는 사람 2. 「소비자기본법」 제2조제3호에 따른 소비자단체의 장이 추천하는 사람 3. 「변호사법」 제7조제1항에 따라 같은 법 제78조에 따른 대한변호사협회에 등록한 변호사로서 대한변호사협회의 장이 추천하는 사람 4. 「비영리민간단체 지원법」 제4조에 따라 등록된 단체로서 식품등의 안전을 주된 목적으로 하는 단체의 장이 추천하는 사람 5. 그 밖에 식품등의 표시·광고에 관한 학식과 경험이 풍부한 사람
시 행 령	
시행규칙	
관련판례	

1　취지와 배경

식품표시광고법은 심의위원회의 실질적 운영의 공정성과 투명성, 그리고 법적 안정성 확보를 위하여 법률에 직접 규정하였다. 사회적·법적 복잡성 증가, 국민 권익 보호 강화, 그리고 위원회 담당 기능의 중요성이 그 배경에 있으며, 법이 제정되던 2018년 전후로 다양한 분야에서 위원회 설치 및 운영을 법률에 명시하는 것이 보편화된 추세인 것도 영향을 미치었다.

2　해설

식품표시광고법 제11조는 자율심의기구가 식품 등의 표시·광고를 심의하기 위해 반드시 심의위원회를 설치하고 운영해야 한다고 규정하고 있다. 심의위원회는 최소 10명에서 최대 25명까지의 위원으로 구성되어야 하며, 위원은 다양한 분야를 대표하는 인사들로 균형 있게 구성되도록 규정하고 있다.

위원은 크게 다섯 가지 유형으로 구분되며, 자율심의기구의 장이 위촉한다. 첫째, 식품 관련 산업계에 종사하는 사람으로, 이들은 전체 위원 수의 3분의 1 미만으로 제한되어 심의의 공정성을 담보하고 있다. 둘째, 소비자기본법에 따라 인정된 소비자단체의 장이 추천하는 사람이며, 소비자의 권익을 대변하는 역할을 한다. 셋째, 변호사법에 근거해 대한변호사협회에 등록된 변호사로서 협회장의 추천을 받은 사람으로 법률적 전문성을 제공한다. 넷째, 비영리민간단체 지원법에 따라 등록된 단체 중 식품 안전을 주된 목적으로 하는 단체의 장이 추천하는 사람으로 안전과 공공의 이익을 고려한 심의를 강화한다. 마지막으로 식품 표시·광고에 관한 학식과 경험이 풍부한 전문가도 반드시 포함되도록 하여 위원회의 전문성을 보장하고 있다.

이처럼 제11조는 심의위원회가 다각도의 관점과 전문성을 바탕으로 공정하고 신뢰할 수 있는 심의를 수행할 수 있도록 위원 구성과 운영 기준을 법률로 명확히 규정함으로써, 자율심의기구의 책임성과 투명성을 강화하려는 취지를 담고 있다.

3 국내 유사 입법 사례

광고 자율심의를 규정하고 있는 법률은 모두 자율심의기구의 광고 심의를 위해 광고심의위원회를 설치·운영토록 하고 있으며, 법률에서 위원의 구성 인원수, 자격기준 및 위촉 방법 등을 규정하고 있다.[162] 운영위원회 설치 및 운영을 위한 기준은 대부분 자율심의기구가 정하도록 규정하고 있으나,[163] 약사법의 경우 심의회의 의결을 거치도록 하였으며,[164] 식품표시광고법의 경우 자율심의기구 등록시 첨부서류로 제출토록 규정하고 있다.[165]

---

[162] 다만, 약사법의 경우에는 시행규칙(제83조)에서 심의위원회의 설치를 규정하고 있다.
[163] 의료기기법 제25조의3, 의료법 제57조의2 제6항
[164] 약사법 시행규칙 제83조제6항
[165] 식품표시광고법 시행규칙 제12조 제1항 제5호

<표 25> 국내 광고심의위원회 설치·운영 내용 사례 비교

	식품표시광고법	의료기기법	의료법	약사법
설치 근거	• 법 제11조(심의위원회의 설치·운영)	• 법 제25조의3(의료기기광고에 관한 심의위원회)	• 법 제57조의2(의료광고에 관한 심의위원회)	• 시행규칙 제83조(의약품광고심의위원회의 구성 및 운영 등)
종류	-	-	• 의료, 치과, 한방	-
위원	• 10~25명	• 10명~20명	• 15명~25명	• 10명~20명
위촉	• 심의기구의 장	• 심의기구의 장	• 심의기구의 장	• 심의기관의 장
자격	• 산업계 종사자 • 소비자단체 추천 • 변호사 • 비영리단체 추천 • 학식·경험자 (각 호별로 1명 이상 포함, 전체 1/3 미만)	• 업계 종사자 • 의사회 등 추천, • 소비자단체 추천 • 변호사 • 비영리단체 추천 • 학식·경험자 (각 호별로 1명 이상 포함, 전체 1/3 미만)	• 위원회 별로(의사, 치과의사, 한의사) • 약사 • 소비자단체 추천 • 변호사 • 여성단체 추천 • 비영리단체 추천 • 환자단체 추천 • 학식·경험자 (각 호별로 1명 이상 포함, 전체 1/3 미만)	• 회원사 종사자 • 소비자단체 또는 비영리단체 추천 • 학회·단체 추천 • 학식·경험자 (회원사 종사자 외의 자가 과반수)
운영 기준	• 자율심의기구가 정함(등록시 운영기준 제출)	• 자율심의기구가 정함	• 자율심의기구가 정함	• 심의기관의 장이 정함(심의회 의결)

제7장. 표시 및 광고 정책의 추진(제12조, 제13조)

올바른 식품 표시·광고 정책 수립과 소비자 교육은 소비자 권리 보호와 공정한 시장질서 확립을 위해 반드시 필요하다 이를 위해 제12조(표시 또는 광고 정책 등에 관한 자문), 제13조(소비자 교육 및 홍보)를 규정하고 있다.

제12조 표시 또는 광고 정책 등에 관한 자문

법 률	제12조(표시 또는 광고 정책 등에 관한 자문) ① 식품의약품안전처장의 자문에 응하여 식품등의 표시 또는 광고 정책 등을 조사·심의하기 위하여 식품의약품안전처 소속으로 식품등표시광고자문위원회를 둘 수 있다. ② 제1항에도 불구하고 식품의약품안전처장은 다음 각 호의 구분에 따른 식품등에 대하여는 각각 같은 호에 따른 위원회로 하여금 자문하게 할 수 있다. 1. 건강기능식품의 표시·광고 : 「건강기능식품에 관한 법률」 제27조에 따른 건강기능식품심의위원회 2. 식품, 식품첨가물, 기구 또는 용기·포장의 표시·광고 : 「식품위생법」 제57조에 따른 식품위생심의위원회 3. 축산물의 표시·광고 : 「축산물 위생관리법」 제3조의2에 따른 축산물위생심의위원회
시 행 령	
시행규칙	
관련판례	

1 취지와 배경

식품의약품안전처장이 표시·광고 정책의 수립·추진 과정에서 자문기구 운영을 통해 전문성과 객관성 확보를 위한 목적으로 도입되었다. 전문가 자문은 표시·광고 정책의 과학적 근거를 강화하고, 부당한 표시·광고의 예방 및 규제 기준 마련에 도움을 주며, 이를 통해 표시·광고 정책이 소비자 보호와 공정한 시장질서 유지를 함께 달성할 수 있도록 하는 제도적 장치이다.

2 해설

법 제12조는 식품등의 표시·광고 정책 전반에 대한 전문적이고 합리적인 의사결정을 지원하기 위한 자문체계를 규정하고 있다. 이에 따라 식품의약품안전처장은 소속 기관 내에 「식품등표시광고자문위원회」를 설치·운영할 수 있으며, 이를 통해 표시·광고 관련 주요 정책과 제도에 관한 사항을 조사·심의하며, 운영에 대한 세부적인 사항은 예규로 정하고 있다.

식품 등의 표시·광고는 소비자에게 직접적으로 영향을 미치며, 잘못 운영될 경우 소비자 기만, 허위·과장 광고, 건강상 위해로 이어질 수 있다. 따라서 이를 관리·감독하는 과정에서 전문가, 산업계, 소비자단체, 법조계 등 다양한 이해관계자의 의견을 반영한 합리적 정책 심의가 필요하다. 자문위원회는 이러한 사회적 요구를 제도적으로 수용하는 장치로서, 정책 결정 과정의 전문성, 객관성, 투명성을 높이는데 기여한다.

식품등표시광고자문위원회 규정에 따르면, 식품, 식품첨가물, 기구·용기·포장, 건강기능식품, 축산물 등의 표시·광고 정책에 관한 사항 심의, 부당한 표시·광고 행위 관련 쟁점 검토, 표시·광고 실증제도의 운영 관련 사항 논의, 그 외 식품의약품안전처장이 필요하다고 인정하는 사안에 대한 자문을 수행한다. 즉, 단순한 법령 해석에 그치지 않고, 정책 방향 설정, 제도 운영, 분쟁 예방 및 소비자 보호를 위한 다층적인 자문기능을 담당한다.

위원회는 위원장 1명을 포함해 30명 이내의 위원으로 구성되며, 위원은 공무원, 산업계 종사자, 소비자단체 추천 인사, 변호사, 관련 학계 전문가 등으로 구성된다. 위원 임기는 2년이며, 2회까지 연임이 가능하다. 회의는 원칙적으로 대면회의로 열리며, 긴급하거나 경미한 안건의 경우 서면 의결도 가능하다. 또한 공정성 확보를 위해 제척·기피·회피 규정이 마련되어 있고, 회의 참여에 따른 수당 지급 및 비밀준수 의무도 부과된다.

한편, 분야별 전문성을 보장하기 위하여, 특정 품목의 표시·광고에 대해서는 제1항의 자문위원회 이외에 기존에 설치된 다른 심의위원회의 자문을

제7장. 표시 및 광고 정책의 추진(제12조, 제13조)

받을 수 있도록 하고 있다. 구체적으로는 건강기능식품의 표시·광고에 대하여는 건강기능식품심의위원회(건강기능식품법 제27조), 일반 식품·식품첨가물·기구·용기·포장의 표시·광고에 대하여는 식품위생심의위원회(식품위생법 제57조), 축산물의 표시·광고에 대하여는 축산물위생심의위원회(축산물위생관리법 제3조의2)로 하여금 자문하게 할 수 있다. 이와 같이 분야별 전문위원회와의 연계는 중복을 피하면서도 품목의 특성과 전문성을 강화하는 장치로 이해할 수 있다.

3 국내 유사 입법 사례

식품	제57조(식품위생심의위원회의 설치 등) 식품의약품안전처장의 자문에 응하여 다음 각 호의 사항을 조사·심의하기 위하여 식품의약품안전처에 식품위생심의위원회를 둔다.
건강기능 식품	제27조(건강기능식품심의위원회) ① 식품의약품안전처장의 자문에 응하여 다음 사항을 조사·심의하기 위하여 식품의약품안전처에 건강기능식품심의위원회를 둔다.
축산물	제3조의2(축산물위생심의위원회의 설치 등) ① 식품의약품안전처장의 자문에 응하여 축산물 위생에 관한 주요 사항 등을 조사·심의하기 위하여 식품의약품안전처에 축산물위생심의위원회를 둔다.
의약품	제18조(중앙약사심의위원회) ①보건복지부장관과 식품의약품안전처장의 자문에 응하게 하기 위하여 식품의약품안전처에 중앙약사심의위원회를 둔다.
의료기기	제5조(의료기기위원회) ① 보건복지부장관 또는 식품의약품안전처장의 자문에 응하여 다음 각 호의 사항을 조사·심의하기 위하여 식품의약품안전처에 의료기기위원회를 둔다.
어린이 식생활	제25조(어린이식생활안전관리위원회) ① 식품의약품안전처장의 자문에 응하여 어린이 기호식품과 단체급식 등의 안전과 영양관리 등 어린이 식생활의 안전관리에 필요한 사항을 심의하기 위하여 식품의약품안전처에 어린이식생활안전관리위원회를 둔다.
마약류	제5조의3(마약류안전관리심의위원회) ① 다음 각 호의 사항을 심의하기 위하여 식품의약품안전처에 마약류안전관리심의위원회를 둔다.
공중보건	제5조(공중보건 위기대응 의료제품 안전관리·공급위원회) ① 다음 각 호의 사항을 심의하고 식품의약품안전처장의 자문에 응하기 위하여 식품의약품안전처에 공중보건 위기대응 의료제품 안전관리·공급위원를 둔다.

『식품표시광고법 해설』

제13조 소비자 교육 및 홍보

법　률	제13조(소비자 교육 및 홍보) ① 식품의약품안전처장은 소비자가 건강한 식생활을 할 수 있도록 식품등의 표시·광고에 관한 교육 및 홍보를 하여야 한다. ② 식품의약품안전처장은 제1항에 따른 교육 및 홍보를 대통령령으로 정하는 기관 또는 단체에 위탁할 수 있다. ③ 제1항에 따른 교육 및 홍보의 내용 등에 관하여 필요한 사항은 총리령으로 정한다.
시행령	제7조(교육 및 홍보 위탁) 식품의약품안전처장은 법 제13조제2항에 따라 식품등의 표시·광고에 관한 교육 및 홍보 업무를 다음 각 호의 기관 또는 단체에 위탁한다. 1. 법 제10조제2항 각 호의 어느 하나에 해당하는 기관 또는 단체 2. 그 밖에 식품등에 관한 전문성을 갖춘 기관 또는 단체로서 식품의약품안전처장이 인정하는 기관 또는 단체
시행규칙	제14조(교육 및 홍보의 내용) 법 제13조제1항에 따라 식품등의 표시·광고에 관하여 교육 및 홍보를 해야 하는 사항은 다음 각 호와 같다. 1. 법 제4조에 따른 표시의 기준에 관한 사항 2. 법 제5조에 따른 영양표시에 관한 사항 3. 법 제6조에 따른 나트륨 함량의 비교 표시에 관한 사항 4. 법 제7조에 따른 광고의 기준에 관한 사항 5. 법 제8조에 따른 부당한 표시 또는 광고행위의 금지에 관한 사항 6. 그 밖에 소비자의 식생활에 도움이 되는 식품등의 표시·광고에 관한 사항
관련판례	

1 취지와 배경

식품표시광고법 제13조는 표시·광고에 관한 정보가 일반 소비자에게는 다소 난해하고 전문적으로 느껴지며, 그로 인해 소비자가 허위·과장 광고에 쉽게 노출되는 현실의 극복을 배경으로 하고 있다. 영양성분이나 기능성 표시의 의미를 제대로 알지 못하면 제도의 본래 목적이 무력화될 수 있고, 궁극적으로는 소비자 건강과 권익이 침해될 수 있다. WHO, FAO 등은 소비자 교육을 식품안전정책의 핵심 요소로 강조해 왔으며, 미국·유럽·일본 등 주요국에서도 제도 운영과 병행하여 교육·홍보 활동을 강화하는 추세이다.

따라서 제13조는 소비자의 알권리와 선택권을 실질적으로 보장하고, 소비자가 스스로 합리적이고 건강한 선택을 할 수 있는 능력을 배양하기 위한 기반 규정으로 기능한다. 또한 교육과 홍보를 통해 제도에 대한 사회적 수용성과 신뢰를 높이고, 나아가 국민 건강 증진과 식품시장의 투명성 확보 효과를 기대할 수 있다. 즉, 이 조항은 표시·광고 규제의 효과를 극대화하고 소비자 중심의 식품정책을 구현하기 위한 중요한 축으로 이해된다.

2 해 설

식품표시광고법은 단순히 표시·광고 행위를 규제하는 데에 그치지 않고, 소비자가 올바른 정보를 이해하고 활용할 수 있도록 교육과 홍보를 국가의 책무로 명시하고 있다. 법 제13조는 식품의약품안전처장이 소비자가 건강한 식생활을 할 수 있도록 식품 등의 표시·광고와 관련된 교육 및 홍보를 시행할 의무가 있음을 규정하고, 필요할 경우 대통령령이 정하는 기관이나 단체에 그 업무를 위탁할 수 있도록 하였다. 또한 교육·홍보의 구체적 내용은 총리령으로 정하도록 하여 집행의 실효성을 담보하고 있다.

시행령 제7조는 이러한 위탁의 대상을 보다 구체화하여, 법 제10조에서 규정한 자율심의 관련 기관·단체뿐 아니라 식품 분야의 전문성을 갖추었다고 식품의약품안전처장이 인정하는 기관·단체도 포함시켰다. 이는 다양한 전문기관과의 협력을 통해 교육·홍보의 효과성을 높이고, 현장 밀착형 활동을 가능하게 하기 위한 장치라 할 수 있다.

시행규칙 제14조는 교육과 홍보의 내용을 표시의 기준, 영양표시, 나트륨 비교 표시, 광고 기준, 부당한 표시·광고 행위 금지 등으로 제시함과 동시에 소비자의 식생활 개선에 도움이 되는 기타 표시·광고 관련 사항도 교육·홍보 대상으로 규정하여, 법령상 핵심사항과 더불어 실제 생활에 밀접하게 연관된 내용까지 포괄하도록 하고 있다.

이러한 일련의 체계는 표시·광고 제도 운영을 단속이나 규제에만 의존하지 않고, 소비자 스스로 정보를 이해하고 활용할 수 있도록 역량을 키우는데 목적이 있다. 이는 소비자의 알권리와 선택권을 보장하고, 더 나아가 건강한 식생활 문화 정착을 유도하기 위한 중요한 장치라 평가할 수 있다.

3 국내 유사 입법 사례

국내 법률 가운데 국민(소비자)을 대상으로 하는 교육을 조문화하여 직접 규정하고 있는 사례는 생각보다 많지 않다. 일반적으로 국민에 대한 교육이나 인식 제고가 국가의 기본적 책무에 포함되어 있어, 별도 규정이 없더라도 관련 사업을 수행할 수 있기 때문으로 이해된다. 그러나 교육이 정책 추진의 핵심 요소로 기능하는 경우에는 입법 단계에서부터 교육에 관한 조항을 명시적으로 두는 경향이 있다. 「식품표시광고법」 또한 이러한 맥락에서 별도의 교육 규정을 두고 있으며, 이와 유사한 입법례도 확인할 수 있다.

소비자 기본법	제14조(소비자의 능력 향상) ①국가 … 소비자의 올바른 권리행사를 이끌고, … 소비생활을 할 수 있도록 필요한 교육을 하여야 한다.
약사법	제83조의8(소비자 교육 및 홍보) ① … 소비자가 의약품등을 안전하게 사용할 수 있도록 … 표시·광고 등에 관한 교육 및 홍보를 할 수 있다.
마약류	제2조의2(국가 등의 책임) ② 국가와 지방자치단체는 … 청소년을 대상으로 한 마약류 중독 예방 교육을 실시하여야 한다.
어린이 식생활	제13조(어린이 식품안전·영양교육 및 홍보 등) ① … 모든 어린이들이 건강하고 바른 식생활을 실천 … 교육 및 홍보를 실시하여야 한다.
가정폭력	제4조의3(가정폭력 예방교육의 실시) ① … 가정폭력의 예방과 방지를 위하여 필요한 교육을 실시하고, 그 결과를 … 제출하여야 한다.
1인 창조기업	제10조(교육훈련 지원) ① 정부는 1인 창조기업 및 1인 창조기업을 하고자 … 전문성과 역량을 강화하기 위하여 교육훈련을 지원할 수 있다
119 응급	제27조의2(응급처치에 관한 교육) ① 소방청장등은 국민의 응급처치 능력 향상을 위하여 … 응급처치에 관한 교육 및 홍보를 실시할 수 있다.
게임산업	제12조의4(게임물 이용 교육 지원 등) ① 정부는 게임물의 올바른 이용에 관한 교육에 필요한 지원을 할 수 있다.

제7장. 표시 및 광고 정책의 추진(제12조, 제13조)

4 관련 판례 및 시사점

식품표시광고법 제13조(소비자 교육 및 홍보)를 직접 다룬 판례는 아직 없지만, 다른 판례에서 이 조항의 취지와 연관된 일반적이고 중요한 메시지를 확인할 수 있다. 바로 소비자가 헷갈리지 않도록 하고, 제대로 알 권리를 보장하는 것이 판단 기준이라는 점이다. 이는 곧 교육과 홍보의 필요성을 잘 보여준다.

1. 소비자 보호와 알 권리

법원은 부당한 표시·광고를 규제하는 이유를 명확히 하고 있다. 원산지를 속인 사건에서 "소비자는 원산지를 직접 확인하기 어렵기 때문에, 정확한 정보 제공을 통해 공정한 거래를 보장하는 것이 공익적 필요"라고 판시하여, 소비자가 바른 정보를 알아야 올바른 선택을 할 수 있음을 명시하였다.

2. 판단 기준은 '일반 소비자'

광고가 소비자를 속였는지 여부는 전문가가 아니라 보통 사람의 눈높이에서 판단한다. 즉, "평범한 소비자가 광고를 보고 어떤 인상을 받는지"가 핵심인 것이다. 따라서 교육과 홍보도 소비자 눈높이를 고려해야 한다.

3. 표시와 홍보의 영향력 구분

소비자가 잘못 알게 된 이유에 대해서도 제품 겉면의 '표시' 때문인지, 아니면 광고·홍보 때문인지도 따로 구분해 살핀다. '버터 맥주' 사건에서 제품 용기에 프랑스어 단어가 있었지만, 소비자들이 실제로는 광고를 보고 '버터 맥주'로 인식했다는 점을 인정하였다. 즉, 광고와 홍보가 소비자 인식에 큰 영향을 미친다는 점을 강조하고 있다.

4. 간접 표현도 문제 될 수 있음

소비자를 헷갈리게 할 수 있는 간접적 표현도 문제가 된다. 예컨대 "실시간 검색어 1위" 같은 문구는 품질과 직접 관계가 없어 허위광고로 보지 않았지만, 특정 성분이 없으면 '가짜'라고 한 광고는 품질 기준으로 소비자가 오해할 수 있어 허위·과장광고로 본 사례가 있다. 이는 소비자가 어떤 의미로 받아들이는지가 결국 핵심이라는 걸 보여준다.

5. 시사점

판례의 입장을 종합해 보면, 법원은 항상 소비자의 입장에서, 소비자가 실제로 어떻게 받아들일지를 기준으로 판단한다. 그리고 그 배경에는 소비자의 알 권리와 공정한 거래질서 보장이라는 공익이 있다.

따라서 정부나 산업계가 교육·홍보를 할 때는 단순히 정보를 나열하는 데 그칠 게 아니라, 소비자가 제대로 이해하고 올바른 선택을 할 수 있도록 돕는 방식이 중요할 것이다. 결국 식품표시광고법 제13조가 지향하는 것도 "소비자가 스스로 정보를 판단하고 합리적으로 선택할 수 있는 시장 환경"을 만드는 것이기 때문이다.

〈참 고〉

'교육' 의무는 소비자 보호뿐만 아니라 다른 법률 영역에서도 중요한 의미를 가질 수 있다. 예를 들어, 고객응대근로자 보호와 관련하여 법원은 회사가 "고객 욕설 발생 전에 상담사가 악성 고객의 전화를 먼저 끊을 수 있도록 한 매뉴얼을 제작하여 비치하고 이를 상담사들에게 교육"한 경우, 회사가 근로자에 대한 안전배려의무를 다했다고 판단한 바 있다.[166] 이는 법률상 '교육' 의무의 이행이 기업의 법적 책임을 판단하는 중요한 기준이 됨을 보여주는 사례이다.

---

[166] 서울중앙지방법원 2023. 12. 8. 선고 2022가단536910 판결

제8장. 모니터링 및 자율규제(제13조의2~제13조의5)

온라인상 식품 표시·광고 확산과 그에 따른 불법·부당 광고에 제도적인 대응을 위해 마련되었다. 제13조의2부터 제13조의5까지 식품등의 표시·광고 모니터링 등과 업무의 위탁, 연구·개발 지원, 자율규제 등을 정하고 있다.

제13조의2 식품등의 표시·광고 모니터링 등

법　률	제13조의2(식품등의 표시·광고 모니터링 등) ① 식품의약품안전처장은 「정보통신망 이용촉진 및 정보보호 등에 관한 법률」 제2조제1항제1호에 따른 정보통신망(이하 "정보통신망"이라 한다)을 통한 식품등의 표시·광고가 제7조 또는 제8조를 위반하였는지를 모니터링할 수 있다. ② 식품의약품안전처장은 제1항에 따른 모니터링 결과 식품등의 표시·광고가 제7조 또는 제8조를 위반한 것으로 판단되나 그 내용만으로는 해당 표시·광고를 한 영업자에 대한 정보를 확인할 수 없는 경우에는 「정보통신망 이용촉진 및 정보보호 등에 관한 법률」 제2조제1항제3호에 따른 정보통신서비스 제공자(같은 법 제32조의5에 따라 지정된 국내대리인을 포함한다) 또는 「전자상거래 등에서의 소비자보호에 관한 법률」 제20조에 따른 통신판매중개업자(이하 이 조에서 "정보통신서비스 제공자등"이라 한다)에 대하여 필요한 자료의 제출을 요청할 수 있다. 이 경우 자료의 제출을 요청받은 정보통신서비스 제공자등은 정당한 사유가 없으면 이에 따라야 한다. ③ 식품의약품안전처장은 제1항에 따른 모니터링 결과 식품등의 표시·광고가 제7조 또는 제8조를 위반한 것이 명백하다고 판단되는 경우에는 정보통신서비스 제공자등에게 대통령령으로 정하는 바에 따라 위반 사실의 게시 등 위법·부당한 표시·광고임을 소비자에게 알리기 위하여 필요한 조치를 요청할 수 있다. 이 경우 필요한 조치를 요청받은 정보통신서비스 제공자등은 정당한 사유가 없으면 이에 따라야 한다. ④ 제1항에 따른 모니터링의 내용, 방법과 절차, 제2항에 따른 자료제출의 범위와 절차 등에 필요한 사항은 총리령으로 정한다.
시행령	제7조의2(위법·부당한 표시·광고임을 알리는 조치) 식품의약품안전처장은 법 제13조의2제3항 전단에 따라 「정보통신망 이용촉진 및 정보보호 등에 관한 법률」 제2조제1항제3호에 따른 정보통신서비스 제공자(같은 법 제32조의5에 따라 지정된 국내대리인을 포함한다) 또는 「전자상거래 등에서의 소비자보호에 관한 법률」 제20조에 따른 통신판매중개업자에게 위반 사실의 게시 등 위법·부당한 표시·광고임을 소비자에게 알리기 위하여 필요한 조치를 요청하는 경우에는 다음 각 호의 사항이 포함된 문서로 해야 한다.

시행령	1. 조치의 제목(법 제13조의2제3항 전단에 따른 조치라는 내용을 포함한다) 2. 위반행위(위반행위의 구체적인 내용과 근거 법령을 포함한다) 3. 법 제7조 또는 제8조를 위반한 것이 명백하다고 판단되는 표시·광고의 대상인 식품등의 명칭(식육의 경우 그 종류 및 부위의 명칭을 말한다) 4. 법 제7조 또는 제8조를 위반한 것이 명백하다고 판단되는 표시·광고를 한 인터넷 홈페이지 등의 매체에 해당 위반 사실을 게시하도록 하는 사항 5. 그 밖에 위법·부당한 표시·광고임을 소비자에게 알리기 위하여 식품의약품안전처장이 필요하다고 인정하는 사항
시행규칙	제14조의2(식품등의 표시·광고 모니터링 방법 및 절차) ① 법 제13조의2제1항에 따라 「정보통신망 이용촉진 및 정보보호 등에 관한 법률」 제2조제1항제1호에 따른 정보통신망(이하 "정보통신망"이라 한다)을 통한 식품등의 표시·광고가 법 제7조 또는 제8조를 위반하는지 검토하는 모니터링(이하 "모니터링"이라 한다)은 다음 각 호의 구분에 따른다. 1. 상시 모니터링: 주기적으로 제2항에 따른 모니터링 계획에 따라 실시하는 모니터링 2. 수시 모니터링: 법 제7조 또는 제8조를 위반한 혐의가 있는 경우 등 식품의약품안전처장이 필요하다고 판단하여 실시하는 모니터링 ② 법 제13조의3제1항 및 영 제7조의3에 따라 모니터링 업무를 위탁받은 기관 또는 단체(이하 "모니터링 기관"이라 한다)는 제1항제1호에 따른 상시 모니터링을 실시하기 전에 모니터링의 기간, 내용 및 방법 등을 포함한 모니터링 계획을 수립하여 식품의약품안전처장에게 제출해야 한다. ③ 제1항 각 호에 따른 모니터링 업무를 수행한 모니터링 기관은 모니터링 업무를 완료한 날부터 30일 이내에 결과보고서를 식품의약품안전처장에게 제출해야 한다. ④ 제1항부터 제3항까지의 규정에서 정한 사항 외에 모니터링의 방법 및 절차 등에 필요한 사항은 식품의약품안전처장이 정하여 고시한다. 제14조의3(영업자 관련 자료제출의 범위와 절차) ① 식품의약품안전처장이 법 제13조의2제2항에 따라 「정보통신망 이용촉진 및 정보보호 등에 관한 법률」 제2조제1항제3호에 따른 정보통신서비스 제공자(같은 법 제32조의5에 따라 지정된 국내대리인을 포함한다) 또는 「전자상거래 등에서의 소비자보호에 관한 법률」 제20조에 따른 통신판매중개업자(이하 이 조에서 "정보통신서비스 제공자등"이라 한다)에게 요청할 수 있는 자료제출의 범위는 다음 각 호와 같다. 1. 위반행위를 한 영업자의 성명(법인인 경우 법인의 명칭 및 대표자의 성명을 말한다), 생년월일(법인인 경우 법인등록번호를 말한다), 주소, 전화번호·전자우편주소에 관한 자료 2. 위반행위를 한 영업자의 영업의 종류 및 영업소의 소재지 3. 그 밖에 제1호 및 제2호에 준하는 사항으로서 식품등의 표시·광고 위반행위를 한 영업자에 대한 정보 확인을 위하여 식품의약품안전처장이 필요하다고 인정하는 자료

시행규칙	② 식품의약품안전처장은 법 제13조의2제2항에 따라 정보통신서비스 제공자등에게 자료제출을 요청하는 경우에는 다음 각 호의 사항이 포함된 문서로 해야 한다. 1. 자료제출 요청의 목적 2. 자료제출의 근거 법령에 관한 사항 3. 제출자료의 범위에 관한 사항 4. 자료제출의 방식 및 기한에 관한 사항 5. 그 밖에 제1호부터 제4호까지에 준하는 사항으로서 식품의약품안전처장이 필요하다고 인정하는 사항
관련판례	

1 배경과 취지

최근 정보통신의 발달과 소셜미디어의 활성화로 온라인 시장에서 식품 등의 소비 수요와 판매 공급이 크게 확대되었다. 이에 따라 제품 표시·광고가 전자적 방법을 통해 제공되면서 온라인 정보를 기반으로 한 구매가 일반화되었고, 온라인 쇼핑 거래액은 2020년 158조 원에서 2023년 227조 원으로 증가하는 등 시장의 성장세를 뚜렷하게 보여주고 있다.[167]

반면, 기존 식품표시광고법은 영업자 중심의 오프라인 규제체계에 머물러 있어, 온라인 유통 중심으로 변화한 정책 환경에 대응에는 충분하지 않았다. 특히 온라인상 거짓·과장된 표시나 의약품 오인 광고 등 부당한 표시·광고가 지속적으로 발생하면서 국민의 안전과 건강을 위협하고 있음에도 불구하고, 이를 효과적이고 신속하게 차단할 제도적 장치가 부족한 실정이었다. 또한, 방송통신심의위원회를 통한 차단 조치는 평균 22.3일(2023년 기준)이 소요되는 등 즉각적 대응이 어렵고, 포털사나 쇼핑몰을 통한 조치는 법적 근거 없는 권고 수준으로 강제력이 부족한 것이 현실이었다. 반면, 온라인 부당 표시·광고 적발은 2023년 약 2만 건에 달하는 등 위반 사례가 여전히 빈발하고 있어, 온라인 식품 구매가 일상화된 현실에서 소비자를 부당한 표시·광고로부터 보호해야 할 필요성이 더욱 커지고 있음을 보여준다.[168]

---

[167] 2024.2.1. 2023년 연간 온라인쇼핑 동향(통계청)
[168] 2024.11, 「식품 등의 표시·광고에 관한 법률」 일부개정법률안 보건복지위원회 수석전

『식품표시광고법 해설』

2 해설

1 (제1항) 식품의약품안전처장은 「정보통신망 이용촉진 및 정보보호 등에 관한 법률」 제2조제1항제1호에 따른 정보통신망을 통한 식품등의 표시·광고가 제7조 또는 제8조를 위반하였는지를 모니터링할 수 있다.

① 모니터링 권한의 주체는 식품의약품안전처장이다. 이는 식품등의 표시·광고에 대한 전문성과 행정권한을 가진 기관으로서 식약처의 역할을 명확히 한 것이다. ② 모니터링 대상은 정보통신망을 통한 식품등의 표시·광고로 한정된다. 여기서 정보통신망은 「정보통신망 이용촉진 및 정보보호 등에 관한 법률」에 따른 개념으로, 인터넷, 모바일 네트워크 등 전자적 통신망을 포괄한다. ③ 모니터링 기준은 제7조(광고의 기준) 또는 제8조(부당한 표시 또는 광고행위의 금지) 위반 여부이다. 제7조는 제품명과 업소명 포함 등 광고의 기본 요건을, 제8조는 질병 예방·치료 효능 표시, 의약품으로 인식할 우려가 있는 표시, 거짓·과장 표시 등 금지되는 부당한 표시·광고 행위를 규정하고 있다. ④ '할 수 있다'는 임의규정으로 되어 있어 식약처장의 재량에 따라 모니터링을 실시할 수 있다. 이는 온라인 환경의 유동성과 다양성을 고려한 탄력적 운영을 가능하게 한다. ⑤ 모니터링은 상시 모니터링과 수시 모니터링으로 구분되며, "모니터링 위탁기관"은 상시 모니터링 계획을 수립하여 식약처장에게 제출하고, 모니터링 업무를 완료한 날부터 30일 이내에 결과보고서를 제출해야 한다.[169]

2 (제2항) 식품의약품안전처장은 제1항에 따른 모니터링 결과 식품등의 표시·광고가 제7조 또는 제8조를 위반한 것으로 판단되나 그 내용만으로는 해당 표시·광고를 한 영업자에 대한 정보를 확인할 수 없는 경우에는 정보통신서비스 제공자등에 대하여 필요한 자료의 제출을 요청할 수 있다.

문위원 검토 보고서 일부 내용 요약(발췌)
169 시행규칙 제14조의2(식품등의 표시·광고 모니터링 방법 및 절차)

제8장. 모니터링 및 자율규제(제13조의2~제13조의5)

① 발동 요건은 모니터링 결과 제7조 또는 제8조 위반으로 판단됨과 함께 해당 표시·광고 내용만으로는 영업자 정보를 확인할 수 없어야 한다. ② 요청 대상은 정보통신서비스 제공자 또는 통신판매중개업자이다. 정보통신서비스 제공자는 「정보통신망법」에 따른 개념으로 포털사이트, 플랫폼 운영자 등이 해당되며, 통신판매중개업자는 「전자상거래법」에 따른 온라인 쇼핑몰 중개업체 등이 포함된다. ③ 요청 내용은 영업자 식별을 위해 필요한 제반 정보로 구체적인 자료의 범위와 절차는 총리령으로 정한다. ④ 정보통신서비스 제공자등은 정당한 사유가 없으면 자료제출 요청에 따라야 할 법적 의무를 부담한다. 이는 단순한 협조 요청이 아닌 법적 강제력을 가진 조치이다.

총리령 제14조의3은 ① 식약처장이 요청할 수 있는 자료의 범위에 대하여, 1. 위반행위를 한 영업자의 성명(법인인 경우 법인의 명칭 및 대표자의 성명), 생년월일(법인인 경우 법인등록번호), 주소, 전화번호·전자우편주소에 관한 자료와 위반행위를 한 영업자의 영업의 종류 및 영업소의 소재지, 그 밖에 제1호 및 제2호에 준하는 사항으로서 식품등의 표시·광고 위반행위를 한 영업자에 대한 정보 확인을 위하여 식품의약품안전처장이 필요하다고 인정하는 자료로 정하고 있으며, ② 절차적 사항으로 자료제출을 요청하는 경우에는 자료제출 요청의 목적과 근거 법령, 제출자료의 범위, 방식 및 기한에 관한 사항, 그 밖에 제1호부터 제4호까지에 준하는 사항으로서 식품의약품안전처장이 필요하다고 인정하는 사항이 포함한 문서(전자문서 포함)로 하도록 규정하고 있다.

3 (제3항) 식품의약품안전처장은 제1항에 따른 모니터링 결과 식품등의 표시·광고가 제7조 또는 제8조를 위반한 것이 명백하다고 판단되는 경우에는 정보통신서비스 제공자등에게 대통령령으로 정하는 바에 따라 위반 사실의 게시 등 위법·부당한 표시·광고임을 소비자에게 알리기 위하여 필요한 조치를 요청할 수 있다.

① 발동 요건은 모니터링 결과 제7조 또는 제8조 위반이 '명백하다고 판단되는 경우'로 규정되어 있다. 이는 제2항의 '위반한 것으로 판단되나'보다 높은 수준의 확신을 요구하는 것으로, 명백한 위반사례에 한해 직접적인 조치를 취할 수 있도록 한 것이다. ② 조치의 목적은 '위법·부당한 표시·광고

임을 소비자에게 알리기 위하여'라고 명시하여 소비자 보호에 있음을 분명히 하였다. 이는 단순한 규제 목적이 아닌 소비자의 알 권리 보장과 피해 예방에 중점을 둔 것이다. ③ 조치 내용은 대통령령으로 정하고 있는데 '정보통신서비스 제공자등으로 하여금 조치의 제목(법 제13조의2제3항 전단에 따른 조치라는 내용 포함), 위반행위(위반행위의 구체적 내용과 근거 법령 포함), 법 제7조 또는 제8조를 위반한 것이 명백하다고 판단되는 표시·광고의 대상인 식품등의 명칭(식육의 경우 그 종류 및 부위의 명칭), 그 밖에 위법·부당한 표시·광고임을 소비자에게 알리기 위하여 식품의약품안전처장이 필요하다고 인정하는 사항을 법 제7조 또는 제8조를 위반한 것이 명백하다고 판단되는 표시·광고를 한 인터넷 홈페이지 등의 매체에 해당 위반 사실을 게시하도록 하는 것'이다.[170] ④ 식약처장이 조치를 요청할 것인지 여부는 재량이나, 조치를 요청하는 경우에는 앞에서 제시된 내용이 포함되어야 하며 서면으로 하여야 한다. 조치 요청이 이루어진 경우 정보통신서비스 제공자등은 정당한 사유가 없으면 조치 요청에 따라야 할 법적 의무를 부담한다.

4 (제4항) 제1항에 따른 모니터링의 내용, 방법과 절차, 제2항에 따른 자료제출의 범위와 절차 등에 필요한 사항은 총리령으로 정한다.

온라인 환경의 급속한 변화와 기술적 특성을 고려할 때, 법률에서 모든 세부사항을 규정하기보다는 하위법령에 위임하여 탄력적으로 대응할 수 있도록 한 것이다. 모니터링의 구체적인 내용, 방법, 절차를 비롯하여 자료제출의 범위와 절차 등을 총리령으로 정하도록 하여 실무적이고 기술적인 사항들을 하위법령에서 세부적으로 규정할 수 있도록 하였다. 이를 통해 정보통신서비스 제공자등의 예측가능성을 제고하고 적정한 절차적 보장을 마련하였다. 이의 내용에 대하여는 시행규칙 제14조의2(식품등의 표시·광고 모니터링 방법 및 절차)와 제14조의3(영업자 관련 자료제출의 범위와 절차)에서 규정하고 있는 바, 앞에서 살펴본 바와 같다.

---

[170] 시행령 제7조의2(위법·부당한 표시·광고임을 알리는 조치)

3 국내 유사 입법 사례

공인 중개사법	제18조의3(인터넷 표시·광고 모니터링) ① 국토교통부장관은 인터넷을 이용한 중개대상물에 대한 표시·광고가 제18조의2의 규정을 준수하는지 여부를 모니터링 할 수 있다. ③ 국토교통부장관은 제1항에 따른 모니터링 결과에 따라 정보통신서비스 제공자에게 이 법 위반이 의심되는 표시·광고에 대한 확인 또는 추가정보의 게재 등 필요한 조치를 요구할 수 있다. 이 경우 필요한 조치를 요구받은 정보통신서비스 제공자는 정당한 사유가 없으면 이에 따라야 한다.
약사법	제61조의2(의약품 불법판매 및 알선·광고 금지 등) ② 식품의약품안전처장은 「정보통신망 이용촉진 및 정보보호 등에 관한 법률」 제2조제1항제1호에 따른 정보통신망을 이용하여 하는 행위가 다음 각 호의 어느 하나의 행위에 해당되는지 여부를 모니터링할 수 있다. ⑤ 식품의약품안전처장은 다음 각 호의 어느 하나에 해당하는 경우에는 정보통신서비스 제공자등에게 위반 사항이 확인되는 의약품에 대하여 불법판매 알선 광고임을 소비자에게 알리기 위하여 대통령령으로 정하는 조치를 요청할 수 있다. 이 경우 필요한 조치를 요청받은 정보통신서비스 제공자등은 정당한 사유가 없으면 이에 따라야 한다.
저작권법	제133조의2(정보통신망을 통한 불법복제물등의 삭제명령 등) ① 문화체육관광부장관은 정보통신망을 통하여 저작권이나 그 밖에 이 법에 따라 보호되는 권리를 침해하는 복제물 또는 정보, 기술적 보호조치를 무력하게 하는 프로그램 또는 정보(이하 "불법복제물등"이라 한다)가 전송되는 경우에 심의위원회의 심의를 거쳐 대통령령으로 정하는 바에 따라 온라인서비스제공자에게 다음 각 호의 조치를 할 것을 명할 수 있다.
전자 상거래법	제32조의2(임시중지명령) ① 공정거래위원회는 전자상거래를 하는 사업자 또는 통신판매업자의 전자상거래 또는 통신판매가 다음 각 호에 모두 해당하는 경우에는 전자상거래를 하는 사업자 또는 통신판매업자에 대하여 전자상거래 또는 통신판매의 전부 또는 일부를 대통령령으로 정하는 바에 따라 일시 중지할 것을 명할 수 있다. 1. 전자상거래 또는 통신판매가 제21조제1항제1호에 해당하는 것이 명백한 경우 2. 전자상거래 또는 통신판매로 인하여 소비자에게 재산상 손해가 발생하였고, 다수의 소비자에게 회복하기 어려운 손해가 확산될 우려가 있어 이를 예방할 긴급한 필요성이 인정되는 경우 ② 공정거래위원회는 제1항에 따라 전자상거래 또는 통신판매의 전부 또는 일부를 일시 중지하기 위하여 필요한 경우 호스팅서비스를 제공하는 자, 통신판매중개자, 전자게시판서비스 제공자 등에게 해당 역무제공의 중단 등 대통령령으로 정하는 조치를 취할 것을 요청할 수 있으며, 그 요청을 받은 사업자는 정당한 사유가 없으면 이에 따라야 한다. (이하 생략)

『식품표시광고법 해설』

제13조의3 식품등의 표시·광고 모니터링 업무의 위탁 등

법 률	제13조의3(식품등의 표시·광고 모니터링 업무의 위탁 등) ① 제13조의2제1항에 따른 식품의약품안전처장의 모니터링 업무는 그 일부를 대통령령으로 정하는 기관 또는 단체에 위탁할 수 있다. ② 식품의약품안전처장은 제1항에 따른 위탁기관에 대하여 예산의 범위에서 위탁업무 수행에 필요한 비용의 전부 또는 일부를 지원할 수 있다.
시 행 령	제7조의3(식품등의 표시·광고 모니터링 업무의 위탁) ① 법 제13조의3제1항에서 "대통령령으로 정하는 기관 또는 단체"란 다음 각 호의 어느 하나에 해당하는 기관 또는 단체 중 식품의약품안전처장이 정하여 고시하는 기관 또는 단체를 말한다. 1. 「식품위생법」 제64조제1항에 따른 한국식품산업협회 2. 「건강기능식품에 관한 법률」 제28조제1항에 따라 설립된 단체 3. 「공공기관의 운영에 관한 법률」 제4조에 따른 공공기관 4. 「정부출연연구기관 등의 설립·운영 및 육성에 관한 법률」에 따른 연구기관 5. 그 밖에 식품등의 표시·광고 모니터링 업무 수행에 필요한 전문인력과 전담조직을 갖추었다고 식품의약품안전처장이 인정하는 기관 또는 단체 ② 식품의약품안전처장은 법 제13조의3제1항에 따라 식품등의 표시·광고 모니터링 업무를 위탁하는 경우에는 위탁받는 기관 또는 단체와 위탁업무의 내용을 고시해야 한다.
시행규칙	
관련판례	대법원 2010두35271, 대법원 2014두143892, 서울남부지방법원 2023머623303, 서울중앙지방법원 2023머5852885

1 배경과 취지

법 제13조의3은 식품의약품안전처가 수행하는 표시·광고 모니터링 업무의 일부를 대통령령이 정하는 전문 기관이나 단체에 위탁하고, 필요한 경우 예산 범위 내에서 비용을 지원할 수 있도록 한 규정이다. 이 조항은 급속히 확산되는 온라인 식품 광고와 다양해지는 광고 기법 속에서, 한정된 행정 역량만으로는 충분한 대응이 어렵다는 현실적 한계를 해소하기 위해 마련되었다.

온라인 쇼핑몰, SNS, 개인방송 플랫폼 등에서 식품 광고가 대량으로 생성·유통되는 상황에서, 거짓·과장광고로 인한 소비자 피해를 예방하려면 상시적이고 전문적인 모니터링 체계가 필요하다. 그러나 식약처가 직접 이를

제8장. 모니터링 및 자율규제(제13조의2~제13조의5)

모두 감당하기에는 인력과 기술적 역량이 부족하였고, 이에 전문성을 가진 외부 기관에 업무를 위탁할 수 있는 제도적 기반을 마련한 것이다.

이 규정의 취지는 첫째, 전문기관의 인력과 기술을 활용하여 효율적이고 신속한 모니터링을 가능하게 하고, 둘째, 행정기관은 정책과 단속 등 핵심 업무에 집중하여 자원의 활용도를 높이며, 셋째, 위법 광고에 대한 신속 대응을 통해 소비자 보호를 강화하는 데 있다. 아울러 비용 지원 근거를 마련함으로써 위탁업무가 안정적으로 수행될 수 있는 재정적 토대를 확보하였다.

결국 제13조의3의 신설은 변화하는 식품 광고 환경에 대응하기 위한 제도적 보완 장치로서, 행정의 효율성과 소비자 보호라는 공익 목적을 동시에 달성할 수 있는 기반을 마련한 것으로 평가된다.[171]

2 해설

1 위탁 대상 업무

위탁 대상 업무는 제13조의2제1항에 따른 식품의약품안전처장의 모니터링 업무이다. 이는 식품등의 표시·광고에 대한 모니터링 업무를 의미하며, 제2항에 따른 자료제출 요청이나 제3항에 따른 필요한 조치 요청은 해당하지 않는다. 또한 전체 업무가 아닌 '일부'에 대해서만 위탁할 수 있다. 이는 식약처장이 모니터링 업무에 대한 최종적인 책임과 권한을 유지하면서도 업무의 효율성을 도모하기 위한 조치로 해석된다.

2 위탁 대상 기관의 범위와 요건

위탁 대상 기관에는 한국식품산업협회, 건강기능식품에 관한 법률 제28조제1항에 따라 설립된 단체, 공공기관의 운영에 관한 법률 제4조에 따른 공공기관, 정부출연연구기관 등의 설립·운영 및 육성에 관한 법률에 따른 연구

---

[171] 다만, 이에 대하여는 법 제24조(권한 등의 위임 및 위탁)에 전문기관 또는 단체에 위탁할 수 있는 근거를 두고 있음에도 불구하고, 해당 대통령령으로 규정하지 않고, 별도 법률 조항을 신설하는 것이 타당한지에 대하여는 이견이 있을 수 있다. 제13조(소비자 교육 및 홍보)도 같은 형식을 취하고 있다.

기관 등이 포함된다. 이에 더하여, "그 밖에 식품등의 표시·광고 모니터링 업무 수행에 필요한 전문인력과 전담조직을 갖추었다고 식품의약품안전처장이 인정하는 기관 또는 단체"를 추가하고 있다. 이는 포괄적 조항으로서 앞서 명시된 기관 외에도 전문성과 조직적 역량을 갖춘 기관이라면 위탁 대상이 될 수 있음을 의미한다. 이때 전문인력과 전담조직의 구비가 핵심 요건으로 제시되어 있어, 단순히 의지만으로는 위탁을 받을 수 없고 실질적인 업무 수행 능력을 갖추어야 한다는 점을 명확히 하고 있다.[172]

③ 위탁기관 지정 및 고시 절차

위탁기관의 지정은 시행령 제7조의3제1항에서는 앞서 언급한 다섯 가지 유형의 기관 또는 단체 중에서 "식품의약품안전처장이 정하여 고시"한다. 이는 법령에서 제시한 범위 내에서도 식품의약품안전처장이 구체적인 기준과 절차를 통해 적합한 기관을 선별하여 지정한다는 의미이다. 나아가 시행령 제7조의3제2항은 식약처장이 모니터링 업무를 위탁하는 경우 위탁받는 기관 또는 단체, 위탁 업무의 내용 등을 반드시 고시하도록 하고 있다. 이러한 고시 의무는 위탁 업무의 투명성을 확보하고, 관련 당사자들이 위탁 현황과 업무 범위를 명확히 파악할 수 있도록 하는 제도적 장치로 기능한다.

④ 위탁업무 수행 비용 지원

법률 제13조의3제2항은 위탁기관에 대한 비용 지원 근거를 마련하고 있다. 식품의약품안전처장은 위탁기관에 대하여 "예산의 범위에서" 위탁업무 수행

---

[172] 법 제13조의3(식품등의 표시·광고 모니터링 업무의 위탁 등)의 대상 기관은 제10조(표시 또는 광고의 자율심의)와 제13조(소비자 교육 및 홍보) 등에서 규정하는 기관과 비교할 때, 다소 차이가 있다. 공공기관의 운영에 관한 법률 제4조에 따른 공공기관, 정부출연연구기관 등의 설립·운영 및 육성에 관한 법률에 따른 연구기관 등이 포함되고, 「식품위생법」 제59조제1항에 따른 동업자조합, 「소비자기본법」 제29조에 따라 등록한 소비자단체로서 대통령령으로 정하는 기준을 충족하는 단체가 제외되었다. 물론, 명시된 기관 외에도 전문성과 조직적 역량을 갖춘 기관이라면 위탁 대상이 될 수 있음을 규정하여 제외된 단체들이 포함될 수 있는 여지는 두고 있으나, 모니터링의 목적이 소비자 보호와 건전한 시장질서 유지, 업계의 자율 규제 등에 있다는 점을 고려할 때, 반드시 재고되어야 할 사항이다. 특히, 공공기관과 연구기관 등으로 폭넓게 확대하였음에도 불구하고, 소비자단체와 동업자조합을 제외한 것에는 큰 아쉬움이 남는다.

제8장. 모니터링 및 자율규제(제13조의2~제13조의5)

에 필요한 비용의 전부 또는 일부를 지원할 수 있다고 규정하고 있다. "예산의 범위에서"이므로 비용 지원이 예산 편성과 집행의 원칙에 따라 이루어져야 함을 의미하며, 무제한적인 지원이 아님을 명확히 하고 있다. 비용 지원의 범위가 "전부 또는 일부"로 규정된 점은 위탁업무의 성격과 위탁기관의 역량, 그리고 예산 상황 등을 종합적으로 고려하여 탄력적으로 지원 수준을 결정할 수 있도록 하는 조치이다. 이는 "지원할 수 있다"는 임의 규정 형태로 되어 있어, 식품의약품안전처장에게 재량권을 부여하고 있다.

3 관련 판례 및 시사점

- **위탁의 법적 효과 귀속**
  - 위탁된 업무가 '누구의 명의와 계산'으로 수행되는지에 따라 법적 효과의 귀속 주체가 달라진다. 위탁받은 기관이 자신의 명의와 계산으로 업무를 수행한다면, 그 행위는 원칙적으로 위탁받은 기관의 행위로 평가된다.(대법원 2010두35271)

- **권력적 행정작용(처분) 위탁의 요건**
  - 국민의 권리·의무에 직접적인 영향을 미치는 행정처분 권한을 위탁하기 위해서는 반드시 법률에 명확한 수권 규정이 존재해야 한다. 단순히 계약 업무를 위탁받았다는 사실만으로 처분 권한까지 위탁된 것으로 해석할 수는 없다. (대법원 2014두143892)

- **법률에 근거한 권한 위탁**
  - 「자동차손해배상 보장법」 사례와 같이 법률에서 구체적인 업무와 수탁기관을 명시하여 위탁 근거를 마련한 경우, 수탁기관은 그 범위 내에서 정부의 권한을 적법하게 대위하여 행사할 수 있다. (서울남부지방법원 2023머623303, 서울중앙지방법원 2023머5852885)

정부 업무의 위탁은 그 내용이 단순한 사실행위나 관리 업무인지, 아니면 국민의 권익에 영향을 미치는 권력적 작용인지에 따라 법적 요건과 효과가 달라진다. 특히 행정처분 권한의 위탁은 법률유보의 원칙상 엄격한 법적 근거를 요구되므로, 식품표시광고법 제13조의3에서 규정한 위탁은 제13조의2 제1항에 의한 모니터링이라는 사실행위에 한정된다고 볼 것이다.

『식품표시광고법 해설』

제13조의4 식품등의 표시・광고 연구・개발 지원

법 률	제13조의4(식품등의 표시・광고 연구・개발 지원) ① 식품의약품안전처장은 정보통신망에서의 부당한 식품등의 표시・광고 관련 유통 현황조사 및 효율적인 모니터링 기술・방법에 대한 연구・개발 등을 지원할 수 있다. ② 제1항에 따른 연구・개발 지원의 절차・방법 및 그 밖에 필요한 사항은 총리령으로 정한다.
시행령	
시행규칙	제14조의4(식품등의 표시・광고 연구・개발 지원의 절차 및 방법 등) ① 식품의약품안전처장은 법 제13조의4제1항에 따라 정보통신망에서의 부당한 식품등의 표시・광고 관련 유통 현황조사 및 효율적인 모니터링 기술・방법에 대한 연구・개발을 하려는 자가 연구・개발에 필요한 정보를 요청하는 경우 그 정보를 제공할 수 있다. ② 식품의약품안전처장은 제1항에 따른 정보를 보유하고 있지 않은 경우에는 해당 정보를 보유한 중앙행정기관의 장, 지방자치단체의 장, 「공공기관의 운영에 관한 법률」 제4조에 따른 공공기관의 장 및 관련 단체・기관의 장에게 정보 제공 등 필요한 협조를 요청할 수 있다.
관련판례	

1 배경과 취지

법 제13조의4의 신설은 디지털 환경의 급속한 발전과 그에 따른 식품 광고 양상의 변화를 배경으로 한다. 전통적인 인쇄 매체나 방송을 통한 광고와 달리, 온라인 환경에서의 식품 광고는 전파 속도가 빠르고 영향력이 광범위하다. 특히 소셜미디어, 온라인 쇼핑몰, 개인 방송 등 다양한 플랫폼을 매개로 부당한 표시・광고가 무분별하게 확산되면서, 기존의 인력 중심 모니터링 체계만으로는 실효성 있는 대응이 어려워졌다.

이러한 온라인 광고의 특성은 단순한 행정 인력 투입으로는 대응에 한계가 있음을 보여준다. 부당 광고를 효과적으로 감시・차단하기 위해서는 빅데이터 분석, 인공지능 기술, 자동 탐지 시스템과 같은 첨단 기술을 활용한 새로운 방식의 대응이 필수적이다. 따라서 법은 연구개발을 체계적으로 지원할

제8장. 모니터링 및 자율규제(제13조의2~제13조의5)

수 있는 근거를 마련함으로써, 과학적·기술적 기반 위에서 지속가능한 모니터링 체계를 구축하고자 하였다.

또한, 본 규정은 정부의 단독 추진하는 방식보다는 민간과의 협력을 통해 효율성을 높이는 방향을 지향한다. 민간 연구기관, 대학, 기업이 보유한 전문성과 창의적 기술 역량을 정부의 정책적 목표와 결합함으로써, 보다 실효성 있고 현장에 적합한 모니터링 기술을 개발할 수 있다는 점에 주목한 것이다. 이는 공공부문과 민간부문이 함께 참여하는 개방형 연구개발 모델을 통해 식품 표시·광고 관리의 수준을 한층 제고하려는 입법 취지를 반영한다.

2 해 설

1 연구개발 지원의 대상과 범위

연구개발 지원 대상은 정보통신망에서의 부당한 식품 표시·광고 관련 유통 현황조사와 효율적인 모니터링 기술·방법에 관한 연구·개발이다.

유통 현황조사는 온라인 공간에서 실제로 어떠한 부당 광고가 유통되고 있는지 실태를 파악하는 작업을 의미한다. 특정 플랫폼에서 빈번히 나타나는 부당 광고의 유형, 그 확산 규모와 패턴 등을 분석하는 과정이 포함되며, 이는 효과적인 대응 전략을 마련하기 위한 기초 자료가 될 것이다. 모니터링 기술·방법 연구개발은 보다 기술적이고 전문적이다. 인공지능 활용 자동 탐지 시스템, 빅데이터 기반 분석 도구, 실시간 모니터링 알고리즘 등 새로운 기술의 개발이 해당될 것이다. 이러한 기술들은 기존의 인력 중심 관리 방식의 한계를 보완하거나, 경우에 따라서는 대체 가능성을 제시할 수도 있다.

"지원할 수 있다"라는 표현을 사용하여 식품의약품안전처장에게 일정한 재량을 부여한다. 따라서 연구개발의 필요성과 시급성, 예산 상황, 신청자의 역량 등을 종합적으로 고려하여 지원 여부와 규모를 결정할 수 있다. 또한 조항에서 사용된 "등"이라는 표현은 열거된 사안 외에도 관련성이 인정되는 다양한 연구개발 활동이 지원 대상에 포함될 수 있음을 시사한다.

② 정보 제공 체계

총리령 제14조의4 제1항은 연구개발 수행자에게 필요한 정보를 제공할 수 있는 법적 근거로, 이는 연구개발의 성과를 높이기 위해서는 관련 정보에 대한 접근이 보장되어야 한다는 인식에 기반한다. 예컨대 정부가 보유한 모니터링 데이터, 부당 광고 적발 현황, 행정처분 사례 등은 연구개발 과정에서 매우 중요한 기초 자료로 활용될 수 있다. 여기서 "연구·개발을 하려는 자"에는 민간 연구기관, 대학, 기업은 물론 공공기관까지 포괄된다. 다만 정보 제공은 연구개발 수행자가 명시적으로 요청하는 경우에 이루어진다는 점에서, 연구자가 적극적으로 의사를 표시해야 한다는 절차적 특징이 있다.

총리령 제14조의4 제2항은 식품의약품안전처가 해당 정보를 보유하지 않은 경우의 협력 절차를 규정한다. 이는 연구개발에 필요한 자료가 다양한 기관에 분산되어 있다는 현실을 반영한 것이다. 협력 요청 대상은 중앙행정기관, 지방자치단체, 「공공기관 운영에 관한 법률」상 공공기관, 그리고 관련 단체·기관의 장으로 폭넓게 설정되어 있다. 또한 "정보 제공 등 필요한 협조"라는 표현은 단순한 자료 제공에 국한되지 않는다. 전문가 파견, 기술 자문, 공동 연구 등 다양한 형태의 협력까지 포괄할 수 있음을 의미하며, 이를 통해 연구개발의 실효성을 높이고자 하는 것이다.

③ 절차적 보완 장치

법 제13조의4 제2항은 연구개발 지원의 구체적인 절차와 방법을 총리령에 위임하고 있다. 이는 연구개발 지원을 일시적 조치로 그치지 않고, 체계적·지속적인 제도로 정착시키려는 의도에 따른 것이다. 현재는 필요한 정보제공만을 규정하고 있으나, 향후에는 지원 신청 절차, 심사 기준, 지원 범위, 성과 관리 등 세부적인 사항으로 규정 범위가 확대될 것으로 예상된다.

하위 법령에 구체적인 절차를 명문화하는 것은 지원 과정에서의 투명성과 공정성을 확보하는 장치이기도 하다. 명확한 기준과 절차가 마련될 경우, 연구개발을 희망하는 기관이나 개인은 예측 가능한 범위에서 계획을 수립하고 신청할 수 있으며, 선정 과정에서의 자의적 판단 가능성도 줄어든다.

4 법적 의의와 전망

　법 제13조의4 및 관련 하위 법령은 식품 안전 행정에 과학기술적 접근을 제도적으로 도입하고, 민관 협력에 기초한 혁신적 대응 체계를 마련했다는 점에서 중요한 의의를 지닌다. 특히 정보통신 기술의 발전과 온라인 유통의 확산이라는 시대적 변화에 적극적으로 대응하고자 하는 정책 의지가 반영되었다고 볼 수 있다. 앞으로 이 규정들이 실효성을 가지려면, 총리령에서 실질적이고 구체적 절차를 세밀하게 마련하는 것이 필수적이다. 또한 연구개발 성과가 단순한 이론적 결과에 그치지 않고 실제 모니터링 업무와 현장 대응에 연계될 수 있도록, 제도적 연계 체계를 구축하는 것도 과제로 남는다.

3 해외 주요국 사례

　미국의 경우 연방거래위원회(FTC)와 식품의약국(FDA)이 식품 표시 및 광고 규제와 관련한 연구를 주도하지만, 별도의 법령상 지원 조항을 두기보다는 예산 항목이나 특정 연구 프로그램을 통해 수행하는 방식이 일반적이다. 예컨대 FTC는 허위·과장광고의 소비자 피해 분석, 온라인 광고의 효과성 연구 등을 자체적으로 진행하거나 학계와 협력하여 추진한다.

　유럽연합(EU)도 「소비자 보호 협력규정」 및 식품정보규정(FIC Regulation)을 바탕으로 소비자 행동 연구, 영양·건강표시 과학 검증 연구를 집행위원회와 유럽식품안전청(EFSA)이 수행하지만, 이는 개별 규정에 따른 과학적 검토 절차로 귀속되는 경우가 많다.

　일본은 소비자청과 농림수산성이 표시·광고 관련 연구를 정책연구사업 형태로 위탁하거나, 민간 연구기관 및 대학과 공동연구를 수행하는 경우가 많다. 그러나 역시 우리나라와 같이 독립된 '연구·개발 지원' 조항을 법률 및 하위 규정에 명시한 사례는 드물다. 중국은 국가시장감독관리총국(SAMR)이 식품 표시·광고와 관련한 규제 연구를 추진하며, 주로 국가표준(GB Standards) 개정 과정에서 연구용역을 위탁하는 방식이 활용된다.

종합하면, 해외 주요국도 표시·광고와 관련한 연구와 제도 개선을 꾸준히 추진하고 있으나, 대부분 개별 과제나 행정기관의 내부 연구 프로그램에 의존하는 경우가 많다. 이에 비해 우리나라의 식품표시광고법 제13조의4는 연구개발 지원을 독립된 조문으로 명확히 규정하고, 하위법령을 통해 구체적인 절차까지 마련한 점에서 제도적 투명성과 지속가능성이 상대적으로 높다고 평가할 수 있다. 이는 식품 표시·광고 정책이 단순 규제 집행에서 나아가, 과학적 근거 구축과 산업 발전을 동시에 추구하는 방향으로 제도화되었음을 보여주는 중요한 특징이라고 할 수 있다.[173]

---

[173] 이 규정은 두 가지 측면에서 의의를 찾을 수 있다. 첫째, 연구·개발 지원이 단순한 재정적 지원에 머무르지 않고, 정보 접근을 통한 실질적 기반 조성까지 포함하고 있다는 점이다. 즉, 정보통신망에서 발생하는 부당 광고의 유형과 양상, 적발 사례 등 공적 데이터를 연구 주체에게 제공함으로써, 보다 현실성 있는 모니터링 기술·방법 개발을 가능하게 한다. 둘째, 협조 요청 규정을 통해 부당 광고 관련 정보가 다양한 기관에 분산되어 있다는 현실을 제도적으로 반영했다는 점이다. 이를 통해 중앙·지방정부, 공공기관, 관련 단체가 네트워크를 형성하여 연구개발을 뒷받침할 수 있도록 하였다.
그러나 '임의 규정'이라는 점에서, 정보 제공 여부가 식약처장의 재량에 달려 있다는 한계가 있다. 따라서 연구자가 필요로 하는 모든 정보가 제공된다고 보장하기 어렵고, 제공 범위 역시 제한적일 수밖에 없다. 또한 정보 제공의 구체적 절차나 기준이 명확히 규정되어 있지 않아, 정보 접근의 예측 가능성이 낮다. 이는 「정보공개법」과의 비교에서 더욱 뚜렷해진다. 정보공개법은 국민의 알 권리 보장을 위해 '원칙적 공개, 예외적 비공개'라는 구조 하에, 정보공개 청구권, 불복 절차, 이의신청 및 행정소송 제도 등을 마련하고 있는 반면 식품표시광고법은 연구·개발이라는 특정 목적이 전제되므로 국민의 일반적 청구권을 보장하지 않고 불복 절차도 없다. 이는 곧 식품표시광고법상 정보 제공이 「정보공개법」의 제도보다 범위와 수준 면에서 미흡하다고 볼 것이다.
향후 나아가야 할 발전 방향은 명확하다. 첫째, 정보 제공의 범위를 확대하여 연구자들이 실질적으로 필요한 자료—예컨대 빅데이터 기반 광고 유통 현황, 위반 패턴 분석, 알고리즘 개발에 활용 가능한 데이터셋—까지 포함할 필요가 있다. 둘째, 절차적 투명성을 강화하여 정보공개법과 유사한 방식의 청구권과 불복 절차를 도입함으로써 연구자의 권리성을 보장해야 한다. 셋째, 단순한 기관 간 협조를 넘어, 공공 데이터베이스를 통한 상시적·자동적 제공 체계로 발전할 필요가 있다. 이는 미국이나 유럽연합의 사례처럼 연구자와 소비자가 동시에 활용할 수 있는 공개형 플랫폼 구축으로 이어질 수 있다.
종합하면, 식품표시광고법 제13조의4 및 시행규칙 제14조의4의 정보제공 규정은 특정 목적을 위한 '정책적 정보 제공'이라는 점에서 의미가 있으나, 범위와 절차에서 제한적이라는 한계를 지닌다. 따라서 정보공개법의 일반적 원칙을 보완적으로 수용하고, 연구·개발 지원이라는 정책적 목적에 부합하는 보다 실효적인 체계로 발전시켜 나가는 것이 바람직하다. 이는 식품 표시·광고의 투명성을 높이고, 소비자 보호 및 공공 신뢰를 강화하는 기반이 될 것이다.

제8장. 모니터링 및 자율규제(제13조의2~제13조의5)

제13조의5 자율규제

법 률	제13조의5(자율규제) ① 다음 각 호에 해당하는 협회 또는 단체(이하 이 조에서 "협회등"이라 한다)는 식품등에 대하여 올바른 정보를 제공하고 소비자 보호에 이바지하기 위하여 필요한 행동강령을 정하여 시행할 수 있다. 1. 「식품위생법」 제64조제1항에 따른 한국식품산업협회 2. 「건강기능식품에 관한 법률」 제28조제1항에 따라 설립된 단체 ② 협회등은 제7조 및 제8조에 위반되는 행위가 발생하지 아니하도록 자율규제 가이드라인을 정하여 시행할 수 있다. ③ 식품의약품안전처장은 제1항 및 제2항에 따른 행동강령 및 자율규제 가이드라인을 시행하는 협회등이 수행하는 자율규제를 위한 활동을 지원할 수 있다.
시 행 령	
시행규칙	
관련판례	대법원 2014다222343, 서울남부지방법원 2022노1926, 인천지방법원 2022가단279893, 수원지방법원 안산지원 2024가단74024

1 배경과 취지

식품 표시·광고 분야에서의 자율규제 제도는 정부 주도의 규제만으로는 한계가 있다는 문제의식에서 출발하였다. 최근 온라인 플랫폼을 통한 식품 광고가 폭발적으로 증가하면서 부당·과장 광고를 행정기관이 실시간으로 모니터링하고 제재하는 데에는 인력과 자원의 한계가 있다. 이에 따라, 업계 스스로가 준수해야 할 행동기준을 마련하고 자율적으로 관리·감독하는 방식이 필요하게 되었다. 이러한 자율규제는 단순히 행정 부담을 덜어주는 기능을 넘어, 업계의 책임성을 제고하고 소비자 신뢰를 높이며, 더 나아가 시장 전체의 건전성을 확보하는 데 기여할 수 있다.

특히 식품산업은 소비자의 안전과 직결되는 특성이 있어, 잘못된 광고로 인한 피해가 심각하게 발생할 수 있다. 따라서 협회나 단체가 주체적으로 올바른 정보 제공과 소비자 보호를 위한 기준을 설정·운영하는 것은 공공적 의미가 크다. 정부는 이러한 민간 차원의 자율적 규율을 제도적으로 인정하고, 필요할 경우 지원하는 방식으로 보완적 역할을 하게 된다.

2 해설

1 자율규제의 주체(제1항)

법 제13조의5는 자율규제의 주체를 한국식품산업협회(「식품위생법」 제64조 제1항에 근거)와 건강기능식품 관련 단체(「건강기능식품에 관한 법률」 제28조제1항에 따라 설립된 단체)로 한정하고 있다. 따라서, 제13조의5에서 인정하는 자율규제의 법적 주체 이외에 다른 협회나 단체는 법문상 자동적으로 포함되는 것이 아니다. 이러한 법적 한정은 자율규제의 책임 소재와 운영 주체를 명확히 하는 장점이 있으나, 반대로 다양한 이해당사자의 참여를 제한할 수 있다는 점을 유의해야 한다.[174]

2 행동강령과 자율규제 가이드라인의 제정·시행(제1항·제2항)

해당 협회들은 소비자에게 올바른 정보를 제공하고 부당한 표시·광고의 발생을 방지하기 위하여 자체 행동강령과 자율규제 가이드라인을 제정·시행할 수 있다. 여기서 행동강령은 업계의 윤리적 기준과 자율준수 원칙을 선언하는 선언적 규범의 성격을 가지며, 자율규제 가이드라인은 법 제7조(부당한 표시·광고의 금지) 및 제8조(비교표시광고 제한)와의 연계를 전제로 하여 구체적 실천 지침과 절차를 제시하는 실무적 규율이다. 가이드라인에는 위반 예방을 위한 내부 관리체계, 회원사에 대한 교육·점검 방안, 위반 발생 시의 권고·시정 절차 등이 포함될 수 있다.

---

[174] 이러한 자율규제 주체의 법적 한정은 헌법적 쟁점을 야기할 가능성이 있다. 첫째, 동일한 식품업계 내에서 특정 단체만을 자율규제 주체로 인정하고 다른 단체를 배제하는 것은 헌법 제11조의 평등권 침해 소지가 있다. 특히 과잉금지원칙의 최소침해성 요건을 충족하는지 의문이다. 둘째, 자율규제 단체 설립이나 참여 기회를 제한하는 것은 헌법 제21조의 결사의 자유를 제약할 가능성이 있다. 셋째, 자율규제 참여 배제로 인한 영업상 불이익은 헌법 제15조의 직업의 자유 침해 문제를 유발할 수 있다. 넷째, 자율규제 참여권과 정부지원 수혜권을 특정 단체에만 부여하는 것은 헌법 제23조의 재산권 제한에 해당할 수 있다. 다만, 자율규제의 실효성 확보라는 정당한 목적이 인정되므로, 일률적으로 위헌 가능성 문제를 제기하기 보다는 향후 객관적 참여기준 설정이나 단계적 확대방안을 통해 헌법적 쟁점을 해소하는 것이 바람직하다.

③ 정부의 지원(제3항)

식약처장은 제1항·제2항에 따른 행동강령 및 자율규제 가이드라인을 시행하는 해당 협회에 대하여 행정적·재정적 지원을 할 수 있다. 이는 자율규제가 단순한 선언에 그치지 않고, 실질적으로 업계 전반의 준수 문화를 형성하도록 촉진하기 위한 장치다. 정부 지원은 교육·연구·시스템 구축 등 다양한 형태로 제공될 수 있으며, 이를 통해 자율규제의 실효성과 지속가능성을 제고할 수 있다.

④ 자율규제를 법률로 규정하는 것의 의미

법 제13조의5에서 자율규제를 법률로 명시한 것은 단순히 협회가 자체적으로 규범을 마련하는 것을 넘어, 민간 자율규제를 공식적으로 인정하고 법적 근거를 부여한다는 점에서 의미를 가진다. 법률 규정이 존재함으로써 협회나 단체는 행동강령과 자율규제 가이드라인을 제정·시행하는 활동이 단순한 권고 수준을 넘어 공적 인정을 받는 제도적 근거를 가지게 된다.

또한, 법적 규정은 정부 지원의 법적 근거를 제공한다는 측면에서 의미를 찾을 수 있다. 제13조의5 제1항에서 자율규제를 법적으로 규정함에 따라, 제3항에서 정부가 협회 등의 자율규제 활동을 지원할 수 있게 하는 규정을 연계할 수 있게 된다. 이런 측면에서 보면, 행정적·재정적 지원을 제공할 법적 근거를 마련이 자율규제 법제화의 큰 목적이 된 것이다. 협회 등이 자율규제를 운영하는 과정에서 정부가 자료 제공, 교육·홍보, 연구개발 지원 등을 제공할 경우, 법적 근거가 없으면 지원의 정당성이나 책임 소재가 불명확해질 수도 있다.

반면, 제1항과 제2항의 규정 자체가 특정 단체에게 행동강령과 가이드라인을 만들 권한을 부여하는 것만으로는 사실상 법적 강제력이 없고, 주체 또한 한정적이어서 범용적 필요성은 제한적이라는 한계가 있다. 즉, 일반적인 업계 전반에 걸친 참여를 강제하거나 적용 범위를 확대하는 효과는 미미하며, 실질적인 기능은 제3항의 정부 지원과 연계될 때 가장 의미 있게 작동한다.

『식품표시광고법 해설』

3 해외 주요국 사례

해외 주요국에서도 식품 표시·광고에 있어서 자율규제는 중요한 수단으로 활용되고 있으나, 그 운영 방식이 다양하여 국가별로 차이를 보인다.

미국은 연방거래위원회(FTC)가 표시·광고 전반을 감독하지만, 동시에 업계가 자율적으로 운영하는 광고심의기구(National Advertising Division, NAD)가 활발히 활동하고 있다. 이 기구는 법률에 근거하지 않고 민간 차원에서 운영되며, 기업의 자발적 참여와 업계 신뢰를 기반으로 기능한다. 따라서 NAD의 결정은 법적 구속력이 없으나, 준수 여부가 기업 이미지와 소비자 신뢰에 직결되기 때문에 상당한 실효성을 가진다.

EU와 영국은 보다 체계적인 자율규제를 운영한다. 영국은 광고표준위원회(ASA)가 대표적 기구로, 법률에 근거하지 않고, 업계 분담금으로 운영되지만, 정부와 긴밀히 협력하여 어느정도 규제기관의 역할을 수행하고 있다. ASA는 자체 심의 결과의 공개와 위반 광고 시정을 요구하기도 하는데, 법적 강제력은 없지만 정부 규제기관과의 연계로 사실상 구속력을 발휘한다. EU의 경우 'UCP 지침(부당상업관행지침)'이 소비자 보호를 위한 기본 규범을 제시하면서도, 각국이 자율규제를 보완적 수단으로 활용하도록 권장하고 있다.

일본광고심의기구(JARO)는 법률에 의거한 기관이 아니지만, 행정기관의 신뢰를 기반으로 운영되며 위반 광고에 대한 권고와 시정을 통해 상당한 영향력을 발휘하고 있다. 중국은 상대적으로 행정적 규제가 중심이지만, 최근에는 업계협회가 참여하는 형태의 자율규제 모델이 점차 도입되는 추세이다.

이와 같이 해외 주요국의 경험은 자율규제가 법률에 반드시 명문화되어야만 작동하는 것은 아님을 보여준다. 오히려 업계의 참여와 소비자의 신뢰 확보가 핵심 요소이며, 법적 근거가 없더라도 실효성 있는 운영이 가능하다는 것을 보여준다. 다만, 정부와의 연계가 약한 경우에는 자율규제가 유명무실해질 수 있기 때문에, 제도 설계 과정에서 행정규제와 자율규제 간의 균형을 어떻게 설정할지가 각국의 공통된 과제라 할 수 있다.

4 국내 입법 사례

국내 입법 사례 중에서 "자율규제" 또는 "자율규약"이라는 명칭으로 별도의 조항을 두고 있는 경우는 일반적이라고 볼 수는 없지만, 아래와 같은 법률에서 확인할 수 있다.

<표 26> "자율규제" 관련 국내 유사 입법 사례

구 분	규 정
약사법	제67조의2(자율규제) ① **제67조에 따른 사단법인**은 의약품등에 대하여 올바른 정보를 제공하고 국민 건강을 보호하기 위하여 필요한 행동강령을 정하여 시행할 수 있다.
정보 통신망법	제44조의4(자율규제) ① **정보통신서비스 제공자단체**는 이용자를 보호하고 안전하며 신뢰할 수 있는 정보통신서비스를 제공하기 위하여 정보통신서비스 제공자 행동강령을 정하여 시행할 수 있다.
가상융합 산업 진흥법	제27조(자율규제) ① **협회**는 이용자를 보호하고 안전하며 신뢰할 수 있는 가상융합기술 또는 가상융합서비스등의 제공·이용 환경을 조성하기 위하여 가상융합사업자 행동강령 또는 운영준칙을 정하여 시행하는 등 자율규제를 추진할 수 있다.
청소년 보호법	제11조(청소년유해매체물의 자율 규제) ① **매체물의 제작자·발행자, 유통행위자 또는 매체물과 관련된 단체**는 자율적으로 청소년 유해 여부를 결정하고 결정한 내용의 확인을 청소년보호위원회나 각 심의기관에 요청할 수 있다.
표시광고법	제14조(표시·광고의 자율규약) ① **사업자등**은 제3조제1항을 위반하는 행위를 방지하기 위하여 자율적으로 표시·광고에 관한 규약이나 기준 등(이하 "자율규약"이라 한다)을 정할 수 있다.
가맹사업법	제15조(자율규약) ① **가맹본부 또는 가맹본부를 구성원으로 하는 사업자단체**는 가맹사업의 공정한 거래질서를 유지하기 위하여 자율적으로 규약을 정할 수 있다.
전자 상거래법	제21조의3(온라인 인터페이스 관련 자율규약) **사업자 및 사업자단체**는 제21조의2제1항 각 호를 위반하는 행위를 예방하기 위하여 자율적으로 규약을 정할 수 있다.
첨단산업 인재혁신법	제16조(첨단산업 인재혁신 생태계 조성 자율규약) ① 정부는 상생협력을 통한 첨단산업 인재혁신을 위하여 **첨단산업 관련 기업, 기관 및 단체**가 다음 각 호의 내용을 포함하는 첨단산업 인재혁신 생태계 조성 자율규약을 정하도록 지원할 수 있다.

『식품표시광고법 해설』

　식품표시광고법 제13조의5와 다른 국내 법률의 자율규제·자율규약 조항은 모두 민간의 자율적 규범 형성을 통해 법률이 추구하는 목적 달성이라는 공통점을 가지고 있다. 즉, 소비자 보호, 국민 건강 증진, 공정한 거래질서 확립 등 공익적 가치를 실현하기 위하여 업계 스스로가 행동강령이나 자율규약을 마련하도록 유도하는 것이다. 또한 자율규제 형식도 대부분 "행동강령"이나 "자율규약"과 같은 비강제적 지침의 성격으로, 법률 위반을 사전에 예방하고 업계의 자정 기능을 촉진하려는 취지를 가지고 있으며, 나아가 대부분 법률에서 자율규제 활동에 대하여 행정적·재정적 지원 근거를 명시함으로써 제도의 실효성을 제고하려는 점에서도 공통점을 가진다.

　그러나 식품표시광고법은 다른 법률들과 달리 자율규제 주체의 범위를 매우 협소하게 규정하고 있다는 점에서 뚜렷한 차이가 있다. 제13조의5는 자율규제의 주체를 한국식품산업협회와 건강기능식품 관련 단체로 조문에 적시하여, 사실상 특정 단체에 독점적 지위를 부여하고 있다. 반면, 약사법, 정보통신망법 등 다른 법률들은 '사단법인', '제공자단체', '협회', '사업자 등'과 같이 넓고 포괄적인 범위의 주체를 인정하고 있으며, 특정 단체에 한정하지 않고 업계 전반이 참여할 수 있는 구조를 채택하고 있다.

　또한 식품표시광고법은 자율규제 내용을 행동강령과 자율규제 가이드라인으로 구분하여 규정하면서, 올바른 정보 제공이라는 포괄적 목표뿐만 아니라 제7조 및 제8조 위반 행위 방지를 위한 구체적 실천 지침까지 포함하도록 하였다. 반면, 다른 법률들은 주로 하나의 포괄적 개념(행동강령, 자율규약 등)으로 제시되어 있으며, 세부 지침의 마련은 업계의 재량에 맡기고 있다.

　따라서, 식품표시광고법 제13조의5는 자율규제 주체를 특정 단체로 한정하여 책임성과 전문성을 강화하려는 경향이 강한 반면, 다른 법률들은 보다 폭넓은 주체의 참여를 전제로 민간의 자율성과 다양성을 존중하는 경향을 보인다. 이는 규율 대상과 영역의 차이에서 비롯된 것이라고 볼 수 있다.[175]

---

[175] 식품 분야가 국민 건강과 직결되는 특수성을 고려하여 공신력 있는 대표 단체에 자율규제 권한을 집중시킨 반면, 정보통신, 가맹사업 등은 다양한 사업자의 참여와 자율적 혁신을 장려하는 것이 산업 발전에 더 효과적이라고 판단하여 개방적인 자율규제 구조를 채택한 것으로 이해한다 하더라도, 법률에서 운영 주체를 지나치게 한정하고, 일부이지만 지침의 내용까지 제시하고 있는 점은 일반적인 입법이라고 보기는 어렵다.

5 관련 판례[176]

1. 대법원 2014다222343 판결[손실분담금청구]

개요	• 한국00은행 등이 00보증기금을 상대로 손실분담금을 청구한 사건
쟁점	• 채권은행협의회 운영협약에 따른 자율협의회 결의의 효력이 반대 의사를 표명한 채권은행에도 미치는지가 핵심 쟁점.
법원 판단	• 채권은행협의회 운영협약에 따라 채권액 4분의 3 이상을 보유한 채권은행의 찬성으로 이루어진 채권재조정 등의 의결은 자율협의회 결의에 참여한 채권은행에 효력이 미침. • 피고는 제2차 자율협의회 결의에 참석하여 의결권을 행사했고, 7일 이내에 채권매수청구를 하지 않았으므로 결의에 찬성한 것으로 간주. • FTP 공동지침 제13조 제2호 위반 및 피고의 목적 범위 초과라는 피고의 주장은 받아들여지지 않음.
판결 의의	• 기업구조조정을 위한 채권은행 간 협약과 자율협의회 결의의 효력을 인정하고, 이에 참여한 금융기관의 의무를 명확히 했다는 점에서 의의가 있음.

2. 서울남부지방법원 2022노1926 판결[업무상횡령]

개요	• 가상화폐 거래소 C를 운영하는 B사의 대표이사인 피고인이 고객 예치금을 회사 운영비 등으로 사용한 혐의로 기소된 사건
쟁점	• 피고인이 고객 예치금을 회사 고유재산과 분리하여 관리하고 가상화폐 거래 목적으로만 사용해야 할 업무상 의무가 있는지 여부가 핵심 쟁점. - 계약상 의무 존재 여부 : 이용약관상 예치금 분리관리 의무나 용도제한 규정이 없었고, 원화전환지급채무 이행은 회사의 고유 사무에 해당. - 금융위원회 가이드라인은 금융회사 대상 권고사항이며, 업계의 자율규제 안도 법적 구속력이 없음. - 회사의 홍보내용이나 고객들의 거래 동기를 볼 때, 예치금 분리관리에 대한 묵시적 합의나 신의칙상 의무를 인정하기 어려움.
법원 판단	• 법원(항소심)은 피고인에게 예치금 분리관리 및 용도제한 의무가 있다고 보기 어렵다고 판단하여 업무상배임죄 성립을 부정하고 무죄를 선고. - 계약상 채무 불이행을 배임죄로 처벌하려면 단순한 신의칙상 의무를 넘어 전형적·본질적 신임관계 위반이 인정되어야 하나, 본 사안에서는 그러한 정도에 이르지 않았다고 봄.

---

[176] 해당 규정에 정확히 부합하는 판례가 없어, 자율규약의 효력 등에 관한 판례를 검토

3. 인천지방법원 2022가단279893 판결[영업금지및손해배상]

개요	• 원고(가맹본부)가 피고(가맹점주)를 상대로 영업금지 및 손해배상 청구. - 피고는 원고와 가맹계약을 체결한 후 2일 만에 경쟁사의 더 좋은 조건을 이유로 계약을 파기하고 경쟁사 편의점을 개점.
쟁점 판단	• 영업금지 청구 관련 - 원고는 편의점 자율규약과 역사 내 상가관리 방침을 근거로 영업금지를 청구했으나 기각. - 법원은 자율규약이 가맹점주를 구속할 수 없고, 원고가 배타적 상권을 보유했다고 볼 수 없다고 판단. • 손해배상 청구 관련 - 가맹계약상 해약금 400만원은 인정. - 인테리어 비용 청구는 증거불충분으로 기각. - 장려금 합의에 따른 위약금(8,000만원의 배액)은 과도하다고 보아 1,000만원으로 감액.
판결 결과	• 피고는 원고에게 총 1,400만원(해약금 400만원+위약금 1,000만원) 및 지연손해금을 지급. • 원고의 영업금지 청구 및 나머지 손해배상 청구는 기각. • 소송비용은 원고가 90%, 피고가 10%를 각각 부담.

4. 수원지방법원 안산지원 2024가단74024 판결[기타부당이득금]

개요	• 원고는 편의점을 운영하던 중 피고와 권리매매계약을 체결했으나, 피고가 새로운 가맹점주를 찾지 못하는 상황에서 점포 건너편에 경쟁사 편의점이 착공을 시작하면서 분쟁이 발생.
주요 쟁점	• 원고의 점포 운영 의무 범위 : 피고가 새로운 가맹점주를 찾을 때까지 원고가 기존 편의점을 계속 운영해야 할 의무가 있는지가 쟁점. - 법원은 계약서에 이러한 의무가 명확히 명시되어 있지 않고, 일방에게 지나치게 불리한 해석은 할 수 없다고 판단. • 계약 해제조건의 해석 : 피고는 편의점 자율규약에 따라 가맹점을 운영할 수 없게 된 경우를 계약 해제조건으로 주장. - 법원은 계약서의 해제조건은 제한적으로 해석해야 하며 이러한 경우는 명시적 해제사유에 해당하지 않는다고 판단.
판결 요지	• 법원은 피고가 3개월 동안 새로운 가맹점주를 찾지 못해 권리이전이 지연되던 중 경쟁사 편의점이 먼저 착공하게 된 것은 피고의 귀책사유에 해당한다고 판단. • 따라서 민법 제538조 제1항에 따라 피고는 원고에게 권리금 잔금을 지급할 의무가 있다고 판시.

제9장. 행정처분 및 제재(제14조~제21조)

식품표시광고법에서 규율하는 사항의 실효성 확보를 위한 행정처분과 제재조치를 규정하고 있다. 제14조(시정명령), 제15조(위해 식품등의 회수 및 폐기처분 등), 제16조(영업정지 등), 제17조(품목 등의 제조정지), 제18조(행정제재처분 효과의 승계), 제19조 (영업정지 등의 처분에 갈음하여 부과하는 과징금 처분), 제20조(부당한 표시·광고에 따른 과징금 부과 등), 제21조(위반사실의 공표), 제22조(국고 보조) 등의 조항이 포함된다고 볼 것이다.

제14·16·17조 시정명령, 영업정지 등, 품목 등 제조정지

법 률	제14조(시정명령) 식품의약품안전처장, 시·도지사 또는 시장·군수·구청장은 다음 각 호의 어느 하나에 해당하는 자에게 필요한 시정을 명할 수 있다. 1. 제4조제3항, 제5조제3항 또는 제6조제3항을 위반하여 식품등을 판매하거나 판매할 목적으로 제조·가공·소분·수입·포장·보관·진열 또는 운반하거나 영업에 사용한 자 2. 제7조를 위반하여 광고의 기준을 준수하지 아니한 자 3. 제8조제1항을 위반하여 표시 또는 광고를 한 자 4. 제9조제3항을 위반하여 실증자료를 제출하지 아니한 자 제16조(영업정지 등) ① 식품의약품안전처장, 시·도지사 또는 시장·군수·구청장은 영업자 중 허가를 받거나 등록을 한 영업자가 다음 각 호의 어느 하나에 해당하는 경우에는 6개월 이내의 기간을 정하여 그 영업의 전부 또는 일부를 정지하거나 영업허가 또는 등록을 취소할 수 있다. 1. 제4조제3항, 제5조제3항 또는 제6조제3항을 위반하여 식품등을 판매하거나 판매할 목적으로 제조·가공·소분·수입·포장·보관·진열 또는 운반하거나 영업에 사용한 경우 2. 제8조제1항을 위반하여 표시 또는 광고를 한 경우 3. 제9조제4항에 따른 중지명령을 위반하거나 제14조에 따른 명령을 위반한 경우 4. 제15조제1항을 위반하여 회수 또는 회수하는 데에 필요한 조치를 하지 아니한 경우 5. 제15조제2항을 위반하여 회수계획 보고를 하지 아니하거나 거짓으로 보고한 경우 6. 제15조제3항에 따른 명령을 위반한 경우

법 률	② 식품의약품안전처장, 시·도지사 또는 시장·군수·구청장은 영업자 중 허가를 받거나 등록을 한 영업자가 제1항에 따른 영업정지 명령을 위반하여 영업을 계속하면 영업허가 또는 등록을 취소할 수 있다. ③ 특별자치시장·특별자치도지사·시장·군수·구청장은 영업자 중 영업신고를 한 영업자가 다음 각 호의 어느 하나에 해당하는 경우에는 6개월 이내의 기간을 정하여 그 영업의 전부 또는 일부를 정지하거나 영업소 폐쇄를 명할 수 있다. 1. 제4조제3항, 제5조제3항 또는 제6조제3항을 위반하여 식품등을 판매하거나 판매할 목적으로 제조·가공·소분·수입·포장·보관·진열 또는 운반하거나 영업에 사용한 경우 2. 제8조제1항을 위반하여 표시 또는 광고를 한 경우 3. 제9조제4항에 따른 중지명령을 위반하거나 제14조에 따른 명령을 위반한 경우 4. 제15조제1항을 위반하여 회수 또는 회수하는 데에 필요한 조치를 하지 아니한 경우 5. 제15조제2항을 위반하여 회수계획 보고를 하지 아니하거나 거짓으로 보고한 경우 6. 제15조제3항에 따른 명령을 위반한 경우 ④ 특별자치시장·특별자치도지사·시장·군수·구청장은 영업자 중 영업신고를 한 영업자가 제3항에 따른 영업정지 명령을 위반하여 영업을 계속하면 영업소 폐쇄를 명할 수 있다. ⑤ 제1항 및 제3항에 따른 행정처분의 기준은 그 위반행위의 유형과 위반의 정도 등을 고려하여 총리령으로 정한다. 제17조(품목 등의 제조정지) ① 식품의약품안전처장, 시·도지사 또는 시장·군수·구청장은 영업자가 다음 각 호의 어느 하나에 해당하면 식품등의 품목 또는 품목류(「식품위생법」 제7조·제9조 또는 「건강기능식품에 관한 법률」 제14조에 따라 정해진 기준 및 규격 중 동일한 기준 및 규격을 적용받아 제조·가공되는 모든 품목을 말한다. 이하 같다)에 대하여 기간을 정하여 6개월 이내의 제조정지를 명할 수 있다. 1. 제4조제3항을 위반하여 식품등을 판매하거나 판매할 목적으로 제조·가공·소분·수입·포장·보관·진열 또는 운반하거나 영업에 사용한 경우 2. 제8조제1항을 위반하여 표시 또는 광고를 한 경우 ② 제1항에 따른 행정처분의 세부 기준은 그 위반행위의 유형과 위반 정도 등을 고려하여 총리령으로 정한다.
시행령	
시행규칙	제16조(행정처분의 기준) 법 제14조부터 제17조까지의 규정에 따른 행정처분의 기준은 별표 7과 같다.
관련판례	서울행정법원 2023구합90392 판결, 인천지방법원 2016구합54750 판결, 전주지방법원 2023구합11327 판결

제9장. 행정처분 및 제재(제14조~제21조)

1 행정처분의 필요성과 핵심 내용

식품표시광고법은 소비자 보호와 공정한 거래질서 유지 등을 목적으로 하고 있다. 한편, 표시나 광고 위반행위는 발생 즉시 소비자에게 직접적인 피해를 주고, 동시에 시장의 신뢰와 질서를 훼손하는 결과를 초래할 수 있는 반면, 이러한 위반에 대한 형사처벌이나 과징금 등은 사후적이고 절차상 시간이 소요되어, 즉각적인 시정이 어렵고, 그 사이에 피해가 확산될 우려가 있다. 따라서 법률 위반행위에 대한 사후적 제재 수단과는 별도로, 행정기관이 신속하게 개입하여 위법 상태를 바로잡고 피해 확산을 빠르게 예방할 수 있도록 행정처분이라는 제재조치가 필요하다. 이 법에서도 같은 취지로 소비자 피해를 조기에 차단하기 위한 신속한 대응 수단을 확보하고 부당한 표시·광고가 경쟁질서를 왜곡하는 것을 막아 건전한 시장 환경을 유지하려는 목적에서 도입되었다고 볼 것이다. 위법행위 자체의 시정과 재발 방지를 가능하게 하여 법 집행의 실효성을 담보하는 수단이 요구되었다고 볼 것이다.

식품표시광고법은 이러한 맥락에서 세 가지 대표적인 행정처분을 규정하고 있다. 먼저 제14조의 시정명령은 가장 기본적이고 1차적인 조치로, 위반된 표시나 광고를 신속히 바로잡도록 하는 데 목적이 있다. 잘못된 라벨이나 광고 문구를 수정·삭제하게 함으로써 소비자가 오인에 빠지지 않도록 즉각적으로 보호하는 역할을 한다. 제16조의 영업정지 등은 위반행위가 반복되거나 중대한 경우에 내려지는 강력한 제재이다. 단순한 시정명령만으로는 억제력이 부족할 때, 사업자의 영업 자체를 일정 기간 제한하거나 심지어 허가를 취소함으로써 준법 경영을 강하게 유도하는 것이다. 이는 단순한 한 기업의 제재를 넘어, 업계 전반의 경각심을 높여 거래질서를 지키는 기능을 한다. 제17조의 품목 등의 제조중지 제도는 특정 제품에 대해 제조·수입·판매를 중단시키는 조치이다. 이는 전체 영업에 대한 제재가 아니라 문제되는 특정 제품만을 대상으로 하기 때문에, 보다 정밀하고 비례적인 법 집행이 가능하다. 동시에 소비자에게 직접적인 위험을 주는 제품을 시장에서 신속히 차단하여 안전을 보호하는 효과가 있다.

『식품표시광고법 해설』

2 해설

1 행정처분의 유형 및 적용 요건

1. 제14조(시정명령)

시정명령은 행정청이 표시·광고 의무를 위반한 영업자에게 "당신이 한 표시·광고를 바로잡으라"고 직접 명령하는 제도이다. 비교적 경미한 행정처분으로, 첫 단계에서 주로 활용되지만, 이를 이행하지 않거나 반복 위반하는 경우, 영업정지 처분 등으로 이어질 수 있다.

<표 27> 시정명령 처분의 요건 및 효과

구 분	내 용
주 체	• 식품의약품안전처장과 특별자치도지사, 시장·군수·구청장으로, 중앙과 지방 어디서든 시정명령을 내릴 수 있다.
대 상	• 법에 따른 표시·광고 의무 전반을 포괄한다. 예컨대 표시사항 누락, 거짓·과장 광고, 표시기준 위반, 실증자료 미제출 등이 모두 해당된다.
객 체	• 해당 위반행위를 한 영업자이다. 즉, 행정청은 영업자에게 위법 상태를 바로잡도록 명령할 수 있다.
효 과	• 거짓·부당한 표시·광고의 수정, 삭제, 교체, 중지 등을 해야 한다. 영업정지처럼 영업 자체를 막지는 않지만, 문제된 광고·표시를 고치도록 하여 소비자가 더 이상 기만당하지 않도록 하는 예방적 성격이 강하다.

2. 제16조(영업정지 등)

영업정지는 행정처분 중 가장 강력한 형태에 속한다. 일정 기간 동안 영업 자체를 정지시키거나, 경우에 따라서는 아예 영업허가를 취소할 수도 있다. 영업정지는 사업자의 경제적 활동에 직접적으로 제약을 가하므로 억제적·제재적 성격이 강하다. 따라서 사업자들은 시정명령 단계에서 위반 사항을 신속하게 해소하지 않으면, 결국 영업정지라는 중대한 불이익을 받을 수 있다는 사실을 인식해야 한다.

제9장. 행정처분 및 제재(제14조~제21조)

<표 28> 영업정지 등 처분의 요건 및 효과

구 분	내 용
주 체	• 식품의약품안전처장과 특별자치도지사, 시장·군수·구청장
대 상	• 중대한 표시·광고 위반, 시정명령 불이행, 반복적·고의적 위반 등이다. 식품을 의약품처럼 광고하거나, 질병 치료 효능이 있다고 선전하거나, 회수명령을 따르지 않은 경우가 대표적이다.
객 체	• 영업자 전체, 즉 해당 영업소 단위이다. 특정 제품이 아니라 영업 행위 자체가 정지 대상이 되는 것이 특징이다.
효 과	• 일정 기간 영업을 중단하게 하는 것이며, 위반 정도와 횟수에 따라 7일에서 수개월까지 달라질 수 있다. 반복 위반 시에는 허가 취소나 영업소 폐쇄라는 최종 제재로 이어질 수 있다.

3. 제17조(품목 등의 제조중지)

품목 제조중지는 특정 제품에 한정하여 제조·판매를 중단시키는 것이다. 영업 전체를 정지하기에는 과도하지만, 문제 있는 제품은 시장에서 차단해야 할 때 활용된다. 이 처분은 영업정지에 비해 범위가 좁지만, 소비자 안전에 직결되는 제품 위험을 신속히 차단할 수 있다는 점에서 매우 중요한 기능을 한다. 예컨대 알레르기 표시를 누락한 제품은 즉시 시장에서 퇴출되어야 하므로, 품목 제조정지가 곧바로 적용된다.

<표 29> 품목 등의 제조중시 처분의 요건 및 효과

구 분	내 용
주 체	• 식품의약품안전처장과 특별자치도지사, 시장·군수·구청장
대 상	• 특정 제품의 표시·광고와 관련된 위반이다. 원재료 표시 누락, 알레르기 표시 위반, 기능성 함량 기준 위반, 내용량 부족 등이 대표적이다.
객 체	• 특정 품목 또는 품목류로, 문제된 제품만을 대상으로 한다.
효 과	• 일정 기간 그 제품의 제조·수입·판매를 중단시키고, 경우에 따라서는 해당 제품의 폐기까지 병과된다.

4. 종합 비교

세 가지 처분을 비교하면, 시정명령(제14조)은 위법 상태를 바로잡게 하는 1차적 조치로 예방적 성격, 영업정지 등(제16조)은 반복·중대한 위반에 대한 강력한 제재, 품목 제조중지(제17조)는 특정 제품을 시장에서 차단하는 소비자 보호 장치라 할 수 있다. 따라서 행정청은 위반 정도와 성격에 따라 적절한 처분을 선택하여, 소비자를 보호하고 공정한 거래질서를 유지하게 된다.

<표 30> 세 가지 처분의 요건 및 효과 비교

구분	제14조 시정명령	제16조 영업정지 등	제17조 품목 제조중지
주체	• 식약처장, 시·도지사, 시장·군수·구청장	동일	동일
대상	• 표시·광고 전반 위반	• 중대한 위반, 반복 위반, 시정명령 불이행,	• 특정 품목 관련 위반
객체	• 위법행위 자체(영업자)	• 영업자 전체(영업소 단위)	• 특정 품목·품목류
효과	• 위법 표시·광고의 시정	• 영업정지(기간), 허가취소	• 해당 품목 제조·판매 중지, 폐기
특징	• 경미, 예방·시정 목적	• 강력, 억제·제재 목적	• 특정 제품 차단, 정밀·비례적 목적

② 행정처분 기준(시행규칙 별표7)

1. 일반기준

시행규칙 [별표 7]은 행정처분 산정 시 공통적으로 적용되는 일반 원칙을 규정하고 있다. 이러한 일반기준은 동일 또는 유사한 위반행위가 여러 차례 발생하거나 복수의 위반이 동시에 적발되는 경우, 처분의 형평성과 합리성을 확보하기 위해 마련되었다. 주요 내용은 다음과 같이 정리할 수 있다.

첫째, 복수 위반행위의 산정 방식이다. 하나의 사업장에서 여러 건의 위반이 동시에 발견되면 가장 무거운 정지처분 기간을 기준으로 삼고, 여기에 다른 위반행위들의 정지처분 기간의 절반을 가산하도록 하고 있다. 예를 들어, 어떤 영업자가 제품 표시사항 전부 누락으로 영업정지 1개월 처분에 해당하고, 동시에 원재료 표시 일부 누락으로 품목 제조정지 15일에 해당한다면,

제9장. 행정처분 및 제재(제14조~제21조)

가장 무거운 영업정지 1개월에 다른 위반행위(품목 제조정지 15일)의 절반을 더해 총 1개월 + 7일(15일의 ½)을 산정하게 된다. 이처럼 복수 위반 시 처분을 단순 병과하지 않고 일정 부분을 가산하도록 한 것은 과잉 제재를 방지하면서도 누적적 불법의 책임을 반영하려는 장치라 할 수 있다.

둘째, 영업정지와 품목(류) 제조정지가 동시에 적용되는 경우의 처리 방식이다. 만약 영업정지와 품목 제조정지가 병행되는 상황이라면, 두 처분 기간을 비교하여 더 중한 쪽을 우선 적용한다. 영업정지 기간이 더 길면 영업정지만, 반대로 품목 제조정지 기간이 더 길면 그 초과 기간만큼을 별도로 가산하는 식이다. 이를 통해 중복 처분을 피하면서도 실질적인 제재 효과를 담보할 수 있다.

셋째, 동일 위반행위 간주의 원칙이다. 같은 날 같은 품목에서 동일한 위반사항이 발견된 경우에는 이를 각각 별개의 위반으로 취급하지 않고 하나의 위반행위로 본다. 다만 광고의 경우 같은 품목을 같은 날, 같은 매체에 게재한 경우에만 동일 행위로 간주한다. 이는 반복광고나 유사광고를 무한히 누적 처분하지 않기 위한 합리적 기준이라 할 수 있다.

넷째, 위반 횟수에 따른 가중 규정이다. 같은 위반을 1년 내에 반복하면 차수에 따라 제재가 점점 강화된다. 예컨대 1차 위반 시 품목 제조정지 15일이 부과되었다면, 2차에는 1개월, 3차에는 2개월로 가중된다. 특히 4차 위반 시에는 품목 제조정지 6개월, 5차 이상이면 영업허가 취소나 영업소 폐쇄까지 가능하다. 이는 반복적 위반에 대한 강력한 억지 장치라 할 수 있다.

다섯째, 책임 귀속에 관한 규정이다. 표시광고 위반은 제조·가공 과정뿐 아니라 유통, 판매 과정에서도 발생할 수 있는데, 그 원인 제공자가 누구인지를 파악하여 처분을 부과하도록 하고 있다. 예를 들어 유통전문판매업자가 문제 있는 제품을 판매했더라도 그 원인이 제조업자의 잘못에 있다면 양자 모두에게 책임을 물을 수 있다.

여섯째, 경감 규정이다. 단순 기계 오류나 일부 제품의 표시 누락처럼 고의성이 없거나 소비자 피해가 경미한 경우, 식품이력추적관리 등록이나 음식문화 개선 활동을 성실히 수행한 경우에는 처분을 감경할 수 있도록 하였다.

이는 제재 일변도의 법 집행이 아닌, 개선 노력을 인정하고 유연하게 적용하기 위한 장치다.

2. 행정처분별 개별 기준

별표 7은 일반기준과 함께 위반 유형별로 구체적인 개별 처분 기준을 정하고 있다. 이는 법 제14조(시정명령), 제16조(영업정지 등), 제17조(품목 등의 제조중지)라는 세 가지 행정처분 유형에 맞추어 유형별·차수별로 단계적 제재를 부과할 수 있도록 설계되어 있다.

(1) 시정명령(법 제14조)

시정명령은 시정명령은 가장 경미한 수준의 행정처분으로, 위반 사항을 바로잡도록 행정청이 직접 명령하는 것이다. 주로 표시사항 일부 누락, 영양성분 표시 기준 위반, 광고 심의 미이행 등 상대적으로 경미한 위반에서 1차 처분으로 활용된다. 예를 들어 주표시면에 제품명이나 내용량을 누락한 경우, 처음 적발 시에는 시정명령으로 충분하다고 보고 반복 시에만 품목 제조정지로 가중한다. 이는 위반자의 개선 기회를 보장하고, 과잉 제재를 피하기 위한 장치라 할 수 있다.

(2) 영업정지 등(법 제16조)

영업정지는 일정 기간 영업 자체를 중단시키는 처분으로, 위반 정도가 중대하거나 반복될 경우 적용된다. 특히 소비자를 현저히 기만하는 표시·광고, 질병 치료 효능 광고, 회수명령 불이행, 영업정지 기간 중 영업을 한 경우 등은 영업정지 1개월에서 3개월까지 부과되며, 반복될 경우 허가취소로 이어질 수 있다. 예컨대 건강기능식품이 아닌 제품을 건강기능식품으로 오인하게 광고한 경우, 1차 위반은 영업정지 15일, 2차는 1개월, 3차는 2개월로 가중된다. 또 영업정지 명령을 위반하고 영업을 계속한 경우에는 영업허가 취소 또는 영업소 폐쇄라는 가장 강력한 처분이 내려질 수 있다.

(3) 품목 등의 제조중지(법 제17조)

품목 제조정지는 특정 제품에 한정하여 제조·수입·판매를 중단시키는 제재다. 이는 전체 영업을 정지할 필요는 없지만 특정 제품만 시장에서 차단해야 할 필요가 있을 때 활용된다. 원재료 표시 누락, 알레르기 표시 누락, 주표시면 제품명·내용량 누락, 내용량 부족 허용오차 초과, 기능성 함량 기준 위반 등이 이에 해당한다. 예를 들어 원재료 중 일부를 표시하지 않은 경우, 1차 위반은 시정명령이지만 2차 위반부터는 품목 제조정지 15일, 3차 위반은 1개월로 가중된다. 또 알레르기 유발물질 표시를 누락한 경우에는 소비자 안전과 직결되므로 곧바로 품목 제조정지와 해당 제품 폐기가 병과된다.

―― < 법 제14조(시정명령) 기준의 시행규칙 위임의 적법성 검토 > ――

■ 법 제14조(시정명령)는 행정처분 권한을 규정하고 있으나, 처분기준을 위임한 내용은 없음.(식약처장 등은 위반행위를 한 자에게 시정을 명할 수 있다.)
ㅇ 반면, 제16조(영업정지 등)와 제17조(품목 등의 제조중지)는 처분기준을 명시적으로 총리령에 위임.(제1항에 따른 행정처분의 기준은 총리령으로 정한다.)

■ 시행규칙 제16조(행정처분의 기준)는 법 제14조(시정명령) 행정처분 기준 포함. (법 제14조부터 제17조까지의 규정에 따른 행정처분의 기준은 별표 7과 같다.)

■ 위임입법의 한계(헌법상 법률유보 원칙) 검토
ㅇ (위법 요인) 법률에서 위임 근거를 두지 않은 제14조(시정명령)에 대하여, 시행규칙이 별도로 처분 기준을 정한 것은 법률의 위임 없는 규율에 해당할 소지.
  - 법률유보 : 국민의 권리·의무에 중대한 영향을 미치는 처분은 법률 근거 필요
  - 시정명령은 상대적으로 경미한 처분이나, 여전히 법적 의무를 부과하는 제재적 성격으로, 그 기준은 법률 위임이 있어야만 하위 규정으로 정할 수 있음
ㅇ (합법 입장) 시정명령은 영업정지나 제조중지와는 달리 영업 자체를 제한하지 않고 단순히 위법 상태를 시정하도록 요구하는 조치.
  - 비교적 경미한 행정지도적 처분이므로 굳이 위임 근거를 둘 것은 아니며, 처분을 구체화·예측 가능케 하는 행정청 내부준칙 성격으로 볼 수도 있음.
  - 사업자에게 새로운 의무를 창설하는 것이 아니라, 행정청의 재량을 통제하여 형평성을 확보하려는 취지로 이해하면 합헌적 해석이 가능함.
ㅇ (타법 입법 사례) 식약처 소관 다른 법률의 경우 일관된 원칙은 없음

■ 검토 결과
ㅇ 법 제14조에도 다른 처분(제16·17조)과 동일하게 총리령 위임 근거를 명시하는 것이 가장 바람직.(제14·16·17조 간의 관계를 통일적으로 적용 가능)
ㅇ 시행규칙 제16조를 개정하여, 법 제16·17조 관련 처분의 기준만을 제시하는 것도 가능(시정명령은 다른 처분의 1단계 조치로 적용되는 것이 가능)

『식품표시광고법 해설』

〈 식약처 소관 법령의 시정명령 처분기준 위임 관련 검토 〉

■ 식약처 소관 법률 식품위생법 등 15개 법률을 식품표시광고법 상의 시정명령 관련 규정의 형식과 비교를 진행함(행정처분과 관련성이 적은 식품안전기본법, 한국식품안전관리인증원 설립운영 법률은 비교 대상에서 제외)

① 법률에 시정명령에 대한 근거는 있으나, 그 처분 기준을 총리령으로 위임하는 규정은 없으면서, 시행규칙 "행정처분의 기준" 시정명령을 포함하고, 별표에서 시정명령의 구체적인 내용을 정하는 경우 : 식품위생법, 건강기능식품법, 수입식품안전관리법, 위생용품관리법(식품표시광고법 체계와 동일)

② 법률에 시정명령에 대한 근거(본문에 포함)와 그 처분 기준을 총리령으로 위임하는 규정이 모두 있으며, 시행규칙(별표)에서 행정처분 기준을 제시하고 있는 경우 : 식품의약품검사법, 식의약규제과학혁신법

③ 법률에 시정명령 근거는 존재하나, 행정처분(시정명령)의 기준을 시행규칙에 위임하지 않으며, 시행규칙은 법률에 위임된 사항만 규정하고, 위임 규정이 없는 시정명령 관련 사항을 규정하지 않는 경우 : 약사법, 인체조직법

④ 법률에 시정명령 근거는 존재하나, 행정처분(시정명령)의 기준을 시행규칙에 위임하고 있지 않으며, 시행규칙은 법률에 위임된 사항만 규정하지만, 별표의 내용에 행정처분의 1단계로 "시정명령" 이 포함된 경우 : 어린이식생활법, 화장품법, 의료기기법(경고)

⑤ 법률에 시정명령 독립 근거가 없으므로, 행정처분의 기준에도 포함되어 있지 않지만, 별표의 내용에 행정처분의 1단계로 "시정명령" 이 포함된 경우 : 축산물 위생관리법, 실험동물법(경고), 체외진단의료기기법(경고)

⑥ 법률에 시정명령 근거가 없으며, 행정처분 1단계 조치로서도 "시정명령" 을 허용하지 않는 경우 : 마약류관리법

■ 시정명령 관련 사항을 규정하는 특별한 기준과 원칙이 있지는 않으며, 해당 법률의 성격과 특성을 반영하여 개별적으로 규정하고 있음
o 시정명령은 일반적으로 다른 행정처분의 1단계 조치로 사용되고 있으므로, 법률에 위임의 근거가 반드시 필요한 것은 아니지만
o 법률에 위임근거가 없는 상태에서, 시행규칙이 법률을 인용하는 것은 법체계상 적정하지 않은 것으로 판단됨

3 관련 판례

1. 서울행정법원 2023구합90392 판결 : '표시'와 '광고'의 구분

처분 사유가 '표시' 위반인 경우, '광고'로 인해 소비자가 오인했더라도 이를 처분 사유로 삼을 수 없다고 명확히 하여, 처분 사유 특정이 매우 중요함을 시사한다.

『이 사건 처분사유는 이 사건 각 제품의 원재료에 관하여 사실과 다른 내용으로 표현하는 '표시'를 하였다는 것이므로, 이 사건 각 제품에 대하여 사실과 다른 내용으로 표현하는 '광고'가 있었는지 또는 그 '광고 내용'으로 인하여 사람들이 원재료에 버터가 포함되어 있지 않은 이 사건 각 제품에 버터가 사용되었다고 오인할 가능성이 있었는지 여부는 이 사건 처분사유의 인정 여부에 영향을 미칠 수 없다.』

2. 인천지방법원 2016구합54750 판결 : 복수의 처분 사유와 재량권

여러 위반행위를 근거로 하나의 제재처분이 내려졌을 때, 그중 일부 사유가 위법하다고 판단되면 법원은 재량행사인 영업정지 처분 전부를 취소할 수 있다.

「처분을 할 것인지 여부와 처분의 정도에 관하여 재량이 인정되는 처분이 재량권을 일탈·남용하였을 경우 법원으로서는 재량권의 일탈·남용 여부만 판단할 수 있을 뿐이지 재량권의 범위 내에서 어느 정도가 적정한 것인지에 관하여 판단할 수 없으므로 그 전부를 취소할 수밖에 없고, 법원이 적정하다고 인정되는 부분을 초과한 부분만 취소할 수는 없다 할 것이고, 또한 수개의 위반행위에 대하여 하나의 제재처분을 하였으나 수개의 위반행위 중 일부의 위반행위만이 위법하지만 소송상 그 일부의 위반행위를 기초로 한 제재처분의 정도를 판단할 수 있는 자료가 없는 경우에는 하나의 제재처분 전부를 취소할 수밖에 없다.」(대법원 2005두3172 판결 참조)

우선 이 사건 17일 영업정지처분은 구 식품위생법 시행규칙 [별표 23] I.1.가.에 따라 둘 이상의 위반행위(유통기한 미표시, 허위표시·과대광고)가 적발되어 가장 중한 정지처분 기간(허위표시·과대광고로 인한 영업정지 15일)에 나머지 정지처분 기간의 2분의 1(=유통기한 미표시로 인한 영업정지 5일/2, 소수점 이하 버림)을 더한 것으로 보인다.

그런데 관계법령상 영업정지(영업정지로 대체되는 품목제조정지 처분 포함) 처분은 재량행위이고(식품위생법 제75조 제1항에 의하면 영업허가 또는 등록취소, 6개월 이내의 기간을 정하여 영업 전부 또는 일부 정지 등을 명할 수 있는 것으로 규정하고 있다), 앞서 본 바와 같이 관련 처분사유 중 질병의 예방 및 치료에 효과가 있다는 표현을 사용하였다(허위표시·과대광고)는 처분사유는 존재하지 않으므로, 영업정지처분은 사실오인에 기초한 것으로서 재량권을 일탈·남용하였고, 위 관련 법리에 비추어 이 사건 영업정지 처분 전부를 취소할 수밖에 없다.

『식품표시광고법 해설』

3. 전주지방법원 2023구합11327 판결 : 소의 이익

제재적 행정처분 기간이 경과했더라도, 해당 처분이 향후 1년간 가중처벌의 요건이 되는 경우, 그 불이익을 제거하기 위해 소송을 계속할 법률상 이익(소의 이익)이 인정된다.

「제재적 행정처분이 그 처분에서 정한 제재기간의 경과로 인하여 그 효과가 소멸되었으나, 부령인 시행규칙의 형식으로 정한 처분기준에서 제재적 행정처분(이하 '선행처분'이라고 한다)을 받은 것을 가중사유나 전제요건으로 삼아 장래의 제재적 행정처분(이하 '후행처분'이라고 한다)을 하도록 정하고 있는 경우, 그 규칙이 정한 바에 따라 선행처분을 가중사유 또는 전제요건으로 하는 후행처분을 받을 우려가 현실적으로 존재하는 경우에는, 선행처분을 받은 상대방은 비록 그 처분에서 정한 제재기간이 경과하였다 하더라도 그 처분의 취소소송을 통하여 그러한 불이익을 제거할 권리보호의 필요성이 충분히 인정된다고 할 것이므로, 선행처분의 취소를 구할 법률상 이익이 있다.」(대법원 2003두1684 전원합의체 판결, 대법원 2006두13312 판결 등 참조).

제15조　위해 식품등의 회수 및 폐기처분 등

법　률	제15조(위해 식품등의 회수 및 폐기처분 등) ① 판매의 목적으로 식품등을 제조·가공·소분 또는 수입하거나 식품등을 판매한 영업자는 해당 식품등이 제4조제3항 또는 제8조제1항을 위반한 사실(식품등의 위해와 관련이 없는 위반사항은 제외한다)을 알게 된 경우에는 지체 없이 유통 중인 해당 식품등을 회수하거나 회수하는 데에 필요한 조치를 하여야 한다. ② 제1항에 따른 회수 또는 회수하는 데에 필요한 조치를 하려는 영업자는 회수계획을 식품의약품안전처장, 시·도지사 또는 시장·군수·구청장에게 미리 보고하여야 한다. 이 경우 회수결과를 보고받은 시·도지사 또는 시장·군수·구청장은 이를 지체 없이 식품의약품안전처장에게 보고하여야 한다. ③ 식품의약품안전처장, 시·도지사 또는 시장·군수·구청장은 영업자가 제4조제3항 또는 제8조제1항을 위반한 경우에는 관계 공무원에게 그 식품등을 압류 또는 폐기하게 하거나 용도·처리방법 등을 정하여 영업자에게 위해를 없애는 조치를 할 것을 명하여야 한다. ④ 제1항부터 제3항까지의 규정에 따른 위해 <u>식품등의 회수, 압류·폐기처분의 기준 및 절차 등에 관하여는 「식품위생법」 제45조 및 제72조를 준용</u>한다.
시 행 령	
시행규칙	제15조(회수·폐기처분 등의 기준) 법 제15조에 따른 회수, 압류·폐기처분 대상 식품등은 다음 각 호와 같다. 1. 표시 대상 알레르기 유발물질을 표시하지 않은 식품등 2. 제조연월일 또는 소비기한을 사실과 다르게 표시하거나 표시하지 않은 식품등 3. 그 밖에 안전과 관련된 표시를 위반한 식품등 제16조(행정처분의 기준) 법 제14조부터 제17조까지의 규정에 따른 행정처분의 기준은 별표 7과 같다.
관련판례	수원고등법원 2022누156351, 수원지방법원 2021구합73424, 대전지방법원 2023구단2012656, 서울동부지방법원 2022고단2538

식품위생법 (준용규정)	제45조(위해식품등의 회수) ① 판매의 목적으로 식품등을 제조·가공·소분·수입 또는 판매한 영업자(「수입식품안전관리 특별법」 제15조에 따라 등록한 수입식품등 수입·판매업자를 포함한다. 이하 이 조에서 같다)는 해당 식품등이 제4조부터 제6조까지, 제7조제4항, 제8조, 제9조제4항, 제9조의3 또는 제12조의2제2항을 위반한 사실(식품등의 위해와 관련이 없는 위반사항을 제외한다)을 알게 된 경우에는 지체 없이 유통 중인 해당 식품등을 회수하거나 회수하는 데에 필요한 조치를 하여야 한다. 이 경우 영업자는 회수계획을 식품의약품안전처장, 시·도지사 또는 시장·군수·구청장에게 미리 보고하여야 하며, 회수결과를 보고받은 시·도지사 또는 시장·군수·구청장은 이를 지체 없이 식품의약품안전처장에게 통보하여야 한다. 다만, 해당 식품등이 「수입식품안전관리 특별법」에 따라 수입한 식품등이고, 보고의무자가 해당 식품등을 수입한 자인 경우에는 식품의약품안전처장에게 보고하여야 한다. ② 식품의약품안전처장, 시·도지사 또는 시장·군수·구청장은 제1항에 따른 회수에 필요한 조치를 성실히 이행한 영업자에 대하여 해당 식품등으로 인하여 받게 되는 제75조 또는 제76조에 따른 행정처분을 대통령령으로 정하는 바에 따라 감면할 수 있다. ③ 제1항에 따른 회수대상 식품등·회수계획·회수절차 및 회수결과 보고 등에 관하여 필요한 사항은 총리령으로 정한다. 제72조(폐기처분 등) ① 식품의약품안전처장, 시·도지사 또는 시장·군수·구청장은 영업자(「수입식품안전관리 특별법」 제15조에 따라 등록한 수입식품등 수입·판매업자를 포함한다. 이하 이 조에서 같다)가 제4조부터 제6조까지, 제7조제4항, 제8조, 제9조제4항, 제9조의3, 제12조의2제2항 또는 제44조제1항제3호를 위반한 경우에는 관계 공무원에게 그 식품등을 압류 또는 폐기하게 하거나 용도·처리방법 등을 정하여 영업자에게 위해를 없애는 조치를 하도록 명하여야 한다. ② 식품의약품안전처장, 시·도지사 또는 시장·군수·구청장은 제37조제1항, 제4항 또는 제5항을 위반하여 허가받지 아니하거나 신고 또는 등록하지 아니하고 제조·가공·조리한 식품 또는 식품첨가물이나 여기에 사용한 기구 또는 용기·포장 등을 관계 공무원에게 압류하거나 폐기하게 할 수 있다. ③ 식품의약품안전처장, 시·도지사 또는 시장·군수·구청장은 식품위생상의 위해가 발생하였거나 발생할 우려가 있는 경우에는 영업자에게 유통 중인 해당 식품등을 회수·폐기하게 하거나 해당 식품등의 원료, 제조 방법, 성분 또는 그 배합 비율을 변경할 것을 명할 수 있다. ④ 제1항 및 제2항에 따른 압류나 폐기를 하는 공무원은 그 권한을 표시하는 증표 및 조사기간, 조사범위, 조사담당자, 관계 법령 등 대통령령으로 정하는 사항이 기재된 서류를 지니고 이를 관계인에게 내보여야 한다. ⑤ 제1항 및 제2항에 따른 압류 또는 폐기에 필요한 사항과 제3항에 따른 회수·폐기 대상 식품등의 기준 등은 총리령으로 정한다. ⑥ 식품의약품안전처장, 시·도지사 및 시장·군수·구청장은 제1항에 따라 폐기처분명령을 받은 자가 그 명령을 이행하지 아니하는 경우에는 「행정대집행법」에 따라 대집행을 하고 그 비용을 명령위반자로부터 징수할 수 있다.

제9장. 행정처분 및 제재(제14조~제21조)

1 취지와 배경

법 제15조는 "위해 식품등의 회수 및 폐기처분 등"을 규정하고 있다. 일반적으로 표시·광고의 위반은 허위·과장된 부분을 제거하거나 그 내용을 정정하는 방식으로도 시정이 가능할 것으로 보인다. 그러나 동 조항은 단순한 정정이나 광고 중단에 그치지 않고, 일정한 경우 해당 식품등을 유통 단계에서 회수·폐기할 수 있도록 명문으로 규정하고 있다. 이는 허위표시·허위광고가 부착된 제품이 이미 시장에 유통된 경우, 단순한 행정적 시정명령만으로는 소비자 피해를 실질적으로 차단하기 어렵다는 점을 고려한 것이다.

표시·광고에 있어서 '위해'는 물리적·화학적 개념에 국한되지 않는다. 식품위생법이 주로 부패·변질, 유해물질 검출 등 안전성 문제를 규율하는 것과 달리, 식품표시광고법은 잘못된 정보 제공으로 인하여 발생할 수 있는 정보적 위해를 포괄한다. 예컨대 설탕이 함유되어 있음에도 '무설탕'으로 표시된 음료는 당뇨 환자에게 실제적 건강 위해를 초래할 수 있으며, 근거 없는 효능·효과를 광고한 건강기능식품은 소비자의 치료 기회를 지연시키거나 경제적 손실을 발생시킬 수 있다. 이러한 경우 제품 그 자체로서는 문제가 없더라도, 소비자의 오인·기만으로 인해 발생할 수 있는 피해를 예방하기 위해서는 해당 제품을 회수·폐기하는 것이 필요하다.

이와 같은 규정의 도입 배경에는 2010년대 후반 온라인과 SNS를 통한 허위·과대광고의 급증이 자리하고 있다. 식품의약품안전처 통계에 따르면 2018년 적발된 허위·과대광고 건수는 총 25,847건에 달하였고, 그 중 99%가 인터넷 매체를 통하여 이루어졌다.[177] 또한 2018년 국정감사에서는 최근 3년간 SNS 허위·과장광고 적발 건수가 1,900여 건에 이른다는 사실이 지적되었고[178] 이처럼 반복적이고 대량으로 확산되는 광고 위반에 대해 단순한 시정명령만으로는 억제력이 미약하다는 점이 확인되었다. 소비자단체와 학계 역시 동일한 문제의식을 공유하면서, 허위·과장 표시·광고로 인한 피해를 효

---

[177] 20.1.6., 식품의약품안전처, 식품통계로 알아보는 허위·과대광고 이야기
[178] 건강식품 오남용, 과장광고 넘쳐난다…소비자들 피해 '심각'(2018.10.15. 글로벌이코노믹)

『식품표시광고법 해설』

과적으로 예방하기 위해서는 보다 강력한 사후조치가 필요하다는 점을 제기하였다. 이러한 논의가 입법 과정에 반영되어, 식품표시광고법 제정 시 회수·폐기 규정이 포함된 것이다.

식품표시광고법 제15조는 식품위생법과 규율 범위를 달리하면서 보완적 기능을 수행한다. 식품위생법이 물리적 위해가 있는 식품을 대상으로 하는 반면, 식품표시광고법은 기만적 표시·광고로 인한 정보적 위해를 직접적으로 대상으로 한다. 두 법률의 병존을 통하여 소비자는 식품의 안전뿐 아니라 정확한 정보 제공에 기초한 선택의 자유까지 보장받을 수 있게 된다.

2 해설

1 (제1항) 판매의 목적으로 식품등을 제조·가공·소분 또는 수입하거나 식품등을 판매한 영업자는 해당 식품등이 제4조제3항 또는 제8조제1항을 위반한 사실(식품등의 위해와 관련이 없는 위반사항은 제외한다)을 알게 된 경우에는 지체 없이 유통 중인 해당 식품등을 회수하거나 회수하는 데에 필요한 조치를 하여야 한다.

1. 주체적 요건 : 영업자

"판매의 목적으로"라는 요건은 영리를 목적으로 하는 상업적 활동임을 명확히 하는 것으로, 단순한 개인적 소비나 증여 목적은 제외된다. 영업자는 직접 식품을 제조·가공·소분하는 생산업체, 수입업체, 그리고 유통·판매업체를 모두 포함하는 개념이다. 따라서 식품의 생산부터 최종 판매에 이르는 모든 단계의 사업자가 이 의무의 주체가 될 수 있습니다. 이러한 주체 설정은 실제 유통 구조 속에서 책임을 질 수 있는 자에게 회수 의무를 부과하려는 취지이다.

제9장. 행정처분 및 제재(제14조~제21조)

2. 객관적 요건 : 위반사실의 발생

회수는 제1항은 제4조 제3항 또는 제8조 제1항 위반을 대상으로 한다. 제4조 제3항은 법이 정한 표시의무(제4조 제1항 및 제2항)에 위반한 식품등에 대하여는 판매하거나 판매 목적으로 제조·가공·소분·수입·포장·보관·진열·운반 또는 영업에 사용하는 행위를 금지하고 있다. 제8조 제1항은 허위·과대·기만적 표시·광고를 금지하는 규정으로서, 소비자를 오인시키는 광고행위 전반을 포괄한다. 따라서 회수 의무는 표시 위반이나 허위·과대광고와 같이 소비자의 안전이나 경제적 이익을 침해할 우려가 있는 위반행위가 발생한 경우에 비로소 성립한다. 다만, 이러한 위반사실은 객관적으로 존재해야 하, 단순한 의심이나 추정만으로는 회수 의무가 발생하지는 않는다.

3. 적용 요건 : 위해와의 관련성

"식품등의 위해와 관련이 없는 위반사항은 제외한다"는 단서가 있다. 이는 표시광고 위반이 모두 회수 사유가 되는 것은 아님을 의미한다. 예컨대 글씨체의 크기나 단순한 표기 오류처럼 소비자의 건강·안전에 직접적 위험을 주지 않는 경우는 회수 대상에서 제외되는 반면, 알레르기 유발물질 표시 누락, 유통기한 허위표시, 유해 첨가물에 대한 잘못된 정보 제공 등은 소비자의 건강과 직결되므로 회수 대상이 된다. 회수·폐기와 같은 강력한 제재는 식품등의 위해와 결부되는 경우에만 정당화되기 때문이다.

4. 주관적 인식 : 위반 사실을 알게 된 경우

회수 의무는 영업자의 주관적 인식을 요구하는 것으로, 위반사실이 객관적으로 존재하더라도 영업자가 이를 모르고 있다면 회수 의무가 발생하지 않는다. 다만 여기서 "알게 된" 것은 확정적 인식뿐만 아니라 합리적 의심이 들 정도의 상황도 포함하는 것으로 해석되므로, 영업자가 고의로 외면하거나 알 수 있었음에도 불구하고 주의를 기울이지 않은 경우에는 과실에 의한 인식으로 볼 수 있다. 따라서, 고의나 과실의 유무를 불문하고 객관적으로 위반사실을 인지한 시점에서 회수 의무가 발생한다. 인식에는 자율점검을 통해 위반을 발견한 경우는 물론, 행정기관의 통지, 언론보도, 제3자의 제보 등 외부적 경로를 통해 인식하게 된 경우도 포함된다.

5. 시간 요건 : 지체 없이

위반사실을 알게 된 즉시 가능한 한 신속하게 조치를 취해야 한다는 의미이다. 법적으로 "지체 없이"는 사회통념상 허용되는 합리적 준비 시간을 제외하고는 즉시 행동해야 함을 뜻한다. 다만 회수 계획 수립, 유통업체 연락, 회수 방법 결정 등에 필요한 최소한의 시간은 허용된다. 중요한 것은 영업자가 인지한 후 불필요한 지연 없이 회수 절차를 개시해야 한다는 점이다.

6. 대상 범위 : 유통 중인 해당 식품등

이미 제조업체를 떠나 유통단계에 있는 제품들을 의미하며, 도매상, 소매점, 온라인 쇼핑몰 등에서 판매 중이거나 판매 대기 중인 제품들이 포함된다. 반면 아직 제조업체의 창고에 보관 중인 제품이나 이미 소비자가 구입하여 소비한 제품은 직접적인 회수 대상이 아니다. 다만 소비자가 구입한 제품에 대해서는 별도의 안내나 교환·환불 조치가 필요할 수 있다.

7. 이행 방법 : 회수하거나 회수하는 데에 필요한 조치

회수는 유통업체로부터 해당 제품을 물리적으로 수거하는 것을 의미하며, 회수에 필요한 조치는 유통업체에 대한 회수 요청, 소비자 공지, 언론 발표, 관련 기관 신고 등 회수를 원활하게 하기 위한 제반 조치들을 포괄한다. 영업자는 상황에 따라 가장 효과적이고 신속한 방법을 선택하여 회수 목적을 달성해야 하며, 단순히 형식적인 조치에 그쳐서는 안 되고 실질적으로 위해한 제품이 시장에서 제거될 수 있도록 해야 한다. 회수된 식품은 위해 정도와 사안에 따라 폐기처분되거나, 경우에 따라 표시를 정정한 후 재출시될 수도 있다.

② (제2항) 제1항에 따른 회수 또는 회수하는 데에 필요한 조치를 하려는 영업자는 회수계획을 식품의약품안전처장, 시·도지사 또는 시장·군수·구청장에게 미리 보고하여야 한다. 이 경우 회수결과를 보고받은 시·도지사 또는 시장·군수·구청장은 이를 지체 없이 식품의약품안전처장에게 보고하여야 한다.

1. 주체적 요건 : 회수 조치 의무자로서의 영업자

제2항의 주체는 "제1항에 따른 회수 또는 회수하는 데에 필요한 조치를 하려는 영업자"이다. 이는 제1항에 따라 회수 의무가 발생한 영업자와 동일한 주체로, 위반사실을 알게 된 제조·가공·소분·수입·판매업자를 의미한다. 중요한 점은 "하려는"이라는 표현을 통해 회수 조치를 실제로 이행하기 전 단계에서 보고 의무가 발생함을 명확히 하고 있다는 것이다. 따라서 영업자는 회수를 결정하는 순간부터 이 조항에 따른 보고 의무의 주체가 된다.

2. 보고 내용 : 회수계획의 구체적 요소

영업자가 보고해야 하는 내용은 "회수계획"으로 단순한 회수 의사표시가 아니라 구체적이고 실행 가능한 계획을 의미하며, 회수 대상 제품의 명세, 회수 사유와 위반 내용, 유통 현황 파악 결과, 회수 방법과 절차, 예상 회수 기간, 유통업체 및 소비자 통지 방법, 회수된 제품의 처리 방안 등이 포함되어야 한다. 또한 회수 과정에서 예상되는 문제점과 대응방안, 재발 방지 대책 등도 포함하는 것이 바람직하다. 이러한 계획은 회수의 실효성을 담보하고 행정기관의 감독을 가능하게 하는 중요한 정보를 제공하게 된다.

3. 보고 상대방 : 관할 행정기관(다층적 구조)

보고 상대방은 "식품의약품안전처장, 시·도지사 또는 시장·군수·구청장"이다. 이는 영업자가 선택적으로 보고할 수 있다는 의미가 아니라, 해당 영업소의 관할에 따라 보고 상대방이 결정된다는 의미이다. 일반적으로 대규모 제조업체나 수입업체의 경우 식품의약품안전처에, 지역 단위의 제조업체나 유통업체의 경우 관할 시·도 또는 시·군·구에 보고하게 된다. 이러한 다층적 보고 체계는 영업자의 규모와 영업 범위에 따라 적절한 관할기관이 신속하게 대응할 수 있게 하는 효율적 감독 시스템의 구축이라고 볼 것이다.

4. 시간적 요건 : 사전 보고의 의무

회수계획을 "미리" 보고해야 한다. 이는 회수 조치 실행 전에 사전 보고가 이루어져야 함을 의미하는 중요한 시간적 요건이다. 사전 보고의 취지는 행정기관이 회수계획의 적정성을 검토하고, 필요시 보완 지시나 추가 조치를 요구할 수 있도록 하며, 회수 과정을 체계적으로 관리·감독할 수 있도록 하는 데 있다. 또한 행정기관이 회수 상황을 미리 파악함으로써 소비자 보호를 위한 추가 조치나 공중보건 위험 평가 등을 사전에 준비할 수 있게 한다.

5. 지방자치단체의 상급 보고 의무

제2항 후단은 "회수결과를 보고받은 시·도지사 또는 시장·군수·구청장은 이를 지체 없이 식품의약품안전처장에게 보고하여야 한다"고 규정하고 있다. 보고의 내용은 "회수결과"로 이는 사전에 보고받은 회수계획의 실행 결과를 의미한다. 지방자치단체가 영업자로부터 회수계획을 보고받고 회수 과정을 감독한 후, 그 결과를 식품의약품안전처에 보고해야 하는 것이다. 이러한 보고 체계는 전국적인 식품안전 관리의 일관성을 확보하고, 중앙정부가 전체적인 식품안전 현황을 파악할 수 있도록 하는 장치라고 할 것이다.

지방자치단체의 보고는 "지체 없이" 이루어져야 하며, 이는 식품안전사고의 확산 방지와 유사 사례에 대한 선제적 대응을 위해 매우 중요하다. 특히 회수 사유가 된 위반 사항이 다른 지역의 유사 제품이나 업체와 관련이 있을 가능성을 고려할 때, 중앙기관이 신속하게 정보를 취합하여 전국적 차원의 대응 방안을 마련할 수 있도록 하는 제도적 장치로 기능한다.

제9장. 행정처분 및 제재(제14조~제21조)

③ (제3항) 식품의약품안전처장, 시·도지사 또는 시장·군수·구청장은 영업자가 제4조제3항 또는 제8조제1항을 위반한 경우에는 관계 공무원에게 그 식품등을 압류 또는 폐기하게 하거나 용도·처리방법 등을 정하여 영업자에게 위해를 없애는 조치를 할 것을 명하여야 한다.

1. 명령의 주체 : 관할 행정기관

명령의 주체는 "식품의약품안전처장, 시·도지사 또는 시장·군수·구청장"으로, 이들은 각각의 관할 영역 내에서 위반 영업자에 대한 관리 권한을 보유한다. 식품의약품안전처장은 중앙행정기관으로서 전국적 규모의 제조·수입업체나 광역적 유통망을 가진 업체를 주로 관리하며, 시·도지사는 광역자치단체 관할 내의 업체들에 대해, 시장·군수·구청장은 기초자치단체 관할 내의 지역 업체들에 대해 각각 관리권한을 행사한다.

2. 명령의 발동 요건 : 법 위반의 객관적 존재

명령은 "영업자가 제4조제3항 또는 제8조제1항을 위반한 경우"에 발령된다. 제4조제3항은 안전성과 관련된 필수 표시사항을 규정하고 있으며, 제8조제1항은 허위·과대 표시·광고의 금지를 규정하고 있다. 중요한 점은 제1항과 달리 제3항에서는 "식품등의 위해와 관련이 없는 위반사항은 제외한다"는 예외 조항이 없다는 것이다. 이는 행정기관이 직권으로 개입하는 경우에는 위해성과 무관하게 모든 위반 사항에 대해 처분이 가능함을 의미한다.[179] 다만 실제 처분에 있어서는 위반의 정도, 소비자에 미치는 영향, 영업자의 고의·과실 정도 등을 종합적으로 고려하여 비례원칙이 적용됨은 당연하다.

3. 행정기관의 조치 : 내부 집행 지시와 행정처분

행정기관이 취할 수 있는 조치는 법적 성격에 따라 두가지로 구분된다.

---

179 이에 따라 영업자는 제3항에 의한 명령을 받기보다는 제1항에 의한 회수가 더 유리할 수 있으므로 회수에 대한 유인으로 작용할 수 있다.

첫째, 관계 공무원에 대한 내부 집행 지시는 "관계 공무원에게 그 식품등을 압류 또는 폐기하게 하는" 것으로, 이는 행정청이 소속 공무원에게 구체적 집행 업무를 명령하는 내부적 업무 지시에 해당한다. 이러한 지시 자체는 행정조직 내부의 지휘·감독권 행사로서 대외적으로 직접적인 법적 효과를 발생시키지 않으며, 상대방인 영업자가 직접 다툴 수 있는 행정처분이 아니다. 다만 이러한 내부 지시에 따라 관계 공무원이 실제로 수행하는 압류나 폐기 행위 자체는 행정처분에 해당한다. 압류는 해당 식품등의 유통을 즉시 중단시키고 소유권자의 처분을 제한하는 보전적 조치로서 추가적인 위해 확산을 방지하는 긴급 조치의 성격을 가지며, 폐기는 해당 식품등을 완전히 소멸시키는 최종적 처분으로서 회복 불가능한 위해가 예상되거나 다른 방법으로는 위험을 제거할 수 없는 경우에 선택된다.

둘째, "용도·처리방법 등을 정하여 영업자에게 위해를 없애는 조치를 할 것을 명하는" 것은 행정청이 영업자에게 직접 특정한 작위의무를 부과하는 전형적인 행정처분이다. 이는 영업자로 하여금 특정한 방법으로 위해를 제거하도록 법적 의무를 부과하는 것으로, 회수 및 폐기를 비롯하여 표시 정정, 용도 변경, 재가공 등을 통해 위해를 없앨 수 있는 방법이 포함된다. 영업자는 이러한 조치명령에 대해 행정쟁송을 통해 다툴 수 있으며, 명령을 위반할 경우 이행강제금이나 대집행 등의 행정강제 수단이 동원될 수 있다.

4. 명령의 법적 성격 : 기속행위

제3항은 "명하여야 한다"는 표현을 사용하여 행정기관의 명령을 의무적 기속행위로 규정하고 있다. 이는 위반 사실이 확인된 경우 행정기관이 재량에 따라 명령 여부를 결정할 수 있는 것이 아니라, 반드시 적정한 명령을 내려야 한다. 다만 구체적인 방법의 선택에 있어서는 행정기관에게 일정한 재량이 인정된다. 즉, 압류, 폐기, 조치명령 중 어떤 방법을 선택할 것인지, 조치명령의 경우 구체적으로 어떤 용도나 처리방법을 지시할 것인지에 대해서는 위반의 정도, 위해의 크기, 시급성, 영업자의 협조 가능성 등을 종합적으로 고려한 합리적 재량이 허용된다. 이러한 기속적 의무와 방법적 재량의 결

합은 소비자 보호라는 공익 목적을 확실히 달성하면서도 상황에 적합한 효율적 처분이 가능하도록 하는 균형적 제도 설계라고 할 것이다.

5. 대상의 특정 : 위반 식품등과 관련 조치

명령의 직접적 대상은 "그 식품등"으로 표현되어 있으며, 이는 위반 행위와 관련된 특정 식품등을 의미한다. 압류나 폐기의 경우 해당 식품등 자체가 대상이 되며, 조치명령의 경우에는 그 식품등과 관련하여 영업자가 취해야 할 행위가 명령의 내용이 된다. 중요한 것은 명령의 대상이 위반과 직접 관련된 식품등으로 한정된다는 점이며, 이는 비례원칙과 과잉금지원칙에 부합하는 제한적 해석을 요구한다. 따라서 일부 제품의 표시 위반을 이유로 해당 업체의 모든 제품에 대해 영향을 미치는 명령을 할 수는 없으며, 위반 사실과 인과관계가 있는 범위 내에서만 명령이 가능하다.

4 (제4항) 제1항부터 제3항까지의 규정에 따른 위해 식품등의 회수, 압류·폐기처분의 기준 및 절차 등에 관하여는 「식품위생법」 제45조 및 제72조를 준용한다.

1. 준용 대상의 범위 : 실행 방법론과 절차의 한정적 적용

제4항에서 준용 대상으로 규정한 것은 "제1항부터 제3항까지의 규정에 따른 위해 식품등의 회수, 압류·폐기처분의 기준 및 절차 등"이다. 여기서 핵심은 회수 대상 식품등 자체의 기준이 아니라 회수·압류·폐기처분을 실행하는 방법론과 절차를 준용한다는 점이다. 식품표시광고법의 경우 회수 대상은 이미 제1항과 제3항에서 "제4조제3항 또는 제8조제1항을 위반한 식품등(식품등의 위해와 관련이 없는 위반사항은 제외)"으로 명확히 규정되어 있으므로, 식품위생법의 회수대상 기준을 적용하는 것은 부적절하다. 따라서 준용되는 것은 식품표시광고법에서 정한 위반 식품등에 대해 어떻게 회수·압류·폐기를 실행할 것인지에 관한 집행 기준과 절차이다.

2. 회수 관련 기준과 절차의 구체적 적용

식품위생법 제45조와 시행규칙 제59조 준용을 통해 회수와 관련된 구체적 기준과 절차가 적용된다. 회수 실행의 기준으로는 위해성의 정도에 따른 회수 방법 선택, 회수 범위 결정, 회수의 긴급성 판단 등이 적용되며, 회수계획에는 제품명, 제조연월일, 소비기한, 회수계획량(소비량과 소비기한을 고려하여 산출), 회수 사유, 회수방법, 회수기간 및 예상 소요기간, 회수 식품등의 처리방법, 국민 공지방법 등 7가지 필수 요소가 포함되어야 한다. 또한 회수 결과 보고에는 제조·가공량, 판매량, 회수량, 미회수량이 포함된 회수실적과 미회수량에 대한 조치계획, 재발 방지 대책이 포함되어야 하며, 이를 통해 회수의 실효성과 완전성을 확보하게 된다.

3. 행정기관의 의무적 조치사항

식품위생법 시행규칙 제59조 제2항을 준용함으로써 회수계획을 보고받은 행정기관의 구체적 의무가 명확해진다. 행정기관은 지체 없이 식품의약품안전처장에게 회수계획을 통보해야 하며, 기초자치단체인 경우에는 시·도지사를 거쳐 통보해야 한다. 또한 해당 영업자에게 회수계획의 공표를 명령하고, 유통 중인 해당 식품등에 대해 위반 사실을 확인하기 위한 검사를 실시해야 한다. 이러한 조치들은 단순한 보고 접수에 그치지 않고, 회수의 투명성 확보, 소비자 알권리 보장, 위반 사실의 객관적 확인을 통해 회수 조치의 신뢰성과 실효성을 높이는 중요한 역할을 한다.

4. 압류·폐기의 절차적 보장과 강제 수단

식품위생법 제72조와 시행규칙 제87조를 준용함으로써 압류·폐기에 관한 절차적 보장이 강화된다. 압류나 폐기를 하는 공무원은 권한을 표시하는 증표와 조사기간, 조사범위, 조사담당자, 관계 법령 등이 기재된 서류를 지니고 관계인에게 제시해야 하며, 압류 시에는 별지 제16호서식의 압류증을 발급해야 한다. 이는 행정작용의 적법성과 투명성을 확보하는 중요한 절차적 보장이다. 또한 영업자가 조치명령을 이행하지 않는 경우에는 행정대집행법에 따른 대집행이 가능하고 그 비용을 명령위반자로부터 징수할 수 있어, 조치명령의 강제력과 실효성이 법적으로 담보된다.

5. 준용의 제도적 의의와 해석상 유의점

준용 규정의 제도적 의의는 식품표시광고법이라는 새로운 법률 영역에서 회수·폐기 제도를 도입하면서도 기존 식품위생법의 축적된 집행 경험과 정교한 절차 체계를 효율적으로 활용할 수 있다는 점이다. 이를 통해 법 집행의 일관성과 예측가능성을 확보하고, 행정 효율성을 제고할 수 있다. 다만 준용 시에는 식품표시광고법의 고유한 목적과 특성을 충분히 고려해야 한다. 특히 식품위생법은 위생적 안전성에 초점을 맞춘 반면, 식품표시광고법은 표시·광고의 정확성과 소비자 오인 방지에 중점을 두므로, 위해성 판단이나 조치의 강도에서 차이가 있을 수 있다. 따라서 준용은 절차와 방법론의 차용이지 실질적 기준의 동일한 적용은 아니라는 점을 인식해야 한다.

3 해외 주요국 사례

1. 미국

미국 회수·폐기 제도는 원칙적으로 자발적 리콜(voluntary recall) 체계에 의존하고 있다. 그러나, 2011년 식품안전현대화법(FSMA) 제정으로 FDCA에 제423조(21 U.S.C. §350l)가 신설되면서, FDA는 강제 리콜 권한을 확보하게 되었다. 특히 "오염(adulteration, §342) 또는 허위표시(misbranding, 특히 알레르겐 표시위반 §343(w))로 인해 사용·노출 시 심각한 건강 위해를 초래할 합리적 개연성"이 있다고 판단되면, FDA는 사업자에게 유통중지·자발적 리콜을 권고하고, 필요시 강제 리콜 명령을 내릴 수 있다. 반면 경미한 라벨 오류 등 공중보건 위해성이 없는 경우는 시장철수(market withdrawal) 또는 시정조치로 처리되어 실무적 탄력성을 확보하고 있다.

2. 유럽연합(EU)

EU는 「일반식품법」(Regulation (EC) No 178/2002)을 통해 위해식품 발견 시 사업자에게 즉각적인 유통중지·회수 의무와 당국 보고 의무를 부과한다. 표시와 관련해서는 「식품정보 제공 규정」(Regulation (EU) No 1169/2011)이 오도·기만 금지를 명문화하고 있으며, 각 회원국이 집행을 담당한다. EU는 RASFF(신속경보시스템)을 통해 회원국 간에 식품 리콜 정보를 실시간 공유함으로써 국경을 넘는 식품 유통에 신속히 대응하고 있는 것이 특징이다.

3. 일본

일본은 표시·광고 영역을 「식품표시법」(소비자청 소관)과 「식품위생법」(후생노동성 소관)으로 이원적으로 규율하는 독특한 구조를 가지고 있다. 2018년 두 법률에 리콜 신고제도가 도입되어 2021년 6월부터 사업자는 식품안전성 문제나 표시위반 등으로 리콜을 실시할 경우, 소비자청·후생노동성의 온라인 시스템에 의무적으로 신고해야 한다. 표시위반이 위해와 관련된 경우에는 신속한 회수와 경우에 따라 폐기 명령이 내려지며, 지방자치단체와의 연계·감독이 함께 이루어진다. 일본 제도의 특징은 (i) 표시면 위반은 소비자청(식품표시법), (ii) 안전성·위생상 위해는 후생노동성(식품위생법)으로 집행 권한을 분리하여 부여하고, (iii) 리콜 신고의 법정화를 통해 투명성과 정보공개를 강화한 점이다.

4. 중국

중국 「식품안전법」은 제조·경영자가 식품안전 표준에 부합하지 않고, 관련 위험을 인지한 경우 즉시 경영 활동을 중지하고 해당 식품을 '리콜·처리'하며 그 진행 상황을 감독기관에 보고하도록 규정하고 있다(제63~65조). 표시오류라 하더라도 안전성과 직결되거나 오인을 통해 위해 가능성이 높으면 회수·폐기 대상이 되며, 감독기관인 시장감독관리총국이 회수 경과를 감독·공표한다. 중국 제도는 행정감독의 개입과 공표 권한이 매우 강하며, 집행의 균질화를 위한 중앙 표준화 노력이 두드러진다. 2019년 개정된 식품안전법에서는 표시위반에 대한 처벌이 강화되었으며, 특히 허위·기만적 표시에 대해서는 매출액의 10배 이하 벌금을 부과할 수 있도록 하였다.

5. 기타 국가

캐나다는 식품검사청(CFIA)이 표시 위반으로 건강 위해가 예상되는 경우 사업자에게 자발적 리콜을 권고하고, 불응 시 강제 리콜을 명령한다. 특히 위험도를 클래스 I~III으로 구분하여 차등적으로 대응하는 것이 특징적이다. 호주·뉴질랜드는 FSANZ를 중심으로 통합 기준을 운영하며, 심각한 위해가 발생할 경우 즉각적 리콜 및 폐기를 감독한다. 인도는 2017년 「식품안전기준(식품 회수절차) 규정」을 제정하여 사업자에게 리콜 계획 수립·신고·공표·폐기까지 일련의 절차를 의무화했으며, 싱가포르는 식품청(SFA) 중심으로 표시 위반에 따른 위해 발생 시 즉시 리콜 명령을 내리며, 실시간 정보공개시스템을 통해 소비자에게 신속히 알린다. 브라질은 예방적 리콜 제도를 도입하여, 위해 발생 전 단계에서 알레르겐 미표시, 영양성분 허위표시 등을 신속히 회수·폐기한다.

6. 비교 및 시사점

우리나라 식품 표시·광고 위반 회수·폐기 제도는 위해성과의 관련성을 핵심 요건으로 하는 트리거 설계와 사업자 중심의 자율적 회수를 기본으로 하면서 관할당국의 감독을 보완하는 구조는 글로벌 규제 트렌드와 일치한다.

그럼에도 제도 운영의 탄력성 제고, 국제적 정보공유 체계 참여, 디지털 기반 투명성 강화, 예방적 접근법 도입 등을 통해 소비자 보호 수준을 한층 높이면서도 사업자의 예측가능성과 국제 경쟁력을 동시에 확보할 수 있는 발전 방향을 고민해야 할 것이다. 이러한 개선을 통해 아시아 지역의 식품안전 규제 선진국으로서의 위상을 더욱 공고히 할 수 있을 것이다.

4 판례

1. 수원고등법원 2022누156351, 수원지방법원 2021구합73424

<유통기한 허위 표시와 회수명령의 대상 여부>
- 원료 제품의 저장성에 변화를 주지 않는 '단순가공'을 거친 제품의 유통기한을 포장(병입) 시점부터 새로 설정하는 것은 유통기한 표시 기준 위반에 해당
- 유통기한을 사실과 다르게 표시한 것은 식품 등의 위해와 관련이 있는 위반사항으로서 회수·폐기 대상에 해당한다고 명시적으로 판단

<회수명령의 법적 성격 : 기속행위>
- 판례는 식품표시광고법 제15조 제3항에 따른 회수명령을 행정청의 재량이 허용되지 않는 기속행위로 판단
  - 법 제15조 제3항이 "…위해를 없애는 조치를 할 것을 명하여야 한다"고 규정한 형식과 문언에 비추어, 이는 행정청의 재량을 허용하지 않는 기속행위
  - 회수명령이 기속행위이므로, 처분사유가 존재하는 이상 행정청은 반드시 회수명령 등 위해를 없애는 조치를 해야 함. 따라서 처분이 재량권을 일탈·남용하여 위법하다는 주장(비례의 원칙 위반 등)은 받아들여지지 않음.

2. 대전지방법원 2023구단2012656

<다른 제재와의 관계>
- 유통기한 변조 행위는 회수·폐기명령(법 제15조) 외에도 시정명령(법 제14조), 영업등록 취소(법 제16조) 등 다른 행정처분의 대상이 될 수 있으며, 각 처분은 별개의 목적을 가진다.(수원지방법원-2021구합734242, 수원지방법원-2021구합748235, 대전지방법원-2023구단2012656) 예를 들어, 유통기한을 변조한 경우 1차 위반만으로도 영업등록 취소라는 무거운 처분이 내려질 수 있다.

3. 서울동부지방법원 2022고단2538

<다른 제재와의 관계>
- 유통기한 허위 표시는 행정처분뿐만 아니라 형사처벌의 대상이 될 수도 있다. 법원은 코코넛 오일의 여과 과정을 새로운 제조공정으로 볼 수 없음에도 유통기한을 허위로 표시하여 유통시킨 행위에 대해 징역형의 집행유예를 선고한 바 있다.

제18조 행정 제재처분 효과의 승계

법　률	제18조(행정 제재처분 효과의 승계) 「건강기능식품에 관한 법률」 제11조, 「수입식품안전관리 특별법」 제16조, 「식품위생법」 제39조 또는 「축산물 위생관리법」 제26조에 따라 영업이 양수인·상속인 또는 합병 후 존속하는 법인이나 합병에 따라 설립되는 법인(이하 이 조에서 "양수인등"이라 한다)에 승계된 경우에는 제16조제1항 각 호, 같은 조 제3항 각 호 또는 제17조제1항 각 호를 위반한 사유로 종전의 영업자에게 한 행정 제재처분이나 제16조제2항 또는 제4항에 따라 종전의 영업자에게 한 행정 제재처분의 효과는 그 처분기간이 끝난 날부터 1년간 양수인등에게 승계되며, 행정 제재처분 절차가 진행 중일 때에는 양수인등에 대하여 그 절차를 계속할 수 있다. 다만, 양수인등(상속으로 승계받은 자는 제외한다)이 영업을 승계할 때 그 처분 또는 위반사실을 알지 못하였음을 증명하면 그러하지 아니하다.
시 행 령	
시행규칙	
관련판례	인천지방법원 2019구합54829, 2019구합54829, 2014구합2427, 광주지방법원 2024구합12306, 서울행정법원 2019구단13629

1 취지와 배경

이 조항은 식품 관련 영업자들이 행정처분을 회피하기 위해 영업양도, 법인 합병, 상속 등의 방법을 악용하는 사례를 방지하기 위해 도입되었다.[180] 종전에는 영업이 승계되면 새로운 영업자에게는 이전 영업자의 행정처분 효과가 미치지 않아, 실질적으로는 동일한 사업이 계속됨에도 불구하고 처분의 효력이 단절되는 문제가 발생했으며, 이러한 허점을 이용하여 영업정지나 과징금 등의 행정처분을 받기 직전에 의도적으로 영업을 제3자에게 양도하거나 법인을 새로 설립하여 사업을 이전하는 등의 편법이 가능했다.[181]

---

[180] 이 조항의 본래 취지와는 별개로, 식품표시광고법에의 도입은 법률 제정시 여러 법률에 흩어져 있던 규정을 통합하는 과정에서의 기술적 이식에 가깝다고 보는 것이 타당하다.
[181] 행정처분 효과의 승계 규정은 식품 분야에만 국한된 특별한 제도는 아니며, 다른 인허가 업종에서도 유사한 규정들이 존재한다. 예를 들어 건설업법, 여객자동차운수사업법, 화물자동차운수사업법 등에서도 영업양도 시 행정처분 효과가 승계되도록 규정하고 있

『식품표시광고법 해설』

특히 식품산업의 특성상 소비자의 건강과 안전에 직결되는 문제이기 때문에, 이러한 규제회피 행위를 방치할 경우 부실한 식품이나 허위·과장 광고를 통해 소비자 피해가 지속될 수 있다는 우려가 제기되었고, 한편으로는 법규를 준수하는 성실한 사업자와의 형평성 문제도 중요한 고려사항이었다.

이 조항의 핵심 취지는 다음과 같다. 첫째, 행정처분의 실효성 확보이다. 영업승계를 통한 처분회피를 차단함으로써 행정처분이 본래 의도한 제재 및 예방 효과를 실현하고자 한다. 둘째, 규제의 연속성 보장이다. 실질적으로 동일한 사업이 계속되는 경우 규제의 공백이 발생하지 않도록 하여 일관된 식품안전 관리체계를 유지하는 것이다. 셋째, 시장 질서의 공정성 확보이다. 편법을 통한 불공정한 경쟁을 방지하고 모든 사업자에게 동등한 규제 환경을 제공하고자 함이다. 한편, 이 규정의 도입은 식품산업 전반에 상당한 파급효과를 가져오기도 했다. 영업양도나 법인 재편 시 보다 신중한 접근이 필요하게 되었으며, 실사(due diligence)의 중요성이 크게 증대되었다. 또한 식품 관련 사업자들의 법규 준수 의식 제고에도 기여하고 있다고 평가된다.

2 해설

1 적용 대상 법률과 영업승계의 근거

이 조항은 「건강기능식품에 관한 법률」 제11조, 「수입식품안전관리 특별법」 제16조, 「식품위생법」 제39조, 「축산물 위생관리법」 제26조에 따라 영업이 승계된 경우에만 적용된다. 이는 식품표시광고법이 독자적인 영업승계 제도를 창설하는 것이 아니라, 기존의 개별법상 영업승계 제도를 전제로 하여 그에 따른 행정 제재처분의 효과만을 규율한다는 점을 명확히 하고 있다. 따라서 해당 개별법에서 정한 영업승계 요건과 절차를 충족하지 못한 경우에는 이 조항의 적용 대상이 되지 않는다.

는 등 현대 행정법의 일반적 경향으로, 규제의 실효성 제고와 공익 보호를 위한 제도적 발전의 결과라고 볼 수 있다.

제9장. 행정처분 및 제재(제14조~제21조)

② 승계 주체로서의 "양수인등"

조문에서 "양수인등"으로 정의되는 승계 주체는 세 가지 유형으로 구분된다. 첫째는 영업의 양수인으로, 이는 일반적인 영업양도·양수 계약을 통해 영업을 이어받은 자를 의미한다. 둘째는 상속인으로, 영업자의 사망으로 인해 상속을 통해 영업을 승계받은 자이다. 셋째는 법인 합병의 경우로서, 합병 후 존속하는 법인이나 합병에 따라 새로 설립되는 법인을 포함한다. 이러한 포괄적 정의는 영업승계의 다양한 형태를 모두 규율 대상에 포함시켜 규제회피의 가능성을 최소화하려는 입법 의도를 반영한 것이라 할 수 있다.

③ 승계 대상이 되는 위반 사유

행정 제재처분 효과가 승계되는 위반 사유는 식품표시광고법 제16조제1항 각 호, 같은 조 제3항 각 호, 제17조제1항 각 호를 위반한 경우와 제16조제2항 또는 제4항에 따른 경우로 한정된다.[182] 이는 식품표시광고법상의 모든 위반행위가 아닌 특정한 위반행위에 대해서만 처분 효과의 승계를 인정한다는 의미이다. 이러한 제한적 접근은 처분 효과 승계가 예외적 제도임을 고려하여 그 적용 범위를 명확히 한정함으로써 법적 안정성과 예측가능성을 높이려는 것으로 해석된다.

④ 승계되는 행정 제재처분의 범위

승계 대상이 되는 행정 제재처분은 종전의 영업자에게 이미 부과된 처분과 부과 절차가 진행 중인 처분을 모두 포함한다. 구체적으로는 영업정지, 과징금, 시정명령 등 식품표시광고법에서 정하고 있는 각종 행정 제재처분이 해당된다. 이때 중요한 것은 위반행위 자체가 아니라 그에 대한 "행정 제재처분" 또는 그 "효과"가 승계된다는 점입니다. 따라서 위반행위는 발생했으나 아직 행정기관에서 인지하지 못했거나 처분 절차가 개시되지 않은 경우에는 이 조항의 적용 대상이 되지 않는다.

---

[182] 제16조는 영업정지, 영업허가 취소, 영업소 폐쇄 등과 관련된 행정처분의 근거를 상세히 명시하고 있으며, 제17조는 품목 단위의 제조정지와 관련된 제재 근거를 규정하고 있다.

5 승계 기간의 제한 : "처분기간이 끝난 날부터 1년간"

행정 제재처분의 효과가 무한정 승계되는 것은 아니며, "그 처분기간이 끝난 날부터 1년간"이라는 시간적 제약이 있다. 이는 영업정지처분과 같이 일정한 기간을 정하여 부과되는 처분의 경우 그 처분기간이 종료된 후에도 추가로 1년간 그 효과가 양수인등에게 미친다는 의미이다. 예를 들어, 종전 영업자에게 3개월간의 영업정지처분이 내려진 경우, 영업승계 시점에 따라 양수인등은 남은 영업정지기간은 물론 그 처분기간이 모두 끝난 후에도 1년간 그 효과를 부담하게 된다. 이러한 규정은 처분의 실효성을 확보하면서도 과도한 부담을 방지하기 위한 균형점을 찾은 것으로 평가된다.

6 진행 중인 처분 절차의 계속

영업승계 시점에 행정 제재처분 절차가 진행 중인 경우, 행정기관은 양수인등에 대하여 그 절차를 계속 진행할 수 있다. 이는 영업승계로 인해 처분 절차가 중단되거나 무효가 되지 않음을 명확히 한 것이다. 다만 여기서 "계속할 수 있다"고 규정한 것은 행정기관의 재량사항임을 의미하므로, 구체적인 사안의 성격과 양수인등의 사정을 고려하여 절차 계속 여부를 결정할 수 있다. 이는 획일적인 적용보다는 개별 사안의 특성을 고려한 탄력적 운영을 가능하게 하는 규정으로 볼 수 있다.

7 선의의 양수인등 보호를 위한 단서 조항

단서 조항은 양수인등이 영업을 승계할 때 종전 영업자의 처분 또는 위반 사실을 알지 못하였음을 증명하면 행정 제재처분 효과의 승계가 면제됨을 규정하고 있다. 이는 선의의 양수인등을 보호하기 위한 핵심적 장치로서, 자기책임의 원칙과의 조화를 도모한 것이다. 다만 상속으로 승계받은 자는 이러한 면책 조항의 적용에서 제외된다. 이는 상속의 경우 포괄승계의 성격상 피상속인의 모든 권리의무를 승계하는 것이 원칙이며, 상속인에게 조사의무를 부과하는 것이 불합리하지 않다는 판단에 기초한 것으로 보인다.

제9장. 행정처분 및 제재(제14조~제21조)

⑧ 입증책임의 분배

단서 조항에서 "알지 못하였음을 증명하면"이라고 규정함으로써 선의에 대한 입증책임을 양수인등에게 부과하고 있다. 이는 일반적인 행정처분에서 처분의 적법성에 대한 입증책임이 행정기관에 있다는 원칙과는 다른 접근이라 할 것이다. 이러한 입증책임의 전환은 행정 제재처분 효과의 승계라는 특수한 상황에서 행정의 실효성 확보와 선의의 양수인등 보호 사이의 균형을 도모하기 위한 것으로 해석되나, 인해 양수인등에게는 영업승계 시 충분한 실사(due diligence)를 수행해야 할 부담이 가중되는 결과를 가져온다.

3. 해외 주요국 사례

1. 미국

미국 FDA 체계에서는 식품시설 소유권 변경 시 기존 등록을 취소하고 신소유자의 재등록을 요구한다.[183] 직접적인 제재효과 승계보다는 연방민사소송규칙 제65조에 따른 법원 명령의 "후계자" 효력 확장과 새로운 등록 절차를 통해 규제의 연속성을 확보하는 방식이다.

2. EU

EU는 공식통제규정을 통해 회원국이 효과적인 제재체계를 마련하도록 하되, 구체적 집행은 각국에 위임하고 있다. 영국은 식품사업자 변경 시 새로운 승인을 요구하는 구조로, 제재효과의 자동 승계보다는 새로운 심사와 평가를 통해 규제 연속성을 담보한다.[184] 한편, 독일은 행정행위의 인적 효력이 처분 상대방에게 한정된다는 원칙을 견지하고 있다.[185] 그러나 식품법(Lebens

---

[183] 21 CFR §1.234에 따른 FDA 식품시설 등록 규정으로, 소유권 변경 시 기존 등록 취소 및 재등록 의무를 규정하고 있다.
[184] Food Standards Scotland와 FSA의 실무지침에 따른 것으로, 식품사업자 변경 시 새로운 승인 절차를 통해 규제 연속성을 확보한다.
[185] 독일 행정절차법 제43조의 행정행위 상대방 특정 원칙에서 도출되는 기본 원리로, 행정행위의 일신전속성을 강조한다.

mittelgesetz)과 연방배출방지법 등 개별법에서는 공익보호를 위해 예외적으로 시설양도 시 특정 의무나 제재의 승계를 인정하는 규정들이 존재한다. 독일의 특징은 승계 범위를 매우 엄격하게 제한하고 새로운 사업자의 신뢰보호를 위한 요건을 까다롭게 설정한다는 점이다.

3. 일본과 중국

일본은 식품위생법에서 영업허가의 지위승계에 관한 규정을 두되, 제재효과의 직접적 승계보다는 허가 심사 과정에서 기존 위반 이력을 고려하는 방식을 취한다. 중국은 강화된 식품안전법에도 불구하고 명문의 승계 규정은 두지 않고 일반 행정법 원칙에 따라 사안별로 판단하고 있다.

4. 비교법적 시사점

우리나라가 규범의 명확성과 예측가능성을 높이기 위해 승계의 요건, 범위, 예외를 조문으로 상세화하는 접근을 택하는 것과는 달리, 해외 주요국은 새로운 사업자 식별과 새로운 인허가 부여를 통해 규제의 연속성을 확보하고, 과거 위반에 대한 구속은 법원 명령의 후계자 효력이나 기업결합 및 조직변경 시의 일반 책임 원칙으로 처리하는 경향이 강하다.

식품 분야에서도 우리나라는 표시·광고 및 회수·명령 위반 등 구체적 조항을 열거하고, 그에 따른 제재효과 승계가 법률상 자동 작동하도록 설계한 반면, 해외 주요국은 식품사업자 변경 시 인허가 재취득을 기본으로 하거나, 회원국별 제재 설계, 등록 재신청 등을 통해 규제 연속성을 달성하고 있어 제재의 효과 자체를 자동으로 승계시키는 명시적 규정은 드문 편이다.

살펴본 바와 같이 우리나라의 행정제재처분 효과 승계 제도는 국제적으로 일반적인 접근 방식이라고 보기는 어렵지만, 명문의 법률 규정을 통해 승계의 요건과 범위를 명확히 하면서도 선의의 양수인 보호 장치를 마련한 것은 법적 안정성과 규제 실효성을 동시에 추구한 균형잡힌 입법이라고 할 수 있다. 다만, 이러한 제도가 과도한 규제로 작용하고 구체적 타당성을 상실하지 않도록 지속적인 모니터링과 개선이 필요할 것이다.

4 국내 유사 입법 사례

우리나라에서 행정처분 효과의 승계는 일반적·통일적 규정을 두지 않고, 개별 법률에서 각각 규정하는 방식을 취하고 있다. 알려진 바로는 1986년 식품위생법을 시작으로 점진적으로 확산되어 왔으며, 초기에는 공익성이 강하고 규제회피의 폐해가 큰 분야를 중심으로 도입되었으나, 점차 다양한 영역으로 확대되는 추세를 보이고 있다.

식품 관련 법률의 경우, 식품표시광고법 제18조를 비롯하여 식품위생법 제61조, 건강기능식품법 제20조의2, 축산물위생관리법 제39조의2, 수입식품법 제30조의2 등이 있다. 이들 법령은 모두 유사한 구조를 가지되, 각 법률의 특성에 맞게 적용 대상과 승계 기간을 다르게 설정하고 있다. 기타 분야에서는 골재채취법 제45조, 먹는물관리법 제41조, 소방시설공사업법 제40조, 음반·비디오물 및 게임물에 관한 법률 제17조, 화학물질관리법 제46조의3, 건설산업기본법 제31조의2 등이 있다. 이들 규정은 주로 국민의 생명·건강·안전과 직결되거나 환경보호가 중요한 분야에 집중되어 있다.

최근의 입법 동향에서는 몇 가지 특징적 변화가 관찰된다. 첫째, 승계 기간의 표준화 경향이다. 과거에는 법률마다 승계 기간이 상이했으나, 최근에는 "처분기간이 끝난 날부터 1년간"으로 통일되는 추세를 보이고 있다. 둘째, 선의의 양수인 보호 조항이 보편화되고 있다. 초기 입법례에서는 이러한 보호 장치가 미비했으나, 최근에는 거의 모든 신설 조항에서 선의의 양수인 면책 규정을 포함하고 있다. 셋째, 적용 대상의 명확화이다. 과거에는 "행정처분"이라는 포괄적 표현을 사용했으나, 최근에는 구체적인 위반 사유와 처분 유형을 열거하여 적용 범위를 명확히 하는 경향이다. 넷째, 상속의 경우 별도 취급하는 것이 일반화되고 있다. 상속의 포괄승계 성격을 고려하여 선의 추정 규정의 적용을 배제하는 것이 최근의 입법 경향이다.[186]

[186] 2023년 국민권익위원회는 "부당한 행정처분 효과 승계 방지 방안"을 통해 현행 제도의 문제점과 개선 방향을 제시했다. 주요 과제는 제재처분 절차 속행 규정 마련, 행정제재 처분 효과 승계 기간 명확화를 통한 불확정성 해소, 제도 취지에 어긋나는 승계 기간 개선, 선의의 양수인 보호 규정 보완, 선의 보호 및 용이한 입증 규정 도입 등이다.

『식품표시광고법 해설』

5 판례

1. 인천지방법원 2019구합54829 판결[영업허가취소처분취소]

개요	• 원고는 2017.1.11. 'D' 노래방을 양수받아 운영하던 중, 2017.9.28. 성매매 알선 행위가 적발됨. 피고(구청장)는 이전 영업주의 2016.2.2. 성매매 알선 행위(1차 적발)를 고려하여 2차 위반으로 판단, 2019.8.26. 영업허가 취소.
원고 주장	• 기존 행정처분의 효과가 1년간 양수인에게 승계된다고만 규정되어 있으며, 이전 처분 효력 종료일부터 1년 경과 후 위반행위 발생이므로 1차 위반. • 영업양수 당시 이전 처분 사실을 고지받지 못함.
판단 근거	• 식품위생법 제78조 해석상, 처분기간 종료일로부터 1년 내에 영업을 양수받은 경우 행정제재처분 효과가 승계. 원고는 처분 종료일(2016.5.2)로부터 1년 내인 2017.1.11에 양수, 이전 처분의 효과가 승계되어 2차 위반임. • 원고가 양수 당시 이전 위반사실을 알지 못했다는 점을 증명하지 못했고, 오히려 담당 공무원이 이전 처분 및 승계사실을 고지했다는 증거가 있음.

2. 광주지방법원 2024구합12306 판결[장기요양보험법위반기관행정처분취소]

개요	• 원고는 망인의 전 배우자로, 망인이 운영하던 장기요양기관이 폐업된 후 동일 장소에서 새로운 장기요양기관을 운영하고 있으며, 피고(고흥군수)는 망인의 부당청구에 대한 행정제재처분을 원고에게 승계하여 87일간의 업무정지 처분을 내렸고, 원고는 이에 불복하여 취소소송을 제기함.
쟁점	• 핵심 쟁점은 현지조사 시점이 '행정제재처분 절차가 진행 중일 때'에 해당하는지 여부. 원고는 자신이 망인과 현지조사 이전에 이혼했으므로 처분 승계 대상이 아니라고 주장했으나, 법원은 현지조사 시점을 행정제재처분 절차의 시작으로 보아 원고의 청구를 기각.

판단 근거	• 노인장기요양보험법 제37조의4는 행정제재처분의 효과가 폐업 후 같은 장소에서 운영하는 자 중 처분 대상자의 배우자 등에게 승계되도록 규정.
	• 법원은 현지조사 시점부터 행정제재처분 절차가 진행된 것으로 판단함.
	  - 행정제재처분 면탈 방지라는 입법 취지
	  - 현지조사 단계에서도 처분 관련 사실 통보가 가능한 점
	  - 좁은 해석 시 제도의 실효성이 저해될 수 있는 점

결과	• 원고는 현지조사 당시 망인의 배우자였고 폐업 후 동일 장소에서 운영자가 되었으므로, 행정제재처분의 적법한 승계로 판단하여 원고 청구를 기각.

3. 인천지방법원 2019구합54829 판결[영업허가취소처분취소]

개요	• 화성시 소재 유흥주점 'C'의 운영자 A가 화성시장의 3개월 영업정지처분에 불복하여 취소를 구한 사건.
처분 경위	• 해당 주점은 D → E → A(원고)로 영업자가 변경됨. • 이전 운영자 D가 2018년 9월 성매매를 알선하여 벌금형을 선고받았고, 이에 화성시장은 현 운영자 A에게 3개월 영업정지처분을 내림.
원고 주장	• 처분서에 승계처분 대상이 된다는 사실과 근거가 미기재되어 절차상 하자. • 단순 권리금 양수로 행정제재 효과를 승계하는 영업 양수인이 아님. • 이전 영업자의 성매매 알선 사실을 몰랐으므로 처분효과를 승계하지 않음. • 위반행위가 경미하여 3개월 영업정지는 과도한 처분임.
법원 판단	• 처분서의 기재내용과 전체 과정을 고려할 때 처분 근거와 이유를 충분히 알 수 있었으므로 절차상 하자가 없음. • 임차권과 영업권 일체를 양도받고 영업허가증을 발급받은 점에서 행정제재 효과를 승계하는 양수인에 해당함. • 원고가 다른 유흥주점에서도 지속적으로 성매매 알선행위를 해온 것으로 밝혀져, 이전 영업자의 위반사실을 몰랐다는 주장은 인정되지 않음. • 불법 성매매 근절이라는 공익상 필요를 고려할 때 처분이 과도하지 않음.

4. 서울행정법원 2019구단13629 판결[영업허가취소처분취소]

개요	• 노래연습장을 양수받은 원고가 주류 보관 및 판매 위반으로 받은 영업정지 145일 처분에 대해 취소를 청구한 사건.
처분 경위	• 원고는 2018년 5월경 B로부터 'D 노래연습장'을 양수받음. • 원고는 2018년 6월 주류 보관(1차), 8월 주류 판매(3차), 2019년 6월 주류 판매(추가) 위반으로 적발됨. • 피고(구청장)는 2019년 8월 13일 원고에게 영업정지 145일 처분을 내림.
원고 주장	• 원고는 주류 판매 1차, 2차 위반이 전 영업자인 B의 행위였고, 중국 국적자로서 가족 부양의 어려움이 있다는 점을 들어 처분이 과도하다고 주장.
법원 판단	• 법원은 다음과 같은 이유로 원고의 청구를 기각. 　- 음악산업진흥법에 따르면 영업 양수인은 양도인의 행정제재처분 효과를 1년간 승계하며, 원고는 양수 당시 B의 위반사실을 알고 있었음. 　- 노래연습장에서의 주류 판매는 엄격히 금지되는 사항으로, 이를 위반한 행위에 대한 제재의 공익적 목적이 중요. 　- 처분이 관련 법령의 기준에 부합하며, 원고의 개인적 사정을 고려하더라도 재량권 일탈·남용으로 볼 수 없음.

5. 인천지방법원 2014구합2427 판결[장기요양기관영업정지처분취소등]

개요	• 노인요양시설을 운영하던 원고가 부당청구한 사실이 적발되어 영업정지 40일 처분을 받았으나, 처분 이후 해당 시설을 제3자에게 양도한 사건.
쟁점	• 처분 후 시설 양도한 자가 해당 처분의 취소를 구할 소의 이익이 있는지.
원고 주장	• 업무정지처분으로 인해 40일간 장기요양기관 지정이나 설치신고 불가. • 노인장기요양보험법 위반 횟수에 따른 가중적 제재 가능성이 있음.
법원 판단	• 법원은 소의 이익이 없다는 피고의 본안전 항변을 받아들여 소를 각하. - 관련 법률에 따라 행정제재처분의 효과는 양수인에게 1년간 승계됨 - 처분의 주된 효과뿐 아니라 부수적 효과도 모두 양수인에게 승계됨 - 원고에게 처분의 효과가 남아있지 않으므로 법률상 이익이 없음

6. 행정 제재처분 효과의 승계에 대한 판례 정리

승계 효과 범위	• 양수인에게 승계되는 행정 제재처분 효과에는 영업정지 등 주된 효과뿐만 아니라, 이를 전제로 하는 부수적 효과(가중적 제재효과, 일정 기간 신규 지정·신고 제한 등)까지 모두 포함. 따라서 영업 양도 후에는 원칙적으로 양도인(종전 영업자)은 더 이상 처분을 다툴 법률상 이익이 없을 수 있음.
승계 기간 가중 처분	• '처분기간이 끝난 날부터 1년간 양수인에게 승계된다'는 처분기간 종료 후 1년 내에 영업을 양수한 경우에 종전 처분의 효과가 승계된다는 의미. • 양수인이 해당 기간 내 영업을 양수하고, 가중처분 기준이 적용되는 기간 내 같은 위반행위를 한 경우, 종전 위반 횟수를 합산하여 가중 제재처분.
절차 진행 중	• 처분 사전통지가 이루어진 시점만을 의미하는 것이 아니라, 이전 단계인 관계 기관의 현지조사 등이 개시된 시점부터 포함하는 것으로 넓게 해석. 위반행위 적발 후 행정처분 면탈을 위한 영업 양도/폐업을 방지하기 위함.
입증 책임	• 행정 제재처분 효과 승계를 면하기 위해서는 양수인이 양수 당시 종전 영업자의 위반사실이나 처분 사실을 알지 못하였음을 스스로 증명해야 함. • 입증이 안되면, 양수인이 위반행위에 직접 관여하지 않았더라도 제재처분 효과는 승계.(양수인의 공모 관계 정황을 근거로 선의 주장 배척 사례) • 단순히 몰랐다고 주장하는 것만으로는 부족하며, 객관적인 증거를 통해 이를 입증해야 할 책임이 양수인에게 있음.

제19조 영업정지 등의 처분에 갈음하여 부과하는 과징금 처분

법 률	제19조(영업정지 등의 처분에 갈음하여 부과하는 과징금 처분) ① 식품의약품안전처장, 시·도지사 또는 시장·군수·구청장은 영업자가 제16조제1항 각 호, 같은 조 제3항 각 호 또는 제17조제1항 각 호의 어느 하나에 해당하여 영업정지 또는 품목 제조정지 등을 명하여야 하는 경우로서 그 영업정지 또는 품목 제조정지 등이 이용자에게 심한 불편을 주거나 그 밖에 공익을 해칠 우려가 있을 때에는 영업정지 또는 품목 제조정지 등을 갈음하여 10억원 이하의 과징금을 부과할 수 있다. 다만, 제4조제3항 또는 제8조제1항을 위반하여 제16조제1항, 같은 조 제3항 또는 제17조제1항에 해당하는 경우로서 총리령으로 정하는 경우는 제외한다.
	② 식품의약품안전처장, 시·도지사 또는 시장·군수·구청장은 제1항에 따른 과징금을 부과하기 위하여 필요한 경우에는 다음 각 호의 사항을 적은 문서로 관할 세무관서의 장에게 과세 정보 제공을 요청할 수 있다.
	〈각 호 생략〉
	③ 식품의약품안전처장, 시·도지사 또는 시장·군수·구청장은 영업자가 제1항에 따른 과징금을 기한 내에 납부하지 아니하는 때에는 대통령령으로 정하는 바에 따라 제1항에 따른 과징금 부과처분을 취소하고 제16조제1항 또는 제3항에 따른 영업정지, 제17조제1항에 따른 품목 제조정지 또는 품목류 제조정지 처분을 하거나 국세 체납처분의 예 또는 「지방행정제재·부과금의 징수 등에 관한 법률」에 따라 징수한다. 다만, 다음 각 호의 어느 하나에 해당하여 영업정지, 품목 제조정지 또는 품목류 제조정지의 처분을 할 수 없는 경우에는 국세 체납처분의 예 또는 「지방행정제재·부과금의 징수 등에 관한 법률」에 따라 징수한다.
	  1.「건강기능식품에 관한 법률」 제5조제2항 및 제6조제3항에 따라 폐업을 한 경우
	  2.「수입식품안전관리 특별법」 제15조제3항에 따라 폐업을 한 경우
	  3.「식품위생법」 제37조제3항부터 제5항까지의 규정에 따라 폐업을 한 경우
	  4.「축산물 위생관리법」 제22조제5항 및 제24조제2항에 따라 폐업을 한 경우
	④ 식품의약품안전처장, 시·도지사 또는 시장·군수·구청장은 제3항에 따라 체납된 과징금을 징수하기 위하여 필요한 경우에는 「전자정부법」 제36조제1항에 따른 행정정보의 공동이용을 통하여 다음 각 호의 사항을 확인할 수 있다.
	〈각 호 생략〉
	⑤ 제1항과 제3항 각 호 외의 부분 단서에 따라 징수한 과징금 중 식품의약품안전처장이 부과·징수한 과징금은 국가에 귀속되고, 시·도지사가 부과·징수한 과징금은 특별시·광역시·특별자치시·도·특별자치도의 식품진흥기금에 귀속되며, 시장·군수·구청장이 부과·징수한 과징금은 대통령령으로 정하는 바에 따라 시·도와 시·군·구(자치구를 말한다)의 식품진흥기금에 귀속된다.
	⑥ 제1항에 따른 과징금을 부과하는 위반행위의 종류와 위반 정도 등에 따른 과징금의 금액과 그 밖에 필요한 사항은 대통령령으로 정한다.

시행령	제8조(영업정지 등의 처분을 갈음하여 부과하는 과징금의 산정기준) 법 제19조제1항 본문에 따라 부과하는 과징금의 산정기준은 별표 2와 같다. 제9조(과징금의 부과 및 납부) ① 식품의약품안전처장, 특별시장·광역시장·특별자치시장·도지사·특별자치도지사 또는 시장·군수·구청장(자치구의 구청장을 말한다. 이하 같다)은 법 제19조제1항 본문에 따라 과징금을 부과하려면 그 위반행위의 종류와 해당 과징금의 금액 등을 명시하여 이를 납부할 것을 서면으로 알려야 한다. ② 제1항에 따라 통지를 받은 자는 통지를 받은 날부터 20일 이내에 식품의약품안전처장, 시·도지사 또는 시장·군수·구청장이 정하는 수납기관에 과징금을 납부해야 한다. ③ 제2항에 따라 과징금을 받은 수납기관은 그 납부자에게 영수증을 발급해야 하며, 납부받은 사실을 지체 없이 식품의약품안전처장, 시·도지사 또는 시장·군수·구청장에게 통보해야 한다. 제10조(과징금의 납부기한 연기 및 분할 납부) ① 식품의약품안전처장, 시·도지사 또는 시장·군수·구청장은 법 제19조제1항 본문에 따라 과징금을 부과받은 자가 납부해야 하는 과징금의 금액이 100만원 이상인 경우에는 「행정기본법」 제29조 단서에 따라 과징금의 납부기한을 연기하거나 분할 납부하게 할 수 있다. ② 식품의약품안전처장, 시·도지사 또는 시장·군수·구청장이 제1항에 따라 과징금의 납부기한을 연기하는 경우에는 그 납부기한의 다음 날부터 1년을 초과할 수 없다. ③ 식품의약품안전처장, 시·도지사 또는 시장·군수·구청장이 제1항에 따라 과징금을 분할 납부하게 하는 경우 각 분할된 납부기한 간의 간격은 4개월 이내로 하며, 분할 납부의 횟수는 3회 이내로 한다. 제11조(과징금 미납자에 대한 처분) ① 식품의약품안전처장, 시·도지사 또는 시장·군수·구청장은 법 제19조제3항에 따라 과징금 부과처분을 취소하려는 경우 과징금납부의무자에게 과징금 부과의 납부기한(제10조제1항에 따라 과징금의 납부기한을 연기하거나 분할 납부하게 한 경우로서 「행정기본법 시행령」 제7조제3항에 따라 과징금을 한꺼번에 징수하는 경우에는 한꺼번에 납부하도록 한 기한을 말한다)이 지난 후 15일 이내에 독촉장을 발부해야 한다. 이 경우 납부기한은 독촉장을 발부하는 날부터 10일 이내로 해야 한다. ② 식품의약품안전처장, 시·도지사 또는 시장·군수·구청장은 법 제19조제3항에 따라 과징금 부과처분을 취소하고 영업정지, 품목 제조정지 또는 품목류 제조정지 처분을 하는 경우에는 처분이 변경된 사유와 처분의 기간 등 영업정지, 품목 제조정지 또는 품목류 제조정지 처분에 필요한 사항을 명시하여 서면으로 처분대상자에게 통지해야 한다. 제12조(기금의 귀속비율) 법 제19조제5항에 따라 시장·군수·구청장이 부과·징수한 과징금의 특별시·광역시·특별자치시·도·특별자치도 및 시·군·구의 식품진흥기금에 귀속되는 비율은 다음 각 호와 같다. 1. 시·도 : 40퍼센트 2. 시·군·구 : 60퍼센트

제9장. 행정처분 및 제재(제14조~제21조)

시행규칙	제17조(과징금 부과 제외 대상) 법 제19조제1항 단서에 따라 과징금 부과 대상에서 제외되는 대상은 별표 8과 같다.
관련판례	서울행정법원 2016구단19107, 서울행정법원 2018구단14786

1 취지와 배경

식품표시광고법 제19조는 영업정지 처분의 실효성은 유지하면서도 그로 인한 과도한 경제적 충격을 완화하기 위해 도입된 제도이다.[187] 전통적으로 식품위생법과 관련 법령에서는 위반행위가 발생한 경우 영업정지 처분을 기본 제재수단으로 삼아 왔다. 이는 사업자에게 일정 기간 영업을 중단하게 함으로써 위반행위의 재발을 방지하고 식품 안전에 대한 경각심을 고취하려는 목적을 가진다. 그러나 실제로 영업정지 처분은 단순히 사업자에게만 불이익을 주는 것이 아니라, 해당 사업장의 근로자 생계, 유통 질서, 소비자 공급망 안정성 등 사회 전반에 걸쳐 연쇄적인 부정적 영향을 미칠 수 있다.

대형 유통업체나 다수의 가맹점을 가진 프랜차이즈의 경우 영업정지가 곧 소비자 불편으로 이어지고, 영세 자영업자에게는 영업정지가 생존 자체를 위협하는 강력한 제재가 될 수 있다. 이러한 문제의식 속에서 제19조는 일정한 경우 영업정지 처분 대신 금전적 제재인 과징금을 부과할 수 있도록 하여, 행정목적 달성과 사회·경제적 파급효과 사이의 균형을 도모한 것이다. 즉, 행정벌의 실효성을 확보하면서도 국민경제 전반에 미칠 수 있는 과도한 충격을 완화하는 합리적 수단으로서의 도입이 본 조항의 취지라 할 수 있다.

그러나, 이에 대해 반대하는 입장에서는 과징금이 자칫 대기업이나 자본력이 큰 사업자에게 면죄부로 작용할 수 있다는 우려를 제기한다. 금전으로 영

---

[187] 미국, 유럽, 일본, 중국 등 주요국의 법률에서 "영업정지 등의 처분에 갈음한 과징금 부과"를 식품 표시·광고 분야에서 제도적으로 도입한 사례는 드물다. 다만, 대부분의 나라에서 위법행위가 발생했을 때 벌금 또는 과징금을 부과할 수 있도록 하고, 영업정지 등 행정처분과 금전벌은 병행하거나 사안에 따라 선택적으로 적용되도록 한다.

업정지를 대체할 수 있다면, 자본력이 충분한 기업은 반복적 위반을 감수하면서도 과징금을 부담하고 영업을 지속할 수 있다는 것이다. 이 경우 실질적인 억제 효과가 약화되고, 영세한 업체와의 형평성 문제가 발생할 수 있다. 또한 과징금 산정 기준이 불명확하거나 자의적으로 적용될 경우, 법 집행의 일관성과 공정성이 흔들릴 수 있다는 점도 주요한 문제점으로 꼽힌다.

따라서 제도의 도입 취지가 실효성을 확보하기 위해서는 과징금의 부과 기준을 투명하게 설정하고, 반복적·고의적 위반에 대해서는 여전히 영업정지를 엄격히 적용하는 등 보완 장치가 필요하다. 이는 과징금 제도가 단순히 영업정지의 완화 수단이 아니라, 위법행위의 억제와 시장질서의 안정이라는 본래 목적 달성을 위한 제도적 균형의 구현의 목적을 가지기 때문이다.

2 해설

① (제1항) 식품의약품안전처장, 시·도지사 또는 시장·군수·구청장은 영업자가 제75조제1항 각 호 또는 제76조제1항 각 호의 어느 하나에 해당하는 경우에는 대통령령으로 정하는 바에 따라 영업정지, 품목 제조정지 또는 품목류 제조정지 처분을 갈음하여 10억원 이하의 과징금을 부과할 수 있다. 다만, 제6조를 위반하여 제75조제1항에 해당하는 경우와 제4조, 제5조, 제7조, 제12조의2, 제37조, 제43조 및 제44조를 위반하여 제75조제1항 또는 제76조제1항에 해당하는 중대한 사항으로서 총리령으로 정하는 경우는 제외한다.

1. 과징금 부과 주체

식품의약품안전처장, 시·도지사, 시장·군수·구청장이다. 즉, 영업정지나 품목 제조정지 처분 권한을 가진 행정청은 동일하게 과징금 부과 권한을 갖게 되며, 중앙행정기관뿐만 아니라 지방자치단체의 장도 이에 해당한다.

2. 대상 위반행위

과징금 부과의 대상이 되는 위반행위는 법 제16조 제1항 각 호, 같은 조 제3항 각 호, 그리고 제17조 제1항 각 호에서 정한 경우로 모두 영업정지나 품목제조정지 처분을 할 수 있는 사유에 해당한다. 예를 들어 표시·광고의 거짓·과장, 소비자 기만, 회수명령 불이행, 영업신고업자의 표시광고 위반, 그리고 표시광고 위반에 따른 품목제조정지 사유 등이 포함된다.

3. 과징금 부과의 전제 요건

과징금 부과는 일정한 전제 하에서 가능하다. 즉, 원칙적으로는 영업정지나 품목제조정지 처분을 내려야 하지만, 그러한 처분이 이용자인 소비자에게 심한 불편을 주거나, 사회적·경제적 차원에서 공익을 심각하게 해칠 우려가 있는 경우에 한하여 예외적으로 과징금으로 갈음할 수 있다. 이는 제도의 남용을 방지하면서도 실질적 필요성을 반영한 장치라고 할 수 있다.

4. 과징금의 한도

과징금은 최대 10억 원 이하로 규정되어 있으며, 구체적인 산정은 위반행위의 성격과 정도, 기간, 횟수 등을 고려하여 대통령령에서 정한다. 따라서 과징금 액수 결정은 행정청의 재량이되, 법령상 기준을 준수해야 한다.

5. 과징금 부과의 예외 (단서조항)

단서 조항은 과징금 제도의 한계를 명확히 하고 있다. 즉, 영업자가 제4조 제3항(표시의무 위반)이나 제8조 제1항(부당한 표시·광고 금지)을 위반하여 제16조(영업정지 등) 제1항, 제3항 또는 제17조(품목 등의 제조정지) 제1항의 처분사유에 해당하면서, 총리령 [별표 8]에서 정한 특정 사안에 대하여는 과징금으로 대체할 수 없다. 구체적으로는 1차 위반임에도 불구하고 영업정지 1개월 이상에 해당하는 중대한 위반을 재차 저지른 경우, 3차 위반에 해당하는 경우, 과징금을 체납 중인 경우 등이 대표적이다. 따라서 반복적·중대한 위반이나 고의적 위반에 대해서는 반드시 영업정지 등 실효적 제재를 적용하도록 제한하고 있다.

② (제2항) 식품의약품안전처장, 시·도지사 또는 시장·군수·구청장은 제1항에 따른 과징금을 부과하기 위하여 필요한 경우에는 다음 각 호의 사항을 적은 문서로 관할 세무관서의 장에게 과세 정보 제공을 요청할 수 있다. (각 호 생략)

제19조 제2항은 제1항에서 규정한 과징금을 실제로 부과하기 위해 필요한 절차적 장치를 규정한다. 과징금은 단순한 제재금이 아니라, 위반 행위자의 매출액 등을 기준으로 산정되는 금전적 부담이므로, 정확히 산출하기 위해서는 영업자의 재무·과세 관련 자료가 필수적이다. 따라서 법은 행정청이 관할 세무관서의 장에게 필요한 정보를 요청할 수 있도록 근거를 두고 있다.

정보 제공 요청의 주체는 식품의약품안전처장, 시·도지사, 시장·군수·구청장으로 제1항과 동일하다. 또한, 과세 정보 제공 요청은 반드시 문서로 하도록 정하고 있으며, 그 문서에는 특정한 사항을 반드시 기재해야 한다. 구체적으로는 세 가지 항목이 요구된다. 첫 번째 항목은 납세자의 인적 사항이다. 과징금 부과 대상자가 누구인지 특정하기 위한 기본적 정보로, 과징금 산정의 출발점이 된다. 두 번째 항목은 과세 정보의 사용 목적이다. 이는 수집되는 세무 정보가 과징금 산정을 위한 목적에 한정되어야 함을 명확히 하는 것으로, 정보의 남용을 방지하고 개인정보 보호를 도모하는 취지에서 마련된 것이다. 세 번째 항목은 과징금 부과 기준이 되는 매출금액이다. 과징금은 위반행위의 정도뿐 아니라 영업 규모, 즉 매출액을 기준으로 산정되므로, 해당 매출자료는 과징금 산정의 핵심적 요소가 된다.

③ (제3항) 식품의약품안전처장, 시·도지사 또는 시장·군수·구청장은 영업자가 제1항에 따른 과징금을 기한 내에 납부하지 아니하는 때에는 대통령령으로 정하는 바에 따라 제1항에 따른 과징금 부과처분을 취소하고

제16조제1항 또는 제3항에 따른 영업정지, 제17조제1항에 따른 품목 제조정지 또는 품목류 제조정지 처분을 하거나 국세 체납처분의 예 또는 「지방행정제재·부과금의 징수 등에 관한 법률」에 따라 징수한다. 다만, 다음 각 호의 어느 하나에 해당하여 영업정지, 품목 제조정지 또는 품목류 제조정지의 처분을 할 수 없는 경우에는 국세 체납처분의 예 또는 「지방행정제재·부과금의 징수 등에 관한 법률」에 따라 징수한다.(각 호 생략)

제19조 제3항은 영업자가 과징금을 부과받았음에도 기한 내에 납부하지 않은 경우에 행정청이 취할 수 있는 후속조치를 규정한 조항이다. 이는 과징금 제도의 실효성을 확보하는 동시에, 행정제재처분과 금전적 제재 사이의 균형을 유지하기 위한 장치라 할 수 있다.

첫째, 과징금을 기한 내에 납부하지 않은 경우, 행정청은 대통령령이 정하는 절차에 따라 과징금 부과처분을 취소할 수 있다.[188] 과징금은 원래 영업정지나 품목제조정지에 갈음하여 부과되는 제재수단이므로, 납부 불이행 시에는 그 대체적 성격이 상실된다. 따라서 행정청은 원래의 제재 방식인 영업정지(제16조 제1항 또는 제3항)나 품목·품목류 제조정지(제17조 제1항)를 다시 부과할 수 있게 된다. 이는 과징금이 단순한 선택적 제재가 아니라, 영업정지 처분의 대체적 성격임을 보여준다.

둘째, 과징금 미납에 대한 또 다른 집행 수단으로 국세 체납처분의 예에 따른 징수나, 「지방행정제재·부과금의 징수 등에 관한 법률」에 따른 강제 징수가 허용된다. 이는 과징금을 실질적으로 세금과 유사한 성격을 가진 행정금전부담으로 보고, 일반적인 체납처분 절차를 통하여 강제 집행할 수 있도록 한 것이다.

---

[188] 시행령 제11조(과징금 미납자에 대한 처분) ① 식품의약품안전처장, … 법 제19조제3항에 따라 과징금 부과처분을 취소하려는 경우 과징금납부의무자에게 과징금 부과의 납부기한이 지난 후 15일 이내에 독촉장을 발부해야 한다. 이 경우 납부기한은 독촉장을 발부하는 날부터 10일 이내로 해야 한다.
② 식품의약품안전처장, 시·도지사 또는 시장·군수·구청장은 법 제19조제3항에 따라 과징금 부과처분을 취소하고 영업정지, 품목 제조정지 또는 품목류 제조정지 처분을 하는 경우에는 처분이 변경된 사유와 처분의 기간 등 영업정지, 품목 제조정지 또는 품목류 제조정지 처분에 필요한 사항을 명시하여 서면으로 처분대상자에게 통지해야 한다.

셋째, 다만 단서 조항은 중요한 예외를 두고 있다. 영업자가 폐업한 경우에는 더 이상 영업정지나 품목제조정지와 같은 행정제재처분을 부과할 수 없으므로, 이때에는 국세 체납처분의 예 또는 지방행정제재·부과금 징수법에 따른 징수만 가능하다. 여기서 규정된 폐업은 관련 개별 법률에 따른 폐업신고 절차를 거친 경우를 말하며, 구체적으로는 ① 「건강기능식품에 관한 법률」에 따른 폐업, ② 「수입식품안전관리 특별법」에 따른 폐업, ③ 「식품위생법」에 따른 폐업, ④ 「축산물 위생관리법」에 따른 폐업을 포함한다. 이처럼 각 개별 법률의 절차에 따라 공식적으로 영업이 종료된 경우에는 영업정지 처분이 무의미하므로 금전적 징수 방식으로만 대응하는 것이다.

제19조 제3항은 과징금 부과 제도의 실효성 담보를 위한 이중 장치를 마련한 규정이다. 납부 불이행 시 원래의 제재처분을 부활시켜 제재의 실질성을 확보하는 동시에, 폐업 등으로 제재가 불가능한 경우에는 강제징수를 통해 실질적인 금전 부담을 이행하도록 한다. 이를 통해 행정청의 집행력을 보장하고, 위반자에 대한 제재가 형식적으로 되는 것의 방지 기능을 수행한다.

4 (제4항) 식품의약품안전처장, 시·도지사 또는 시장·군수·구청장은 제3항에 따라 체납된 과징금을 징수하기 위하여 필요한 경우에는 「전자정부법」 제36조제1항에 따른 행정정보의 공동이용을 통하여 다음 각 호의 사항을 확인할 수 있다.(각 호 생략)

제19조 제4항은 과징금이 체납된 경우, 그 징수를 실효적으로 확보하기 위해 행정청이 활용할 수 있는 정보 확인 절차를 규정하고 있다. 과징금은 금전적 부담이므로, 체납자의 재산 현황을 파악하는 것이 선행되어야 하며, 이를 위해 법은 행정정보 공동이용 제도를 적극적으로 활용할 수 있도록 근거를 마련하였다.

첫째, 행정정보의 공동이용의 주체는 식품의약품안전처장, 시·도지사, 시장·군수·구청장으로 이는 제3항과 동일하다. 이들은 체납 징수의 필요가 있을 때에 한하여 행정정보를 열람할 수 있으며, 이는 과징금 집행 과정에서의 권한 남용을 방지하기 위한 제한적 요건이다.

제9장. 행정처분 및 제재(제14조~제21조)

둘째, 확인 방법은 「전자정부법」 제36조 제1항에서 정한 행정정보의 공동이용 제도를 통하는 것이다. 이 제도는 행정기관 간에 필요한 정보를 공유하여 국민의 부담을 줄이고 행정의 효율성을 높이기 위한 것으로, 과징금 집행에 필요한 정보를 신속하고 정확하게 확보할 수 있도록 한다.

셋째, 확인 가능한 정보의 범위는 재산적 가치가 있는 특정한 공적 장부에 한정된다. 구체적으로는 ① 「건축법」 제38조에 따른 건축물대장 등본, ② 「공간정보의 구축 및 관리 등에 관한 법률」 제71조에 따른 토지대장 등본, ③ 「자동차관리법」 제7조에 따른 자동차등록원부 등본이다. 체납자의 부동산과 자동차 등 주요 재산을 확인하여 징수 절차에 활용하기 위한 것이다.

5 (제5항) 제1항과 제3항 각 호 외의 부분 단서에 따라 징수한 과징금 중 식품의약품안전처장이 부과·징수한 과징금은 국가에 귀속되고, 시·도지사가 부과·징수한 과징금은 특별시·광역시·특별자치시·도·특별자치도(이하 "시·도"라 한다)의 식품진흥기금(「식품위생법」 제89조에 따른 식품진흥기금을 말한다. 이하 이 항에서 같다)에 귀속되며, 시장·군수·구청장이 부과·징수한 과징금은 대통령령으로 정하는 바에 따라 시·도와 시·군·구(자치구를 말한다)의 식품진흥기금에 귀속된다.

제19조 제5항은 징수된 과징금의 귀속처를 어떻게 정할 것인지에 관한 규정으로, 과징금 제도의 재정적 성격을 명확히 한다. 즉, 과징금이 단순한 제재수단을 넘어 공적 재원으로 활용될 수 있도록 법적 근거를 마련한 것이다.

첫째, 식품의약품안전처장이 부과·징수한 과징금은 국가 재정에 귀속된다. 이는 중앙행정기관이 직접 관할하는 제재에 따른 수입은 국가의 일반재원으로 편입된다는 원칙을 반영한 것이다.

둘째, 시·도지사가 부과·징수한 과징금은 해당 지방자치단체의 식품진흥기금에 귀속된다. 식품진흥기금은 「식품위생법」 제89조에 근거하여 설치된 특별회계 성격의 기금으로, 식품안전 및 위생관리, 식품산업 진흥을 위한 재원으로 활용된다. 따라서 지방정부가 직접 제재한 과징금은 지역 내 식품 안전관리 및 진흥 사업에 다시 투입되도록 구조화한 것이다.

『식품표시광고법 해설』

셋째, 시장·군수·구청장이 부과·징수한 과징금은 대통령령이 정하는 바에 따라 시·도와 기초자치단체(시·군·구)의 식품진흥기금에 귀속된다.[189] 이는 기초 지방자치단체의 재정 자율성을 보장하는 동시에, 광역자치단체와의 재정 조화를 고려한 절충적 장치라 할 수 있다.

제19조 제5항은 과징금이 단순한 행정벌의 성격을 넘어 식품안전 관리와 식품산업 발전을 위한 목적 재원으로 기능하도록 설계한 데 의미가 있다. 즉, 제재금이 다시 해당 분야의 공익적 활동으로 환류되도록 함으로써, 과징금 제도의 정당성과 정책적 타당성을 강화하는 효과가 있다.

6 (제6항) 제1항에 따른 과징금을 부과하는 위반행위의 종류와 위반 정도 등에 따른 과징금의 금액과 그 밖에 필요한 사항은 대통령령으로 정한다.

제19조 제6항은 과징금 부과 기준에 관한 세부 사항을 대통령령으로 위임하고 있다. 이에 따라 시행령 제8조 및 [별표 2]에서 과징금 산정의 구체적 기준을 정하고 있으며, 이는 과징금 제도의 핵심적 실무 규범으로 기능한다.

첫째, 과징금 산정의 일반 기준이 마련되어 있다. 영업정지 또는 제조정지 처분을 과징금으로 갈음할 때, 정지 기간은 1개월을 30일로 환산하여 계산하며, 과징금의 기준이 되는 매출액은 원칙적으로 처분일이 속한 연도의 직전 1년간 총매출액을 기준으로 삼는다.[190] 품목 제조정지의 경우에는 처분일 직전 3개월간의 해당 품목 매출액에 4를 곱하는 방식으로 연간 매출액을 환산하며, 신규 제조자 등은 직전 월의 평균 매출액을 기준으로 연간 매출액을 산출한다. 품목류 제조정지에 대해서는 직전 1년간 해당 품목류의 매출액을 기준으로 하며, 산출이 곤란한 경우에는 마찬가지로 환산 방식을 적용한다.

---

[189] 시행령 제12조(기금의 귀속비율) 법 제19조제5항에 따라 시장·군수·구청장이 부과·징수한 과징금의 특별시·광역시·특별자치시·도·특별자치도 및 시·군·구의 식품진흥기금에 귀속되는 비율은 다음 각 호와 같다.
  1. 시·도 : 40퍼센트
  2. 시·군·구 : 60퍼센트

[190] 신규 사업자나 휴업으로 인해 1년간 매출액 산출이 곤란한 경우에는 분기별·월별 또는 일별 매출액을 연간 총매출액으로 환산하여 적용한다.

둘째, 과징금 부과의 구체적 기준은 업종별·규모별로 세분화되어 있다. 매출액 규모에 따라 일정한 등급을 부여하고, 각 등급별로 영업정지 1일에 해당하는 과징금 금액을 차등하고 있다. 영업 형태를 고려하여, 식품제조·가공업 등 제조업종,[191] 즉석판매제조·운반업·판매업 등 영업중심 업종,[192] 품목 또는 품목류 제조정지 갈음 과징금[193] 등의 경우로 구분하고 있다.

이와 같은 구조는 동일한 위반행위라 하더라도 사업자의 영업 규모에 따라 과징금 부담을 차등화하여, 소규모 사업자에게는 과도한 제재가 되지 않도록 하고 대규모 사업자에게는 실질적 억지력을 발휘할 수 있도록 설계된 것이다. 따라서 [별표 2]는 단순한 금액표 이상의 의미를 가지며, 과징금 제도의 합리성과 공정성을 담보하는 핵심 규정이라고 평가할 수 있다.

그럼에도 불구하고, 현행 매출액 중심 과징금 산정체계는 위반행위의 질적 특성의 반영에는 다소 아쉬움이 있다. 향후 고의성·지속성·반복성·실제 이익 등을 고려한 탄력적 가중·감경 요소를 도입하고, 허위표시·과대광고·안전기준 위반 등 위반 내용별로 중대성과 사회적 파급효과를 반영한 세분화를 추진하며, 과징금 산정의 기본원칙과 구조는 시행령 본문에 명시하고 구체적 산정표는 별표에서 다루는 방식으로 개선을 검토할 필요가 있다.

3 국내 유사 입법 사례

우리나라에는 식품표시광고법 제19조와 같이 '영업정지 처분에 갈음하여 과징금을 부과'하도록 한 조항이 여러 개별법에 폭넓게 도입되어 있다. 대표적으로 식품위생법(제82조), 건강기능식품법(제37조), 수입식품법(제33조) 등 식품 관련 법률은 물론, 약사법(제81조), 위생용품법(제22조), 의료기기법(제38

---

[191] 총 33개 등급으로 나뉘며 연간 매출액 100백만 원 이하인 사업자는 1일당 12만 원, 연간 매출액 40,000백만 원을 초과하는 사업자는 1일당 1,381만 원의 과징금이 부과된다.
[192] 총 26개 등급으로 나뉘며 연간 매출액 20백만 원 이하인 사업자는 1일당 5만 원, 연간 매출액 10,000백만 원을 초과하는 사업자는 1일당 367만 원의 과징금을 부담하게 된다.
[193] 33개 등급으로 나뉘며, 연간 매출액 100백만 원 이하의 사업자는 1일당 12만 원, 20,000백만 원을 초과하는 경우에는 1일당 740만 원의 과징금을 납부해야 한다.

조), 첨단재생바이오법(제45조) 등 보건의료 전반을 비롯하여, 전기생활용품안전법(제13조), 축산계열화법(제5조의7), 승강기법(제10조 등) 인허가와 관련된 대부분의 법률에 규정하고 있다. 조문명도 "영업정지(업무정지) 등의 처분을 갈음하여 부과하는 과징금 처분", "과징금 부과" 등 다양한 명칭을 사용하고 있다.

이러한 '갈음 과징금'의 일반적 구조는 (1) 영업정지 사유가 발생했을 때, (2) 공익상의 필요(소비자 불편, 보건·환경 위해 예방 등)로 영업정지 대신 금전부담이 더 적절하다고 인정되면, (3) 법률이 정한 상한(예: 5천만 원, 1억 원, 10억 원 등)과 시행령 별표의 산식에 따라 금액을 산정해 부과하는 방식이다. 산정은 통상 전년도 총매출액 또는 해당 품목 매출/생산금액을 모수로 하여 위반 정도·정지일수에 비례해 계산하며, 미납 시에는 체납처분 절차 또는 부과취소 후 본래의 정지처분으로 전환하는 절차가 병행된다.

우리나라 '과징금' 제도는 공정거래 분야에서 먼저 정립되었지만(부당이득 환수·제재형 과징금), '영업정지를 갈음하는 과징금'(대체적 과징금)은 식품안전 분야에서 먼저 도입된 것으로 알려져 있다. 식품위생법(1986년 개정 법률)에서 관련 조문을 신설한 최초 사례로 확인되고, 이후 1990년대부터 보건의료·환경 등 다수 법률로 급속히 확산되었다.[194] 약사 분야에서는 1991년 약사법 개정으로 도입되었고, 환경·자원순환 분야의 폐기물관리법도 일찍이 대체 부과 구조와 부과제한 사유(재위반 등)를 명문화했다.

최근 입법 동향은 ① 산정기준의 명확화·표준화(매출액 개념·기준시점 정비, 업종·규모별 구간화 및 1일 단가표 운영), ② 상한액 상향(특히 식품·수입식품·건기식 분야의 10억 원 상한 확산), ③ 재위반자 등에 대한 대체 부과 제한 및 미납 대응 절차의 정교화, ④ 제도의 다른 영역으로의 확장으로 볼 수 있다. 예컨대 수입식품법은 시행령 별표로 과징금 산정기준을 일괄 정리했고, 법제처는 식품위생법령의 '총매출금액' 의미를 유권해석으로 명확히 했다. 또한 축산법은 2020년부터 영업정지 갈음 과징금 제도를 새로 도입했고, 국가계약법 영역에서는 '입찰참가자격 제한'에 갈음한 과징금 제도를 마련한 뒤 실제 납품금액 기준으로 산정기준을 합리화하는 방향

---

[194] 약사법에는 1991·12·31 제71조의3(과징금처분) 신설되어 도입되었다.

으로 손질되었다.

요컨대, 우리나라의 '영업정지 갈음 과징금'은 식품·의약·축산·환경 등 공공성과 연속성이 큰 분야에서, 영업중단에 따른 소비자·환자·환경 위험과 사회적 비용을 줄이기 위해 금전부담으로 전환하는 장치를 법률(상한·요건)과 시행령 별표(산정표)로 이원화해 운영하고 있으며, 최근에는 금액 현실화와 산정의 형평성·비례성 강화를 중심으로 지속적으로 정비되고 있다.

4 관련 판례

1. 서울행정법원 2016구단19107 판결[과징금부과처분취소]

개요	• 원고는 서울 영등포구에서 음식점을 운영하던 중, 2016년 6월 17일 매장 내 냉동실에서 유통기한이 경과된 제품을 보관한 것이 적발되어 영업정지 15일에 갈음하는 과징금 1,320만원을 부과.
처분 경위	• 2016년 6월 13일 감자탕 떡사리에서 군내가 난다는 민원이 접수. • 현장조사 결과 유통기한이 경과한 쌀 떡볶이 8봉지가 냉동실에서 발견되었으며, 일부는 유통기한이 2개월 이상 지남. • 원고는 영업장 관리 소홀을 인정하고 영업정지를 과징금으로 대체해줄 것을 요청함
원고 주장	• 유통기한이 지난 쌀떡볶이를 조리·판매 목적이 아닌 폐기 목적으로 보관했다고 주장하며, 위반 정도가 경미함에도 과도한 처분을 받았다고 주장.
법원 판단	• 처분사유의 존재 - 유통기한이 2개월 이상 경과한 제품이 있었던 점 - 보관 장소와 표시 상태 등을 고려할 때 조리·판매 목적 보관으로 인정 • 재량권 일탈·남용 여부 - 처분이 관련 법규에 따라 이루어졌고 - 식품위생법 위반에 대한 엄정한 법 집행의 필요성 - 다른 영업장과의 형평성 등을 고려할 때 재량권 일탈·남용 인정안됨
결과	• 법원은 원고의 청구를 기각하고 소송비용을 원고의 부담으로 판결

2. 서울행정법원 2018구단14786 판결[영업정지갈음과징금부과처분취소]

개요	• 음식점 종업원이 청소년에게 주류를 제공하여 적발되었고, 이에 피고(구청장)가 영업정지 1개월에 갈음하는 1,680만원의 과징금을 부과 처분.
원고 주장	• 청소년들이 체격이 건장하고 위압감을 조성하여 신분증 확인이 어려웠고, 이러한 사정이 참작되어 종업원이 선고유예 판결을 받았음에도 처분 시 이를 충분히 고려하지 않았다는 점. • 과징금 산정 기준 : 매출금액 산정 기준일을 위반일이 아닌 행정처분일로 한 것과 영업 순이익이 아닌 매출금액을 기준으로 한 것이 부당.

법원 판단	• 법원은 다음과 같은 이유로 원고의 청구를 기각
	  - 청소년들의 위압적 행동으로 신분증 확인이 어려웠다는 주장을 뒷받침할 증거가 없으며, 종업원이 선고유예를 받은 것은 단순히 전과가 없고 반성하는 태도를 보였기 때문이라고 판단.
	  - 과징금 산정 기준은 행정처분의 형평성과 명확성을 위한 것으로, 현저히 부당하다고 볼 수 없다고 판단.
	  - 청소년 보호라는 공익적 필요성이 원고의 불이익보다 더 중요하다고 봄.

3. 영업정지갈음 과징금 부과처분에 대한 판례 정리

산정 기준	• 과징금은 처분일이 속한 연도의 전년도 1년간 총매출금액 기준으로 산정. • 과징금 산정 기준을 위반일이 아닌 처분일, 영업 순이익이 아닌 총매출액으로 정한 것이 행정처분의 형평성과 기준의 명확성을 위한 것으로 판단
재량 일탈 남용	• '판단 기준 : 처분사유인 위반행위의 내용과 정도, 처분으로 달성하려는 공익 목적, 개인이 입게 될 불이익 등 제반 사정을 종합 비교·형량 판단. • 법원의 태도 : 처분기준이 법령에 합치되고, 현저히 부당하다고 인정할 만한 합리적 이유가 없는 한, 재량권의 일탈·남용을 인정하지 않는 경향 • 공익의 강조 : 법원은 청소년 보호, 국민 보건위생 증진 등 식품위생법이 달성하고자 하는 공익적 목적을 매우 중시. • 감경 사유 반영 : 기소유예 처분이나 선고유예 판결 같은 사정을 이미 참작하여 법정 제재를 1/2로 감경한 후 과징금을 부과한 경우, 법원은 이를 재량권이 적절히 행사된 근거로 판단하는 경향 • 영업자 주장 배척 : 청소년의 외관이 성숙해 보였다거나, 영업장이 혼잡했다는 주장, 종업원 교육 철저 주장 등은 책임을 면제받을 수 있는 '정당한 사유'로 인정안됨. 청소년의 신분증 위·변조 또는 도용, 폭행·협박 등 법령이 명시한 예외적 사정이 없는 한 영업주 책임을 엄격하게 인정
감액 성격	• 과징금 부과처분 후, 액수를 감액하는 경우, 이는 당초 부과처분과 별개의 새로운 처분이 아니라 당초 부과처분의 변경에 해당. 따라서 감액된 부분에 대한 처분은 소멸하고, 감액된 후 남은 부분의 처분만이 소송의 대상.

제20조 부당한 표시·광고에 따른 과징금 부과 등

법　　률	제20조(부당한 표시·광고에 따른 과징금 부과 등) ① 식품의약품안전처장, 시·도지사 또는 시장·군수·구청장은 제8조제1항제1호부터 제3호까지의 규정을 위반하여 제16조제1항 또는 제3항에 따라 2개월 이상의 영업정지 처분, 같은 조 제1항 또는 제2항에 따라 영업허가 및 등록의 취소 또는 같은 조 제3항 또는 제4항에 따라 영업소의 폐쇄명령을 받은 자에 대하여 그가 해당 식품등을 판매한 금액의 2배 이하의 범위에서 과징금을 부과할 수 있다. ② 식품의약품안전처장, 시·도지사 또는 시장·군수·구청장은 제1항에 따른 과징금을 부과하는 경우 다음 각 호의 사항을 고려하여야 한다. 1. 위반행위의 내용 및 정도 2. 위반행위의 기간 및 횟수 3. 위반행위로 인하여 취득한 이익의 규모 ③ 식품의약품안전처장, 시·도지사 또는 시장·군수·구청장은 제1항에 따른 과징금을 기한 내에 납부하지 아니하는 경우 또는 제19조제3항 각 호의 어느 하나에 해당하는 경우에는 국세 체납처분의 예 또는 「지방행정제재·부과금의 징수 등에 관한 법률」에 따라 징수한다. ④ 제1항에 따라 부과한 과징금의 징수절차 및 귀속 등에 관하여는 제19조제4항 및 제5항을 준용한다. ⑤ 제1항 및 제2항에 따른 과징금의 산출금액은 대통령령으로 정하는 바에 따라 결정한다.
시행령	제13조(부당한 표시·광고에 따른 과징금 부과 기준 및 절차) ① 법 제20조제1항에 따라 부과하는 과징금의 금액은 부당한 표시·광고를 한 식품등의 판매량에 판매가격을 곱한 금액의 2배로 한다. ② 제1항에 따른 판매량은 부당한 표시·광고를 한 식품등을 최초로 판매한 시점부터 적발시점까지의 판매량(출하량에서 회수량 및 반품·검사 등의 사유로 실제로 판매되지 않은 양을 제외한 수량을 말한다)으로 하고, 판매가격은 판매기간 중 판매가격이 변동된 경우에는 판매시기별로 가격을 산정한다. ③ 식품의약품안전처장, 시·도지사 또는 시장·군수·구청장은 법 제20조제2항 각 호의 사항을 고려하여 제1항에 따라 산정된 과징금 금액의 2분의 1의 범위에서 그 금액을 줄일 수 있다. ④ 제1항 및 제2항에서 규정한 사항 외에 과징금의 부과·징수 절차 등에 관하여는 제9조 및 제10조를 준용한다.
시행규칙	
관련판례	

『식품표시광고법 해설』

1 취지와 배경

제20조는 영업정지 처분을 갈음(제19조)하는 제재가 아니라, 이미 영업정지나 허가취소, 영업소 폐쇄명령과 같은 행정처분이 내려진 경우에도 별도로 과징금을 추가 부과할 수 있도록 한 규정이다. 이는 곧 이중제재적 성격을 가지는 과징금으로, 기존 제재 수단의 한계를 보완하기 위해 도입되었다. 과거에는 부당한 표시·광고 행위에 대하여 영업정지나 허가취소와 같은 처분만이 가능했는데, 이러한 제재는 위반행위로 얻은 경제적 이익이 처분으로 인한 손실보다 큰 경우 억제 효과가 미흡하다는 문제를 안고 있었다. 결국 사업자는 일정 기간의 영업정지만 감수하면 소비자를 기만하여 얻은 이익을 그대로 보유할 수 있었고, 이는 실질적인 제재로 보기 어려웠다.

이러한 한계 극복을 위해 제20조는 소비자를 속이거나 기만하는 표시·광고로 얻은 경제적 이익을 환수하고, 공정한 거래질서 확립과 실질적인 소비자 보호를 위한 보다 강력한 제재 장치로 마련되었다. 특히, 영업정지와 같은 처분에 더하여, 해당 식품을 판매한 금액의 2배 이내 범위에서 과징금을 부과할 수 있도록 하여 부당이익을 넘어서는 금전적 제재가 가능하도록 하고 있다. 또한 과징금 산정 시 위반행위의 내용과 정도, 위반 기간과 횟수, 그리고 취득한 이익의 규모를 종합적으로 고려하도록 하여, 제재의 비례성과 정당성 확보와 동시에 부당이득 환수라는 입법 취지를 분명히 하고 있다.

아울러 제20조는 모든 위반행위가 아니라, 허위·과장·기만적 표시·광고 등 중대한 위반에 해당하고, 그 결과 2개월 이상의 영업정지나 허가취소, 영업소 폐쇄명령에 이른 경우에만 적용된다. 이는 단순한 경미한 위반이 아닌, 소비자에게 심각한 피해를 끼칠 수 있는 악질적 행위에 대해서만 이중제재를 가하겠다는 입법자의 의지를 보여준다.

결국 제20조는 단순한 행정처분에 그치지 않고 경제적 제재를 병과함으로써, 부당한 표시·광고 행위로 얻은 이익을 실질적으로 환수하고, 사업자가 불법행위를 통해 이익을 취하지 못하도록 함으로써 위반행위를 근본적으로 억제하려는 데 입법 취지가 있다.

제9장. 행정처분 및 제재(제14조~제21조)

2 연혁

연 혁	주요 내용
식품표시광고법 제정 2018.3.13. 법률 제15483호	제20조(부당한 표시·광고에 따른 과징금 부과 등) ① 식품의약품안전처장, 시·도지사 또는 시장·군수·구청장은 제8조제1항제1호부터 제3호까지의 규정을 위반하여 제16조제1항 또는 제3항에 따라 2개월 이상의 영업정지 처분, 같은 조 제1항 또는 제2항에 따라 영업허가 및 등록의 취소 또는 같은 조 제3항 또는 제4항에 따라 영업소의 폐쇄명령을 받은 자에 대하여 그가 판매한 해당 식품등의 판매가격에 상당하는 금액을 과징금으로 부과한다. ② 식품의약품안전처장, 시·도지사 또는 시장·군수·구청장은 제1항에 따른 과징금을 기한 내에 납부하지 아니하는 경우 또는 제19조제3항 각 호의 어느 하나에 해당하는 경우에는 국세 체납처분의 예 또는 「지방세외수입금의 징수 등에 관한 법률」에 따라 징수한다. ③ 제1항에 따라 부과한 과징금의 징수절차 및 귀속 등에 관하여는 제19조제4항 및 제5항을 준용한다. ④ 제1항에 따른 과징금의 산출금액은 대통령령으로 정하는 바에 따라 결정한다.
	☞ 식품표시광고법 제정(부당한 표시·광고에 따른 과징금 부과 도입)
식품표시광고법 개정 2024.1.2. 법률 제19916호	제20조(부당한 표시·광고에 따른 과징금 부과 등) ① 식품의약품안전처장, 시·도지사 또는 시장·군수·구청장은 … 2개월 이상의 영업정지 처분, … 영업소의 폐쇄명령을 받은 자에 대하여 **그가 해당 식품등을 판매한 금액의 2배 이하의 범위에서 과징금을 부과**할 수 있다. ② 식품의약품안전처장, 시·도지사 또는 시장·군수·구청장은 제1항에 따른 과징금을 부과하는 경우 다음 각 호의 사항을 고려하여야 한다. <u>1. 위반행위의 내용 및 정도</u> <u>2. 위반행위의 기간 및 횟수</u> <u>3. 위반행위로 인하여 취득한 이익의 규모</u> ③ <생략> ④ <생략> ⑤ <생략>
	☞ 과징금 부과 한도(2배 이내) 상향으로 부당이익을 넘어서는 금전적 제재가 가능하게 하고, 과징금 산정 시 고려사항을 구체적으로 규정하여 제재의 비례성과 정당성을 확보

3 해 설

① (제1항) 식품의약품안전처장, 시·도지사 또는 시장·군수·구청장은 제8조제1항제1호부터 제3호까지의 규정을 위반하여 제16조제1항 또는 제3항에 따라 2개월 이상의 영업정지 처분, 같은 조 제1항 또는 제2항에 따라 영업허가 및 등록의 취소 또는 같은 조 제3항 또는 제4항에 따라 영업소의 폐쇄명령을 받은 자에 대하여 그가 해당 식품등을 판매한 금액의 2배 이하의 범위에서 과징금을 부과할 수 있다.

1. 부과권자(행정주체)

과징금 부과권자는 식품의약품안전처장, 시·도지사 또는 시장·군수·구청장이다. 이는 식품표시광고법상 행정처분권한의 배분체계와 일치하는 것으로, 해당 위반행위에 대한 영업정지나 허가취소 등의 처분을 한 행정청이 과징금 부과권한도 함께 갖는 구조이다. 이러한 권한 배분은 처분의 일관성과 효율성을 도모하는 한편, 지방분권의 취지를 반영한 것으로 볼 수 있다.

2. 과징금 부과 대상자

과징금 부과 대상은 제8조제1항제1호부터 제3호까지 규정한 허위표시·광고, 과장표시·광고, 소비자를 기만하는 표시·광고의 금지를 위반하여 행정처분을 받은 자이다. 이는 모든 식품표시광고법 위반행위가 아닌 특정한 유형의 부당한 표시·광고 행위에 대해서만 선별적으로 과징금이 부과된다.

3. 선행 요건으로서의 행정처분

과징금 부과를 위한 필수적 선행요건은 일정 수준 이상의 중한 행정처분을 받았다는 것이다. 구체적으로는 제16조제1항 또는 제3항에 따른 2개월 이상의 영업정지 처분, 같은 조 제1항 또는 제2항에 따른 영업허가 및 등록의 취소, 또는 같은 조 제3항 또는 제4항에 따른 영업소의 폐쇄명령을 받아야 한다. 이는 경미한 위반행위에 대해서는 과징금을 부과하지 않고, 중대한 위반행위로 인해 상당한 수준의 행정처분을 받은 경우에만 추가적인 경제적 제재를 가한다는 입법정책을 반영한 것이다.

4. 과징금 산정 기준과 상한

과징금의 산정기준은 위반자가 해당 식품등을 판매한 금액으로 설정되어 있다. 이는 위반행위로 인한 경제적 이익과 직접적으로 연관된 객관적 기준을 제시한 것으로, 부당이득 환수라는 과징금의 본질적 성격을 잘 보여준다. 과징금의 상한은 판매한 금액의 2배 이하로 제한되어 있어, 과도한 제재로 인한 사업자의 경영상 어려움을 방지하면서도 부당이익을 상회하는 제재를 통해 위반행위의 억제 효과를 도모하고 있다.

5. 재량적 성격

"부과할 수 있다"고 규정함으로써 과징금 부과가 재량적 성격을 갖는다는 점을 명확히 하고 있다. 이는 선행 요건을 충족한다고 해서 반드시 과징금을 부과해야 하는 것이 아니라, 개별 사안의 구체적 사정을 고려하여 부과 여부와 부과 수준을 결정할 수 있음을 의미한다. 다만 이러한 재량은 제2항에서 규정한 고려사항들에 기속되는 기속재량의 성격을 가진다고 볼 것이다.

② (제2항) 식품의약품안전처장, 시·도지사 또는 시장·군수·구청장은 제1항에 따른 과징금을 부과하는 경우 다음 각 호의 사항을 고려하여야 한다.
  1. 위반행위의 내용 및 정도
  2. 위반행위의 기간 및 횟수
  3. 위반행위로 인하여 취득한 이익의 규모

1. 위반행위의 내용 및 정도
 '위반행위의 내용'은 허위표시·광고, 과장표시·광고, 기만적 표시·광고

등 구체적으로 어떤 유형의 위반행위에 해당하는지를 의미한다. 각 유형별로 소비자에게 미치는 피해의 성격과 정도가 다를 수 있기 때문에 이를 구분하여 평가할 필요가 있기 때문이다. '위반행위의 정도'는 해당 위반행위가 얼마나 심각한 수준인지를 나타내는 것으로, 표시·광고의 허위성이나 과장의 정도, 기만성의 수준 등을 종합적으로 평가하는 기준이다. 예를 들어 단순한 과장표현과 완전히 거짓된 정보를 제공하는 경우는 그 정도에서 현저한 차이가 있으므로, 과징금 부과 수준도 이를 반영하여 차등화되어야 한다.

2. 위반행위의 기간 및 횟수

'위반행위의 기간'은 부당한 표시·광고가 얼마나 오랜 기간 지속되었는지를 의미하며, 소비자 피해의 확산 정도와 직접적으로 연관된다. 장기간에 걸쳐 지속된 위반행위는 그만큼 많은 소비자에게 피해를 입혔을 가능성이 높고, 사업자가 의도적으로 위반행위를 저질렀다고 볼 수 있기 때문이다. '위반행위의 횟수'는 과거 위반 이력을 포함하여 반복적인 위반행위 여부를 평가하는 기준이다. 위반의 상습성 정도에 따라 책임의 정도가 다르므로, 횟수가 많을수록 무거운 제재가 필요하다. 이는 위반행위의 악성도와 고의성을 판단하는 중요한 지표가 되며, 일반예방 효과를 높이는 데에도 기여한다.

3. 위반행위로 인하여 취득한 이익의 규모

제3호는 제20조 과징금 제도의 핵심적 취지인 부당이득 환수를 직접적으로 반영한 조항이다. 부당한 표시·광고를 통해 소비자를 기만하여 얻은 경제적 이익의 규모가 클수록 그에 상응하는 수준의 과징금을 부과해야 위반행위에 대한 실질적 제재 효과를 거둘 수 있기 때문이다. 여기서 '취득한 이익'은 위반행위가 없었다면 얻을 수 없었을 추가적 수익을 의미하는 것으로, 단순히 총매출액이 아닌 위반행위와 인과관계가 있는 순이익 개념으로 이해된다. 이는 과징금이 단순한 제재를 넘어서 불법행위로 인한 이득을 박탈하여 공정한 경쟁질서를 회복하려는 기능을 수행한다는 점을 명확히 보여준다.

4. 고려사항의 법적 성격과 종합적 판단

제2항에서 "고려하여야 한다"고 규정함으로써 이들 사항은 단순한 참고사

항이 아닌 필수적 고려요소임을 명확히 하고 있다. 행정청은 과징금을 부과할 때 반드시 이 세 가지 요소를 모두 검토하고 종합적으로 판단해야 하며, 이를 간과하거나 자의적으로 적용할 경우 재량권 일탈·남용에 해당할 수 있다. 또한 이들 고려사항은 상호 독립적이면서도 유기적으로 연관되어 있어, 개별적으로 평가하되 전체적인 맥락에서 종합적으로 고려되어야 한다. 이를 통해 과징금 부과의 합리성과 예측가능성을 제고하고, 동일하거나 유사한 위반행위에 대해서는 일관성 있는 제재가 이루어질 수 있도록 하는 것이 제2항의 입법적 의도라고 할 수 있다.

3 (제3항) 식품의약품안전처장, 시·도지사 또는 시장·군수·구청장은 제1항에 따른 과징금을 기한 내에 납부하지 아니하는 경우 또는 제19조제3항 각 호의 어느 하나에 해당하는 경우에는 국세 체납처분의 예 또는 「지방행정제재·부과금의 징수 등에 관한 법률」에 따라 징수한다.

1. 징수권자(징수 주체)

징수권자는 과징금 부과권자와 동일하게 식품의약품안전처장, 시·도지사 또는 시장·군수·구청장으로 과징금 부과와 징수의 일관성을 보장하고, 행정의 효율성을 도모하고 있다. 부과권자와 징수권자가 동일함으로써 과징금 부과 과정에서 축적된 사안별 구체적 사정에 대한 정보를 징수 단계에서도 활용할 수 있어, 보다 합리적이고 효과적인 징수업무를 가능하게 한다.

2. 강제징수 발동 요건

강제징수 발동 요건은 두 가지로 구분된다. 첫째, 제1항에 따른 과징금을 행정청이 정한 납부기한까지 자발적으로 과징금을 납부하지 않은 경우이다. 둘째, 제19조제3항 각 호의 어느 하나에 해당하는 경우로 영업자가 폐업한 경우이다.[195] 폐업 사유를 강제징수 발동 요건에 포함시킨 것은 영업자가 과

---

[195] 구체적으로는 건강기능식품에 관한 법률, 수입식품안전관리 특별법, 식품위생법, 축산물위생관리법에 따라 폐업을 한 경우들이 해당한다.

징금 부과를 회피하기 위해 의도적으로 폐업하는 것을 방지하고, 폐업으로 인해 징수 기회를 상실하는 것을 예방하려는 입법적 의도를 반영한 것이다.

3. 징수 방법의 이원화

강제징수 방법은 과징금을 부과한 행정청의 성격에 따라 국세체납처분의 예에 의한 방법과 지방행정제재·부과금의 징수 등에 관한 법률에 따른 방법으로 이원화되어 있다. 식품의약품안전처장이 부과한 과징금의 경우 국세체납처분의 예에 따라 징수하고,[196] 지방자치단체의 장(시·도지사, 시장·군수·구청장)이 부과한 과징금의 경우 지방행정제재·부과금의 징수 등에 관한 법률에 따라 징수하는[197] 것이 일반적인 해석이다. 다만 조문에서는 '또는'으로 연결되어 있어 대안적 선택이 가능한 것으로 여겨질 수도 있다.

4 (제4항) 제1항에 따라 부과한 과징금의 징수절차 및 귀속 등에 관하여는 제19조제4항 및 제5항을 준용한다.

1. 준용의 법적 의미와 범위

준용은 다른 법조문의 규정을 끌어와 적용하는 법기술로, 유사한 사안에 대해 동일한 법리를 적용함으로써 법령의 간결성과 일관성을 도모하는 효과가 있다. 이 경우 제19조의 영업정지 등 갈음 과징금과 제20조의 부당한 표시·광고에 따른 과징금이 본질적으로 동일한 성격을 갖는 금전적 제재수단이라는 점에서 동일한 징수절차와 귀속 체계를 적용하는 것이 합리적이라는 판단에 기반한 것이라고 여겨진다.

---

[196] 국세징수법상의 체납처분 절차를 준용한다는 의미이다. 재산조사, 압류, 공매 등의 강력한 징수수단을 활용할 수 있으며, 과징금 징수의 실효성을 크게 높이는 효과가 있다.
[197] 지방자치단체가 부과하는 각종 부과금의 징수절차를 따른다는 의미이다. 이 법률은 지방자치단체의 행정제재부과금, 과태료, 과징금 등의 통일적 징수체계를 마련한 것으로, 지방자치단체의 특성을 반영한 징수절차를 규정하고 있다. 여기에는 독촉, 체납처분, 징수유예, 체납처분정지 등의 절차가 포함되어 있어, 지방자치단체 차원에서 효율적인 징수업무를 수행할 수 있도록 지원한다.

2. 징수절차에 관한 준용 사항

제19조 제4항은 과징금이 체납된 경우, 그 징수를 실효적으로 확보하기 위해 행정청이 활용할 수 있는 정보 확인 절차를 규정하고 있다. 행정정보의 공동이용의 주체는 식품의약품안전처장, 시·도지사, 시장·군수·구청장이며, 「전자정부법」 제36조 제1항에서 정한 행정정보의 공동이용 제도를 통해서 확인해야 한다. 확인 가능한 정보의 범위는 「건축법」 제38조에 따른 건축물대장 등본, 「공간정보의 구축 및 관리 등에 관한 법률」 제71조에 따른 토지대장 등본, 「자동차관리법」 제7조에 따른 자동차등록원부 등본이다.

3. 과징금 귀속에 관한 준용 사항

식품의약품안전처장이 부과·징수한 과징금은 국가에 귀속되고, 시·도지사가 부과·징수한 과징금은 시·도의 식품진흥기금에 귀속되며, 시장·군수·구청장이 부과·징수한 과징금은 대통령령으로 정하는 바에 따라 시·도(40%)와 시·군·구(60%)의 식품진흥기금에 귀속된다.

4. 통일적 운용체계의 확립

제4항의 준용 규정은 제19조와 제20조의 서로 다른 성격의 과징금에 대해 식품표시광고법 위반에 대한 경제적 제재라는 공통점을 기반으로 징수절차와 귀속에서는 동일한 기준을 적용하여 행정의 일관성에 기여한다. 또한, 준용 조항을 통해 법령의 간결성 유지와 이미 확립된 제19조의 징수절차와 귀속 체계를 활용함으로써 행정의 효율성과 편의성을 제고하는 기능을 한다.

⑤ (제5항) 제1항 및 제2항에 따른 과징금의 산출금액은 대통령령으로 정하는 바에 따라 결정한다.

1. 위임의 범위와 성격

제5항은 과징금 산출의 구체적 기준을 시행령에 위임하고 있다. 여기서 위

임의 대상은 제1항의 과징금 부과 상한인 '해당 식품등을 판매한 금액의 2배 이하' 범위 내에서의 구체적 산출방법과, 제2항의 고려사항들을 어떻게 반영할 것인지에 대한 세부기준이다. 이러한 위임은 과징금 산정의 기본 틀은 법률에서 정하되, 실무적으로 복잡하고 기술적인 산정방법은 시행령에서 구체화하는 입법기술을 채택한 것이다.

2. 기본 산정 기준의 구체화

시행령 제13조 제1항은 과징금의 기본 산정방식을 '부당한 표시·광고를 한 식품등의 판매량에 판매가격을 곱한 금액의 2배'로 규정하고 있다. 이는 법률에서 정한 상한선인 '해당 식품등을 판매한 금액의 2배 이하'를 최대한 활용하여 강력한 제재 효과를 도모하려는 입법정책을 반영한 것이다. 판매금액의 2배로 설정함으로써 위반행위로 얻은 이익을 상회하는 제재를 가하여 위반행위의 실질적 억제 효과를 거두고자 하는 취지이다.

3. 판매량과 판매가격의 산정 기준

시행령 제13조 제2항은 판매량과 판매가격의 구체적 산정기준을 제시하고 있다. 판매량의 경우 '부당한 표시·광고를 한 식품등을 최초로 판매한 시점부터 적발시점까지의 판매량'으로 정의하되, 출하량에서 회수량 및 반품·검사 등의 사유로 실제로 판매되지 않은 양을 제외한 수량으로 산정한다. 이는 부당한 표시·광고와 인과관계가 있는 실제 판매량만을 기준으로 하여 과징금 산정의 합리성을 확보하려는 것이다. 판매가격의 경우 판매기간 중 가격이 변동된 경우 판매시기별로 가격을 산정하도록 하여, 실제 거래가격을 정확히 반영할 수 있도록 하였다.

4. 감경 사유와 범위

시행령 제13조 제3항은 법 제20조 제2항의 고려사항들을 실질적으로 반영하는 방법을 제시하고 있다. 행정청은 위반행위의 내용 및 정도, 위반행위의 기간 및 횟수, 위반행위로 인하여 취득한 이익의 규모 등을 고려하여 기본 산정금액의 2분의 1 범위에서 과징금을 감경할 수 있도록 규정하고 있다. 이는 획일적인 과징금 부과를 지양하고 개별 사안의 구체적 사정을 반영한 탄력적 운용을 가능하게 하는 장치이다. 다만 감경의 상한을 2분의 1로 제한함으로써 과도한 감경으로 인한 제재 효과의 약화를 방지하고 있다.

5. 절차적 사항의 준용

시행령 제13조 제4항은 과징금의 부과·징수 절차 등에 관하여 제9조 및 제10조를 준용하도록 규정하고 있다. 이는 제19조의 영업정지 갈음 과징금과 동일한 절차적 기준을 적용함으로써 과징금 제도의 통일성을 확보하고 행정의 효율성을 제고하려는 것이다. 준용되는 절차에는 과징금 부과 절차, 납부 방법, 이의제기 절차 등이 포함된다.

3 해외 주요 국가의 입법 사례

1. 미국은 연방거래위원회법(FTC Act)과 연방 식품·의약품·화장품법(FDCA)을 근거로 허위·과장 광고에 대한 강력한 제재를 시행한다. 미국 연방거래위원회(FTC)는 허위 광고를 한 기업에 대해 과징금(penalties) 부과뿐 아니라 징벌적 손해배상(punitive damages)과 소비자 환불(refund order)까지 명령할 수 있다. 예컨대 다이어트 보조제의 허위 광고 사건에서는 총 판매금액 전액에 해당하는 1,450만 달러의 과징금을 부과한 사례가 있다. 이러한 접근은 단순히 부당이익을 환수하는 차원을 넘어, 소비자 피해 회복까지 병행함으로써 위법행위에 대한 억지력을 극대화하고 있다는 점에서 특징적이다.

2. 유럽연합(EU)도 「부당상업관행지침(Directive 2005/29/EC)」, 「식품 일반 규정(Regulation (EC) No 178/2002)」과 「공식통제규정(EU 2017/625)」 등에 기초하여 부당한 표시·광고 규제에 있어 엄격한 태도를 견지한다. EU는 회원국

별로 집행권을 부여하여 각국이 과징금, 벌금, 영업정지 명령 등을 탄력적으로 병행할 수 있도록 하고 있다. 따라서 특정 행위가 경미한 경우에는 경고나 시정명령으로 마무리되지만, 중대한 위반의 경우에는 영업정지와 고액의 과징금이 동시에 부과될 수 있다.

3. 일본은 「식품위생법(食品衛生法)」과 「부정경쟁방지법」을 통해 표시·광고 규제를 하고 있다. 일본은 '과징금'이라는 명칭보다는 형사적 벌금과 행정처분을 통해 제재하는 구조가 중심이지만, 실질적으로는 과징금과 유사한 기능을 수행한다. 허위·과장 광고로 소비자가 기만된 경우, 영업정지와 벌금을 함께 부과할 수 있으며, 이로써 사업자에게 경제적 부담을 주고 재발을 억제하는 방식이다. 한국의 식품표시광고법 제20조가 과징금을 명시적으로 규정한 것과 달리, 전통적으로 벌금형에 의존하는 체계가 특징이다.

4. 중국은 「식품안전법(食品安全法)」을 통해 허위 표시·광고에 대한 강력한 금전적 제재를 규정하고 있다. 위반행위가 적발되면 단순한 영업정지 명령을 넘어, 해당 위반 금액의 수배에 이르는 벌금이 부과될 수 있다. 또한 소비자 기만 행위가 확인되면 리콜 명령과 영업허가 취소까지 병행할 수 있어, 행정처분과 경제적 제재가 결합된 강력한 억제 구조를 형성하고 있다. 중국의 경우 과징금과 벌금의 구분이 명확하지 않지만, 실질적으로는 부당이익 환수와 징벌적 제재를 동시에 달성할 수 있는 제도적 장치라 할 수 있다.

5. 그 밖의 국가들도 유사한 제도를 운용한다. 캐나다는 「Competition Act」에 따라 허위·오도 광고에 대해 금전적 제재와 영업정지 명령을 병행할 수 있도록 하고 있으며, 호주는 「Australian Consumer Law」를 통해 허위 광고 행위에 대해 벌금, 시정명령, 영업정지를 함께 규정한다. 이들 국가 역시 소비자 보호와 공정한 시장질서 확립을 주요 목표로 한다는 점에서 한국의 제도와 공통점을 가진다.

6. 해외 주요국들은 모두 식품 표시·광고의 부당 행위에 대해 영업정지와 같은 행정처분과 함께 경제적 제재를 병행하는 방식으로 규율하고 있다. 한국 식품표시광고법 제20조가 '판매금액의 2배 이하'라고 규정하고 있는 것과 유사하게, 미국·EU·중국 등도 위반으로 얻은 경제적 이익을 상회하는 금전적 불이익을 부과하여 억지력을 높이고 있다. 다만 국가별로 강조점에는 차이가 있는데, 미국은 징벌적 손해배상과 소비자 환불 명령을 통한 피해 회복에 강점이 있고, 유럽연합은 회원국별 집행 자율성을 보장하면서도 통일된 규범 체계를 유지한다는 점이 특징이다. 일본과 중국은 전통적인 벌금과 행정처분을 결합하는 방식으로 규제를 실효성 있게 운영하고 있다.

『식품표시광고법 해설』

제21조 위반사실의 공표

법 률	제21조(위반사실의 공표) ① 식품의약품안전처장, 시·도지사 또는 시장·군수·구청장은 제15조부터 제20조까지의 규정에 따라 행정처분이 확정된 영업자에 대한 처분 내용, 해당 영업소와 식품등의 명칭 등 처분과 관련한 영업 정보를 공표하여야 한다. ② 제1항에 따른 공표의 대상, 방법 및 절차 등에 관하여 필요한 사항은 대통령령으로 정한다.
시행령	제14조(위반사실의 공표) 식품의약품안전처장, 시·도지사 또는 시장·군수·구청장은 법 제21조에 따라 행정처분이 확정된 영업자에 대한 다음 각 호의 사항을 지체 없이 해당 기관의 인터넷 홈페이지 또는 「신문 등의 진흥에 관한 법률」 제9조제1항 각 호 외의 부분 본문에 따라 등록한 전국을 보급지역으로 하는 일반일간신문에 게재해야 한다. 1. 「식품 등의 표시·광고에 관한 법률」 위반사실의 공표라는 내용의 표제 2. 영업의 종류 3. 영업소의 명칭·소재지 및 대표자의 성명 4. 식품등의 명칭(식육의 경우 그 종류 및 부위의 명칭을 말한다) 5. 위반 내용(위반행위의 구체적인 내용과 근거 법령을 포함한다) 6. 행정처분의 내용, 처분일 및 기간 7. 단속기관 및 적발일
시행규칙	
관련판례	서울중앙지방법원 2015가합27007

1 취지와 배경

법 제21조는 표시·광고 관련 법 위반 행위에 대해 행정처분을 내리는 것에 그치지 않고, 그 결과를 사회적으로 알리는 공표 제도를 규정하고 있다. 표시광고 위반행위에 대한 일회성 제재만으로는 소비자 피해 확산을 막기 어렵고, 기업 스스로도 반복적 위반을 비용으로 감내하려는 유인이 존재할 수 있으므로 단순한 과징금이나 영업정지만으로는 위법 행위를 억제하는 데 한계가 있다는 문제의식에서 도입되었다. 이러한 공표는 소비자의 알 권리를 보장하여 소비자가 해당 제품이나 영업자를 합리적으로 선택·회피할 수 있

제9장. 행정처분 및 제재(제14조~제21조)

도록 돕는 한편, 위반 업체에 대해서는 경제적 제재를 넘어 사회적 평판과 신뢰 상실이라는 불이익을 부과함으로써 강력한 재발 방지 효과를 유도한다. 또한, 정직하게 영업하는 업체와 위반 업체를 명확히 구분하여 공정한 시장질서를 확립하는 데 기여한다.198 아울러 행정기관이 공표 주체가 되어 확정된 처분만 공개토록 함으로써, 위반자의 명예를 불필요하게 침해하지 않도록 절차적 신중성을 확보하고 있다. 공표의 대상과 방법·절차를 대통령령에 위임한 것도 행정의 자의적 운용을 막고 공정성을 담보하기 위한 장치이다.

2 해 설

1 (제1항) 식품의약품안전처장, 시·도지사 또는 시장·군수·구청장은 제15조부터 제20조까지의 규정에 따라 행정처분이 확정된 영업자에 대한 처분 내용, 해당 영업소와 식품등의 명칭 등 처분과 관련한 영업 정보를 공표하여야 한다.

1. 공표의 주체

공표 주체는 식품표시광고법상 행정처분권한을 가진 행정기관들과 일치시킴으로써 행정의 일관성을 확보하고 있다.

2. 공표의 전제요건

공표는 "제15조부터 제20조까지의 규정에 따라 행정처분이 확정된" 상태에서 이루어진다. 이에 따라 행정처분의 범위는 식품표시광고법 제15조부터

---

198 식품에 있어서 공표는 두가지 성격으로 구분된다. 하나는 식품안전(위해식품, 위생부적합, 리콜, 위해경보 등) 관련이고, 다른 하나는 표시·광고 위반(허위·과장광고, 표시 불이행 등) 관련이다. 전자는 공중보건 보호가 목적이므로 긴급성·공공성 기준에 따라 신속한 정보 공개가 요구되는 반면, 표시·광고 위반 공개는 주로 소비자보호·공정거래 목적이며, 대부분 국가에서 집행 결과(행정처분·소송·합의 등) 공개 방식으로 운영된다. 따라서 안전 위반의 '즉시공개'와 표시·광고 위반의 '집행결과 공개'는 목적과 절차 측면에서 본질적으로 구별된다고 볼 것이다. 다만, 우리나라의 식품위생법 제84조는 식품안전 관련 위반사항도 확정된 이후에 공표하도록 규정하고 있다.

제20조까지로 한정된다.199 따라서, 다른 조항에 따른 처분이나 경고, 주의 등 제재적 성격이 약한 조치들은 공표 대상에서 제외된다.

"행정처분이 확정된" 상태여야 한다. 이는 행정처분에 대한 불복절차가 모두 종료되어 더 이상 다툴 여지가 없는 상태, 즉 행정처분이 확정력을 갖춘 상태를 의미한다. 따라서 행정심판이나 행정소송이 진행 중인 경우에는 아직 처분이 확정되지 않은 것으로 보아 공표되어서는 안된다. 이러한 요건은 헌법재판소의 공표명령 위헌 결정200에서 지적된 무죄추정원칙 위배 문제를 해결하기 위한 것으로 이해된다.

3. 공표의 대상

공표 대상은 "행정처분이 확정된 영업자"이다. 여기서 영업자는 식품표시광고법상 규제 대상이 되는 모든 영업주체를 포괄하는 개념으로, 개인사업자부터 법인까지 모든 형태의 영업주체가 포함된다. 해당 영업자가 직접 위반행위를 한 경우뿐만 아니라, 법인의 경우 그 종업원이나 대리인이 위반행위를 하여 법인에게 행정처분이 내려진 경우도 포함된다.

4. 공표의 내용

공표 내용은 "처분 내용, 해당 영업소와 식품등의 명칭 등 처분과 관련한 영업 정보"로 구체적으로 명시되어 있다. 처분 내용에는 어떤 위반행위로 인해 어떤 처분을 받았는지에 대한 구체적인 정보가 포함된다. 예를 들어, 허위·과대광고로 인한 시정명령, 부정확한 표시로 인한 과징금 부과 등의 구체적인 처분 사실이 공표된다. 해당 영업소의 명칭은 위반행위가 발생한 구체적인 영업장소를 특정하기 위한 것으로, 소비자들이 어떤 업체에서 위반행위가 발생했는지 명확히 알 수 있도록 한다. 식품등의 명칭은 위반행위와 관련된 구체적인 제품명을 공표하는 것으로, 소비자들이 해당 제품을 식별하고 구매를 피할 수 있도록 하는 실질적인 정보를 제공한다. "등 처분과 관련한

---

199 시정명령(제15조), 회수·폐기명령(제16조), 판매금지(제17조), 영업정지(제18조), 품목제조정지(제19조), 과징금(제20조) 등이 포함된다.
200 독점규제및공정거래에관한법률 제27조 위헌소원 [전원재판부 2001헌바43, 2002. 1. 31.]

영업 정보"라는 포괄적 표현을 통해 위반행위의 구체적인 내용, 처분의 경위, 영업자의 정보 등 소비자 보호와 시장 질서 확립에 필요한 제반 정보들이 공표될 수 있도록 하고 있다.

5. 공표의 법적 성격

"공표"는 단순한 사실 알림이 아니라, 법률상 확정된 제재에 수반되는 공적 고지 행위이며, 행정기관의 재량사항이 아닌 의무사항이다. 행정처분이 확정되면 반드시 공표하도록 하는 동시에, 세부 항목을 구체적으로 나열함으로써 행정청의 자의적 재량을 최소화하고, 위반 사실 공표가 일률적이고 공정하게 집행되도록 하였다. 이는 소비자의 알 권리 보장과 함께, 위반 업체에 대한 사회적 불이익을 통해 재발 방지 효과와 공정한 시장질서 형성을 강화하는 기능을 한다.

② (제2항) 제1항에 따른 공표의 대상, 방법 및 절차 등에 관하여 필요한 사항은 대통령령으로 정한다.

1. 공표의 주체 및 시기

법 제21조 제1항에서 규정하고 있는 바와 동일하게 식품의약품안전처장, 시·도지사, 시장·군수·구청장을 공표 주체로 정하고 있다. 공표의 시기는 "지체 없이" 하도록 규정하고 있다. 즉, 처분이 확정된 이후에는 불필요한 지연 없이 신속하게 국민에게 알릴 의무가 있다. 이는 소비자의 알 권리와 위해 예방을 조속히 실현하기 위한 요구로 이해된다.

2. 공표의 방법

시행령은 공표 방법을 관할 행정기관의 인터넷 홈페이지 게재를 통한 공표 또는 전국 보급 일반일간신문 게재를 통한 공표 두 가지로 규정하여, 위반 사실을 국민에게 널리 알리면서도, 공신력 있는 기록으로 남겨 사회적 경각심을 제고하기 위한 것이다. 인터넷은 신속성과 확산성을 확보하는 수단으로, 신문은 공적 기록성과 공신력을 담보하는 매체로 기능한다.

3. 공표의 내용

시행령 제14조는 공표 내용의 구체적 항목을 일곱 가지로 규정하고 있으며, 이는 반드시 포함하여야 한다.

〈표 31〉 공표의 항목과 내용

항 목	내용 및 이유
표제	• 표제의 형식은 정해져 있지 않으나, 법률 위반사항을 알리는 것임을 소비자가 명확히 알 수 있도록 붙여야 한다.
영업의 종류	• 식품제조업, 식품판매업 등 영업의 업종을 밝혀 소비자가 위반의 성격을 이해할 수 있게 한다.
영업소 명칭, 소재지, 대표자 성명	• 위반 주체를 특정할 수 있는 기본 정보로, 소비자가 해당 업체를 직접적으로 식별할 수 있도록 한다.
식품 등의 명칭	• 문제가 된 제품을 구체적으로 지칭한다. 특히 식육의 경우 종류와 부위를 명시한다.
위반 내용	• 법률 위반 여부 뿐만 아니라, 구체적인 행위태양과 위반 근거 법령까지 명시함으로써 투명성과 정당성을 확보한다.
행정처분의 내용, 처분일 및 기간	• 영업정지, 과징금 등 처분의 성격과 효력 범위를 알려줌으로써 소비자뿐 아니라 거래 관계자에게도 정보를 제공한다.
단속기관 및 적발일	• 공표된 사실이 적법한 단속 절차에 따른 적발 결과임을 보여줌으로써, 공표의 신뢰성과 공정성을 보장한다.

3 해외 주요 국가의 입법 사례

1. 미국

미국에서는 라벨링(표시)과 광고를 관할하는 기관이 분리되어 있다. 라벨링 관련 위반, 특히 misbranding(허위표시) 문제는 식품의약국(FDA) 소관으로 위반이 확인되면 FDA는 경고장(warning letter) 등을 발부하고 이를 공개한다. 광고 관련 허위·기만적 행위는 연방거래위원회(FTC)가 담당하며, FTC는 소송·합의·동의명령(consent order)의 결과를 보도자료와 홈페이지를 통해 공개한다. 공표는 주로 집행조치가 이루어진 시점에 이뤄지며(경고장·합의·

판결 등), 즉각적·무조건적으로 공개되는 것은 아니다. 다만, 공개자료를 데이터베이스 형태로 유지하여 투명성을 확보하는 관행이 강하다.

2. 유럽연합(EU)

EU 차원에서는 공중보건·위해경보(RASFF 등)가 중시되므로 안전정보의 신속공유가 제도화되어 있다. 그러나 표시·광고 위반의 경우에는 EU 단일 규정으로 '공표 의무'를 일괄 규정하지 않고, 회원국별 소비자보호 기관·광고심의기관·경쟁당국이 소관 업무를 수행한다. 예컨대 영국은 광고자율심의기구(ASA)가 허위·부당광고에 대한 판정결과를 공개한다. 따라서 EU에서는 자율심의와 행정·사법적 집행 결과 공개를 통해 투명성이 확보되는 방식이 일반적이며, 공표의무보다는 사례 공개 관행이 더 보편적이다.

3. 일본

일본은 표시·광고 위반 공표 제도가 비교적 명확하게 규정되어 있다. 「경품표시법(景品表示法)」 등에 따라 행정처분(조치명령) 확정 시 위반사실과 조치내용, 사업자 명칭 등을 소비자청에서 홈페이지를 통해 공표한다. 즉, 일본은 한국의 식품표시광고법 제21조와 매우 유사하게 '확정된 행정처분 후 공표'를 법제화하여 집행의 투명성과 소비자 알권리를 확보하고 있다.

4. 중국

중국은 시장감독관리총국(SAMR) 및 지방 시장감독기관이 허위광고·표시 위반 사례를 공개한다. 중국에서는 처분의 확정 여부와 관계없이 조사·예고·단속 결과가 언론·관보·사례집 형태로 널리 보도되는 경우가 잦고, 처분 확정 후에는 공식명단·벌금액 등을 공개하여 강한 억지효과를 노린다. 이러한 적극적인 공개 관행은 위반에 대한 억지력 강화라는 점에서 효율적일 수는 있으나, 절차적 권리 보장이나 기업의 명예 보호 측면에서는 논쟁을 불러일으킬 수 있다.

『식품표시광고법 해설』

4 관련 판례

「식품표시광고법」 제21조(위반사실의 공표), 「식품위생법」 제84조(위반사실 공표) 등을 직접적으로 다룬 판례를 찾을 수는 없었으나, 수사기관의 피의사실 공표 행위가 국가배상책임의 대상이 되는 불법행위를 구성하는지에 대한 판단 기준을 제시한 판례가 있어 참고로 제시한다.

1. 서울중앙지방법원 2015가합27007 판결[손해배상][201]

개요	• 원고는 건강식품 제조·판매업자로, 피고(서울시 소속 특별사법경찰관)의 수사와 보도자료 배포로 인한 손해배상을 청구.
경과	• 2012.9. 피고는 원고의 건강식품에 대해 수사를 개시했고, 의약품 오인광고 및 식용불가 원료(연교, 야관문) 사용 혐의로 기소.. • 1심은 벌금 500만원을 선고하였으나, 항소심에서 의약품 오인광고에 대해서만 벌금 200만원이 확정되고 식용불가 원료 사용 혐의는 무죄가 선고.
원고 주장	• 원고는 피고가 ①식약처 DB를 조작하고 부당 수사를 했으며, ②위법한 피의사실 공표로 영업상 손해를 입혔다고 주장하며 손해배상(1억원)을 청구.
법원 판단	• 수사의 적법성 : 식약처 DB 조작 증거가 없었고, 당시 DB상 해당 원료들이 실제로 식용불가로 분류되어 있었음. 　- 연교의 종류 구분이나 야관문의 식용가능 여부는 전문적 영역으로, 수사 당시 확인이 어려웠던 점을 고려할 때 수사의 합리성이 부정되지 않음. • 피의사실 공표의 적법성 : 식품 위생은 국민 보건·안전과 직결되어 공익성과 공표 필요성이 인정 　- 보도자료는 기소 후 공식 절차를 거쳐 제공되었고, 익명 처리 등 사익 침해 최소화 노력이 있었음.
결론	• 법원은 수사의 위법성과 피의사실 공표의 위법성을 모두 인정하지 않아 원고의 청구를 기각

---

[201] 이 사건에서 법원은 수사기관의 피의사실 공표행위가 위법성을 조각(면제)하는지 여부를 판단하기 위해 여러 요소를 종합적으로 고려해야 한다고 밝혔으며, 공표 목적의 공익성 및 공표 내용의 공공성, 공표의 필요성, 공표된 피의사실의 객관성 및 정확성, 공표의 절차와 형식, 표현 방법(유죄를 속단하게 하거나 추측을 불러일으킬 우려가 있는 표현을 피했는지 등) 등을 기준으로 제시하였다.

제10장. 보칙(제22조~제25조)

보칙은 법률의 본칙(핵심 규정: 목적, 정의, 의무, 금지, 절차, 벌칙 등)에 직접 속하지는 않지만, 법의 적용이나 집행을 보완하는 규정들을 의미한다. 즉, 이 법을 운영하기 위해 필요한 부수적이거나 보충적인 사항이다. 이 법에서는 제22조(국고 보조), 제23조(청문), 제24조(권한 등의 위임 및 위탁), 제25조(벌칙 적용에서 공무원 의제) 등의 조항이 해당된다고 볼 것이다.

제22조 국고 보조

법　　률	제22조(국고 보조) 식품의약품안전처장은 예산의 범위에서 제15조제3항에 따른 폐기에 드는 비용의 전부 또는 일부를 보조할 수 있다.
시 행 령	
시행규칙	
관련판례	

1 배경 및 취지

식품 등의 표시·광고가 법령에 위반되는 경우, 해당 식품은 판매 중단이나 회수·폐기 조치의 대상이 된다. 특히 법 제15조 제3항은 부당한 표시·광고가 이루어진 식품에 대해 폐기 처분을 명할 수 있도록 규정하고 있는데, 이때 소요되는 비용은 운반비, 인건비, 처리비 등으로 상당한 금액에 이를 수 있다. 문제는 이러한 비용을 전적으로 사업자가 부담하도록 하면, 고의적 위반자뿐 아니라 불가피한 사정에 의해 위반에 연루된 선의의 사업자까지 과중한 부담을 지게 된다는 점이다. 경우에 따라서는 사업자가 비용을 감당하지 못하여 회수·폐기 조치 자체가 지연되거나 이행되지 않을 위험도 존재한다. 이는 곧 소비자 안전을 위협하는 결과로 이어질 수 있다.

이러한 문제를 해결하기 위해 도입된 것이 제22조(국고 보조)이다. 동조는

『식품표시광고법 해설』

식품의약품안전처장이 예산의 범위 안에서 회수·폐기 비용의 전부 또는 일부를 보조할 수 있도록 정하고 있다. 이는 식품 안전 확보라는 공익적 목적을 실현하기 위한 행정 조치가 재정적 이유로 차질 없이 수행되지 못하는 상황을 예방하고, 동시에 선의의 사업자가 불합리하게 과도한 부담을 지지 않도록 하려는 취지에서 마련된 제도적 장치이다. 결국 제22조는 식품 안전을 보장하는 국가의 책무와 위반 행위자에 대한 합리적 책임 분담을 조화시켜, 표시·광고 규제의 실효성을 강화하는 중요한 보완 규정으로 평가된다.

2 해설

1️⃣ 국고 보조의 주체는 식품의약품안전처장이다. 국고 보조를 결정하고 집행할 권한은 행정청인 식품의약품안전처장에게 부여되어 있으며, 이는 국가가 식품 안전 관리의 최종적 책임을 지고 있음을 반영한다.

2️⃣ 국고 보조는 무제한적 지원이 아니라 해당 회계연도에 확보된 예산 한도 내에서만 가능하다. 예산이 부족한 경우 보조가 제한될 수 있으며, 이는 재정 건전성을 확보하기 위한 필수적 요건이다.

3️⃣ 적용 사유는 제15조제3항에 따라 제4조제3항 또는 제8조제1항을 위반한 제품에 대한 폐기 조치이다. 즉, 단순한 표시 정정이나 광고 중지는 해당하지 않으며, 임의적인 폐기가 아닌 법적 근거에 따른 폐기만이 대상이다. 제15조제3항의 폐기는 식품안전을 위한 필수적 행정처분의 성격을 가지므로, 이에 따른 경제적 부담을 국가가 지원하는 것이다.

4️⃣ 지원의 범위는 폐기 비용의 전부 또는 일부이다. 이는 식품의약품안전처장에게 보조 비율을 결정할 재량권을 부여한 것으로, 사안의 중요성, 예산

제10장. 보칙(제22조~제25조)

상황, 피보조자의 경제적 능력 등을 종합적으로 고려하여 보조 수준을 정할 수 있음을 의미한다. 예컨대, 전액 보조는 사업자의 귀책 사유가 미약하거나 공익적 필요성이 매우 큰 경우에 적용될 수 있으며, 일부 보조는 사업자 책임을 일정 부분 유지할 필요가 있을 때 활용될 수 있다. '폐기에 드는 비용'은 폐기 과정에서 실제로 발생하는 직접적인 경비를 의미한다. 여기에는 폐기 작업비용, 운송비용, 처리비용 등이 포함될 것으로 해석되며, 간접적인 손실이나 기회비용은 포함되지 않는 것으로 보인다.

5 적용 대상은 부당한 표시·광고로 인해 폐기 처분을 이행해야 하는 사업자이다. 다만 이 규정은 위반 행위자를 전적으로 지원하기 위한 것이 아니라, 소비자 안전 확보와 제도 운영의 실효성을 담보하기 위한 장치이므로, 사업자의 귀책 정도와 상황을 고려하여 보조 여부와 범위가 결정된다.

3 해외 주요국의 입법 사례

해외 주요국의 관련 입법례를 살펴보면, 대부분의 국가에서 이러한 비용을 원칙적으로 사업자가 전액 부담하도록 하고 있으며, 우리나라 식품표시광고법 제22조과 같이 국가가 재정 지원을 명문으로 규정한 경우는 매우 이례적임을 확인할 수 있다. 다수 국가가 사업자의 책임 원칙을 철저히 적용하는 것과는 달리, 우리나라는 국가가 예산의 범위에서 폐기 비용을 보조할 수 있도록 규정하여 행정의 신속성과 소비자 보호를 실질적으로 담보하려는 장치로 이해된다. 이는 기업의 부담을 경감하는 동시에 위반 제품의 신속한 시장 퇴출을 유도할 수 있는 장점이 있으나, 예산 집행의 타당성과 남용 방지 장치의 마련 등에 대하여는 운영 과정에서 중요한 과제로 지적될 수 있다.

『식품표시광고법 해설』

제23조 청문

법률	제23조(청문) 식품의약품안전처장, 시·도지사 또는 시장·군수·구청장은 제10조제7항에 따른 자율심의기구에 대한 등록의 취소, 제16조제1항 또는 제2항에 따른 영업허가 또는 등록의 취소나 같은 조 제3항 또는 제4항에 따른 영업소 폐쇄를 명하려면 청문을 하여야 한다.
시행령	
시행규칙	
판례	서울중앙지방법원 2023가단5382639

1 취지와 배경

청문제도는 본래 「행정절차법」에서 도입된 일반적 절차 장치로, 국민의 권익을 침해하는 중대한 처분을 하기 전에 당사자에게 의견 진술 기회를 보장하기 위해 마련되었다. 식품표시광고법에서도 허가취소, 등록취소, 영업소 폐쇄 등은 기업 활동의 근간을 흔드는 가장 강력한 행정처분에 해당한다. 따라서, 이러한 제재를 내릴 때 절차적 정당성을 확보하고, 행정청의 자의적 처분으로 인한 기업의 과도한 피해를 예방할 필요가 있다. 특히 표시·광고 위반은 소비자 피해와 직결되므로 엄격한 제재가 필요하지만, 동시에 위반 행위의 고의·과실 여부, 위반 정도, 개선 가능성 등은 사건별로 상이하므로 일률적인 처분보다는 당사자의 소명과 반론을 청취하는 과정이 요구되었다. 이러한 맥락에서 제23조는 행정절차법의 일반 규정을 구체화하여, 식품표시광고 영역에서 중대한 처분 시 반드시 청문을 거치도록 명문화한 것이다.

청문제도는 절차적 적법성을 보장한다. 사업자에 대한 의견 진술권 부여로 헌법상 적법절차(due process) 원칙을 구현함으로써 행정처분의 정당성을 높이고, 후속 행정소송에서도 행정청 처분의 정당성 근거 확보의 효과가 있다. 동시에 비례성과 합리성을 확보한다. 청문 과정을 통해 위반 행위의 경중, 재발 방지 가능성, 개선 노력 등을 확인할 수 있다. 이를 통해 과도한 제재를 피하고, 사안에 적정하게 비례하는 처분을 내릴 수 있도록 한다. 또한, 분쟁 예방과 신뢰 구축에 기여한다. 당사자가 절차에 참여함으로써 납득 가능성이 높아지고, 불복 소송으로 이어질 가능성을 줄일 수 있다. 나아가 행정기관에 대한 신뢰 형성에도 기여한다.

2 해설

1. 청문 실시 주체

법 제23조는 청문 실시 주체는 식품의약품안전처장, 시·도지사, 그리고 시장·군수·구청장으로 행정처분의 권한을 가진 행정기관과 동일하게 규정되어 있다. 청문은 행정처분을 부과하기 전에 수행해야 하는 필수적인 절차이므로 당연히 행정처분의 권한을 가진 기관에게 청문의 권한과 의무를 부과하는 것이 당연하다

2. 청문 대상 조치의 유형

청문이 필요한 행정조치는 ① 제10조제7항에 따른 자율심의기구의 등록 취소, ② 제16조제1항 또는 제2항에 따른 영업허가나 등록의 취소, 그리고 ③ 같은 조 제3항 또는 제4항에 따른 영업소 폐쇄 명령의 세가지이다. 모두 사업자에게 극히 중대한 불이익을 가져오는 제재조치로서, 단순한 과태료나 시정명령과 달리 영업 기반 자체를 상실하게 할 수 있는 강력한 처분이다. 따라서 이러한 경우에는 행정청의 일방적 판단에만 의존하지 않고, 당사자의 의견을 직접 듣는 절차적 장치를 둔 것이다.

3. 청문의 법적 성격

이 조항에서 규정하는 청문은 의무적 청문의 성격을 가진다. "청문을 하여야 한다"는 강행적 표현을 사용함으로써 행정기관의 재량이 아닌 법적 의무

로 설정되어 있다. 이는 행정절차법상 청문 제도의 일반 원칙을 식품표시광고 분야에 특별히 적용한 것으로, 중대한 불이익 처분에 앞서 당사자에게 의견진술과 반박의 기회를 보장하려는 절차적 적법성 확보의 취지이다.

4. 청문 적용 범위의 특정성

주목할 점은 이 조항이 모든 행정처분에 청문을 요구하는 것이 아니라 특정한 조치들에 한정하여 청문 의무를 부과하고 있다는 것이다. 이는 처분의 중대성과 비례성의 원칙에 따른 것으로, 상대적으로 경미한 행정조치에 대해서는 청문 절차를 생략할 수 있도록 하여 행정의 효율성을 도모하면서도, 중대한 불이익을 초래하는 처분에 대해서는 엄격한 절차적 보장을 요구한다.

5. 절차적 보장의 의의

이 조항은 실체적 권리 보호와 절차적 적법성을 조화시키는 현대 행정법의 원리를 구현한 것이다. 특히 식품표시광고 분야에서 발생할 수 있는 중대한 행정처분에 대하여 사전적 절차적 보장을 강화함으로써 행정의 자의성을 방지하고 당사자의 권리구제 기회를 실질적으로 보장하려는 입법적 의도를 반영하고 있다. 이는 또한 행정의 투명성과 예측가능성을 높여 법치주의 구현에 기여하는 중요한 제도적 장치라고 할 수 있다.

3 해외 주요국 사례

주요국들의 입법례에서도, 영업허가 취소나 영업소 폐쇄와 같은 중대한 불리익 행정처분에 대하여 사전 청문 절차를 보장하는 것이 공통된 원칙으로 확립되어 있음을 확인할 수 있다. 미국은 연방 행정절차법(Administrative Procedure Act)을 통해 적법절차(due process) 보장을 일반 원칙으로 하되, FDA의 식품표시 위반 집행에서도 사전 통지, 증거 제출권, 공정한 심리 등의 절차적 보장을 제공하고 있다.[202] 유럽연합은 회원국별로 분산된 집행 체계를 운영하면서도 투명성, 비례성, 방어권 보장이라는 공통 원칙 하에 각국의 행정절차법에 따라 중대한 행정처분에 대한 사전 청문이나 의견진술 기회를 보장하고 있다.203 일본의 경우 1993년 행정절차법 제정 이후 식품위생법상의 영업 관련 제재에 대해 의무적 청문 절차를 운영하고 있으며,204 사전 교정 기회 → 단계적 처분 → 청문 절차 → 사후 구제의 체계적인 절차를 통해 사업자의 권익을 보호하고 있다. 중국 역시 2021년 개정된 행정처벌법을 통해 중대한 행정처벌에 대한 청문권을 보장하고 있으며,205 국가시장감독관리총국의 식품표시 위반 집행에서도 조사 및 증거수집 → 당사자 권리 고지 → 청문 기회 제공 → 처분 결정 및 구제 방법 안내의 절차를 따르고 있다. 캐나다, 호주, 싱가포르 등 기타 주요국들도 각각 연방법원법, 행정결정법, 농식품수의청 규정 등을 통해 식품표시 관련 중대한 행정처분에 대해 사전 통지와 의견진술 기회를 보장하는 공통된 패턴을 보이고 있다.206

우리나라 식품표시광고법 제23조의 청문 규정은 이러한 국제적 동향과 잘 부합하면서도 몇 가지 독특한 특징을 보이고 있다. 첫째, 자율심의기구에 대한 등록 취소부터 영업허가 취소, 영업소 폐쇄에 이르기까지 포괄적이고 구체적인 청문 대상을 명시한 점은 다른 나라에서 찾기 어려운 정밀한 접근법이라고 할 수 있다. 둘째, 식품의약품안전처장부터 기초자치단체장까지 다층적 집행 주체 모두에게 동일한 청문 의무를 부과함으로써 전국적으로 일관된 절차적 보장을 제도화한 점이 주목된다. 셋째, 제22조의 폐기비용 국고 보조와 연계하여 보면, 사업자에 대한 제재와 지원을 균형 있게 고려한 독특한 접근법을 취하고 있다는 점에서 다른 나라들이 주로 기업 부담 원칙을 채택하는 것과 차별화된다. 이러한 특성은 우리나라가 식품안전이라는 공익 달성과 사업자 권익 보호 사이의 조화를 추구하는 균형잡힌 접근법을 채택하고 있다고 볼 것이다.

---

202 FDA의 식품표시 위반에 대한 경고서(Warning Letter) 발송 및 후속 집행 절차는 적법절차 원칙에 따라 사전 통지와 반박 기회를 제공한다.
203 유럽연합 조약 제6조 및 유럽연합 기본권 헌장 제47조에 따른 공정한 재판을 받을 권리.
204 일본 行政手続法 제13조 내지 제28조(청문), 제29조 내지 제31조(변명의 기회 부여).
205 中华人民共和国行政处罚法(2021년 개정) 제44조 내지 제46조(청문 절차).
206 캐나다 연방법원법(Federal Courts Act), 호주 행정결정법(Administrative Decisions Act 1977), 싱가포르 농식품수의청(Singapore Food Agency) 관련 규정 등.

4 관련 판례

식품표시광고법 제23조(청문)을 직접적으로 다룬 판례는 찾을 수 없었으나, 청문 절차의 이행 및 관련 행정처분의 적법성, 나아가 국가배상책임의 성립 여부를 이해하는 데 시사점을 제공하는 판례가 있어 검토한다.

■ 서울중앙지방법원 2023가단5382639 판결

개요	• 원고는 유통기한 변조 사실로 인해 피고로부터 영업소 폐쇄처분을 받았음. 처분청은 처분 전에 청문 절차를 거침. 이후 원고는 별도 행정소송을 통해 영업소 폐쇄처분의 재량권 일탈·남용을 이유로 취소 판결을 받아 확정됨. 그 후 원고는 위법한 처분으로 인해 손해에 대해 국가대상 배상을 청구함.
판단 근거	• **청문 절차의 이행** : 처분청은 영업소 폐쇄라는 중대한 처분 전에 법령에 정한 대로 청문 절차를 이행. • **처분의 위법성** : 법원은 청문 절차의 하자가 아닌, 처분의 실체적 내용에 위법이 있다고 판단.(위반행위가 한 차례에 그쳤고, 경제적 이득이 크지 않으며, 실제 건강상 위해가 발생하지 않은 점 등을 고려할 때, 영업소 폐쇄 처분은 비례의 원칙에 반하는 재량권 일탈·남용에 해당하여 위법) • **국가배상책임** : 비록 행정처분이 재량권 일탈·남용으로 취소되었더라도, 처분을 한 담당 공무원에게 객관적 주의의무를 위반한 고의 또는 과실이 있다고 보기는 어렵다고 판단. 행정처분의 위법성과 공무원의 과실로 인한 국가배상책임의 성립 요건이 별개임을 명확히 함.
검토	• **청문의 법적 성격** : 청문은 행정청의 자의적 처분을 방지하고 당사자의 절차적 권리 보장을 위한 필수적인 전제 요건. 법률상 요구되는 청문 없이 영업소 폐쇄와 같은 침익적 처분을 한다면, 실체적 내용의 당부를 따질 필요 없이 절차상 하자로 인해 위법하게 되어 취소 사유가 될 수 있음. • 청문 절차에서의 주장 내용 : 당사자는 청문 절차에서 처분의 원인이 된 사실관계 존부뿐만 아니라, 정상참작 사유를 적극적으로 주장할 수 있음. 예를 들어, ▲위반행위가 고의가 아닌 과실에 의한 것임, ▲위반의 정도가 경미하고 일회성에 그침, ▲위반으로 얻은 이익이 없거나 미미함, ▲처분으로 인해 입게 될 불이익이 공익에 비해 현저히 크다는 점 등. • **청문과 행정소송 및 국가배상의 관계** : 청문 절차를 거쳤다고 해서 처분이 무조건 적법하게 되는 것은 아니며, 청문 이후 내려진 처분이라도 그 내용이 비례의 원칙이나 평등의 원칙에 위배되어 재량권을 일탈·남용한 경우에는 행정소송을 통해 취소될 수 있음. 다만, 처분이 위법하여 취소되더라도 이것이 곧바로 국가배상책임의 성립으로 이어지는 것은 아니며, 담당 공무원의 고의 또는 과실이라는 요건이 별도로 입증되어야 함.

제10장. 보칙(제22조~제25조)

제24조 권한 등의 위임 및 위탁

법 률	제24조(권한 등의 위임 및 위탁) ① 이 법에 따른 식품의약품안전처장의 권한은 대통령령으로 정하는 바에 따라 그 일부를 소속 기관의 장 또는 시·도지사에게 위임할 수 있다. ② 이 법에 따른 식품의약품안전처장의 업무는 대통령령으로 정하는 바에 따라 그 일부를 관계 전문기관 또는 단체에 위탁할 수 있다.

시 행 령	제15조(권한의 위임) ① 식품의약품안전처장은 법 제24조제1항에 따라 법 제9조제2항에 따른 식품등의 표시 또는 광고의 실증자료에 대한 검토에 관한 권한을 식품의약품안전평가원장에게 위임한다.
	② 식품의약품안전처장은 법 제24조제1항에 따라 다음 각 호의 권한을 지방식품의약품안전청장에게 위임한다.
	  1. 법 제14조에 따른 시정명령
	  2. 법 제15조에 따른 다음 각 목의 권한
	    가. 법 제15조제2항에 따른 회수계획 및 회수결과의 보고 접수
	    나. 법 제15조제3항에 따른 압류·폐기 지시 또는 영업자에 대한 조치 명령
	  3. 법 제16조제1항 및 제2항에 따른 영업허가 또는 영업등록의 취소·정지
	  4. 법 제17조에 따른 품목 또는 품목류의 제조정지 명령
	  5. 법 제19조 및 제20조에 따른 과징금의 부과·징수
	  6. 법 제21조에 따른 공표
	  7. 법 제23조에 따른 청문
	  8. 법 제31조에 따른 과태료의 부과·징수
	③ 식품의약품안전처장은 법 제24조제1항에 따라 법 제8조제1항에 따른 식품등의 부당한 표시 또는 광고행위의 금지 위반사항의 점검에 관한 권한(건강기능식품에 대한 점검 권한만 해당한다)을 시·도지사에게 위임한다.

시행규칙	
관련판례	대전지법 2024구합200204, 서울고등법원 2019루1142, 대법원 2016추13

1 배경, 취지 및 주요 내용 해설

「식품표시광고법」 제24조와 그 하위 규정인 시행령 제15조는 식품표시광고 관련 권한의 위임 및 위탁 체계를 규정하고 있다. 이 규정이 도입된 배경에는 두 가지 축이 자리한다.

첫째, 행정 효율성 확보이다. 식품 표시·광고 위반 사안은 전국적으로 발생할 수 있고, 위반 유형 또한 단순한 과장광고에서부터 소비자 건강에 직접 위해를 가하는 중대한 위반까지 다양하다. 이러한 사안들을 모두 중앙행정기관인 식품의약품안전처가 직접 처리하는 것은 행정력의 한계를 초래할 수밖에 없다. 따라서 중앙기관이 원칙적인 권한을 보유하되, 구체적이고 반복적인 집행 업무를 소속 기관이나 지방식품의약품안전청, 나아가 지방자치단체에 분산시킴으로써 신속하고 실효성 있는 집행이 가능하도록 한 것이다.

둘째, 전문성과 책임성의 조화이다. 식품 표시·광고 문제는 단순한 행정사무가 아니라 과학적 검토와 법적 판단이 결합된 복합 영역이다. 예컨대, 실증자료 검토는 고도의 과학적·기술적 전문성이 요구되므로 식품의약품안전평가원과 같은 전문기관에 위임하는 것이 합리적인 반면, 현장에서 즉각적인 행정조치를 요하는 시정명령이나 과태료 부과 등은 지역 단위에서 신속하게 처리할 수 있도록 지방식품의약품안전청에 위임하는 것이 적절하다.

시행령 제15조는 위임 및 위탁의 대상을 구체적으로 나열하고 있다. 이러한 구체적 설계는 권한 배분의 적정성을 확보하기 위한 것이다. 실증자료 검토와 같은 과학적·기술적 판단이 요구되는 사항은 식품의약품안전평가원에 위임하여 전문성을 극대화하며, 영업허가 취소, 제조정지 명령, 과징금 부과 등 지역적 파급력이 큰 사안은 지방식품의약품안전청장이 처리하도록 하여 집행력을 강화한다. 한편, 부당 표시·광고 점검과 같은 현장 단속 성격의 사무는 지자체가 직접 수행하도록 위임하여 생활밀착형 행정의 실효성을 확보한다. 즉, 단순히 업무 과부하를 줄이는 차원이 아니라, 업무 성격에 따라 적합한 주체에게 권한을 분산함으로써 전문성과 현장성을 동시에 보장하는 구조를 갖추었다고 볼 것이다.

결론적으로 법 제24조와 시행령 제15조는 단일 행정기관의 권한 집중으로 인한 비효율과 자의성을 방지하면서, 권한을 적절히 분산하여 중앙의 통일적 관리, 전문기관의 과학적 검토, 지방의 신속한 집행이 균형을 이루도록 한 제도적 장치라고 평가할 수 있다. 이러한 권한 위임·위탁 체계는 식품 안전 확보와 소비자 신뢰 제고를 위한 합리적 행정 운영의 기반이 된다.

2 관련 판례

식품표시광고법 제24조의 권한 위임·위탁의 효력이나 그에 따른 처분의 주체 등을 직접적으로 다룬 판례는 찾을 수 없었으나, "권한 등의 위임 및 위탁" 관련 쟁점을 다룬 판례를 소개하고자 함.

1. 대전지방법원 2024구합200204 판결[행정권한의 위임과 처분 권한의 흠결]

사안	• 지방노동청장이 보조금 부정수급을 이유로 제재부가금 부과 및 보조금 사업 지급제한 처분을 하자, 원고는 처분 권한이 없는 자가 한 처분이라고 주장.
법원 판단	• **외부위임 근거 부존재** : 법원은 보조금 관리에 관한 법률 및 그 시행령, 정부조직법, 행정권한의 위임 및 위탁에 관한 규정 등을 검토한 결과, 제재부가금 부과 및 지급제한 처분 권한이 고용노동부장관으로부터 지방고용노동청장에게 외부적으로 위임되었다고 볼 법적 근거가 없다고 판단. • **내부위임으로의 해석** : 다만, 고용노동부 훈령인 '고용노동분야 국고보조사업 관리규정'에 따라 권한이 내부적으로 위임된 것으로 봄. • **처분의 위법성** : 내부위임의 경우 수임기관은 위임기관(고용노동부장관)의 이름으로 처분해야 함에도, 피고(지방고용노동청장)는 자신의 명의로 처분하였으므로 이는 권한 없는 자에 의해 이루어진 위법한 처분이라고 판시. • **무효는 아님** : 그러나 법원은 이러한 하자가 처분을 당연 무효로 할 만큼 중대하고 명백하다고 보기는 어렵다고 판단하여 원고의 무효확인 청구를 기각함. 이는 실무상 관행, 처분 상대방의 예측 가능성 등을 고려한 결정.

2. 서울고등법원 2019루1142 결정['국가사무를 위탁받은 공공단체'의 해석]

사안	• 원고가 한국전력거래소를 상대로 서울행정법원에 소를 제기하면서, 피고가 '국가사무를 위탁받은 공공단체'에 해당하여 특별재판적 인정을 주장.
법원 판단	• **법적 근거의 필요성** : 법원은 행정권한의 위임 또는 위탁은 법률이 허용하는 경우에만 인정된다고 전제. • **고유사무와 위탁사무의 구별** : 전기사업법 등을 검토한 결과, 문제가 된 투자비 인정 관련 사무는 국가로부터 위탁받은 사무가 아니라, 전력시장 운영을 위해 설립된 피고의 고유사무라고 판단. • **결론** : 따라서 피고는 '국가사무를 위임 또는 위탁받은 공공단체'에 해당하지 않으므로, <u>대법원 소재지 관할 행정법원에 특별재판적이 인정되지 않는다고 보아 이송결정을 유지</u>.

3. 대법원 2016추13 판결[기관위임사무와 감독권의 한계]

사안	• 서울특별시장(피고)이 강남구청장(원고)의 개발행위허가 제한 조치가 위법·부당하다며 시정명령을 내리자, 원고가 그 취소를 구하는 소를 제기.
법원 판단	• **기관위임사무의 성격** : 개발행위허가 제한 사무는 서울시장이 구청장에게 위임한 기관위임사무에 해당한다고 보았음. • **수임기관의 소송 제기 불가** : 법원은 기관위임사무에 대해 위임기관(시·도지사)이 지도·감독권의 일환으로 행한 시정명령에 대하여, 수임기관(자치구의 장)은 이의가 있더라도 그 취소를 구하는 소를 제기하는 것이 허용되지 않는다고 판시. 이는 수임기관이 위임기관의 하부조직으로서 사무를 처리하는 것에 불과하다는 기관위임사무의 본질에 근거한 것임. • 결론 : 이에 따라 법원은 이 사건 소를 부적법 각하.

4. '권한의 위임 및 위탁' 관련 쟁점 및 원칙

• 위임의 법적 근거
- 행정권한의 위임·위탁은 반드시 법령에 명확한 근거가 있어야 하며, 법적 근거 없이 행해진 권한 행사는 무권한 행위가 될 수 있음.

• 외부위임과 내부위임의 구별
- 처분의 효력을 판단하는 데 있어 양자의 구별은 매우 중요함. 특히 내부위임의 경우, 수임기관이 자신의 명의로 처분을 하면 절차상 하자가 발생하여 위법한 처분이 될 수 있음.

• 위탁사무와 고유사무의 구별
- 어떤 단체가 수행하는 사무가 국가로부터 위탁받은 것인지, 아니면 그 단체의 설립 목적에 따른 고유사무인지는 법령의 규정과 취지를 종합적으로 해석하여 판단. 이는 행정소송의 관할이나 해당 사무의 법적 성격을 결정하는 기준이 됨.

• 기관위임의 특수성
- 지방자치단체 간의 기관위임 관계에서는 위임기관의 폭넓은 지도·감독권이 인정되며, 수임기관은 이에 대한 사법적 통제를 구하는 데 제약이 따름.

제10장. 보칙(제22조~제25조)

제25조 벌칙 적용에서 공무원 의제

법　　률	제25조(벌칙 적용에서 공무원 의제) 제11조에 따른 심의위원회의 위원은 「형법」 제129조부터 제132조까지의 규정을 적용할 때에는 공무원으로 본다.
시행령	
시행규칙	
관련판례	대법원 2006도4150, 서울고등법원 2024노2700

1 취지와 배경

"공무원 의제"는 본래 공무원이 아닌 사람에게도 특정한 법률을 적용할 때에는 공무원으로 간주하는 제도로, 주로 형법상 뇌물죄(형법 제129조부터 제132조까지)의 적용과 관련된다. 뇌물죄는 직무상 공정성과 청렴성을 해치는 행위를 엄격히 처벌하는 규정인데, 법률상 공무원이 아닌 경우에는 이러한 규정의 적용이 곤란해질 수 있다. 따라서 공공적 성격의 업무를 수행하는 자에게 공무원 의제를 부여함으로써, 공무원과 동일한 수준의 청렴성과 책임성을 확보하도록 하고 있는 것이다.

이 제도의 핵심적 취지는 공익적 기능을 수행하는 자가 사적 이익을 위해 직무상 부정을 저지르는 경우 사회 전체에 심대한 폐해를 초래할 수 있다는 점에 있다. 이러한 경우 단순한 사인(私人)의 범죄로 취급하면 처벌 수위나 억제력이 충분하지 못하기 때문에, 공무원 의제를 통해 형법상 뇌물죄 규정을 직접 적용할 수 있도록 하는 것이다. 실제로 사립학교 교원, 공공기관 임직원, 각종 위원회 위원 등에게 공무원 의제를 부여하는 입법례가 존재한다.

식품표시광고법 제25조 역시 이러한 맥락에서 마련된 규정이다. 동조는 제11조에 따른 표시·광고 심의위원회의 위원을 형법상 뇌물죄 규정 적용에 있어 공무원으로 본다고 규정하고 있다. 표시·광고 심의위원회는 사업자가 행하는 표시·광고의 적법성과 타당성을 검토하는 중요한 권한을 부여받은 기구로서, 그 결정은 해당 기업의 영업활동에 직접적이고 중대한 영향을 미친다. 만일 심의위원이 이해관계자와 유착하거나 금품을 수수한다면, 심의의 공정성이 훼손되고 소비자 보호라는 법의 목적 달성도 어려워진다. 따라서 입법자는 심의위원에게 공무원 의제를 부여함으로써 이들이 뇌물수수 등 부정행위를 할 경우 일반적인 사인 범죄가 아닌 뇌물죄로 엄중히 처벌하도록 하였다. 이는 심의위원회의 독립성과 공정성을 확보하고, 나아가 식품 표시·광고에 대한 국민적 신뢰를 보장하려는 취지이다. 요컨대, 식품표시광고법의 공무원 의제 규정은 단순한 형식적 장치가 아니라, 표시·광고 규제 체계 전반의 신뢰성과 실효성을 담보하는 핵심적인 장치로 기능하는 것이다.

2 해설

1 의제 대상자(擬制 對象者)

법 제25조에서 공무원으로 의제되는 대상자는 "제11조에 따른 심의위원회의 위원"이다. 여기서 심의위원회는 식품의 표시·광고에 관한 심의를 담당하는 기구로서, 그 위원들은 식품 관련 학계 전문가, 소비자단체 대표, 식품업계 전문가, 법률 전문가 등 다양한 분야의 민간 전문가들로 구성되는 것이 일반적이다. 이러한 민간 전문가들이 공적 업무를 수행함에 있어 공무원과 동일한 윤리적 기준과 법적 책임을 지도록 하는 것이 이 규정의 핵심이다.

2 적용 범위

공무원 의제는 해당 위원이 심의위원회의 위원으로서 활동하는 기간 동안에만 적용된다. 즉, 위촉 기간 중에 한정되며, 위촉 전이나 위촉 해제 후의 행위에는 적용되지 않는다. 다만 심의위원으로서의 직무 관련 행위라면 형식적 위촉 기간보다는 실질적 직무 관련성을 중심으로 판단해야 할 것이다.

또한, 모든 법률관계에서 적용되는 것이 아니라, 오직 형법 제129조부터

제10장. 보칙(제22조~제25조)

제132조까지의 규정을 적용할 때에만 한정적으로 작동한다. 이는 민사법적 관계나 행정법적 관계에서는 민간인으로서의 지위를 유지한다는 의미이다.

3 적용 대상 형벌

형법 제129조부터 제132조까지를 명시적으로 열거하여 적용 대상으로 삼고 있다. 구체적으로는 제129조(수뢰, 사전수뢰), 제130조(제삼자뇌물제공), 제131조(수뢰후부정처사, 사후수뢰), 제132조(알선수뢰)가 이에 해당한다.

형법 제129조(수뢰, 사전수뢰)는 심의위원이 그 직무에 관하여 뇌물을 수수하거나 그 요구 또는 약속을 한 경우에 적용된다. 여기서 '직무'는 심의위원회에서의 심의·의결 업무를 의미하며, 개별 안건에 대한 검토, 토론, 표결 등이 모두 포함된다. 사전수뢰의 경우 아직 심의위원으로 위촉되기 전이라도 장래의 직무와 관련하여 뇌물을 받는 경우에 해당한다.

형법 제130조(제3자뇌물제공)는 심의위원이 그 직무에 관하여 뇌물을 제3자에게 공여하게 하거나 공여를 요구 또는 약속한 경우에 적용된다. 이는 직접적인 금품 수수뿐만 아니라 가족이나 지인을 통한 우회적 이익 제공도 처벌 대상에 포함시키는 규정이다.

형법 제131조(수뢰후부정처사, 사후수뢰)는 수뢰후부정처사죄는 심의위원이 뇌물을 받고 그 직무에 관하여 부정한 행위를 한 경우이며, 사후수뢰죄는 직무를 행한 후에 그 대가로 뇌물을 받는 경우이다. 전자는 뇌물 수수와 부정행위가 결합된 가중처벌 유형이고, 후자는 이미 완료된 직무행위에 대한 사후적 대가 수수를 처벌하는 규정이다.

형법 제132조(알선수뢰)는 심의위원이 그 지위를 이용하여 다른 공무원의 직무에 속한 사항에 관하여 알선한다는 명목으로 뇌물을 받는 경우에 해당한다. 예를 들어 심의위원이 자신의 지위를 이용하여 다른 심의위원에게 심의 관련 영향력을 행사한다면서 금품을 받는 경우가 이에 해당할 것이다. 관련 공무원에게 영향력 행사를 이유로 금품을 받는 경우도 해당될 수 있다.

4 기대 효과

형사처벌의 가중이다. 일반적인 민간인 간의 금품 수수는 단순한 증여나 민사상 부당이득에 해당할 수 있지만, 공무원 의제에 의해 이러한 행위들이 형법상 뇌물죄의 구성요건에 해당하게 된다. 이로 인해 법정형이 현저히 가중되며, 특히 몰수·추징의 대상이 되어 경제적 이익을 박탈당하게 된다. 동시에 사전적 예방 효과도 있다. 심의위원들에게 자신들의 행위가 공무원과 동일한 수준의 윤리적 기준과 법적 책임을 수반한다는 점을 인식하게 하여, 부정한 행위를 미연에 방지하는 기능을 한다. 결국 이를 통해 심의위원들이 외부의 부당한 압력이나 금품 제공에 굴복하지 않고 오직 공익을 위해 독립적이고 객관적인 판단을 내릴 수 있는 법적 기반을 마련한다. 이는 궁극적으로 식품 표시·광고 심의의 공정성과 신뢰성을 제고하는 효과를 가져온다.

5 제도적 의의와 한계

공무원 의제 규정은 현대 행정국가에서 민간 전문가의 공적 참여가 확대되는 상황에서 공익성을 담보하기 위한 입법적 해결책으로 평가된다. 특히 식품 안전과 소비자 보호라는 중대한 공익과 직결되는 분야에서 심의위원들의 공정성을 법적으로 뒷받침한다는 점에서 그 의의가 있다. 다만 민간 전문가에게 공무원과 동일한 형사법적 책임을 부과하는 것이 과도한 것은 아닌지에 대한 비판적 검토와 다른 측면에서는 의제의 범위가 형법상 뇌물죄에만 한정되어 있다는 점도 함께 논의될 필요가 있다.

3 해외 주요국의 유사 입법 사례

우리나라가 식품표시광고법 제25조와 같이 "공무원 의제"를 명문화하여 도입하고 있는 것이 일반적인 것과는[207] 달리 해외의 사례는 다르다. 비슷한

---

[207] 우리나라는 "벌칙 적용에서 공무원 의제" 규정을 두는 것이 일반적이다. 적용 대상 형벌도 형법 제129조에서 제132조를 대상으로 하며, 경우에 따라 제127조(공무상 비밀의 누설)를 포함하기도 한다.

제도적 취지 또는 공적 위원회 임원의 윤리·책임 규정은 다양한 방식으로 나타나는데, 국가별로는 형사법적 규율, 행정적 윤리규정, 혹은 공무원 지위 부여 등 서로 다른 제도적 장치를 활용하고 있다.

1. 미국

우리나라와 같은 명시적인 "공무원 의제" 규정은 없다. 대신 연방자문위원회법(FACA)과 정부윤리법 체계를 통해 식품표시 관련 자문위원을 관리한다. 자문위원들은 '특별정부직원(Special Government Employee, SGE)'이라는 신분을 부여받아 공직자와 유사한 윤리 규정을 적용받게 되어, 뇌물 및 부정한 보상 금지(18 U.S.C. § 201), 이해충돌 방지(18 U.S.C. § 208) 규정 등에 따라 규율된다. 미국 제도는 다양한 형태의 부정행위를 예방할 수 있다는 장점이 있는 반면, 일반 공무원 규정을 그대로 적용하다 보니 민간 전문가의 특성을 충분히 고려하지 못할 수 있다는 문제도 존재한다.

2. 유럽연합(EU)

유럽식품안전청(EFSA)을 중심으로 과학패널 위원들에 대해 독립성과 이해충돌 방지 규정을 엄격히 두고 있다. 직접적인 공무원 의제는 아니지만, EU 공무원 규정 일부를 준용하여 금품 수수 금지, 이해충돌 신고, 비밀 유지 등 공무원에 준하는 행동강령을 적용한다. 이 경우 위반자는 EU 법원의 관할 하에 처벌될 수 있다. EU 제도는 행정법적 접근을 강조하며 사전 예방에 강점을 가진 반면, 우리나라 제도는 형사법적 접근으로 사후 처벌의 확실성을 담보한다는 점에서 차이가 있다.

3. 일본

일본은 식품안전위원회 위원들에게 '특별직 국가공무원' 지위를 직접 부여한다. 이는 단순한 의제가 아니라 아예 공무원 신분을 부여하는 방식이다. 이에 따라 국가공무원법상 복무 규정과 형법상 공무원 관련 범죄가 전반적으로 적용된다. 뇌물죄뿐만 아니라 직권남용, 비밀누설 등도 모두 적용 대상이 된다. 따라서 포괄적 규제가 가능하다는 장점이 있는 반면, 민간 전문가의 자율성이 제약될 수 있고 임용 절차가 번거롭다는 문제점도 있다.

4. 중국

국무원 산하 식품안전위원회를 중심으로 운영하며, 외부 전문가가 참여하는 경우 '임시 국가기관 직원'으로 분류하여 법적 책임을 부과한다. 중국 형법 제93조는 국가기관에서 공무를 담당하는 기타 인원을 국가기관 직원으로 간주한다고 규정하고 있어, 식품안전 자문위원도 이에 포함될 수 있다. 따라서 뇌물죄, 직권남용죄 등 공무원 범죄가 적용된다. 중국은 포괄적 정의를 통해 광범위한 적용이 가능하지만, 그만큼 명확성이 떨어진다는 한계가 있다. 특정 조항을 통해 예측 가능성과 법적 안정성을 확보하고 있는 우리나라 제도와는 차이가 있다.

5. 위에서 제시된 국가 이외에 캐나다는 식품검사청(CFIA) 자문위원들에게 '공공서비스 윤리강령'을 적용하여 형사처벌보다는 행정적 제재에 중점을 두고 있으며, 호주는 식품기준청(FSANZ) 자문위원들에게 공공부문 윤리 원칙을 적용하고, 뇌물방지법의 적용 대상에 포함시켜 규율한다.

6. 해외 사례 종합 및 시사점

우리나라의 제도는 형법상 뇌물죄 등에 한정하여 적용함으로써 명확성과 실효성을 동시에 확보하는 특징이 있다. 다만 해외 사례와의 비교에서 보듯이, 단순한 사후 처벌 위주의 접근보다는 이해충돌 신고, 윤리 교육, 예방적 장치 강화가 필요하다는 점이 보완 과제로 제시된다. 그럼에도 불구하고 우리나라의 공무원 의제 규정은 민간 전문성을 활용하면서도 공익성을 확보하려는 현대적 거버넌스 모델의 한 사례라는 점에서 국제적으로도 주목할 만한 의미를 가진다고 할 것이다.

4 관련 판례

1. 대법원 2006도4150 판결[변호사법위반]

개요	• 피고는 폐기물처리업체 추천 청탁과 함께 7,000만 원을 수수하였다가 후에 반환하였으며, 이에 대해 배임수재 및 변호사법 위반 혐의로 기소.
법원 판단	• 배임수재죄에서 수수한 금품을 소비한 후 같은 금액을 반환한 경우에도, 이미 소비하여 몰수할 수 없게 된 금액 전체를 추징해야 한다고 판단. • 대법원은 대한주택공사 임직원의 경우, 단순히 형법상 뇌물죄 적용을 위한 공무원 의제 규정만으로는 변호사법 제111조의 '법령에 의하여 공무원으로 보는 자'에 해당하지 않는다고 판단.
판결 의의	• 공무원 의제 규정의 해석 범위를 명확히 하였음. 특히 개별 법령에서의 공무원 의제는 해당 법령의 목적과 취지에 맞게 제한적으로 해석해야 하며, 다른 법률에까지 확대 적용할 수 없다는 법리를 확립.
결과	• 대법원은 원심의 변호사법 위반 부분에 대한 판단이 법리를 오해한 것이라고 보아 원심 판결을 파기하고 사건을 환송.

2. 서울고등법원 2024노2700 판결[배임수재]

개요	• 피고는 대학 교수로서 공공기관 평가위원으로 위촉되어 입찰 심사에 참여하면서, 두 차례에 걸쳐 업체로부터 총 7,000만원의 금품을 수수한 사건.
쟁점	• 피고인의 공무원성 여부 • 국가계약법상 공무원 의제 규정의 직접 적용 가능성 • 공공기관운영법에 따른 공무원 의제 규정의 준용 가능성 • 실질적 공무수행자로서의 해석 가능성
법원 판단	• **교육공무원으로서의 직무관련성 부정** : 피고인의 심사위원 활동은 국립대학교 교수 직무와 직접적 관련성이 없음 • **국가계약법상 공무원 의제 규정 적용 부정** : 해당 공공기관은 중앙관서 또는 계약담당공무원에 해당하지 않아 직접 적용 불가 • **공공기관운영법상 준용 규정 적용 부정** : 형사처벌 관련 사항은 위임 범위에 포함되지 않음, 죄형법정주의 원칙상 확장해석 불가 • **실질적 공무수행자 해석 부정** : 법령에 근거한 공적 사무 종사자로 보기 어려움
결과	• 주위적 공소사실(특정범죄가중처벌등에관한법률위반 및 뇌물수수)은 무죄 • 예비적 공소사실인 배임수재죄는 유죄 • 피고인에게 징역 3년 및 추징금 7,000만원 선고

3. '벌칙 적용에서 공무원 의제' 조항 해석 및 적용 시 원칙

- **엄격 해석의 원칙**
  - 공무원 의제 규정의 적용 범위는 법률에 명시적으로 규정된 벌칙 조항(예: 형법 제129조부터 제132조까지)에 국한되며, 다른 범죄에까지 유추·확장하여 적용할 수 없음.

- **죄형법정주의와 명확한 법적 근거의 요구**
  - 형사처벌의 근거가 되는 공무원 의제는 반드시 법률 또는 법률의 구체적 위임에 따른 하위 법규명령에 명확한 근거가 있어야 함. 상위법의 위임 범위를 벗어나 행정규칙(예: 부령, 예규, 내부 지침 등)에서 처벌 대상을 확대하거나 준용 규정을 통해 형사처벌의 근거를 마련하는 것은 허용되지 않음.

- **'법령'의 범위**
  - 어떤 직무 수행자를 해석상 공무원으로 보기 위해서는 그 직무의 근거가 대외적 구속력을 갖는 '법령'이어야 하며, 행정기관이나 공공단체의 내부 규정이나 지침에 불과한 경우에는 이를 근거로 뇌물죄의 주체로 인정할 수 없음.

따라서 식품표시광고법 제25조에 따라 공무원으로 의제되는 자가 금품을 수수한 경우, 해당 조항이 명시한 '형법 제129조부터 제132조까지'의 뇌물죄가 성립할 수 있을 뿐, 다른 범죄에 당연히 공무원 신분이 전제되는 것은 아니다. 또한, 공무원으로 의제되는 자의 범위 역시 법률과 그 위임에 따른 시행령 등에서 정한 바에 따라 엄격하게 판단해야 할 것이다.

제11장. 벌칙(제26조~제31조)

　벌칙 조항은 식품의 표시 및 광고에 대한 법적 위반행위에 대해 형벌, 벌금, 과태료 등의 제재수단을 명확히 정함으로써 소비자 보호와 공정 거래 질서를 유지하기 위한 장치로써 역할을 한다. 구체적으로는 제26조부터 제31조까지 위반의 정도와 유형에 따라 최대 10년 이하 징역, 1억원 이하 벌금 등을 규정하고 있으며, 과태료(최대 300만원 부과)를 부과할 수도 한다.

제26조·제27조·제28조·제29조　벌칙

법률	
	제26조(벌칙) ① 제8조제1항제1호부터 제3호까지의 규정을 위반하여 표시 또는 광고를 한 자는 10년 이하의 징역 또는 1억원 이하의 벌금에 처하거나 이를 병과(竝科)할 수 있다. ② 제1항의 죄로 형을 선고받고 그 형이 확정된 후 5년 이내에 다시 제1항의 죄를 범한 자는 1년 이상 10년 이하의 징역에 처한다. ③ 제2항의 경우 해당 식품등을 판매하였을 때에는 그 판매가격의 4배 이상 10배 이하에 해당하는 벌금을 병과한다. 제27조(벌칙) 다음 각 호의 어느 하나에 해당하는 자는 5년 이하의 징역 또는 5천만원 이하의 벌금에 처하거나 이를 병과할 수 있다. 1. 제4조제3항을 위반하여 건강기능식품을 판매하거나 판매할 목적으로 제조·가공·소분·수입·포장·보관·진열 또는 운반하거나 영업에 사용한 자 2. 제8조제1항제4호부터 제10호까지의 규정을 위반하여 표시 또는 광고를 한 자 3. 제15조제1항에 따른 회수 또는 회수하는 데에 필요한 조치를 하지 아니한 자 4. 제15조제3항에 따른 명령을 위반한 자 5. 「건강기능식품에 관한 법률」 제5조제1항에 따라 영업허가를 받은 자로서 제16조제1항에 따른 영업정지 명령을 위반하여 계속 영업한 자 6. 「건강기능식품에 관한 법률」 제6조제2항에 따라 영업신고를 한 자로서 제16조제3항에 따른 영업정지 명령을 위반하여 계속 영업한 자 7. 「식품위생법」 제37조제1항에 따라 영업허가를 받은 자로서 제16조제1항에 따른 영업정지 명령을 위반하여 계속 영업한 자

법　률	제28조(벌칙) 다음 각 호의 어느 하나에 해당하는 자는 3년 이하의 징역 또는 3천만원 이하의 벌금에 처한다. 1. 제4조제3항을 위반하여 식품등(건강기능식품은 제외한다)을 판매하거나 판매할 목적으로 제조·가공·소분·수입·포장·보관·진열 또는 운반하거나 영업에 사용한 자 2. 제17조제1항에 따른 품목 또는 품목류 제조정지 명령을 위반한 자 3. 「수입식품안전관리 특별법」 제15조제1항에 따라 영업등록을 한 자로서 제16조제1항에 따른 영업정지 명령을 위반하여 계속 영업한 자 4. 「식품위생법」 제37조제4항에 따라 영업신고를 한 자로서 제16조제3항 또는 제4항에 따른 영업정지 명령 또는 영업소 폐쇄명령을 위반하여 계속 영업한 자 5. 「식품위생법」 제37조제5항에 따라 영업등록을 한 자로서 제16조제1항에 따른 영업정지 명령을 위반하여 계속 영업한 자 6. 「축산물 위생관리법」 제22조제1항에 따라 영업허가를 받은 자로서 제16조제1항에 따른 영업정지 명령을 위반하여 계속 영업한 자 7. 「축산물 위생관리법」 제24조제1항에 따라 영업신고를 한 자로서 제16조제3항 또는 제4항에 따른 영업정지 명령 또는 영업소 폐쇄명령을 위반하여 계속 영업한 자 제29조(벌칙) 다음 각 호의 어느 하나에 해당하는 자는 1년 이하의 징역 또는 1천만원 이하의 벌금에 처한다. 다만, 제1호의 경우 징역과 벌금을 병과할 수 있다. 1. 제9조제4항에 따른 중지명령을 위반하여 계속하여 표시 또는 광고를 한 자 2. 제15조제2항에 따른 회수계획 보고를 하지 아니하거나 거짓으로 보고한 자
시 행 령	
시행규칙	
관련판례	

1　배경 및 취지

「식품표시광고법」은 제26조부터 제29조까지에 걸쳐 벌칙 규정을 두고 있다. 이러한 규정은 단순히 법 위반에 대한 형벌을 나열하는 차원을 넘어, 법 체계 전반의 실효성을 담보하고 소비자 보호를 위한 최후의 장치를 마련하는 의미를 가진다.

첫째, 벌칙 규정은 법규 준수를 강제하는 기능을 한다. 표시·광고 제도는 사업자의 자율적 준수를 전제로 하지만, 행정지도나 과태료와 같은 비교적 가벼운 제재만으로는 법 위반을 충분히 억제하기 어렵다. 따라서 일정한 위반 행위에 대해서는 형벌 부과를 통해 사업자가 준법의무를 보다 엄격히 인식하게 하고, 고의적·반복적 위반을 사전에 차단하는 효과를 거둘 수 있다.

둘째, 식품 표시와 광고의 위반행위는 단순한 거래상의 기망을 넘어 소비자의 생명과 건강에 직결된다는 점에서 중대한 사회적 의미를 가진다. 잘못된 정보에 근거한 소비는 국민 건강을 위협할 뿐만 아니라, 불특정 다수에게 빠른 속도로 확산되어 피해를 야기할 수 있다. 또한 이러한 피해는 사후적으로 회복이 쉽지 않다는 특성이 있다. 따라서 벌칙 규정은 소비자 보호의 최후적 보루로서 기능하며, 국민 안전을 지키는 수단으로 작용한다.

셋째, 벌칙은 행정적 제재와 보완적 관계에 있다. 식품표시광고법은 시정명령, 과징금, 과태료 등 다양한 행정제재 수단을 이미 마련하고 있으나, 이러한 조치는 고의적이고 조직적으로 이루어지는 위반행위나 반복적 불법행위에 대해서는 억지력이 부족할 수 있다. 이 때문에 형사벌을 별도로 규정함으로써 행정제재와 형벌이 상호 보완적으로 작동하도록 한 것이다.

넷째, 벌칙 규정은 국제적 규범과의 조화라는 측면에서도 필요성을 가진다. 미국, 유럽, 일본 등 주요 선진국에서도 식품 표시·광고의 허위·과장 행위에 대해서는 행정제재뿐 아니라 형벌을 병행하고 있으며, 이를 통해 시장의 신뢰를 지키고 소비자 권익을 보호한다. 우리나라 역시 이러한 국제적 기준과 보조를 맞추어 글로벌 시장 속에서 신뢰받는 식품산업을 유지하기 위해 벌칙 규정을 두고 있다.

결국 식품표시광고법의 벌칙 조항은 소비자 보호와 시장질서 유지를 위한 최후적 강제수단으로서, 행정제재를 넘어서는 강력한 억제 장치이자, 식품의 안전성과 신뢰성을 확보하기 위한 법적 장치라는 점에서 그 의의가 있다고 평가할 수 있다.

『식품표시광고법 해설』

2 해설

식품표시광고법은 제26조부터 제29조에 이르기까지 위반행위의 중대성과 성격에 따라 징역형과 벌금형을 달리 규정하고 있다. 이는 단순한 행정질서 위반과 달리 국민 건강과 직결되는 사안에 대해서는 형사처벌을 통해 강력하게 대응하겠다는 입법자의 의지를 반영한 것이다.

1 제26조(벌칙) - 허위·과대광고에 대한 엄벌

제26조는 이 법률상 가장 중한 처벌을 규정한 조항으로, 주로 허위·과대광고 행위에 적용된다. 제1항은 제8조제1항제1호부터 제3호까지의 규정을 위반하여 표시 또는 광고를 한 자에 대해 10년 이하의 징역 또는 1억원 이하의 벌금에 처하거나 병과할 수 있도록 하였다. 여기서 처벌 대상이 되는 구체적 행위는 질병의 예방 및 치료에 효능·효과가 있다는 표시·광고, 인체의 구조 및 기능에 영향을 주어 건강상 해로운 결과를 초래할 우려가 있다는 표시·광고, 그리고 의약품으로 오인할 우려가 있는 표시·광고 등이다.

제2항은 제1항의 죄로 형을 선고받고 그 형이 확정된 후 5년 이내에 다시 같은 죄를 범한 자에 대해서는 1년 이상 10년 이하의 징역에 처하도록 하여 필요적 실형을 규정하였다. 이는 허위·과대광고의 상습성과 반복성을 강력히 차단하려는 입법 의도를 보여준다. 더 나아가 제3항은 재범의 경우 해당 식품등을 판매하였을 때 그 판매가격의 4배 이상 10배 이하에 해당하는 벌금을 병과하도록 하여 경제적 이득의 완전한 박탈과 추가적 제재를 통해 위반행위의 경제적 유인을 원천 차단하고자 하였다.

2 제27조(벌칙) - 영업규제 위반 및 안전관리 의무 위반

제27조는 5년 이하의 징역 또는 5천만원 이하의 벌금에 처하거나 이를 병과할 수 있는 수준의 처벌을 규정하고 있다. 이 조항은 주로 영업 관련 규제 위반과 식품안전 관리 의무 위반을 다루고 있다.

제1호는 제4조제3항을 위반하여 건강기능식품을 판매하거나 판매할 목적으로 제조·가공·소분·수입·포장·보관·진열 또는 운반하거나 영업에 사용한 자를 처벌 대상으로 하였다.

제2호는 제8조제1항제4호부터 제10호까지의 규정을 위반한 표시 또는 광고 행위를 처벌하는데, 이는 제26조에서 다루는 것보다는 상대적으로 경미하다고 평가되는 허위·과대광고 유형들이다.

제3호와 제4호는 제15조제1항에 따른 회수 또는 회수에 필요한 조치를 하지 아니한 자와 제15조제3항에 따른 명령을 위반한 자를 처벌한다. 이는 위해식품이 시장에 유통되었을 때 신속한 회수를 통해 소비자 피해를 최소화하려는 제도의 실효성을 확보하기 위한 것이다.

제5호부터 제7호까지는 각각 건강기능식품에 관한 법률, 식품위생법에 따라 영업허가를 받거나 영업신고를 한 자가 영업정지 명령을 위반하여 계속 영업한 경우를 처벌한다. 이는 행정처분의 실효성을 확보하고 영업규제 체계의 준수를 강제하기 위한 조치이다.

③ 제28조(벌칙) - 일반식품 관련 위반 및 기타 영업규제 위반

제28조는 3년 이하의 징역 또는 3천만원 이하 벌금을 부과하는 조항으로, 제27조보다 한 단계 낮은 처벌 수준을 규정하고 있다. 이 조항의 가장 큰 특징은 일반식품과 건강기능식품을 구분하여 처벌 수준을 달리한다는 점이다.

제1호는 제4조제3항을 위반하여 식품등을 판매하거나 판매할 목적으로 관련 행위를 한 자를 처벌하되, 건강기능식품은 제외한다고 명시하였다. 이는 건강기능식품이 일반식품보다 더 엄격한 규제를 받아야 한다는 정책적 판단을 반영한 것이다.[208] 제2호는 제17조제1항에 따른 품목 또는 품목류 제조정지 명령을 위반한 자를 처벌한다.

제3호부터 제7호까지는 수입식품안전관리 특별법, 식품위생법, 축산물 위생관리법 등 관련 법률에 따라 영업등록, 영업신고, 영업허가를 받은 자들이

---

[208] 제4조제3항을 위반하여 건강기능식품 관련 행위는 제27조 제1호에 규정하여 5년 이하의 징역 또는 5천만원 이하의 벌금이 부과될 수 있다.

각각의 영업정지 명령이나 영업소 폐쇄명령을 위반하여 계속 영업한 경우를 처벌한다. 이러한 규정들은 식품 관련 영업의 종합적 관리체계 하에서 행정처분의 실효성을 확보하기 위한 것이다.

④ 제29조(벌칙) – 명령불이행 및 보고의무 위반

제29조는 1년 이하의 징역 또는 1천만원 이하의 벌금을 부과하는 가장 경미한 수준의 처벌을 규정하고 있다. 다만 제1호의 경우에는 징역과 벌금을 병과할 수 있도록 하여 예외를 두었다.

제1호는 제9조제4항에 따른 중지명령을 위반하여 계속하여 표시 또는 광고를 한 자를 처벌한다. 이는 행정기관이 부적절한 표시·광고에 대해 중지명령을 내렸음에도 불구하고 이를 무시하고 계속 광고하는 행위를 제재하는 것이다. 제2호는 제15조제2항에 따른 회수계획 보고를 하지 아니하거나 거짓으로 보고한 자를 처벌한다.

이 조항은 직접적인 위해를 발생시키는 행위보다는 행정명령에 대한 불이행이나 보고의무 위반 등 상대적으로 간접적인 위반행위들을 다루고 있다. 그러나 이러한 의무들도 전체 식품안전관리 체계의 효과적 운영을 위해서는 반드시 준수되어야 하므로 형사처벌을 통해 그 이행을 강제하고 있다.

⑤ 종합 평가

제26조부터 제29조까지의 벌칙 규정은 위반행위의 위험성과 중대성에 따라 단계적으로 형벌의 수위를 달리하는 구조이다. 허위·과대광고와 같이 국민 건강을 심각하게 위협하는 행위는 최고 수준의 형벌과 경제적 환수 장치를 병과하는 반면, 행정명령 불이행이나 보고 의무 위반과 같이 상대적으로 경미한 행위는 낮은 형량으로 규율한다. 이는 입법자가 식품 표시·광고 위반행위의 사회적 해악을 세밀히 구분하여 차등적으로 대응하려는 체계적 접근을 취했음을 보여준다. 다시 말해, 식품표시광고법의 벌칙 규정은 단순한 처벌 조항을 넘어 소비자 안전 보호, 행정질서 확립, 시장 신뢰 회복이라는 다층적 목적을 달성하기 위한 정교한 장치로 기능한다.

3 해외 주요국의 입법 사례

① 미국

미국 연방식품의약품화장품법(Federal Food, Drug, and Cosmetic Act)은 식품 라벨의 허위 또는 오해를 유발하는 표시를 금지하며, 위반 행위의 중대성에 따라 단계적 처벌을 규정하고 있다. 일반적인 라벨링 위반의 경우 최대 1년 이하 구금과 10만 달러 이하 벌금이 부과되며, 처방약 불법마케팅과 같은 중간 수준의 위반에 대해서는 최대 10년 구금 및 25만 달러 이하 벌금이 적용된다. 가장 중대한 FDCA 위반의 경우에는 최대 20년 연방 구금과 100만 달러 벌금까지 가능하지만, 이는 매우 예외적인 경우에 해당한다.

미국 시스템의 가장 큰 특징은 형사처벌과 더불어 민사적 제재를 적극적으로 활용한다는 점이다. FTC는 적절한 상황에서 정정광고를 요구할 수 있으며, 소비자 환급이나 최대 1천만 달러에 달하는 민사 처벌을 부과할 수 있다. 또한 심각한 경우에는 법원에 회사나 개인의 특정 마케팅 활동 전면 금지를 요청할 수 있어, 다층적이고 유연한 제재 체계를 구축하고 있다. 이러한 접근방식은 교육적 효과, 경제적 환수, 억제 효과를 종합적으로 활용하는 성숙한 규제 모델을 보여준다.

② 유럽연합(EU)

EU는 예방적 규제에 중점을 두고 있어, 사후 처벌 중심의 다른 국가들과 근본적으로 다른 철학을 보여준다. 처벌 수준에 있어서는 각 회원국의 국내법에 위임되어 있어 통일된 체계를 확인하기는 어렵지만, 일반적으로 부정확하거나 불완전한 라벨링에 대해서는 제품 리콜을 포함한 행정적 조치가 우선 적용된다. 경제적 제재 측면에서는 제재 규정에 따라 최대 전세계 매출의 5% 또는 4천만 유로의 벌금 부과가 가능하다. EU 체계의 특징은 강력한 사후 처벌보다는 사전 예방을 통해 문제를 원천 차단하려는 철학에 있으며, 이는 행정적 역량과 사회적 신뢰를 바탕으로 한 규제 모델이라고 할 수 있다.

③ 일본

일본은 소비자보호법 체계 하에서 식품 표시 위반을 규제하고 있으며, 특정상거래법(ASCT)을 중심으로 한 제재 체계를 운영한다. 일본의 처벌 수준은 상대적으로 경미한 편으로, 식품 허위과장광고는 2년 이하 징역 또는 200만 엔 이하 벌금이 일반적이다. 이러한 낮은 처벌 수준은 일본 특유의 법문화와 사회구조를 반영한다. 일본에서는 기업의 자율규제와 사회적 신뢰에 기반한 규제가 우선시되며, 사회적 비난과 기업 평판 손상이 형사처벌보다 더 강력한 억제 효과를 갖는다고 인식되고 있다. 따라서 형사처벌은 보충적 수단으로 활용되며, 주로 행정적 제재와 사회적 제재에 의존하는 특징을 보인다.

④ 중국

중국은 2015년 개정된 식품안전법을 통해 대폭 강화된 처벌 체계를 운영하고 있다. 성분의 허위 표시나 누락에 대해서는 벌금, 제품 리콜, 그리고 반복적이거나 심각한 위반의 경우 형사책임까지 포함하는 강력한 처벌을 가하고 있다. 중국 식품의약품관리청이 실시한 1,500만 건 이상의 식품안전 검사에서 식품의 허위광고가 공중보건 위반의 핵심 영역으로 분류되고 있어, 이 분야에 대한 정부의 강한 관심을 보여준다. 중국은 위반자 연간소득의 최대 10배에 달하는 벌금을 부과할 수 있도록 하여 위반자의 경제적 규모에 따라 실질적 제재 효과를 높이려는 접근방식을 취하고 있다. 이는 우리나라의 판매가격 배수 벌금제도와 유사한 발상이다. 또한 심각한 위반자에게는 10년간 식품검사업무를 금지하는 자격박탈 조치도 병행하여 운영하고 있다. 이러한 강화된 처벌 체계는 과거 분유 멜라민 사건 등 대형 식품안전 사고의 경험이 반영된 결과로 해석된다.

⑤ 종합 비교

우리나라의 식품표시광고법 벌칙 체계는 국제적으로 매우 엄격한 수준에 속한다. 최고형인 10년 이하 징역과 1억원 이하 벌금은 미국의 최고 벌칙 수준보다는 낮지만, 일반적인 식품 라벨링 위반 처벌 수준보다는 훨씬 높은 수준이다. 또한, 일본의 2년 이하 징역과 200만 엔 벌금과 비교해도 상당히 높은 수준으로 판단된다. 또한 우리나라의 재범 가중처벌 제도는 다른 국가에서 찾기 어려운 강경한 조치이다. 5년 내 재범시 1년 이상 10년 이하의 필요적 실형을 규정한 것은 미국이나 다른 국가들이 연방 양형가이드라인 내에서 재범을 고려하여 형량을 조정하는 방식과는 차원이 다른 접근이다.

한편, 우리나라의 판매가격 4배 이상 10배 이하 벌금 병과도 특이한 제도로, 중국의 연간소득 배수 벌금제도와 함께 경제적 이득 환수에 대한 강한 의지를 보여준다. 미국의 경우 민사벌금과 소비자 환급을 통해 경제적 이득을 환수하지만 이는 민사적 성격이 강한 반면, 우리나라는 형사처벌의 일환으로 경제적 제재를 가하고 있어 제재의 강도가 더욱 높다고 할 수 있다.

각국의 규제 철학에서는 뚜렷한 차이를 확인할 수 있다. EU는 사전 승인 제도를 통한 예방적 규제에 중점을 두어 문제 발생을 원천 차단하려 하며, 미국은 민사적 제재와 형사처벌을 적절히 조합한 다층적 제재 체계로 교육적 효과와 억제 효과를 동시에 추구한다. 일본은 사회적 자율규제와 기업의 자정 능력에 대한 신뢰를 바탕으로 형사처벌을 보충적으로 활용하고 있다. 반면 우리나라와 중국은 강력한 형사처벌을 전면에 내세우는 접근방식을 택하고 있다. 이는 식품안전에 대한 사회적 불신과 과거 식품 관련 사건들에 대한 경험이 반영된 결과로, 강력한 억제 효과를 통해 위반행위를 예방하려는 정책적 선택이라고 할 수 있다.

결론적으로 볼 때 우리나라의 식품표시광고법 벌칙 체계는 엄격한 수준에 속하며, 특히 재범 가중처벌과 경제적 이득 환수 조항은 다른 국가에서 찾기 어려운 강력한 제도이다. 이는 식품안전에 대한 우리 사회의 높은 관심과 엄격한 규제를 통한 예방 의지를 반영하는 동시에, 상대적으로 제한된 행정 역량과 민사적 구제 수단을 강력한 형사처벌로 보완하려는 정책적 선택으로 해석할 수 있다. 다만 향후 우리나라 식품규제 체계가 더욱 성숙해질수록 미국이나 EU와 같이 사전 예방적 조치와 민사적 제재를 강화하고, 형사처벌은 보다 선별적으로 활용하는 방향으로 발전할 가능성도 있다. 이를 통해 규제의 효율성과 비례성을 높이면서 식품안전이라는 궁극적 목표를 달성하는 데 기여할 수 있을 것이다.

4. 국내 유사 입법 사례

식품표시광고법은 제26조부터 제29조까지 벌칙을 규정하면서, 법정형은 최고 10년 이하의 징역 또는 1억 원 이하의 벌금에서부터 1년 이하의 징역 또는 1천만 원 이하의 벌금에 이르기까지 위반 행위의 중대성에 따라 차등하고 있다. 특히 동일 범죄의 재범 시 가중처벌(제26조제2항), 판매가격을 기준으로 한 벌금 병과(제26조제3항) 등 형사벌 규정을 두고 있다. 이에 반해, 보건·위생 관련 타 법령들의 표시광고 위반에 대한 벌칙은 대체로 다음과 같은 상대적으로 낮은 수준에서 단일한 구조로 정해져 있다.

<표 29> 국내 보건·위생 관련 법률에서의 처벌 규정

법률	내용
약사법	제95조(벌칙) ① <u>1년 이하의 징역 또는 1천만원 이하의 벌금</u>. 10. <u>제60조(기재 금지 사항), 제68조(과장광고 등의 금지)</u> 위반
의료기기법	제52조(벌칙) ① <u>3년 이하의 징역 또는 3천만원 이하의 벌금</u>. 1. <u>제24조(기재 및 광고의 금지 등) 제1항·제2항</u>, 위반
위생용품 관리법	제32조(벌칙) <u>1년 이하의 징역 또는 1천만원 이하의 벌금</u>. 8. 제12조제1항에 따른 <u>허위표시 등의 금지 의무</u>를 위반한 자. 다만, 총리령으로 정하는 경미한 사항을 위반한 자는 제외한다.
표시광고 공정화법	제17조(벌칙) <u>2년 이하의 징역 또는 1억5천만원 이하의 벌금</u>. 1. 제3조제1항을 위반하여 <u>부당한 표시·광고 행위를 하거나 다른 사업자등으로 하여금 하게 한 사업자등</u> 2. 제6조제3항 또는 제7조제1항에 따른 명령에 따르지 아니한 자
의료법	제89조(벌칙) <u>1년 이하의 징역이나 1천만원 이하의 벌금</u>. 1. <u>제56조(의료광고의 금지 등)</u> 제1항부터 제3항 위반

식품표시광고법은 다른 유사 법률에 비하여 형사처벌의 상한이 높고, 처벌 체계가 세분화되어 있으며, 경제적 제재를 강화하는 병과 규정을 둔 점에서 차별성을 갖는다. 이는 식품 표시·광고 위반이 국민 건강 보호와 공정한 시장질서 유지라는 두 가지 측면에서 동시에 심각한 위협이 된다는 점을 입법자가 고려한 결과라 할 수 있다. 반면, 약사법 등은 비교적 단순하고 낮은 수준의 벌칙을 두고 있으며, 표시광고법은 범용적 성격의 규범으로서 금전적 제재를 중심으로 한 억지력 강화에 방점을 두고 있다. 결론적으로 식품표시광고법이 표시광고 위반에 대해 가장 엄격한 법률이라고 할 수 있다.

제30조 양벌규정

법　　률	제30조(양벌규정) 법인의 대표자나 법인 또는 개인의 대리인, 사용인, 그 밖의 종업원이 그 법인 또는 개인의 업무에 관하여 제26조부터 제29조까지의 어느 하나에 해당하는 위반행위를 하면 그 행위자를 벌하는 외에 그 법인 또는 개인에게도 해당 조문의 벌금형을 과(科)한다. 다만, 법인 또는 개인이 그 위반행위를 방지하기 위하여 해당 업무에 관하여 상당한 주의와 감독을 게을리하지 아니한 경우에는 그러하지 아니하다.
시 행 령	
시행규칙	
판례	

1 취지와 배경

법 제30조(양벌규정)는 법인의 대표자, 대리인, 종업원 등이 법인의 업무와 관련하여 표시·광고 위반행위를 한 경우, 행위자 개인에 대한 처벌에 그치지 않고 법인 자체에도 벌금형을 부과하도록 하는 규정이다. 다만 법인 또는 개인이 해당 업무에 관하여 위반행위를 방지하기 위해 상당한 주의와 감독을 다한 경우에는 예외적으로 책임을 면할 수 있도록 하고 있다.

양벌규정은 기업 활동과 관련된 범죄의 특성을 반영한 입법 장치이다. 기업의 위반행위는 종업원의 개인적 일탈이라기 보다는, 기업의 영업 전략, 조직 구조, 관리·감독 부실 등과 밀접하게 연관되는 경우가 많다. 그럼에도 종업원 개인에게만 책임을 묻는다면, 실제 이익을 얻은 기업은 아무런 책임을 지지 않는 불균형이 발생할 수 있다. 따라서 법인도 처벌 대상에 포함하고, 이를 통해 기업의 책임을 명확히 하며 위법행위를 예방하려는 목적이다. 특히, 업무의 특성상 기업의 경영 전략이나 마케팅 부서의 계획적 활동으로 추진되는 경우가 대부분인 표시·광고 행위의 경우는 더욱 그러하다. 따라서 부당한 표시·광고로 인한 법 위반의 책임 주체인 기업에게 직접 제재를 가함으로써 소비자 보호와 공정한 시장 질서를 확보할 수 있는 것이다.

『식품표시광고법 해설』

한편, 법은 기업이 위반행위 방지를 위해 상당한 주의와 감독을 다한 경우에는 책임을 면할 수 있는 길을 열어 두고 있다. 이는 기업에게 무조건적인 형사책임을 부과하는 것이 아니라, 준법경영을 위한 내부통제와 관리체계 구축을 적극적으로 유도하려는 장치이다. 다시 말해 양벌규정은 단순한 처벌규정에 그치는 것이 아니라, 기업으로 하여금 사전에 법 위반을 예방하도록 하는 준법 감시 기능을 강화하는 역할을 수행한다.

2 해설

1 행위의 주체

양벌규정의 적용을 위한 행위주체는 "법인의 대표자나 법인 또는 개인의 대리인, 사용인, 그 밖의 종업원"이다. 이는 법인 조직 내에서 실제로 업무를 수행하는 모든 자연인을 포괄하는 개념으로, 고용관계의 형태나 직급의 높고 낮음을 불문하고 폭넓게 설정되어 있다. 대표자는 법인을 대표하는 권한을 가진 자로서 대표이사, 이사장 등이 해당되며, 대리인은 법정대리인과 임의대리인을 모두 포함한다. 사용인은 고용계약에 기초하여 계속적으로 노무를 제공하는 자를 의미하고, '그 밖의 종업원'이라는 포괄적 표현을 통해 파견근로자, 일용직, 아르바이트생 등 다양한 형태의 근로제공자를 모두 포함한다. 이는 현대 기업 조직의 복잡성과 다양한 고용형태를 반영한 것으로 보인다.

2 업무관련성

양벌규정 적용을 위해서는 행위자의 위반행위가 "그 법인 또는 개인의 업무에 관하여" 이루어져야 한다는 업무관련성 요건을 충족해야 한다. 이는 단순히 근무시간 중에 발생한 행위라는 시간적 관련성만으로는 충분하지 않으며, 실질적으로 사용자의 업무와 밀접한 관련성을 가져야 함을 의미한다. 업무관련성은 행위자가 사용자의 사업목적 달성을 위해 또는 사용자의 이익을 도모할 목적으로 행한 행위인지를 기준으로 판단된다. 식품표시광고법의 맥락에서 보면, 식품의 제조·가공·유통·판매와 관련된 표시·광고 업무 과정에서 발생한 위반행위가 이에 해당한다. 따라서 종업원이 개인적 목적으로 행한 위반행위나 사용자의 업무와 무관한 사적 영역에서의 행위는 양벌규정의 적용 대상에서 제외된다.

3 해당 위반사항의 범위

법 제30조는 "제26조부터 제29조까지의 어느 하나에 해당하는 위반행위"를 양벌규정의 적용 대상으로 명시하고 있다. 이는 식품표시광고법상 가장 중요하고 핵심적인 벌칙 조항들을 모두 포괄하는 것으로, 허위·과장·비방 광고 금지 위반, 건강기능식품 표시·광고 기준 위반, 표시·광고 심의 관련 위반 등 식품표시광고 분야의 주요 위반행위를 모두 포함한다. 이러한 광범위한 적용 범위는 식품표시광고 분야에서 발생할 수 있는 다양한 형태의 위반행위에 대해 법인의 책임을 묻겠다는 입법자의 강력한 의지를 보여준다. 특히 제26조의 10년 이하 징역이라는 중형에서부터 제29조의 1년 이하 징역이라는 상대적 경형까지 모든 단계의 위반행위를 양벌규정의 적용 대상으로 포함시킨 것은 식품안전의 중요성을 반영한 것으로 해석된다.

4 법적 효과

양벌규정의 직접적 효과는 "그 행위자를 벌하는 외에 그 법인 또는 개인에게도 해당 조문의 벌금형을 과한다"는 것이다. 이는 행위자 개인에 대한 처벌과 별도로, 법인 또는 개인사업자에게도 추가적인 벌금형을 부과한다는 의미이다.[209] 따라서 제26조 위반의 경우 행위자 개인은 10년 이하의 징역 또는 1억원 이하의 벌금에 처해지지만, 법인 등은 1억원 이하의 벌금만 부과받게 된다.

---

[209] 행위자를 벌하는 외에 그 법인 또는 개인에게는 해당 조문의 벌금형만이 부과되고 징역형은 적용되지 않는다. 이는 양벌규정의 특별한 성격과 정책적 목적을 반영한 것으로, 효과적인 예방과 억제를 달성하기 위한 입법적 선택이라고 평가되며, 실제 행위자에 대한 전면적 처벌과 사용자에 대한 제한적 추가 처벌이라는 이중 구조를 통해 양벌규정의 본래 취지를 구현한 것으로 이해된다.

『식품표시광고법 해설』

5 면책 요건

"법인 또는 개인이 그 위반행위를 방지하기 위하여 해당 업무에 관하여 상당한 주의와 감독을 게을리하지 아니한 경우"를 면책사유로 규정하고 있다. 이는 양벌규정이 무과실책임이 아니라, 법인의 감독책임을 전제로 한 과실책임의 성격을 갖는다는 것을 의미한다. '상당한 주의 또는 관리감독 의무'의 구체적 내용은 당해 위반행위와 관련된 모든 사정, 즉 당해 법률의 입법 취지, 처벌조항 위반으로 예상되는 법익 침해의 정도, 위반행위의 구체적인 모습과 그로 인하여 실제 야기된 피해 또는 결과의 정도, 법인의 영업 규모 및 행위자에 대한 감독가능성 등을 종합적으로 고려하여 판단된다.

식품표시광고법의 맥락에서 상당한 주의와 감독이란 식품표시광고 관련 법령의 준수를 위한 사내 교육시스템 구축, 표시·광고 내용에 대한 사전 검토체계 마련, 정기적인 점검 및 감사 실시, 위반행위 발견 시 즉시 시정조치를 취할 수 있는 내부통제시스템 운영 등을 포함한다. 특히 식품의 특성상 전문적이고 기술적인 지식이 요구되므로, 법인은 충분한 전문인력을 확보하고 지속적인 교육을 실시해야 할 의무가 있다.

3 해외 주요국 사례

1 미국

전통적인 의미의 양벌규정은 존재하지 않지만, 연방 식품·의약품·화장품법(FDCA)과 관련 판례를 통해 기업 임원에게 직접 형사책임을 부과할 수 있는 제도를 운영하고 있다. 「United States v. Park」[210] 사건에서 대법원은 기

---

[210] United States v. Park(1975) 사건, John R. Park는 전국적인 식품 소매 기업인 Acme Markets의 사장이자 최고경영자(CEO)였다. FDA 조사 결과 그가 관리하는 창고에서 쥐가 출몰하는 등 비위생적인 식품 보관 상태가 발견되었고, Park는 해당 문제와 관련된 책임으로 기소되었다. 대법원은 Park가 직접 위반 행위에 깊이 관여하지 않았더라도, 그의 지위상 공중 보건과 안전에 영향을 미치는 사업을 운영하는 책임 있는 임원으로서 FDA 법령 위반에 대해 엄격한 책임을 져야 한다고 판결했다. 대법원은 책임 있는 경영진에게는 위반 행위를 예방하고 시정할 의무가 있으며, 고의나 과실의 존재, 심지

업 임원이 직접 위반에 관여하지 않았더라도, 권한과 책임을 가진 위치에 있다면 식품 안전 위반에 대해 형사책임을 질 수 있다는 점을 명확히 하였다. 이때 확립된 Responsible Corporate Officer(RCO) Doctrine[211] 또는 '파크 독트린'을 통해 기업 임원에게 적극적 예방 의무를 부과함으로써 내부 관리·감독을 강화하도록 유도한다. 또한 미국의 연방거래위원회(FTC)는 허위·과장 광고에 대해 법인과 개인을 대상으로 민사집행권을 행사하며, 필요시 과징금과 시정명령을 통해 실효적 제재를 가한다.

② 유럽연합(EU)

유럽은 사업자 책임을 전면에 두고 있다. EU 식품정보제공규정(Regulation (EU) No 1169/2011)은 식품사업자가 자신의 통제 하에 있는 활동 범위 내에서 표시·광고 법규를 준수할 의무를 명시하고 있으며,[212] 위반 시 회원국별로 과징금, 행정명령, 공표 등 다양한 제재 수단을 활용한다. 특히 영국은 식품안전법 1990에서 기업이 모든 합리적 주의와 노력을 다했음을 입증할 경우 책임을 면할 수 있는 듀 딜리전스(due diligence) 항변을 인정하고 있어,[213] 한국의 '상당한 주의·감독' 항변과 유사한 구조를 갖는다.

어 위반 사실을 인지했는지 여부와 관계없이 책임을 물을 수 있다고 보았다. 이로써 Park 사건은 기업 임원의 엄격한 책임 기준인 RCO Doctrine의 법적 근거가 되었다.

211 Responsible Corporate Officer (RCO) Doctrine은 미국에서 연방식품의약품화장품법(FDCA) 위반에 대해 기업 임원에게 엄격한 형사책임(strict liability)을 부과하는 법리이다. 이 원칙은 기업 내에서 법률 위반 행위가 발생하면, 임원이 그 위반행위를 막거나 바로잡을 권한과 책임이 있음에도 불구하고 이를 방치한 경우, 임원의 고의나 과실 여부와 무관하게 형사처벌할 수 있도록 한다. 즉, 임원의 역할과 권한에 근거한 무과실 책임 원칙이 적용된다.

212 Regulation (EU) No 1169/2011 - Article 8 (Responsibilities) 5. ResponsibilitiesWithout prejudice to paragraphs 2 to 4, food business operators, within the businesses under their control, shall ensure compliance with the requirements of food information law and relevant national provisions which are relevant to their activities and shall verify that such requirements are met.

213 Food Safety Act 1990 - Section 21: Defence of due diligence (1) In any proceedings for an offence under any of the preceding provisions of this Part (in this section referred to as "the relevant provision"), it shall, subject to subsection (5) below, be a defence for the person charged to prove that he took all reasonable precautions

③ 일본

역사적으로 양벌규정(両罰規定)을 다양한 법률에 두어, 법인과 개인 모두에게 형사벌을 부과하는 체계를 일반화하였다. 식품표시법과 부당경품류·부당표시방지법(AUPMR) 등에서는 표시·광고 위반 시 행정명령과 함께 법인과 대표자에게 벌금형을 병과할 수 있으며,214 법인이 사전적으로 내부통제와 감독을 다했음을 입증하면 면책될 수 있다. 한국과 일본의 양벌규정은 법문 구조와 면책 논리 측면에서 가장 유사하다고 볼 수 있다.

④ 중국

식품안전법 등을 통해 법인과 법인 책임자에게 동시 제재를 가하는 체계를 운영하고 있으며, 과징금, 영업허가 취소, 공표 등의 행정적 제재를 통해 실효성을 확보하고 있다.215 다만 명문으로 면책 근거를 두기보다는, 기업의 관리·감독 수준이나 내부통제 체계를 양형 판단의 요소로 참작하는 방식을 취하고 있다. 최근에는 표시·광고 규제와 라벨링 기준 강화, 그린클레임 규제 등과 연계하여 기업의 내부 준법 체계를 강조하는 추세가 뚜렷하다.

⑤ 해외 주요국들은 각기 다른 방식으로 기업의 책임을 인정하고 있지만 공통적으로 (i) 위반행위와 기업 책임의 연계, (ii) 내부 관리·감독 의무 부과, (iii) 실효적 제재 수단 마련이라는 정책 목표를 공유하고 있다. 한국의 양벌

---

and exercised all due diligence to avoid the commission of the offence by himself or by a person under his control.
214 食品表示法 第二十二条 法人(人格のない社団又は財団で代表者又は管理人の定めのあるものを含む.以下この項において同じ.)の代表者若しくは管理人又は法人若しくは人の代理人, 使用人その他の従業者が, その法人又は人の業務に関して, 次の各号に掲げる規定の違反行為をしたときは, 行為者を罰するほか, その法人に対して当該各号に定める罰金刑を, その人に対して各本条の罰金刑を科する.
215 〈中华人民共和国食品安全法实施条例〉第七十五条规定，食品生产经营企业等单位有食品安全法规定的违法情形，除依据食品安全法的规定给予处罚外，存在"故意实施违法行为"，"违法行为性质恶劣"或者"违法行为造成严重后果"这三种情形之一的，还要对违法单位的法定代表人， 主要负责人， 直接负责的主管人员和其他有直接责任人员处以其上一年度从本单位取得收入的1倍以上10倍以下罚款.

규정은 일본의 전통적 형사 양벌 모델과 영국식 듀 딜리전스 논리를 결합한 형태로, 형사 책임과 면책 항변을 동시에 담보하여 기업의 준법 경영과 소비자 보호라는 두 가지 목적의 효과적인 달성을 목표하고 있다.

4 관련 판례

판례에 의하면, 법인의 대표자나 실질적 운영자가 식품의 표시·광고와 관련하여 위반행위를 한 경우, 이는 법인의 업무와 직접적인 관련성이 인정되어 일반적으로 법인도 함께 처벌된다.[216] 다만, 법인의 일반 직원이 위반행위를 한 경우, 해당 행위가 객관적으로 법인의 업무 범위에 속하고, 주관적으로 법인의 업무를 위해 한다는 의사가 있었는지를 고려한다. 만약 직원의 행위가 법인의 주된 업무와 관련이 없고, 직원의 통상적인 업무 범위를 벗어난 사적인 행위로 판단될 경우, '법인의 업무에 관한 행위'로 인정되지 않아 법인은 양벌규정에 따른 책임을 지지 않을 수 있다.[217]

---

[216] 부산지방법원동부지원 2023고단5792, 서울중앙지방법원 2022고단44173, 인천지방법원 2024고단19334, 대전지방법원논산지원 2022고단4395, 대구지방법원 2024고정12986
[217] 인천지방법원-2023고단42111

제31조 과태료

법 률	제31조(과태료) ① 다음 각 호의 어느 하나에 해당하는 자에게는 500만원 이하의 과태료를 부과한다. 1. 제5조제3항을 위반하여 식품등을 판매하거나 판매할 목적으로 제조·가공·소분·수입·포장·보관·진열 또는 운반하거나 영업에 사용한 자 2. 제6조제3항을 위반하여 식품을 판매하거나 판매할 목적으로 제조·가공·소분·수입·포장·보관·진열 또는 운반하거나 영업에 사용한 자 3. 제13조의2제2항을 위반하여 정당한 사유 없이 자료제출 요청에 따르지 아니한 자 ② 제7조를 위반하여 광고를 한 자에게는 300만원 이하의 과태료를 부과한다. ③ 제1항 및 제2항에 따른 과태료는 대통령령으로 정하는 바에 따라 식품의약품안전처장, 시·도지사 또는 시장·군수·구청장이 부과·징수한다.
시 행 령	제16조(과태료의 부과기준) 법 제31조제1항 및 제2항에 따른 과태료의 부과기준은 별표 3과 같다.
시행규칙	
관련판례	서울행정법원 2016구합52033 판결

1 배경 및 취지

과태료는 행정법상의 질서벌(秩序罰)로서, 법령이나 행정명령이 정한 일정한 의무를 위반한 경우 부과되는 금전적 제재를 의미한다. 이는 형벌과 달리 범죄의 성립이나 도덕적 비난을 전제로 하지 않으며, 단순히 사회·행정 질서의 유지라는 목적을 가진다. 따라서 과태료 부과는 형사처벌과 구별되는 행정질서 확보 수단으로 이해된다.[218]

---

[218] 과태료는 벌금, 과료, 범칙금 등 유사한 제재와 다음과 같은 차이점이 있다. 벌금은 형법상의 형벌로서 전과기록이 남으며 형사법원의 판결을 통해 부과된다. 「형법」상 과료는 2천원 이상 5만원 미만으로 규정되며 형벌의 일종이다. 범칙금은 형사처벌을 간소화한 제도로서, 본질적으로는 형사사건의 성격을 가지고 있다. 다만 범칙금을 납부하면 형사절차가 종료되어 실질적으로 형사처벌을 면하게 되는 특수한 구조를 가지고 있다. 반면 과태료는 형법상의 형이 아닌 과거의 의무위반에 대한 일정한 제재인 과태료가 과해지는 행정벌로서, 형사처벌이 아닌 행정적 제재의 성격을 갖는다. 따라서 전과기록이 남지 않으며, 법원의 형사재판이 아닌 행정기관의 부과처분을 통해 이루어진다.

제11장. 벌칙(제26조~제31조)

　　과태료 제도는 경미한 위반에 대한 탄력적 대응을 가능하게 하고, 비교적 간단한 절차로 부과·집행할 수 있어, 신속하게 위법 상태를 시정하고 예방 효과를 기대할 수 있다. 또한, 모든 위반을 형벌로 규율하면 범죄화 범위가 과도하게 확장될 수 있으므로, 과태료 제도는 법 집행의 균형을 맞추는 기능을 하면서도, 단순 경고로는 법 준수 유인이 부족할 수 있으므로, 일정한 금전적 불이익을 부과함으로써 기업과 개인이 법을 준수하도록 강제한다는 면에서 그 유용함이 인정된다고 볼 것이다.

　　식품표시광고법에서 과태료 제도를 도입한 것은 표시·광고 규제의 실효성을 높이기 위한 장치라 할 수 있다. 식품표시광고 영역에는 거짓·과장 광고와 같이 중대한 위법행위가 있는가 하면, 단순한 표시 누락이나 보고 의무 위반처럼 상대적으로 경미하고 기술적인 위반 등 다양하게 존재하는데 모든 위반에 대하여 형사벌만을 적용하는 것은 적절하지 않다. 이에 법은 중대한 위반행위에 대해서는 형사벌을 부과하면서도, 경미한 위반에 대해서는 과태료를 통해 적정한 제재를 가하도록 하였다. 이는 제재 수단을 차등화하여 법 집행의 비례성과 합리성을 확보하고, 동시에 식품안전과 소비자 보호를 위한 규율의 실효성을 담보하려는 취지라 할 수 있다.

2　해설

① (제1항) 500만 원 이하 과태료 대상 행위

　　제1항은 제5조제3항, 제6조제3항, 제13조의2제2항 위반행위에 대해 500만 원 이하의 과태료를 부과하도록 규정하고 있다.

　　법 제5조제3항은 식품 등의 영양표시가 없거나 표시방법을 위반한 식품은 판매하거나 판매할 목적으로 제조·가공·소분·수입·포장·보관·진열·운반하거나 영업에 사용해서는 아니 된다고 규정하고 있다. 따라서 이 조항을 위반한 경우, 판매를 포함하여 식품 유통 전 과정에 걸친 사업활동을 대상으로 과태료가 부과된다. '판매할 목적으로'라는 요건을 통해 상업적 목적의 행위만 규제하며, 개인적 소비는 제외된다.

『식품표시광고법 해설』

　　제6조제3항은 나트륨 함량 비교 표시가 없거나 표시방법을 위반한 식품은 동일하게 판매 등 사업활동에의 사용을 금지한다. 표시 기준과 방법은 제5조와 구분되지만, 두 조항 모두 소비자에게 정확한 정보를 제공해야 한다는 점에서 중요성을 동등하게 평가하여, 과태료 한도를 동일하게 적용한다.

　　제13조의2제2항은 식품의약품안전처장이 정보통신서비스 제공자 등에게 필요한 자료 제출을 요청하고, 정당한 사유 없이 자료 제출 요청에 응하지 않는 경우 과태료 대상이 됨을 규정한다. 이는 행정기관의 감독권 행사에 대한 협조의무 위반으로, '정당한 사유 없이'라는 조건을 통해 합리적 사유가 있는 경우 과태료 대상에서 제외되어 사업자의 권익을 보호한다.

② (제2항) 300만 원 이하 과태료 대상 행위

　　제2항은 제7조(광고의 기준) 위반의 경우 300만 원 이하의 과태료를 부과하도록 규정하고 있는데, 위반의 내용이 제1항 위반에 비해 상대적으로 경미하다고 평가하고 과태료 수준을 낮게 정한 것으로 이해된다.

③ (제3항) 과태료 부과·징수 권한과 절차

　　시행령은 과태료의 부과·징수 주체를 식품의약품안전처장, 시·도지사, 시장·군수·구청장으로 정하고 있으며, 위반 횟수별 과태료 차등화를 규정하여, 초범과 재범을 구분하고 교육적·억제적 효과를 동시에 추구한다.

④ 행정처분과의 관계

　　시행규칙 별표7는 제5조제3항·제6조제3항 위반의 경우 과태료 부과 대상이 되면, 행정처분 부과 대상에서 제외하고 있다. 이는 과태료와 행정처분의 중복 부과를 방지하고 제재의 예측 가능성을 높이기 위한 조치이다. 반면 법 제7조 위반은 행정처분 배제 규정이 없으므로, 과태료와 함께 행정처분도 병행할 수 있다. 광고 중단이나 정정광고 등 행정조치가 금전적 제재보다 효과적일 수 있기 때문일 것이다.

5 입법정책적 의의

　제31조 과태료 규정은 기존 형사처벌 중심 체계에서 벗어나 행정적 제재를 통한 효율적 규제로 전환한 사례로 볼 수 있다. 세부 내용에 있어서는 위반 횟수별 차등 부과, 행정처분과 과태료의 역할 분담, 다층적 집행체계 구축 등은 실효성 있는 규제와 사업자 권익 보호를 동시에 추구하는 것으로 보인다. 이를 통해 궁극적으로, 식품 안전과 소비자 보호라는 입법 목적을 달성하면서, 사업자에게는 예측 가능하고 합리적인 규제 환경을 제공하므로, 법령 위반행위라 할지라도 그에 부합하는 처벌을 부과해야 한다는 비례의 원칙(또는 과잉금지의 원칙)이 구현이라고도 볼 수 있다.

3 관련 판례

1. 서울행정법원 2016구합52033 판결[과태료부과처분취소]

개요	• 집합건물 관리단의 관리인 원고 A가 서울특별시 서초구청장으로부터 받은 과태료 부과처분의 취소를 구하는 소송.
처분 경위	• 피고는 원고에게 두 가지 위반사항에 대해 각각 100만원의 과태료를 부과 - 2014년 5월 31일 임시총회 서면결의서 미보관 - 2015년 2월 27일 정기총회 의사록 허위작성
법원 판단	• 질서위반행위규제법에 따르면, 과태료 부과에 불복하는 경우 행정소송이 아닌 특별한 불복절차를 따라야 함. - 과태료 부과 통지를 받은 날로부터 60일 이내에 해당 행정청에 서면으로 이의제기 - 이의제기 시 과태료 부과처분은 효력 상실 - 행정청은 14일 이내에 관할 법원에 의견 및 증빙서류 통보 - 법원은 과태료 재판을 통해 결정 • 집합건물법상의 과태료는 2009년 5월 8일 법률 개정으로 질서위반행위규제법의 적용을 받게 되었으므로, 행정소송의 대상이 될 수 없음.
결과	• 법원은 원고의 소송이 부적법하다고 판단하여 각하, 소송비용 원고 부담

2. 과태료 적용 범위, 쟁점 관련한 법령 이용 분석

- **과태료 불복의 올바른 절차(질서위반행위규제법 제20조(이의제기))**
  - 과태료 부과에 불복하고자 할 경우, 반드시 질서위반행위규제법 제20조에 따라 처분 통지를 받은 날로부터 60일 이내에 과태료를 부과한 행정청에 서면으로 이의를 제기해야 함.
  - 이의제기가 접수되면 행정청의 원처분은 효력을 잃고, 사건은 법원의 과태료 재판 절차로 넘어가게 됨.

- **행정소송 제기의 법적 효과(부적법 각하)**
  - 정해진 절차를 따르지 않고 법원에 곧바로 과태료 부과처분 취소소송이나 무효확인소송과 같은 행정소송을 제기하면, 법원은 소송 요건을 갖추지 못한 부적법한 소송으로 보아 본안에 대한 판단 없이 소를 각하함.
  - 이는 과태료 부과처분이 질서위반행위규제법이라는 특별법에 따른 불복 절차가 마련되어 있어 일반적인 행정소송의 대상에서 제외되기 때문임.

- **과태료 자진 납부의 효과 (서울행정법원 2025구합53278 판결)**
  - 질서위반행위규제법에 따라 의견제출기한 내에 과태료를 자진납부하면 과태료 부과 및 징수절차가 종료.
  - 법원은 과태료 자진납부로 절차가 종료된 경우에도, 이후 다른 위반행위에 대한 가중처분 사유를 판단할 때 '과태료 처분을 받은 경우'에 해당한다고 판단
  - 이는 과태료에 대해 불복하지 않고 자진납부하면 해당 위반 사실이 확정된 것으로 취급되어, 향후 다른 제재처분에서 불리한 요소로 작용할 수 있음.
  - 따라서, 과태료 부과에 대해 다툴 실익이 있다면 이의제기 절차를 활용하는 것이 바람직하다는 시사점을 제공.